공공부문의 기획을 위한
정책분석과 의사결정

도서출판 윤성사 241

공공부문의 기획을 위한
정책분석과 의사결정

제1판 제1쇄   2024년 6월 21일

지 은 이   김 구
펴 낸 이   정재훈
꾸 민 이   안미숙

펴 낸 곳   도서출판 윤성사
주　　소   서울특별시 용산구 효창원로 64길 10 백오빌딩 지하 1층
전　　화   대표번호_02)313-3814 / 영업부_02)313-3813 / 팩스_02)313-3812
전자우편   yspublish@daum.net
등　　록   2017. 1. 23

ISBN 979-11-93058-44-2 (93350)
값 24,000원

ⓒ 김 구, 2024

지은이와의 협의에 따라 인지를 생략합니다.

이 책의 전부 또는 일부 내용을 재사용하려면 반드시 사전에 저작권자와
도서출판 윤성사의 동의를 받아야 합니다.

잘못 만들어진 책은 구입하신 서점에서 교환 가능합니다.

Public Policy
Analysis
and Decision
Making

김 구

공공부문의 기획을 위한

정책분석과 의사결정

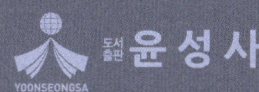

머리말

사람은 세상을 살면서 많은 판단과 선택의 기회를 마주한다. 사람마다 삶의 방식에 따라 약간 다르지만 사람은 일생 동안 진로를 위한 학교 및 학과(전공)를 선택할 때, 직업을 선택할 때, 주거지와 여행지를 선택할 때, 주택·차량·가구·가전제품·의복·장신구 등과 같은 물건을 구매할 때, 사업의 품목을 선택할 때, 음식 메뉴를 선택할 때, 배우자를 선택할 때, 각종 계약을 체결할 때 등 많은 종류의 판단과 선택의 기회를 마주하고 경험한다. 이와 같은 많은 종류의 기회에 대한 판단과 선택의 결과는 성공과 실패로 구분된다. 사람마다 기대하는 수준은 다르지만, 성공은 기대하는 목적을 이루었거나 유·무형의 이익을 가져오는 것이고, 실패 또한 기대하는 목적을 이루지 못하였거나 유·무형의 이익에 미치지 못한 결과 상태를 의미한다. 사람은 누구나 성공을 염두에 두고 판단과 선택을 하지만, 인간은 절대인도 아니고 완전한 존재가 아니기 때문에 현재 내린 결정이 미래의 성공을 보장해 주지는 않는다. 실제 인간은 사람과 대상에 대하여 정보와 지식의 한계, 인지와 지각 능력의 한계, 주관적 편향성 등의 속성을 가지고 있을 뿐만 아니라 가용자원의 한계, 환경의 불확실성 등의 요인 때문에 합리적인 판단과 선택은 어려운 일이다. 사람은 실제 가능한 합리적 판단과 선택에 가까운 노력을 하는 것이다. 사람은 현재의 판단과 선택이 옳다고 생각하는 것은 미래에 기대하는 성공을 가져올 것이라고 예상하거나 믿고 있기 때문이지만 성공과 실패의 결과로 나타날 미래는 현재의 상황과 분명 다르다. 미래의 상황은 어느 누구도 정확히 예측하기 힘들다. 오늘날과 같이 인공지능(AI)을 기반으로 하는 지능정보 및 디지털 기술의 급속한 발전과 활용이 보편화되고 있고 인구구조의 변화로 경제, 산업, 교육, 고용, 복지, 지역공동체 등 사회의 모든 부문에서 그 양상이 빠른 속도로 변화되고 있고 새로운 요소들이 결합되고 있어 미래 상태를 예견 및 예측하는 것은 더욱 어렵다. 아무리 정교한 모델과 분석예측기법을 사용한다고 하지만 모델이 실제 현상을 일으키고 구성하는 요소를 빠짐없이 모두 포착하는 것도 아니고, 데이터가 그 현상의 요소를 정확하게 나타내는 것도 아니며, 환경의 불확실성으로 인하여 파악할 수도 없는 많은 새로운 원인도 발생하고 있기 때문이다. 하지만 우리는 많은 전문가가 연구한 결과물의 총합으로서 이론과 모델을 통하여 또는 경험적 통찰력을 통하여 미래를 예측하려고 노력하는 것은 성공은 물론 성공하지 않더라도 실패나 위험을 최소화할 수 있을 것이라는 믿음이 있기 때문이다. 이와 같이 미래를 예측하는 국면에 마주하는 주체는 개인을 비롯하여 집단 및 공동체, 회사, 국가 등 모든 수준에서 적용될 수 있다.

이 책은 공공부문에서 자원의 배분을 통하여 공공문제를 해결하거나 바람직한 사회 상태의 실현을 목적으로 하는 정책을 수립하는 과정에 관한 지식의 결과물이다. 요컨대 공공문제를 어떻게 진단하고 파악하며 최종 정책으로 선택하기까지의 일련의 정책문제에 대한 정책분석과 의사결정에 관한 이론, 개념, 모델, 방법론 등을 체계적으로 제시한 내용이다. 그동안 필자는 수년 동안 대학과 대학원에서 방법론, 계량분석, 정책분석과 정책평가 교과목을 강의하면서 어떻게 하면 지식을 쉽게 전달하고 이해시킬 수 있을지가 고민이었다. 물론 학습자의 이해 수준에 따라 다를 수 있지만 '좋은 강의'는 쉽게 전달하고 학습자가 빠르게 이해할 수 있도록 돕는 역할이라고 생각한다. 학습자에게 전달하는 방법은 여러 가지가 있을 수 있지만 중요한 것은 기본적인 학습 도구이다. 학습 도구가 체계적이고 쉽게 구성되어 있으면 학습자는 흥미와 관심을 가질 것이고, 더 알고 싶고 적용해 보고 싶은 학습 의욕이 촉발될 것이다. 교수자가 많이 알고 있는 것과 학습자에게 쉽게 전달하고 이해시키는 일은 다르다. 많이 알고 있으면서 학습자에게 쉽게 전달하고 이해시킬 수 있다면 좋은 강의에 해당된다. 그렇다고 하여 필자가 이 두 가지를 모두 충족할 수 있는 능력을 가진 것은 단연코 아니다. 필자는 부족한 지식을 채우려고 계속해서 공부하고 있으며, 알고 있는 지식을 학습자의 이해 수준 및 눈높이에 맞추어 공유하려는 목적으로 이 책을 소개하려는 것이다. 학습 도구를 통한 지식의 힘은 모든 사람이 쉽게 읽고 이해하며 실제에 적용함으로써 쓸모 있다고 직접 느끼는 사람이 많은 것이라고 생각한다. 필자는 더 많은 사람이 이 책을 통하여 조금이라도 각자의 용도에 '쓸모가 있다'라는 느낌을 가지기를 기대한다.

앞에서 언급하였듯이, 세상은 매일 시시각각 변화하고 있기 때문에 이 세상에 완전한 지식은 없다. 이 책의 내용도 완전한 지식은 아니며 부분적이고 학습자의 기대 수준에 많이 미치지 못할 수도 있다. 필자가 놓치고 있는 내용이거나 부족하거나 오류 내용에 대해서는 학습자 및 독자들의 아낌없는 지적을 요청하면서, 학습자 및 독자들에게 소기의 학습 성과가 있기를 기대한다.

2024년 5월
저자 씀

차 례

머리말 ... 4

제1장 정책과 정책문제 ... 13

1. 문제 해결을 위한 정책 ... 13
1) 정책의 개념 ... 13
2) 정책의 성격 ... 15

2. 정책결정 과정 ... 17
1) 목적 ... 19
2) 목표 ... 19
3) 방법, 수단, 도구 ... 19
4) 활동 ... 20
5) 성과 ... 20
6) 평가 ... 21

3. 사회문제와 정책문제 ... 21
1) 사회문제의 특징 ... 21
2) 정책문제의 특징 ... 25
3) 정책문제의 유형 ... 27

4. 문제 해결을 위한 정부 조치 ... 30
1) 세금(조세) ... 30
2) 규제 ... 30
3) 보조금 및 양여금 ... 31
4) 서비스 제공 ... 32
5) 기관의 예산(재정) ... 34
6) 정보 ... 34
7) 사적 권리의 구조 ... 35
8) 경제활동 ... 35
9) 교육과 컨설팅 ... 36
10) 시장구조 및 계약 변경 ... 36
11) 관료적·정치적 개혁 ... 37

5. 정책분석의 학습 목표와 정책분석가의 역할 ... 37
1) 정책분석의 학습 목표 ... 37
2) 정책분석가의 역할 ... 38

제2장 정책분석의 기본 이해 ... 40

1. 정책분석의 의의 ... 40
1) 정책분석의 개념 ... 40
2) 정책분석의 특징 ... 41
3) 정책분석의 필요성 ... 43

2. 정책분석의 주요 내용과 고려 사항 ... 46
1) 정책분석의 주요 내용 ... 46
2) 정책분석의 고려 사항 ... 48

3. 정책분석의 접근 방식 ... 50
1) 기술적 정책분석 ... 51
2) 예측적 정책분석 ... 51
3) 규범적 정책분석 ... 51
4) 합리적·포괄적 정책분석 ... 52
5) 점진주의 정책분석 ... 52
6) 정량적·정성적 정책분석 ... 52

4. 기본적 정책분석 과정 ... 53
1) 문제의 정의(구조화) ... 53
2) 대안의 탐색, 개발, 구성 ... 53
3) 대안의 평가 기준 수립 ... 54
4) 대안의 식별 ... 55

5) 대안의 결과 예측 및 평가　55
　　6) 최적 대안의 제시　56

5. 자료 수집과 품질 평가　58
　　1) 자료 수집 시 고려 사항　58
　　2) 자료 수집의 원천　60
　　3) 자료의 품질 평가　61

6. 정책분석의 가능성 평가　63

제3장 정책문제의 구조화　65

1. 정책문제의 구조화 과정　65
　　1) 문제 구조화의 의의　65
　　2) 문제 구조화의 고려 사항　67

2. 문제의 진술　69
　　1) 문제의 표현 방법　69
　　2) 문제의 진술 개발　74
　　3) 문제 진술을 지원하는 분석　77
　　4) 문제 정의 시 고려 사항　83

3. 정책문제의 구조화 방법　85
　　1) 경계분석　86
　　2) 분류분석　87
　　3) 계층분석　90
　　4) 유추　91
　　5) 브레인스토밍　93
　　6) 다중관점분석　94
　　7) 가정분석　95
　　8) 논변지도　97

제4장 정책목표 설정과 대안의 탐색　100

1. 정책목표의 설정　100
　　1) 목표 설정의 의의　100
　　2) 목표 설정의 원칙　101
　　3) 목표 설정의 과정　106

2. 정책대안의 탐색　114
　　1) 정책대안의 의미　114
　　2) 좋은 대안의 조건　116
　　3) 정책대안의 탐색 과정　116
　　4) 정책대안의 원천　118
　　5) 정책대안의 발견 및 추출 방법　120
　　6) 정책대안의 식별 방법　124

제5장 정책대안의 평가 예측　131

1. 대안 예측의 의의　131
　　1) 대안 예측의 의미　131
　　2) 대안 예측의 목적　133
　　3) 미래의 유형과 예측　134
　　4) 정책대안의 예측 과정　137

2. 정책대안의 평가 기준과 고려 사항　138
　　1) 대안평가 고려 사항　138
　　2) 정책대안의 평가 기준　145

3. 정책대안의 예측 유형과 평가 이슈　153
　　1) 예측의 유형　153
　　2) 평가의 주요 이슈　157

제6장 정책대안의 예측 방법　167

1. 시계열의 예측　167

1) 시계열 예측의 의의　167
2) 시계열분석의 기본 개념　170
3) 시계열의 변동 유형　173
4) 선형 추세 추정　178
5) 비선형 시계열　186

2. 이론적 예측　189

1) 이론적 예측의 의의　189
2) 이론적 예측의 방법　190

제7장 정책대안의 판단적 예측 방법　198

1. 델파이 기법　199

1) 델파이 기법의 의의　199
2) 델파이 기법의 절차　202
3) 정책델파이　205

2. 교차영향분석　211

1) 교차영향분석의 의의　211
2) 분석 방법　213

3. 실현가능성분석　218

1) 실현가능성분석의 의의　218
2) 분석 방법　219

제8장 의사결정나무분석과 계층화분석법　226

1. 의사결정나무분석　226

1) 의사결정나무분석의 의의　226
2) 의사결정나무 구조　228
3) 의사결정나무분석의 응용 사례　235

2. 계층화분석법　243

1) 계층화분석법(AHP)의 의의　243
2) AHP의 계층 구성과 평가 방법　245
3) AHP의 분석 절차　250
4) AHP의 분석 사례　255

제9장 비용편익 및 비용효과분석　262

1. 비용편익분석　262

1) 비용편익분석의 의의　262
2) 비용과 편익의 유형　267
3) 비용편익분석 절차　277
4) 예비타당성조사　280

2. 비용효과분석　282

1) 비용효과분석의 의의　282
2) 기본 원리　284

3. 비용편익분석의 주요 이슈　286

1) 할인율　286
2) 민감도분석　292

3) 분석 예시   292

4. AHP의 활용   296

    1) 의의   296
    2) AHP 활용의 제도화   297

제10장 정책분석 윤리와 커뮤니케이션   300

1. 정책분석의 윤리   300

    1) 의의   300
    2) 윤리의 원칙   302
    3) 윤리적 고려 사항의 이행 점검   304

2. 정책분석에서 커뮤니케이션   306

    1) 보고서 작성   306
    2) 보고서 구성   308
    3) 구두 발표 및 브리핑   311

⋯

참고 문헌   315
찾아보기   321
저자 소개   325

Public Policy Analysis and Decision Making

공공부문의 기획을 위한

정책분석과 의사결정

공공부문의 기획을 위한
정책분석과 의사결정

Public Policy Analysis and Decision Making

제1장

정책과 정책문제

1. 문제 해결을 위한 정책

1) 정책의 개념

정책(public policy)은 시대와 학자에 따라 다양한 개념이 제시되고 있으나 실체적이고 처방적인 관점에서 보면, 사회의 다양한 영역에서 발생하고 있는 문제를 해결하거나 좀 더 바람직한 상태로 개선하기 위하여 정부가 공식적으로 다루기 위한 법률, 규정, 지침 및 조치와 같이 공식적으로 제도화된 제안, 방침 또는 결정된 요소들의 집합이다. 정책은 정부가 사회의 각 분야별 사회문화, 가치, 규범, 행태, 물리적 환경 등을 포함한 사회적 상태나 조건들을 바람직한 방향으로 강화·향상·개선·변경·유지·폐지하고자 할 때 사용하는 개입의 수단이다. 정책은 '어떠한 사회를 어떻게 만들겠다'라는 정부의 권위 있는 결정으로서 '어떠한 사회'는 정책의 비전에 해당하고 '어떻게 만들겠다'라는 것은 정책의 전략에 해당한다. 정책은 사회 전체적으로 바람직하지 못하거나 비효율적인 자원의 배분 상태를 바람직한 또는 효율적인 상태로 개선하기 위한 정부의 개입 활동의 총체이자, 정부가 국민의 니즈(needs)와 기대에 부응하고 사회적 수요에 대응하기 위하여 유·무형의 자원과 가치의 배분을 결정하고 실행하는 정부의 공식적인 의사결정 활동의 총체이다.

[그림 1-1] 정책의 구조

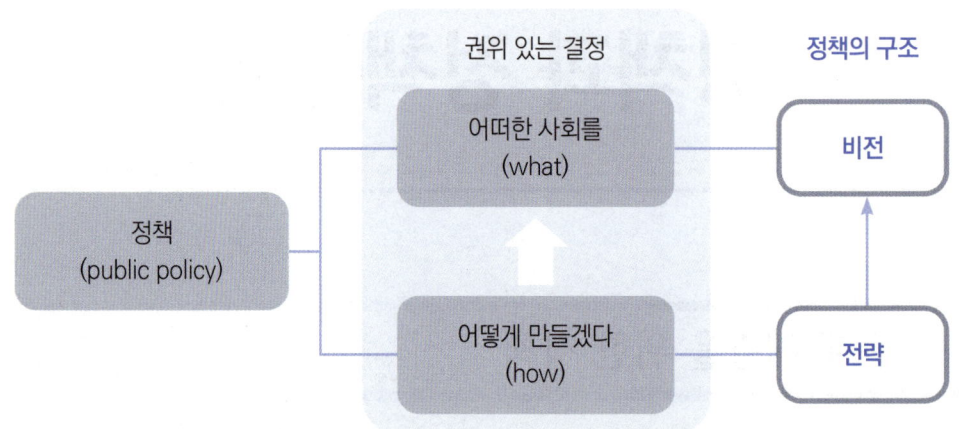

 이상과 같이 정책의 개념적 내용에는 미래에 대하여 '문제 해결', '바람직한 또는 효율적인 배분 상태', '국민의 니즈와 기대에 부응', '사회 수요 대응' 등의 속성을 가지고 있다. 이런 속성을 집약하면, 정책의 궁극적 지향점은 공공성을 실현하는 것이며, 공공성의 규범적 본질을 공익(public interest)이라고 한다(김정수, 2021). 공익의 구성 요소는 보편화된 가치, 공동체의 전체의 권익, 외부성을 가진 공공재, 미래의 이익 및 효용성, 다수의 이익, 사회적 약자의 이익 등이 있다(백완기, 1996: 301-307; 김정수, 2021: 95-98에서 재인용). 즉, 공익의 본질은 인간의 생명과 존엄성을 소중히 여기는 불변의 가치이자 공동체 생활을 이끄는 안내자의 역할을 하며, 특정 개인이나 집단의 이익이 아닌 공동체 구성원 다수의 이익이며, 외부성의 재화 및 서비스의 공공재는 공익 차원에서 생산되고 제공된다. 또한 공익은 현재의 효용보다 장래의 효용을 위한 것이며, 형평성 제고를 위해 사회적 약자 및 저소득층에 대한 차별적 대우를 없애는 것이다. 요컨대 '문제 해결', '바람직한 또는 효율적인 배분 상태', '국민의 니즈와 기대에 부응', '사회 수요 대응' 등을 위한 정책이 곧 공익을 실현하는 것이다. 그러나 여기에도 숙고하여야 할 사안이 있다. 그것은 누구의 관점 및 입장에서 바람직한 상태 또는 공익이라고 정의할 것인가, 공공의 영역과 민간부문의 사적인 영역을 명확하게 구분할 수 있는가, 선택 및 결정의 기반은 무엇에 둘 것인가, 누구에게·언제·무엇을·얼마만큼·어떻게 배분할 것인가, 대상 집단의 선호를 명확하게 파악할 수 있는가, 공익을 포장하여 사익을 추구하는 주장을 판별하고 효과적으로 배격할 수 있는가, 집단·사회·공동체 등 모두에게 해당되는 문제와 개인에게 국한된 문제

가 혼재된 경우 명확하게 그 경계 및 범위를 판단할 수 있는가 등 여러 전제에 대한 논의도 병행할 필요가 있다.

이러한 정책은 경제, 산업, 복지, 고용, 금융, 교통, 건설 및 주택, 교통, 환경, 과학기술, 식품 및 위생, 농림 및 축산, 산림 등 사회의 모든 영역에서 다양한 방법으로 개입하고 있다. 예를 들어, 교통사고 예방과 건전한 교통문화를 확립하기 위한 교통정책, 기업의 수출 활동을 장려하기 위한 기업지원정책, 기업의 고용을 장려하기 위한 고용정책, 실업자의 재취업을 위한 고용정책, 기초생활수급자의 생계 유지를 위한 복지정책, 국가인력 양성을 위한 교육정책, 예술 창작을 촉진하고 전통문화를 계승 및 발전을 위한 문화예술정책, 대기 및 수질오염을 방지하고 개선하기 위한 환경정책, 무주택자를 위한 주택정책, 인구 감소에 대응하기 위한 인구정책 등 국민이 생활하는 모든 영역에 해당한다.

2) 정책의 성격

(1) 목적 및 수단 지향성

정책은 정부가 어떠한 사회(바람직한 사회) 및 상태(바람직한 상태)를 어떻게 만들거나 개선하겠다고 결정하는 것이며, 이러한 사회 및 상태를 달성하기 위하여 정부는 유·무형의 자원을 동원한다.

(2) 계획성, 의도성, 변동성

정책은 정부가 바람직한 사회 및 상태를 어떻게 만들거나 개선하겠다고 내린 결정 및 방침이기 때문에 정부가 계획 및 의도하는 것이며, 현재보다 개선되거나 바람직한 미래 상태를 가져오기 위한 것으로 변동성을 가진다.

(3) 가치배분성

정책 내용은 동원되는 수단과 방법에 따라 혜택을 보는 사람과 손해를 보는 사람이 존재할 수 있다. 좋은 정책이란 자원을 효율적으로 배분함으로써 공익이 실현되고 어느 누구에게도 손해를 입히지 않고 모든 사람이 혜택을 보는 상태이지만, 현실적으로 한정된 자원을 통하여 모든 사람의 수요에 대응하고 니즈를 충족시킬 수 있는 상태를 가져오는 데에는 한계가 있다.

(4) 문제 해결 지향성

정책은 사회가 당면하고 있거나 정책대상 집단이 요구하는 문제를 해결하기 위하여 각종 자원을 배분하거나 정부활동이 개입한다.

(5) 인과성

정책은 문제를 해결하기 위하거나 자원을 효율적으로 배분하기 위한 정부의 의도된 활동의 방침이다. 여기에서 인과성이란 문제의 해결 또는 자원의 효율적 배분 상태가 결과이고, 그것을 위하여 동원된 수단이 정책으로서 원인에 해당한다.

[그림 1-2] 문제와 정책의 인과성

[원인] 정책 → [결과] · 문제 해결 · 자원의 효율적 배분 상태

(6) 공식성과 권위

정책은 정부가 문제를 해결하거나 바람직한 사회 상태 또는 자원의 효율적 배분을 위하여 권위를 가진 정부기관이 공식적으로 결정하고 공표한 것이다.

(7) 의사결정 과정의 포괄성

정책은 문제의 범위, 성격, 규모, 심각성 정도 등 여러 변수에 따라 결정되는 양상이 다를 수 있지만 공식적으로 결정이 이루어지기까지는 문제와 직·간접적으로 관련된 당사자(정책대상 집단), 전문가, 언론, 이익집단, 권위를 가진 공식적 정책결정자 등의 의견과 주장이 표출되고 절충하는 과정이 포함되기도 하고, 권위를 가진 공식적 정부기관(중앙정부 간, 중앙정부와 지방정부 간) 간 주장과 의견이 조정되는 과정이 포함되기도 한다.

(8) 합리성과 협상의 양면성

정책은 정부가 문제를 해결하거나 바람직한 사회 상태 또는 자원의 효율적 배분을 위한 대안을 선택하기 위하여 합리적인 분석기법을 통하여 대안을 비교 평가함으로써 최적 행동 노선을 선택할 수도 있지만 문제의 범위, 성격, 규모, 심각성 정도 등에 따라 이해관계를 달리하는 집단들 간의 역동 작용을 통한 협상의 산물이기도 하다.

(9) 강제성과 제약성

정책은 국민 또는 정책대상 집단에게 긍정적 혜택만을 부여하는 것이 아니라 바람직한 사회 상태 또는 효율적인 자원 배분을 위하여 관련 집단이나 이해관계자의 활동을 강제하거나 제약을 가한다.

[그림 1-3] 정책의 성격

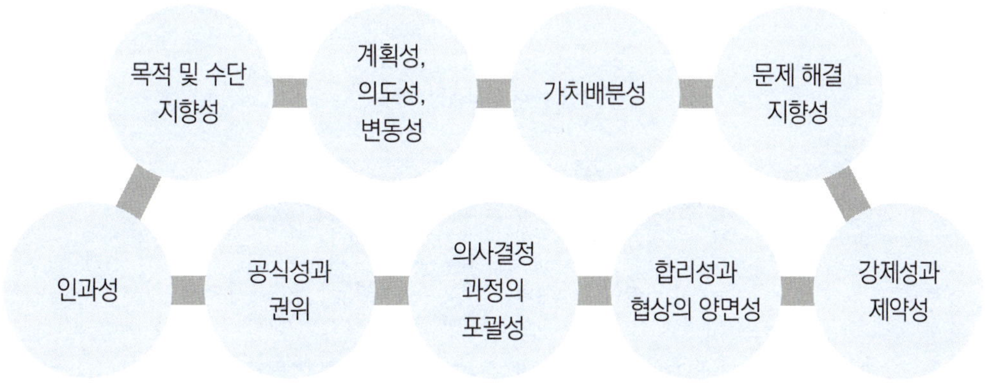

2. 정책결정 과정

Public Policy Analysis and Decision Making

일반적인 정책과정(policy process)은 사회문제로부터 출발하여 의제설정(agenda setting), 정책형성(policy formulation), 의사결정(decision-making), 정책집행(policy implementation), 정책평가(policy evaluation), 환류(feedback) 등의 순환 과정을 말한다. 정책결정 과정(policy making process)은 정책의 순환 과정을 세부적으로 단계별로 구분하고 정의하는 과정이다. 일반적인 정책결정 과정은 공익 실현(문제 해결이나 바람직한 사회 상태 및 효율적인 자원 배분 상태)이라는 목적을 위하여 그 목적을 정의 및 조작화하고 모든 정책대안을 탐색·비교분석·예측·선택하여 실제 활동으로 이행하며 그 활동에 대한 성과를 평가하고 환류하는 과정이다.

이와 같은 정책결정 과정은 각 단계마다 다양한 요인들이 영향을 미친다. 가장 기본적인 토대이자 영향 요인은 이론과 가정, 규범과 가치, 태도, 행동 등의 개념적 틀이 있으며, 지역·공간·장소의 위치·범위·경계, 개인을 비롯하여 정책대상 집단과 이해관계자, 그리고 공식적인 정책결정 과정의 참여자 특성, 역사와 문화, 공식적 및 비공식적 제도적 틀(정치·사회·경제 상황, 제도적 및 법적 상황) 등이 있다. 이들 영향 요인은 상호 작용하면서 정책결정 과정에 영향을 미침으로써 당초 기대하는 목표에 도달하거나 목적을 달성하는 데 기여하지만 의도하지 않은 결과를 가져올 수도 있다. 체계적이고 합리적이며 좋은 정책분석은 의도하지 않은 파생적 외부 효과를 최소화하면서 기대하는 목적을 실현할 수 있도록 정책의 미래 효과 및 영향을 예측하는 활동이다.

[그림 1-4] 정책결정 과정

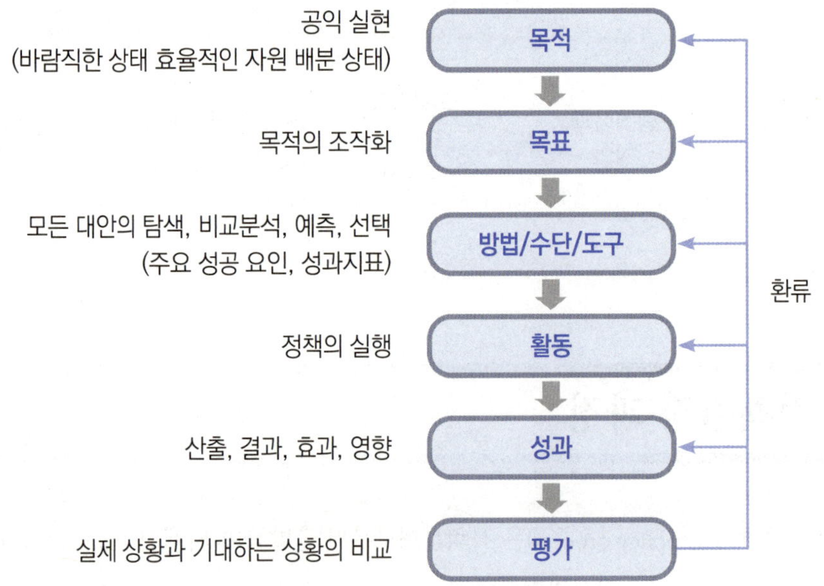

공익 실현 (바람직한 상태 효율적인 자원 배분 상태)	목적
목적의 조작화	목표
모든 대안의 탐색, 비교분석, 예측, 선택 (주요 성공 요인, 성과지표)	방법/수단/도구
정책의 실행	활동
산출, 결과, 효과, 영향	성과
실제 상황과 기대하는 상황의 비교	평가

환류

자료: Schouwstra & Ellman(2006)의 내용을 수정함

제1장 **정책과 정책문제**

1) 목적

정책결정 과정의 첫 번째 단계는 공익 실현을 위하여 문제를 해결하거나 바람직한 사회 상태 및 효율적인 자원 배분 상태를 가져오려는 목적을 설정 및 정의하는 일이다. 예를 들어, 실업률 증가가 사회문제라고 진단한다면 실업률 감소를 통하여 사회 안정을 도모하는 것이거나 지역에서 자연인구(출생과 사망)의 감소가 문제라면 생활인구 증대를 통하여 지역의 인구 소멸을 막고 지역공동체를 회복하는 것이 정책의 목적이 된다. 실업률을 감소하고 생활인구를 증대하는 목적은 사회문제를 해결하는 것이고 바람직한 사회 상태로 규정하기 때문이다.

2) 목표

목표는 목적을 달성하기 위한 구체적인 성과 방향 또는 도달할 위치나 지점을 의미한다. 목표는 목적을 달성하는 데 사용할 수 있는 방법이나 도구를 마련하기 위한 실제 출발점을 제공한다. 예를 들어, 실업률을 감소시킴으로써 사회 안정을 도모하려는 목적에 대한 목표는 '실업률 10% 감소'로 구체적으로 조작화하는 것이고, 생활인구 증대를 통하여 지역공동체를 회복하려는 목적에 대한 목표는 '전년도 대비 생활인구 10% 증가'로 조작화하는 것이다.

3) 방법, 수단, 도구

방법(대안)이나 도구는 목표를 실현하는 수단이다. 어떤 방법 및 대안을 선택하느냐에 따라 목표 실현의 성패가 좌우된다. 이 단계에서 정책분석가는 목표를 실현하기 위한 방법으로서 가능성의 모든 대안을 탐색하고 탐색한 대안들을 비교분석 및 미래 결과를 예측한 후 최적 대안을 제시한다. 예를 들어, '실업률 10% 감소'를 위한 대안으로는 직업현장교육 프로그램, 산업 수요의 맞춤식 학교교육 프로그램, 재취업교육 프로그램 등을 생각할 수 있고, '생활인구 10% 증가'를 위한 대안으로는 지역체험활동 프로그램, 워케이션(workation),[01] 고향사랑기부제 등을 생각할 수 있다.

---

[01] Workation은 일(work)과 휴가(vacation)의 합성어로 비일상적인 여행지/휴가지에서 일하는 것을 의미한다.

4) 활동

활동 단계는 최종 채택된 정책(대안)을 정책의 대상집단 및 지역(장소)에 직접 실현 및 집행하는 것이다. 활동은 대안들 중에서 최적 대안으로 예측하는 하나만 선택할 수도 있지만 복수의 대안을 복합적으로 병행하여 집행할 수도 있다.

5) 성과

정책이나 프로그램의 성과는 논리모형에 따라 산출, 결과, 영향의 순차적 단계로 구분한다. 산출(outputs)은 개입 및 활동으로 나온 제품이나 서비스 또는 수행한 일 및 프로그램 운용의 종료 자체를 의미하고, 결과(outcomes)는 산출을 거쳐 의도 및 기대한 성과로서 단기적 성과와 중기적 성과로 구분한다. 영향(impact)은 산출과 결과를 거쳐 2차적·장기적·복합적·직간접적·의도하거나 의도하지 않은 긍정적이거나 부정적 요소를 포함하는 성과로 나타난다.[02] 이와 같

〈표 1-1〉 논리모형에 따른 산출, 결과, 영향

산출 ➡		결과 ➡		영향
수행한 일	참여자 수	단기적 결과	중기적 결과	장기적/궁극적 변화
- 프로그램 3회 운영 - 워크숍 2회 개최 - 미팅 3회 개최 - 서비스 제공 - 제품 개발 완료 - 컨설팅 3회 - 협약, 협정 체결 - 새로운 제품 생산	- 수료자 수 - 졸업생 수 - 이용자 수 - 관광객 수 - 의뢰인 수 - 대리인 수 - 고객의 수 - 수혜자 수	- 문제 해결 - 기대하고 원하는 것의 달성 - 학습(인식 개선, 지식 습득, 태도 변화, 스킬 함양, 의견 변화, 포부, 동기부여)의 성과 - 프로그램 품질 만족 - 혁신적인 경험 - 괄목할 만한 성과	행위(행태, 사회적 관행, 의사결정 양태)의 변화	사회적·경제적·환경적 조건(상황)의 변화

---

02 https://www.intrac.org/wpcms/wp-content/uploads/2017/01/Outputs-outcomes-and-impact.pdf. (2024. 1. 18).

은 성과는 미리 결정된 양적 또는 질적 성과지표로 측정된다. 예를 들어, 실업률이 10% 감소하였거나 생활인구가 10% 증가한 경우 정량적 지표에 해당되며, 고용을 통하여 생활이 안정된 정도나 생활인구의 증가로 지역공동체가 회복된 정도 등은 정성적인 지표에 해당된다.

6) 평가

평가 단계는 성과 측정을 토대로 정책이나 프로그램이 당초 계획하고 설정된 목표 및 목적에 부합하고 어느 정도 기여하였는지를 판단하며 가치를 부여하는 것이다. 평가의 목표는 정책이나 프로그램이 목표 및 목적의 달성에 기여하였는지, 예산(비용)이 집행(지출)이 적정 및 적법하였는지, 정책이나 프로그램을 개선할 수 있는지, 그렇다면 어떻게 개선할 수 있는지 등이 포함된다. 평가 단계에서는 목표 및 목적에서 설정한 기대하는 상황과 실제 경험하고 있는 상황을 비교함으로써 문제의 해결 여부 및 정도를 판단하며, 평가를 통하여 도출한 결과는 정책 또는 프로그램의 존속(유지), 수정 및 변경(증대, 감소, 보강, 축소), 종결(폐지) 등을 결정하는 데 기본 정보 및 지식으로 활용된다.

또한 평가의 가장 중요한 특징은 정책결정 과정의 모든 단계에 대하여 피드백이 제공되고, 이러한 피드백을 통하여 정책을 재설계하고 개선할 수 있다는 것이다.

3. 사회문제와 정책문제

1) 사회문제의 특징

사회문제(social problems)는 사회구성원들이 인식 및 경험하는 욕구 불만족의 상태, 불편한 상태이거나 올바르지 않고 바람직하지 않다고 생각하는 규범·행동·대상의 총합을 의미한다. 사회문제는 시대, 장소, 환경, 대상, 관점 및 입장, 의식 및 욕구 수준, 정상적 상태의 기준 등의 다양한 변수에 따라 문제일 수도 있고 또는 문제가 아닐 수도 있기 때문에 매우 주관적이다. 사회문제는 문제의 원인이 불명확하고 복합적이며 복잡하기 때문에 쉽게 해결하기도 어렵다.

　예를 들어, 인구 감소를 문제로 볼 것인가 아니면 사회문화적 현상으로 볼 것인가이다. 만약 문제로 규정한다면 사회구성원의 어떤 계층, 누구의 관점에서 어떤 이유로써 문제로 정의하는가에 관한 질문이 이어질 수 있다. 인구 감소를 문제로 규정한 경우에도 감소의 원인은 출생률 감소와 사망률 증가의 자연 감소에서 비롯되는데 출생률이 감소하는 원인은 비혼자(1인 가구)의 증가와 무자녀의 결혼가정이 증가하고 있기 때문이다. 그렇다면 비혼의 원인은 무엇이고 결혼가정에서 출산하지 않은 이유가 무엇인지를 단선적으로 명확하고 분명하게 설명하는 것이 쉽지 않다. 또 다른 예를 들면, 지역에서 개발행위나 각종 행사 유치에 대해서도 자연환경의 친화성을 선호하는 사람과 지역의 고유적인 사회적 규범 유지를 희망하는 사람과 유형적이고 새로운 변화를 희망하는 사람에 따라 그 관점과 인식이 다를 수 있다.

　현대 사회문제는 사회적, 경제적, 환경적, 기술적, 정치적 등 다양한 영역에 걸쳐 복잡하고 상호 연결되어 있다. 사회문제의 특징을 제시하면 다음과 같다.

(1) 문제의 다양성, 대규모성, 광범위성

　사회문제는 유형이 다양하고 규모가 크며 광범위하다. 현대 사회에서 문제는 다양한 유형의 자연재난(지진, 태풍, 홍수, 호우, 폭풍, 해일, 폭설, 폭염, 가뭄, 지진, 황사, 적조 등)을 비롯하여 예측 및 예방하기 어려운 인적 재난(화재, 붕괴, 폭발, 교통사고, 화생방사고, 환경오염사고 등)과 사회적 재난(에너지, 통신, 교통, 금융, 의료, 수도, 전염병 등) 등의 발생 빈도가 증가하고 있으며, 그 규모가 크고 피해가 광범위하다.

(2) 문제의 상호연결성과 파급 효과의 확산성

　사회문제는 문제구조가 상호 연결되어 있고 그 파급 효과가 광범위하게 확산된다. 현대 사회가 직면한 많은 과제는 복합적 및 복잡성으로 서로 연결되어 있으며 단독으로는 쉽게 해결할 수 없다. 기후 변화, 경제적 불평등, 코로나19와 같은 글로벌 보건 위기 등의 문제는 여러 부문에 걸쳐 파급 효과를 가진다. 또한 글로벌화를 통하여 세계가 서로 연결되어 있다는 것은 문제가 개별 국가에만 국한되지 않는다는 것을 의미한다. 국제 무역, 이주, 질병 확산 등의 문제는 전 세계적으로 영향을 미친다. 이로 인한 파급 효과 및 영향은 사회구성원들의 삶에 부정적 영향을 미친다.

(3) 급속한 기술 변화의 순기능과 역기능

현대 사회는 디지털 지능정보기술로 인한 급속한 변화를 맞이하고 있다. 디지털 및 인공지능 기술의 발전은 새로운 기회의 창을 열어 주고 삶의 편리성을 높여 주는 순기능을 가지지만 동시에 새로운 도전과 과제를 안겨 주고 있다. 디지털과 인공지능(AI) 신기술은 개인정보 보호와 사생활 침해, 사이버보안, 자동화로 인한 일자리가 대체됨으로써 실업자 증가, 디지털 및 스마트 격차로 인한 사회·경제·교육활동의 배제, AI 신기술을 둘러싼 윤리적 우려와 같은 역기능 문제가 새로운 과제(문제)로 대두되고 있다.

(4) 환경의 지속가능성 대두

현대 사회에서 과학기술의 발전은 인간에게 편리한 삶을 누리도록 기여하고 있지만 반면에 기후 변화, 대기 및 수질의 오염, 무분별한 삼림 벌채, 천연자원의 고갈은 지구에 심각한 위협이 되고 있다. 환경 훼손의 심각성도 궁극적으로는 사회구성원들의 삶에 부정적 영향을 미치기 때문에 환경의 지속가능성을 확보하기 위한 국가의 관심과 정책적 대응이 필요하다.

(5) 사회적 격차와 불평등 심화

현대 사회는 양적으로 풍부한 경제적 자본을 기반으로 물질적 풍요를 체감하고 있지만 모든 사람이 똑같을 수는 없다. 경제적(소득) 격차, 사회적 차별, 자원과 기회에 대한 불평등한 접근은 사회적 불평등과 배제를 유발한다. 빈곤, 교육 격차, 제도적 차별 등의 문제를 해결하는 것은 좀 더 정의로운 사회를 만드는 데 중요하다. 이와 함께 정치적 이념과 갈등이 심화되는 정치적 양극화 양상은 사회 통합과 사회 발전을 방해하는 요인이기도 하다.

(6) 디지털 정보의 부정확성 심화

현대 사회에서 디지털 기술과 정보는 삶의 모든 영역에서 중요한 요소로 자리 잡고 있다. 현대 사회는 곧 디지털 사회이다. 디지털 사회에서는 디지털 원주민(digital native)이 사회의 중심 역할을 담당하고 있고 정보의 접근성이 향상됨으로써 정보의 양적 증대를 가져온 반면, 부정확한 정보·잘못된 정보·의도적이고 편향적인 가짜 뉴스·여론 조작과 관련된 문제도 대두되고 있다. 부정확한 정보의 유통은 사회구성원의 판단을 흐리게 하고 정치·경제·사회활동을 비롯하여 모든 삶의 영역에서 균형을 잃게 하고 합리적 결정을 하는 데 부정적 영향을 미친다.

(7) 총체적인 인구구조의 변화

한국의 인구구조의 대표적 현상은 저출생과 고령화 증가이다. [그림 1-5]와 같이 인구구조의 변화는 사회의 모든 영역의 변화에 영향을 미친다. 저출생과 고령화는 지역 소멸과 공동체 붕괴를 가져오며 생산가능인구의 감소로 인하여 원활한 경제활동과 고용 수요의 대응에 장애 요인으로 작용하고 있으며, 모든 영역에서 정부의 정책 대응 기조의 변화를 수반하여야 할 필요성이 대두되고 있다.

이상과 같은 사회문제를 해결하려면 정부(중앙정부 및 지방정부)를 비롯하여 민간부문의 기업과 개인 간의 협력을 포함하는 총체적이고 학제 간 접근 방식이 필요하다.

[그림 1-5] 지역과 인구 변동의 복합성 및 복잡성의 인과지도

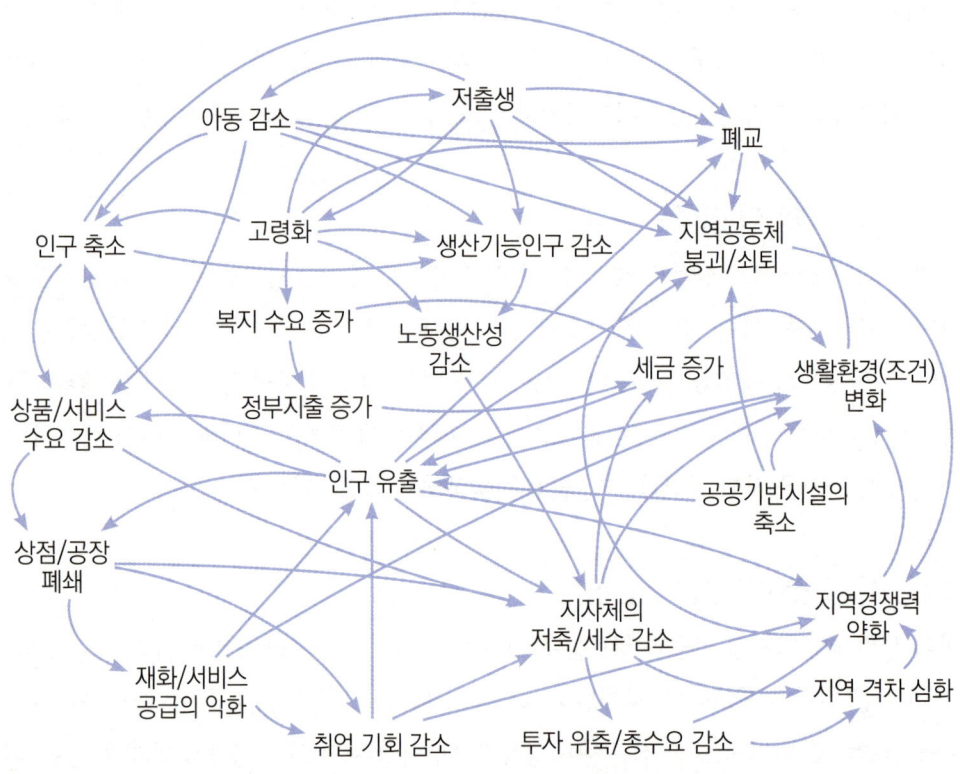

자료: 김구(2023: 31)

2) 정책문제의 특징

모든 사회문제는 정부가 관심을 가지고 해결하여야 할 정책문제(policy problems)로 진입 또는 채택되는 것이 아니라 개인 다수가 관심을 가진 사회문제는 사회적 인식 과정을 거쳐 정책분석의 주요 대상이 되는 정책문제로 진입 또는 채택된다.

정책문제는 대부분 사회문제에서 비롯되기 때문에 사회문제와 정책문제의 특징은 중첩될 수 있지만, 정부가 관심을 가지고 문제 해결의 목적 및 목표 달성을 위한 의도적인 개입 활동이라는 특징을 가진다. 이러한 정책문제의 특징을 이해하면 정책 입안자와 분석가가 사회가 직면한 복잡한 문제에 대하여 좀 더 효율적이고 효과적으로 대응할 수 있는 정책대안을 마련하는 데 도움이 된다. 정책문제의 주요 특징은 다음과 같다.

(1) 인공성

정책문제는 인간이 어떤 문제 상황을 바꾸는 것이 바람직하다고 판단할 때만 채택 가능하기 때문에 주관적인 인간 판단의 산물이다. 정책문제는 자연적으로 발생하는 것이 아니라 사회적인 상호 작용 과정을 통하여 구성·유지·변경되며 그 문제를 해결함으로써 바람직한 상태가 될 것이라고 추정하는 것도 인간의 주관적인 판단이 개입된 결과이다. 따라서 정책문제의 구성은 사회의 '자연스러운' 상태가 없다는 것을 의미한다(Dunn, 2018: 72).

(2) 공공성과 공익의 포괄성

정책문제는 사회문제 중에서 많은 국민(시민)에게 영향을 미치거나 사회 여러 영역에 광범위한 영향을 미치는 교육, 의료, 환경 보호, 안전 등 공익에 부합하다고 여겨지는 특성이 포함되는 경우가 많다. 정부가 정책으로써 공익을 실현하는 것은 정부 개입(조치) 활동의 정당성을 확보하는 것이다.

(3) 문제 해결에 정부 개입의 요청

정책문제를 해결하기 위해서는 정부의 개입이나 조치가 필요하다. 다양한 수준(중앙정부, 지방정부, 공공기관)의 정부는 공익 실현을 위하여 문제를 해결 및 완화하거나 해결하기 위한 정책을 마련하고 시행할 책임이 있다. 환경 보호, 치안 유지 및 공공안전, 도시기반시설, 경제 성장 및 물가 안정, 고용 안정, 사회 통합, 정보의 보편적 접근 확보 등에 대한 궁극적 책임은 정부에 있고 정부의 공적인 개입(조치)을 필요로 한다.

(4) 문제 원인의 불분명성·불확실성·복합성과 다양한 이해관계자의 존재

정책문제는 그 원인이 불분명하고 복합적이며 다양한 이해관계자를 포함하는 경우가 있기 때문에 문제의 범위, 크기, 심각성 정도 등을 쉽게 정의하기 어렵다. 이러한 문제를 진단하고 정의하며 최적의 대안을 마련하려면 경제, 사회, 정치, 환경 요인 등 다양한 측면에 대한 종합적인 접근과 분석이 필요하다.

(5) 주관적 가치와 이해관계의 상충

정책문제에 대한 인지와 해석은 주관적이고 상대적이기 때문에 다양한 이해관계자 간의 가치, 이해관계, 의견이 상충되는 경우가 많다. 예를 들어, 대기오염은 대기 중 이산화탄소(CO_2) 가스 및 미립자의 수준으로 정의할 수 있고, 오염에 대한 동일한 데이터일지라도 현저히 다른 방식으로 해석할 수 있다(Dunn, 2018: 71). 따라서 정책분석가는 주관성에 대한 합리성과 보편적 수용성을 확립할 수 있는 타당성의 이론적 근거를 마련하여야 하고, 상충되는 가치와 의견을 파악할 수 있도록 합리적 분석뿐 아니라 다양한 개인과 집단의 심리 및 정서적 요인, 정치적 요인도 고려하여야 한다.

(6) 제한된 자원의 효율적 배분

정책은 사회경제적으로 비효율적인 자원 배분의 상태를 효율적인 상태로 배분하기 위한 정부의 공식적 개입 활동이다. 자원을 효율적으로 배분하기 위해서는 충분한 재정, 인적, 시간 자원을 필요로 하는데 정부가 보유하고 동원할 수 있는 자원은 제한되어 있다. 정책분석가는 정부가 이러한 제한된 자원을 효율적으로 배분할 수 있도록 문제의 심각성과 문제 해결의 필요 수준에 대한 우선순위를 정하는 역할을 수행한다.

(7) 상호 연결 및 의존성과 복수의 정책으로 인한 장기적 영향

많은 정책문제는 그 원인이 불분명하고 불확실하며 복잡성의 특징을 가지기 때문에 단일 정책을 통하여 단기간에 해결되기보다는 복수의 정책의 결합과 장기적인 영향으로 완전히 해결되거나 다양한 상황 변화로 인하여 자연적으로 문제가 소멸되기도 한다. 따라서 정책분석가는 정책대안을 비교하고 예측하는 데 단기적 영향뿐만 아니라 민감도 분석을 토대로 장기적 영향까지도 모두 고려하는 것이 필요하다. 또한 정책문제의 경계와 범위를 배타적이고 절대적으로 정의하기 곤란하고 한 영역의 문제가 다른 영역의 문제에 영향을 미칠 수 있어 이들 상호 관계(상호 의존 및 연결)를 파악하는 것도 필요하다. 예를 들어, 사회문제를 다루는 정책은 경제문제에 영향을 미칠 수 있고, 반대로 교육, 경제, 고용, 복지문제는 다른 문제에 영향을 미칠 수 있으며, 대기와 수질의 환경문제는 공중보건에 영향을 미칠 수 있으며, 교육·실업·고용·주택·복지정책은 인구정책에 영향을 미칠 수 있다.

(8) 상황 변화의 역동성과 정치적 민감성

정책문제는 그 원인으로 작용하는 사회, 기술, 경제, 여론, 정치(선거 결과, 정권 교체, 정치적 분위기)의 상황 변화, 역사적 사건, 국제 정세 등으로 인하여 문제의 성격, 범위가 변할 수 있다. 정책분석가는 정책의 지속적인 효과를 보장하려면 상황 변화의 새로운 추세와 정보에 민감하게 반영할 필요가 있다.

[그림 1-6] 정책문제의 특징

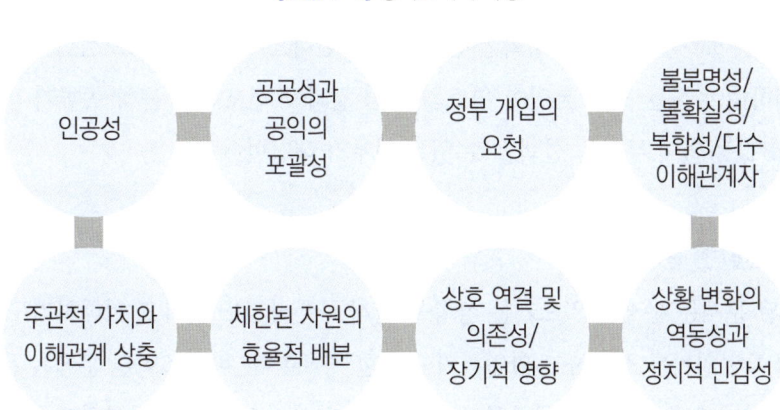

3) 정책문제의 유형

정책문제를 일으키는 문제의 상황은 복잡하고 다양하다. 문제의 상황이 단순하고 분명하다면 분석가는 쉽게 이해하고 문제의 구조화 과정뿐만 아니라 다음 단계의 정책분석 과정을 순조롭게 진행할 수 있지만 대부분의 정책문제의 상황은 복잡하고 문제의 속성이 불분명하기 때문에 체계적인 준비와 계획이 필요하며, 문제 상황을 가장 잘 식별하고 확인할 수 있는 이론적 및 경험적 접근 방법을 적용하여야 한다. 정책문제의 유형은 잘 구조화된 문제, 비구조화된 문제, 보통으로 구조화된 문제 등 세 가지 유형으로 구분하며, 자세히 설명하면 다음과 같다(Dunn, 2018: 75-77).

(1) 잘 구조화된 문제

잘 구조화된 문제는 상황을 일으키는 요인이 명확하고 이해하기 쉬우며 무엇이 요구되는지를 확실히 알 수 있는 경우이다. 이와 같은 문제는 선호도에 따라 명확하게 순위가 매겨진 효용(가치)에 대한 합의가 이루어져 있고 각 대안의 결과는 완전한 확실성(결정론적) 또는 허용 가능한 오차 범위 내에서 알려져 있다. 잘 구조화된 문제의 경우 정책대안의 모든 결과는 알고리즘에 의한 컴퓨터 프로그램화되어 있어 쉽게 결과를 도출할 수 있으며, 반복적이고 경험적인 활동의 결과로 해결 대안이 무엇인지를 누구나 쉽게 알 수 있다. 예를 들어, 소모품 교체 및 교환 주기를 결정하거나 공공기관 차량 교체에 따른 대안을 선택하여야 하는 경우 노후 차량의 평균 수리 비용과 구매 및 감가상각비를 고려하여 노후 차량을 신차로 교환하여야 하는 최적점을 찾는 것은 비교적 단순하고 명확한 문제에 해당한다. 또 다른 예시로 점심 시간에 음식의 종류를 선택하여야 하는 경우 본인이 평소의 경험 결과로 선호하는 음식 종류가 정해져 있어서 큰 고민과 갈등 없이 무엇을 선택할 수 있는 경우가 해당한다.

(2) 비구조화된 문제

비구조화된 문제는 문제를 일으키는 상황을 쉽게 구분하지도 못하고 이해하기도 힘들며 문제의 원인이 무엇인지를 식별하고 확인하기 곤란한 경우이다. 비구조화된 문제는 문제를 일으키는 원인이 어디에서 어떻게 발생하였고 그 규모가 얼마인지를 쉽게 구분하고 확인하기 곤란하기 때문에 어떤 자원을 얼마만큼 동원하여 해결할 수 있을지를 알 수 없거나, 알더라도 일관된 방식으로 우선순위를 정하는 것이 쉽지 않다. 잘 구조화된 문제와 적당히 구조화된 문제에는 일관성을 갖춘 선호의 순위가 포함되어 있는 반면, 비구조화된 문제는 선호의 일관성을 찾기 힘들다. 예를 들어, 잘 구조화된 문제는 대안이 A가 B보다 크고(A>B), B가 C보다 크면(B>C)

A는 C보다 크다(A>C)로 선호되는 반면 비구조화된 문제는 A가 B보다 크고(A>B), B가 C보다 크면(B>C) C는 A보다 크다(C>A)로 선호된다. 즉, 비구조화된 문제는 선호 대안의 규칙이 존재하지 않고 알 수도 없는 경우이다.

(3) 적당히 구조화된 문제

적당히 구조화된 문제는 잘 구조화된 문제와 비구조화된 문제의 중간 단계로 소수의 의사결정자와 상대적으로 제한된 수의 대안이 포함되며 효용(가치)에 대한 불일치는 관리 가능하며 교섭과 상호 조정을 통하여 해결될 수 있다. 적당히 구조화된 문제는 몇 사람의 의견을 조정하고 합의하며 대안을 결정할 수 있으나 그 결정이 확실한 결과를 가져올 것이란 확신은 어렵다.

〈표 1-2〉 정책문제의 유형

구분	잘 구조화된	보통 구조화된	비구조화된
의사결정자	한 명	몇 명	다수
대안	고정적	제한적	비제한적
유용성(가치)	합의	교섭	갈등
결과	확실	불확실	위험
확률	결정론적	추정 가능	추정 가능

자료: Dunn(2018: 76)

분석가는 잘 구조화된 문제를 당면하게 되면 명확하고 이해하기 쉬우며 바람직하고 효과적인 해결책을 제시할 수 있으나 실제 상황에서는 문제 구조화가 잘 이루어지지 않는 경우가 많다. 그 이유는 앞에서 제시한 정책문제의 특성 때문이다.

첫째, 관련된 다양한 이해관계자가 존재하고 갈등 양상이 고조되며 문제에 대한 사회적 가치에 합의가 이루어지지 않은 경우이다. 둘째, 정책결정자들이 사회적 선호보다는 핵심적인 고객집단과 함께 자신이 속한 기관의 역할 가치를 극대화하려는 경향이 있어 자신과 다른 가치에 관심이 없거나 중요한 의미를 부여하지 않기 때문이다. 셋째, 정책결정자들이 기존의 정책(프로그램, 사업, 예산) 지원 약속 때문에 새로운 대안을 고려하여야 하는 새로운 문제에 관심이 없는 경우이다.

4. 문제 해결을 위한 정부 조치

정부가 정책문제를 해결하기 위하여 취할 수 있는 조치는 국민의 모든 삶의 영역에서 비효율적으로 자원이 배분되고 있는 상태를 효율적인 상태로 개선하기 위하여, 즉 사회적 가치를 비롯하여 공공가치, 공공성, 공익 실현을 위하여 정부가 공식적으로 개입(조치)하는 일련의 활동이다. 정부의 개입(조치) 활동은 유형적인 재화일 수도 있고 무형적인 서비스도 포함된다. 정부가 공공문제를 해결하기 위하여 개입할 수 있는 조치들은 세금(조세), 규제, 보조금 및 양여금, 서비스 공급, 공공기관 예산의 조정, 정보, 사적 권리의 구조, 경제활동, 교육과 자문, 자금조달 및 계약, 관료적 및 정치적 개혁 등 다양한 방법을 동원하며 해결하여야 할 문제의 성격, 심각성, 범위, 관련 이해관계자 등에 따라 그에 적합한 방법을 모색하게 된다. 자세한 내용을 살펴보면 다음과 같다(Bardach, 2009: 127-135).

1) 세금(조세)

정부가 정책문제를 해결하고 자원을 효율적으로 배분하기 위해서는 대부분 비용이 수반된다. 정부가 운용하는 비용은 세금(조세)으로 충당하여야 하지만, 국민에게 과도한 세금이 부과되거나, 세금만 부담하고 직접적 및 잠재적 혜택이 없는 경우나, 세금 부담이 공정성 및 형평성에 부합하지 않게 되면 그 정책에 대한 순응성을 확보하기 어렵다는 점도 고려하여야 한다.
   ① 새로운 세금 부과
   ② 기존 세금의 폐지
   ③ 세율 변경
   ④ 세금 징수(납부) 방법의 개선
   ⑤ 외부성(externality)에 세금 부과

2) 규제

정부의 규제는 바람직한 정치·사회·경제 질서를 바람직한 상태로 개선하기 위하여 개입하는 조치이다. 하지만 '바람직한 상태'라는 것은 주관적 판단이 개입된 것으로서 '누구'의 입장에 따라 다를 수 있다. 누군가에게 바람직한 상태라면 또 다른 누군가에게는 바람직하지 않은 상태로서 부담을 안게 되는 경우가 발생한다. 모든 사람에게 바람직한 상태로 인식되면 규제에 대한 불만 사항이 발생하지 않겠지만 정부의 모든 조치가 반드시 그렇게 이루어지는 것이 아니다. 정부가 조치하는 규제의 목적은 공공가치 및 공익을 실현하는 것이며 이것이 곧 바람직한 상태라고 판단하였기 때문에, 정부는 바람직하지 않은 상태를 개선하고 바람직한 상태를 강화할 수 있는 정책대안을 모색하여야 한다.

① 새로운 규제 체제를 추가하거나 기존 규제 체제를 폐지한다.
② 새로운 표준을 만들거나 기존 표준을 제거한다.
③ 기존 표준을 완화하거나 강화한다.
④ 어떤 것을 완전히 금지한다.
⑤ 표준을 만들기 위하여 과학적 또는 기술적 토대를 개선한다.
⑥ 규제의 허점을 없앤다.
⑦ 집행 인력을 추가, 교육, 감독을 강화한다.
⑧ 바람직하지 않은 행동을 억제하거나 자원 효율성을 높이기 위하여 집행 방법을 개선한다.
⑨ 제재의 수준을 증가하거나 낮춘다.
⑩ 항소 절차를 강화하거나 완화한다.
⑪ 승인, 보고, 감사 절차를 변경한다.
⑫ 근로자 또는 대중을 위하여 불만 사항 처리 메커니즘을 추가·삭제·개선한다.

3) 보조금 및 양여금

보조금 및 양여금은 시민에 대한 보편적 필수 서비스를 제공하거나 특정 사업이나 시책을 달성하려는 경우 국가 또는 상급기관이 하급기관(집행기관)에 내어 주는 재원이다. 보조금 및 양여금의 제공에 고려하여야 할 사항은 당초 계획하고 기대하는 목적을 효과적으로 달성하여야 하고 필수 서비스에 대한 형평성과 재원의 보충성 원리의 실현 방안을 모색하여야 한다.

① 새로운 보조금 및 양여금을 추가한다.
② 기존 보조금 및 양여금을 폐지한다.

③ 보조금 및 양여금 수준을 변경한다.
④ 보조금 및 양여금의 한계율을 변경한다.
⑤ 보조금 할당 공식을 도입, 폐지, 변경한다.
⑥ 수령 또는 자격 조건을 수정한다.
⑦ 집행을 강화 또는 완화한다.

4) 서비스 제공

서비스는 두 가지 기본 형태로 제공된다. 바람직한 서비스는 시설이 편리하고 쾌적성을 갖추어야 하며, 서비스 수혜자들이 원하는 시기에 원하는 내용을 제공하는 것이다. 또한 공공 서비스는 공정성과 사회적 형평성의 관점에서 사회적 소외계층 및 약자들에게 도움이 되고 삶의 질을 개선할 수 있어야 한다.

① 새로운 서비스를 추가한다.
② 기존 서비스 내용을 확대한다.
③ 기존 서비스를 특정 하위 집단에 맞게 더 효과적으로 맞춤 설계한다.
④ 사람들이 다양한 경쟁 서비스 제공업체 중에서 선택할 수 있도록 특정 서비스에 대한 바우처(상품권)를 제공한다.
⑤ 두 개 이상의 기존 서비스 제공 시스템을 연결한다.
⑥ 다음과 같이 서비스 이용자의 서비스 접근 용이성을 증대한다.
   - 온라인을 통한 접근
   - 신청 양식의 단순화·간소화
   - 한 곳(플랫폼)에서 모든 서비스 신청
   - 전화, 모바일, 인터넷 등 어떤 수단으로든 이용자가 원하는 선택권 부여
   - 문의 및 불만 사항의 처리 촉진
   - 결제 방법의 개선

제1장 정책과 정책문제

<표 1-3> '좋은 정부 서비스'의 기본 원칙

- 언제, 어디에서든지 원하는 서비스를 쉽게 찾을(신청) 수 있어야 한다.
  (고도화 및 지능화의 수준에서) 사용자가 찾지(신청) 않아도 원하는 서비스에 도달하여야 한다.
  언제, 어디서, 어떤 방식(온라인/오프라인)으로든 원하는 서비스를 이용할 수 있어야 한다.
- 서비스의 목적과 내용이 명확하여야 한다.
- 사용자가 서비스 내용을 쉽게 이해할 수 있어야 한다.
- 서비스를 필요로 하는 모든 사람이 가능한 한 쉽게 사용할 수 있도록 포괄성과 보편성을 가져야 한다.
- 모든 사람이 동등하게 사용할 수 있어야 한다. 차별 및 특별하게 취급하는 경우 내용적 및 절차적 합리성의 근거를 분명하고 명확하게 제시하여야 한다.
- 사용자가 원하는 것이 반영되고 기대치에 부합하여야 한다.
- 사용자는 한 곳에서 처음부터 끝까지 원하는 일을 수행할 수 있어야 한다.
- 사용자는 서비스의 명확한 결과를 이끌어 낼 수 있어야 한다.
- 사용하기 위하여 시간과 노력, 비용이 들어가지 않아야 한다.
- 서비스는 사용자에게 익숙하고 편리한 방식으로 제공하여야 한다. 사용하기 위하여 사용자가 정부 내부에 관한 실무지식(사전지식)이나 학습이 필요하지 않아야 한다.
- 서비스는 가능한 최소한의 단계에서 완료가 이루어져야 한다. 즉 복잡하거나 번거로워서는 안 된다.
- 서비스는 정부조직의 경계와 상관없어야 한다. 정부조직 어느 수준의 기관에서도 제공받을 수 있어야 한다. 사용자가 어느 기관, 어느 부서에서 관장하는지 알 필요가 없어야 한다.
- 오프라인이든 온라인이든 서비스 제공 방식, 제공 유형, 제공 내용은 일관성이 있어야 한다. 변경할 경우에도 기존 방식보다 시민들에게 간편하고 신속하며 편리한 방식이어야 한다.
- 서비스는 지속성을 유지하여야 하며, 수정 및 대체하는 경우 사용자에게 기존 서비스보다 신속하고 편리하여야 하며, 중단 및 종결하는 경우 당초 서비스의 목적(목표)을 충분히 달성하여야 하고, 그에 관한 합리적 근거를 제시하고 설명하여야 한다.
- 서비스 대상, 시기, 내용 등 상황 변화에 신속하게 대응하여야 한다. 변화하는 경우 기존 수혜자가 정당하게 받아야 할 내용이 축소, 중단, 폐지되지 않아야 한다.
- 서비스의 결정이 내려진 이유를 분명하고 명확하게 밝혀야 하며, 필요한 경우 그 결정에 이의를 제기할 수 있어야 한다.
- 정부와 사용자 간 서비스 교환 과정에서 쉽게 도움을 받을 수 있어야 한다.
- 도움을 받는 방법은 어떤 방법(전화, 이메일, 온라인, 오프라인 방문)으로도 이루어질 수 있어야 하고, 차별이 없어야 한다.
- 사용자의 정보는 법과 규정에 따라 신중하고 적법하게 취급하여야 한다. 실제 서비스와 관련 없는 신원 확인에 관한 구체적인 정보를 다루지 않아야 한다.

자료: Fretwell(2020); 영국 정부(GOV.UK) 웹사이트;[03] 김구(2021)

---

03 https://www.gov.uk/service-manual/design/introduction-designing-government-services. (2020. 10. 20).

5) 기관의 예산(재정)

정부가 정책문제를 해결하기 위해서는 재정, 인적, 시간 자원을 동원하여야 하고, 그 자원을 운용하는 실질적인 책임은 공공기관 또는 대행기관이 담당한다. 정책문제의 해결이나 자원의 효율적 배분을 위한 재정은 기관의 예산으로 편성되며 국회로부터 승인된 것이며, 예산은 정책을 숫자로 표현한 것과 마찬가지이다. 따라서 예산(재정)의 규모는 정책의 규모와 내용을 표현할 뿐 아니라 기관의 비전, 임무, 기능을 제시하는 것이다.

① 예산을 증액한다.
② 과거 연도의 수준에서 예산을 유지한다.
③ 예산을 삭감한다.
④ 예산 운용의 일몰제를 적용한다.
⑤ 다른 예산 항목으로 이동한다.

6) 정보

정보의 비대칭은 자원의 비효율적 배분을 가져오는 시장실패의 원인 중의 하나에 해당된다. 시장에서 공급되는 제품에 대한 완전한 정보가 전부 공개되는 경우 소비자는 효용 극대화를 가져올 수 있는 선택을 할 수 있으나 완전히 공개되지 않거나 부분적으로만 공개되는 경우 소비자는 불합리한 선택을 할 수밖에 없어 효용 극대화를 기대하기 힘들다. 정부는 제품에 대한 정보가 공개되고 소비자가 합리적인 선택을 할 수 있도록 정보를 표준화 및 단순화하도록 지도하거나 장려할 수 있다.

① 정보 공개를 요구한다.
② 정부가 등급을 정하거나 인증한다.
③ 정보 표시와 형식을 표준화한다.
④ 정보의 형식을 단순화한다.
⑤ 정보의 생산에 보조금 및 장려금을 준다.
⑥ 정보의 배포에 보조금 및 장려금을 준다.

7) 사적 권리의 구조

정책분석가가 효율적이고 바람직한 최적 대안이라고 판단할지라도 최종적으로 남아 있는 과제는 사적 영역과 관련 법률에 충돌이 없어야 한다. 즉, 공익을 위하여 고유적 사적 권리(재산권)를 침해해서는 안 되기 때문이다. 이와 관련하여 정책분석가는 사적 영역을 침해하거나 사적 권리와 충돌이 없는지 또한 사안을 규율하는 법률에 저촉되지 않으면서 정책문제 해결이 가능한지를 검토하여야 한다.

① 계약상의 권리와 의무
② 재산권
③ 책임과 의무의 관계
④ 헌법상의 고유 권리
⑤ 민법, 노동법, 회사법, 형법

8) 경제활동

정부는 정책문제를 해결하고 자원을 효율적으로 배분하기 위하여 개인이나 기업의 민간부문 활동에 개입한다. 정부의 개입 방법은 사회경제적으로 한정된 자원을 효율적으로 배분하기 위하여 바람직한 정책대안을 모색하는 것이다. 자원을 효율적으로 배분하는 것은 비효율적인 상황을 바람직한 상태라고 생각하는 계획적·의도적인 변화 상태를 의미하는 것으로서, 이를 위하여 정부는 개인이나 민간부문 활동을 통제, 장려, 통제의 해제, 공공재의 제공 또는 폐지 등의 다양한 수단을 강구한다.

① 독점(독과점)의 통제 및 경쟁의 장려
② 가격과 임금(수익)의 통제 또는 통제의 해제
③ 생산 수준의 통제 및 통제의 해제
④ 공공일자리의 제공 또는 폐지

9) 교육과 컨설팅

정부는 정책문제의 해결이나 자원의 효율적인 배분 상태를 가져오기 위하여 직접적 개입(조치) 활동을 실행할 수도 있지만 정책대상 집단이 자구책 및 자생력을 갖출 수 있도록 그들에게 역량을 배양하는 지원 및 조장 정책을 마련할 수도 있으며, 대표적인 활동이 교육과 컨설팅이다. 사람들은 문제나 기회를 의식하지 못할 수 있고, 부주의하거나 무감각할 수 있다. 정부는 정책대상 집단이 문제나 기회를 의식하고 주의할 수 있도록 그들에게 교육과 컨설팅에 관한 정책적 조치로 개입한다. 정부는 정책대상 집단에게 자율성 신장, 책임, 스킬, 역량, 숙련 등을 위하여 교육과 훈련 그리고 컨설팅을 제공한다.

① 위험에 대한 경고
② 새로운 지식과 기술이 전수
③ 권고나 영감을 통한 의식의 고양
④ 스킬과 역량의 제고
⑤ 인식의 제고
⑥ 가치의 변화
⑦ 훈련, 인증, 면허 등을 통한 전문화

10) 시장구조 및 계약 변경

바람직하지 않거나 비효율적인 자원이 배분되고 있는 상황은 자본과 보험계약이 비효율적으로 운영되고 있을 수 있다. 정부 계약과 조달 방식이 너무 경직되거나, 너무 부패하거나, 너무 비싸거나, 너무 느린 경우 자원이 비효율적으로 배분되거나 바람직하지 않은 상태를 초래하게 만들 수 있다.

① 새로운 시장 창출
② 기존 시장 폐지
③ 상환·환급률 변경
④ 상환을 위한 기준의 변경(비용 추가, 단위가격, 수량에 따른 차등제, 성과 보너스 또는 페널티)
⑤ 정부 보유의 자원 임대

⑥ 사용자 수수료 구조 변경
⑦ 조달 관행 또는 계약 방법 변경
⑧ 대출 및 보증 제공
⑨ 공기업 설립 또는 해체
⑩ 공기업의 민영화
⑪ 보험계약 수정

11) 관료적·정치적 개혁

정책문제가 발생하는 많은 이유 중의 하나는 정책을 결정하고 집행하는 정치적 메커니즘과 관료 시스템이 환경 변화 및 시민의 수요에 부응하지 못하기 때문이다. 정책문제를 해결하고 효율적으로 자원을 배분하려면 지금까지 제시한 정부의 많은 조치(개입) 활동도 중요하지만 정부조직의 개혁뿐만 아니라 정치적 메커니즘의 혁신도 필요하다. 이를 위해서는 조직구조의 혁신, 최고관리자의 교체, 정보 시스템의 개선, 급여의 인상, 일하는 방식의 변경, 의사결정 구조 및 방식의 변경, 조직문화 및 풍토의 변경 등 다양한 조치를 강구하여야 한다.

5. 정책분석의 학습 목표와 정책분석가의 역할

1) 정책분석의 학습 목표

정책분석은 사회과학의 응용학문으로서 공공문제를 해결하고 바람직한 미래 상태를 제시하는 데 기여할 수 있는 지식을 창출·축적·발전시키는 데에 목적을 두고 있으며, 정책분석을 학습하는 구체적인 목표는 다음과 같다(Patton et al., 2016: 7-8).
① 정책 및 기획에서 사용하는 기본적 언어를 해석하고 이해한다.
② 미래 할 일을 체계적이고 명확하며 정확하게 작성하는 방법을 습득한다.
③ 중요한 정보를 간결하게 전달하고 이해관계자들에게 설명하고 이해하는 방법을 습득

한다.
④ 이론적·경험적으로 뒷받침되는 간단한 모델을 개발하는 방법을 습득한다.
⑤ 정책과 프로그램의 분배 측면을 평가하는 방법을 습득한다.
⑥ 정치적 요인을 분석하고 통합하는 방법을 습득한다.
⑦ 시간 제약 속에서 정책(프로그램, 사업)을 추진하고 자원을 할당하는 방법을 습득한다.
⑧ 효율적인 검색 기술과 지속성을 통하여 정책 관련 데이터를 얻는 방법을 습득한다.
⑨ 대량의 데이터와 정보를 선별하고 종합하는 능력을 갖춘다.
⑩ 정량적 데이터의 분석 능력을 개발하고 정성적·주관적 의견을 경청하고 종합하는 능력을 익힌다.
⑪ 효과적인 프로그램 구현 지침을 설계하는 방법을 습득한다.
⑫ 정책 맥락에서 불확실성에 대처하는 방법을 습득한다.

2) 정책분석가의 역할

정책분석가(policy analyst)는 공공기관뿐만 아니라 각종 연구기관, 대학, 컨설팅 업체, 기업 등 다양한 분야에서 의사결정을 지원하는 역할을 수행한다. 공공기관에서 최종적인 의사결정은 각종 위원회, 기관장, 의회, 시장, 장관, 대통령 등이 담당하기 때문에, 정책분석가는 이들이 최선 및 최적의 결정을 내릴 수 있도록 지원하는 기능을 담당한다. 따라서 정책분석가는 신뢰성, 타당성, 객관적이고 중립적이며 공평성 등 관점에서 유용한 정보와 지식을 산출하여 최종 의사결정 라인에게 제공할 수 있어야 한다.

정책분석가는 문제에 관련된 데이터와 정보를 수집하고 분석하며, 문제를 해결하기 위한 대안을 탐색·비교·예측하는 활동뿐 아니라 기존 정책 결과를 평가하고 대중 및 정부 관료와 정보를 공유하는 역할을 수행한다. 또한 그들은 문제를 일으키는 이해관계자들 간의 역학적 관계를 파악하고 그들의 의도와 가치를 논리적으로 설명하여야 한다. 한국정책능력진흥원은 '정책분석평가사'를 정부와 민간부문에서 현황 분석과 미래 예측, 정책의 개발과 집행, 평가를 효율적으로 수행할 수 있도록 기획·분석·평가 업무 등을 수행할 수 있는 전문인력이라고 소개하였다. 정책분석가의 역할을 자세하게 설명하면 다음과 같다(Blanchard, 2007).

첫째, 데이터를 수집·분석하고 의미 있는 정보로 요약하여 정리한다. 정책분석가는 객관적 사실에 기반한 데이터를 수집하여 적절한 통계분석을 통하여 숨겨진 문제를 식별하고 정의함으로써 최종 의사결정자들이 최선 및 최적의 의사결정을 할 수 있도록 그들에게 의미 있는 정보를 전달한다.

둘째, 정책대안을 탐색하고 비교하며 미래 결과를 예측한다. 정책분석가는 현재 또는 임박한 문제의 원인을 파악하고 범위와 경계를 식별하고 정의하며 그 문제를 해결하기 위한 대안을 탐색하고 비교하여 미래 결과를 예측한다.

셋째, 기존 정책을 평가한다. 정책분석가는 미래에 무슨 일을 어떻게 할 것인지를 판단할 수 있도록 예측하는 역할을 담당하지만, 이미 수행한 정책이 당초 계획한 목표 및 목적을 어느 정도 달성하였는지를 평가하는 일도 담당한다. 이러한 평가의 목표는 정책을 개선하는 방법, 또는 정책을 확장하여야 할지 폐지하여야 할지 확인하고 판단할 수 있는 정보를 산출하는 것이다.

넷째, 정책을 분석·평가한 정보를 공유한다. 정책분석가는 정책을 분석·평가하여 도출한 정보를 정책 입안자, 이해관계자, 학계, 언론, 대중 등을 포함한 모든 관련 및 관심 있는 사람들과 공유한다. 공유하는 방법으로는 설명회 및 브리핑, 책, 논문, 전자 뉴스레터, 웹 사이트 및 블로그 등을 활용할 수 있다.

다섯째, 정책분석가는 인간에 대한 심리적 접근과 철학적 사색을 필요로 한다. 정책문제를 해결하고 바람직한 사회 상태를 만드는 것은 인간이다. 정책분석은 객관적이고 합리적 분석과 평가만을 수행하는 것뿐 아니라 보이지 않거나 숨어 있는 문제의 근본적 원인을 파악하기 위해서는 인간에 대한 이해, 공감, 소통이 필요하다. 또한 정책분석가는 비용 효과 측면에서는 최종 정책으로 채택될 수 있는 우선순위가 높은 정책대안일지라도 도덕과 윤리, 사회적 가치, 교육 측면도 고려하여야 한다. 또한 정책분석가는 정책이 기대하는 좋은 결과를 가져왔는지 판단하기 전에 누구에게, 무엇이, 얼마만큼, 왜 '좋은'지에 대한 가치 판단을 내리기 때문에 정책 대상자들에게 대한 심리적 접근과 깊은 철학적 사색이 수반되어야 한다.

여섯째, 정치적 민감성을 가지고 상황 변화의 역동성을 이해하고 예측하여야 한다. 정책문제는 상황 변화에 따라 문제일 수도 있고 문제가 아닐 수도 있으며, 또한 문제의 범위가 축소 또는 확대될 수 있다. 정책분석가는 문제를 일으키는 상황이 어떻게, 어느 방향으로, 얼마만큼 변화될 것인지에 대한 예측 능력을 가져야 한다. 그리고 정책문제는 정치적 요인에 따라 채택될 수 있고 기각될 수 있으며, 정치적 지지 정도에 따라 정책집행의 여부와 추진 성과가 달라질 수 있어 정치적 변동과 역학 관계에 대한 이해도 필요하다.

제2장
정책분석의 기본 이해

1. 정책분석의 의의

1) 정책분석의 개념

정책분석의 대상은 사적(private)인 것이 아닌 '공적(public)이고 해결하여야 할 문제(problems)에 초점을 둔다(Dewey, 1927). 여기에서 공적이란 "한 개인이나 단체가 아닌 일반 사회구성원과 관련되는 것(일)"을 의미하고, 세부적인 요소로서 공유성, 공개성, 공중성, 정부기관과 관련되어 있다(김정수, 2021: 86-87).

일반적으로 분석(analysis)의 사전적 정의는 복잡한 현상, 대상, 문제를 좀 더 단순한 개념이나 요소로 분해하여 그 의미를 명료하게 하는 것을 의미한다. 정책분석(public policy analysis)은 복잡한 공적인 문제를 구성하는 개념과 요소를 분해하여 문제의 성격과 범위가 무엇인지 식별하고 정의하며 그 해결 방안에 관한 정보를 산출하는 활동이다. 바꾸어 말하면, 정책분석은 정부가 공적인 문제에 직면하는 경우 정책(프로그램, 사업)의 추진 여부, 추진한다면 그 규모, 일정, 대상을 어떻게 정할 것인가, 또한 언제·얼마만큼의 서비스를 제공하면 그 문제가 어느 정도 해결되며 어떤 변화를 가져올 수 있는지를 체계적으로 분석하고 예측하는 활동이다.

정책분석은 정책문제의 성격과 원인을 분석하고 미래의 정책 효과를 예측하기 위한 정보와 지식을 산출하는 활동이다. 이러한 활동은 사회 변화와 정치적 상황과 불가분의 관계를 가지는 복잡한 과정을 거쳐야 한다. 또한 문제와 정책대안에 대한 체계적인 조사와 증거를 수집하고 정리 및 통합하며, 문제 해결의 접근 방식, 데이터의 수집과 해석을 통한 의미 있는 정보를 생성하고 미래에 가져올 대안적 행동의 결과를 예측하는 활동도 포함된다. 정책분석은 정책문제에 관한 조사와 논쟁을 적용하는 응용 학문이자, 사회기술적 문제에 대한 더 깊은 이해를 얻고 더 나은 해결책을 찾고자 수행하는 응용 연구의 한 형태이다.

2) 정책분석의 특징

정책분석의 대상은 공유성, 공개성, 공중성, 정부기관 등과 관련된 공적인 정책문제이다. 정책문제는 그 문제의 요소가 불분명하며 다른 요소들과 복잡하게 얽혀 있고 광범위하기 때문에 정책분석가의 분석활동에는 체계적이고 합리적인 방법뿐만 아니라 정치적·심리적·규범적 접근 방법도 병행하여야 하기 때문에 정책분석의 과정에는 많은 시간과 노력도 요구된다. 이러한 이유로 정책분석은 다음과 같은 특징을 가진다.

첫째, 정책분석은 사회의 광범위한 쟁점을 다룬다. 정책문제는 사회적 합의가 이루어지지 않고 이해관계자들 간 서로 다른 의견들이 불일치하거나 욕구불만족 상태가 지속되면서 정부의 관심 사항이 된 것이다. 사회는 다양한 신념과 가치관을 가진 구성원들로 이루어져 있고 각자의 니즈가 다르기 때문에 사회성원들의 잠재적 갈등 상태를 완전히 해소하는 것은 쉽지 않다. 갈등을 해소하고 통합을 이루기 위한 어떤 정책을 마련할지라도 제로(zero) 상태의 완전한 갈등 해소보다는 상반된 의견을 가진 주체들 간 부분의 합이라는 절충 상태로 존재하며 결국은 갈등의 준해결(準解決) 상태로 남게 된다. 또한 이러한 상태는 사회의 모든 국면에서 일어나기 때문에 정책분석은 다양한 국면에서 비롯되는 쟁점을 다룬다.

둘째, 정책분석은 전체 시스템의 종합적 관점에서 접근한다. 위에서 설명한 바와 같이 정책문제는 광범위하고 다른 영역과 다양한 이해관계자들과 복잡하게 얽혀 있다. 따라서 문제를 식별하고 정의하며 정책대안을 비교·분석하고 예측하는 정책분석가의 활동은 전체론적(holistic)이고 시스템적 관점에서 접근하여야 한다. 예를 들어, 인구문제는 단순히 출생률 감소의 관점에서 접근할 것이 아니라 출생에 관한 인식, 양육, 고용, 교육, 양성 평등, 주택 등과 같이 다양한 국면을 연결하여 살펴보아야 한다.

셋째, 정책분석은 양적 분석에 많은 비중을 둔다. 정책분석 활동은 주관적 판단도 고려하지만 컴퓨터를 활용하여 기계가 읽을 수 있는(판독 가능한) 객관적인 데이터를 활용한 계량적 분석기법을 상대적으로 많이 적용한다. 현대 사회는 디지털 사회이다. 디지털 사회에서는 사회 행위자들의 모든 활동의 원천이 디지털 기술이며 그 활동의 흔적이 디지털 데이터로 축적되고 표현된다. 정책문제를 인지·식별·정의·이해·판단하고 미래의 정책대안을 예측하고 설명하는 궁극적 책임은 인간의 주관적 판단이지만 주관적 판단에 도움을 주는 증거 정보를 산출하는 활동은 사회행위자의 흔적으로 축적된 디지털 데이터를 분석한 결과에 토대를 둔다. 그러므로 정책분석가에게는 디지털 사회 현상과 디지털 데이터의 이해 능력과 계량분석 방법에 관한 능력도 요구된다.

넷째, 정책분석은 사실 중심의 계량적 방법뿐만 아니라 규범적인 쟁점에도 관심을 가져야 한다. 정책분석을 통하여 기대하는 정책문제의 미래 상태는 '바람직한 사회 상태', '효율적인 자원 배분 상태', '문제 해결 상태' 등을 목적으로 한다. 여기에서 '바람직하고, 효율적이며 해결'의 상태는 규범적인 맥락에서 접근하여야 한다. 정책분석의 활동은 설명하고 예측하며 판단 작용이 개입하게 되는데, 누구의 관점에서 어떤 근거를 기준으로 바람직하고 효율적이며, 해결되었다고 설명·예측·판단할 것인지에 관한 의문이 남게 된다. 이를 위한 정책분석은 사회 구성원 및 이해관계자들이 이해하고 수용할 수 있는 합리적인 논거를 제시하는 활동을 포함하여야 한다.

다섯째, 정책분석은 정책결정을 비롯하여 정책집행, 정책평가 등 정책과정 전반에 대해서도 관심을 둔다. 정책분석은 정부가 정책문제를 해결하기 위하여 미래 무슨 일을 어떻게 할 것인지를 결정하기 위한 것이지만 결정 이후에도 처음 계획한 정책이 순조롭게 추진되고 있는지, 추진되고 있지 않다면 장애는 무엇이며 그 장애가 어느 정도 영향을 미치고 있는지에 대해서도 관심을 두어야 하며 또한 기대하는 결과를 달성하였는지, 달성하지 못하였다면 그 원인은 무엇인지를 파악하는 일이 포함된다.

여섯째, 대부분의 정책문제는 인간의 니즈에 비하여 자원의 부족 및 한계 때문에 발생한다. 주택을 소유하려는 사람은 많으나 공급이 부족한 경우(주택문제), 신속하고 원활한 교통 소통을 원하나 교통 체증에 시달리는 경우(교통문제), 양질의 교육 수요는 많으나 그에 부응하지 못하는 교육 시스템의 경우(교육문제), 양질의 일자리를 원하는 사람은 많으나 그에 상응한 일자리가 부족한 경우(실업문제), 양질의 의료 서비스를 원하는 의료 시스템과 의료인력이 부족한 경우(의료문제) 등과 같이 대부의 정책문제는 사회과학뿐만 아니라 자연과학 및 공학 등 여러 학문 분야의 종합적 관점과 이해가 필요하다.

일곱째, 정책분석은 실험연구의 성격을 가진다. 대부분의 정책문제는 광범위하고 복잡하며 그 효과가 장기간에 걸쳐 나타난다. 정부는 문제를 해결하기 위하여 충분한 비용과 인력을 동원하여야 하지만 비용과 인력과 같은 가용자원의 한계로 인하여 모든 정책대상 집단이나 지역에 동시에 정책을 실현하기 곤란하거나 확실한 정책 효과를 보증하기 위하여 실험적으로 특정 지역이나 특정 대상에게만 한시적으로 정책(프로그램, 사업)을 시행하는 경우가 있다. 예를 들어, 특정 교육 프로그램의 전국적 도입에 앞서 특정 지역의 학교에 시범적으로 운영해 보는 경우, 고속도로 교통사고를 줄이기 위하여 특정 고속도로 노선에 제한 속도를 하향 조정하는 경우, 특정 지역에서 특별한 인구정책을 시행하는 경우 등을 들 수 있다.

3) 정책분석의 필요성

정책문제를 해결하기 위하여, 자원의 효율적 배분을 가져오기 위한, 바람직한 사회 상태를 위하여 누구를 대상으로, 얼마만큼의 자원을, 언제 어떻게 동원하고 배분할 것인지를 판단하는 정책분석은 정책과정의 핵심이라고 할 수 있다. 정책분석은 정책결정을 포함하여 정책 과정과 관련된 정보와 지식을 생성하는 활동으로서 최종 의사결정자와 이해관계자에게 다음과 같이 정책문제, 기대하는 정책결과, 선호된 정책, 관찰된 결과, 정책성과 등의 질문에 대한 유용한 정보와 지식을 제공하기 위하여 필요하다(Dunn, 2018: 5-7).

첫째, 정책문제(policy problems)가 무엇인가에 답하기 위한 정보와 지식을 제공한다. 정책문제를 분명하고 정확하게 정의하는 것이 곧 적확한 해결책을 찾는 핵심이다. 정책문제의 본질과 구성 요소들이 무엇이고 어떤 이해관계자들이 어떻게 연결되어 있고 그들이 불만족이나 요구하는 조건과 내용이 무엇인지를 아는 것이 적절하고 적합한 정책대안을 모색할 수 있는 출발선이다. 예를 들어, 실업문제는 어떤 요인이 있고 그 요인들이 어느 정도 영향을 미치는지, 또는 인구 감소의 선행 요인은 무엇이고 그 요인들을 비혼과 저출생에 어느 정도 영향을 미치는지를 설명할 수 있는 지식이 필요하다. 만약 정책분석가가 부적절하거나 심각한 오류가 있는 정보와 지식으로 정책문제를 정의하는 경우 치명적인 오류를 범하게 된다. 예를 들어, 환자의 통증 원인이 실제 악성 암세포로 인한 것인데 단순 감기 증세로 진단하는 경우나 저출생의 원인을 유형적인 경제적 자본으로만 접근하는 경우 많은 예산을 투입하고도 출생률이 증가하지 않은 경우를 들 수 있다.

둘째, 예상되는 정책결과(policy outcomes)와 어떻게 되는지에 대한 질문에 답하기 위한 정보와 지식을 제공한다. 문제를 야기한 상황에 대한 지식은 예상되는 정책결과에 대한 지식 생성과도 연관되고 영향을 미친다. 그러나 문제를 야기한 상황을 설명하는 정보와 지식이 예상되는 정책결과를 예측하는 데 필요는 하지만 충분하지는 않다. 즉, 문제를 야기한 상황의 시점은 과거인데 반면 예상된 정책결과의 상황은 미래에 해당되기 때문에 현재의 시점에서 미래의 상황을 예측하는 것은 정확할 수 없다. 예상되는 정책결과에 대한 지식은 기존 상황에 의하여 주어지는 것이 아니기 때문에 정확한 예측을 위한 지식을 생산하려면 창의성, 통찰력, 암묵지식의 활용도 필요하다. 예를 들어, 다음과 같이 인간에게 유해한 배출가스를 줄이기 위하여 고안된 정책의 예상 결과는 무엇인가? 출생률 증가를 위하여 지금보다 출생지원금을 20% 인상한다면 5년 뒤 결과는 무엇인가? 현재보다 생활인구가 30% 증가된다면 지역공동체는 어느 정도 활성화될 것인가? 지방에 30곳의 글로컬대학을 지원하는 사업을 추진하는 경우 5년 뒤에 결과는 어떨까? 등 추진하고자 하는 정책(프로그램, 사업)에 대한 미래 결과를 예측할 수 있는 정보와 지식을 생성하고 제공한다.

셋째, 선호한 정책(preferred policies)이 무엇인가에 대한 질문에 답하기 위한 정보와 지식을 제공한다. 선호한 정책은 예상되는 정책결과뿐만 아니라 동원할 수 있는 가용자원(비용, 인력, 시간) 대비 편익과 가치 측면에서 어떤 정책을 선택하는 것도 최선의 또는 최적합한 것인지에 관한 정보와 지식이 필요하다. 선호한 정책은 문제에 대한 잠재적인 해결책이다. 선호한 정책을 선택하기 위해서는 예상되는 정책결과에 대한 지식뿐만 아니라 결과의 가치나 효용성에 대한 지식도 필요하다. 선호한 정책에는 사실(수단)과 가치(목적)를 고려하여야 한다. 한 정책이 다른 정책보다 더 효과적이거나 효율적이라는 사실만으로는 정책의 선택이 정당화될 수 없다. 공공부문에서 사실적 전제(합리성, 합법성, 민주성, 효율성, 효과성, 책임성 등)는 공익, 정의, 형평성, 공정성, 자유, 평등 등의 행정의 본질적 가치에 부합하여야 한다.

넷째, 정책분석은 관찰된 정책결과(observed policy outcomes)가 무엇인가에 대한 질문에 답하기 위한 정보와 지식을 제공한다. 관찰된 정책결과는 선호하는 정책실행의 과거 또는 현재의 결과이다. 관찰된 결과가 정책의 실제 효과인지 여부가 불분명하거나 일부 효과는 선호한 정책의 효과가 아닌 경우도 있다. 왜냐하면 많은 결과가 다른 정책 요인의 결과이거나 다른 정책과 복합적 요인의 결과인 경우가 있기 때문이다. 이러한 결과는 많은 결과가 예상하지 않았거나 의도되지 않았다는 것을 의미한다. 관찰된 결과를 정확히 설명하고 보고할 수 있는 정보와 지식이 생성된다면 실제 효과와 관찰된 효과는 같게 되며 반대로 실제 효과가 없다면 관찰된 효과도 없다고 말할 수 있다. 이에 관한 자세한 내용은 '정책평가' 부문에서 다루기로 한다.

다섯째, 정책성과(policy performance)가 무엇인가에 대한 질문에 답하기 위한 정보와 지식을 제공한다. 정책성과는 관찰된 정책결과가 문제 해결에 기여하는 정도이다. 정책문제는 장기간에 걸쳐 해결되기도 하지만 문제가 실제 해결되지는 않았지만 처음 문제 상황의 조건 변화로 해결된 것처럼 보일 수도 있다. 대부분의 경우 정책문제는 완전히 해결되기보다는 상황 변화로 기존 문제에 새로운 문제가 결합되어 새로운 문제로 나타나는 경우도 있다. 문제가 해결되었는지 여부를 알려면 관찰된 정책결과에 대한 지식뿐만 아니라 이러한 결과가 문제 해결에 어느 정도 기여하는지에 대한 정보와 지식이 필요하다.

이상과 같이 정책분석의 기본 모형은 [그림 2-1]과 같으며, 여기에서 정책분석의 필요성은 직사각형으로 표시된 단계에 따른 정보와 지식을 제공하기 위한 것이며, 타원형은 정책분석의 방법에 해당된다.[01]

[그림 2-1] 정책분석의 영역과 분석 방법

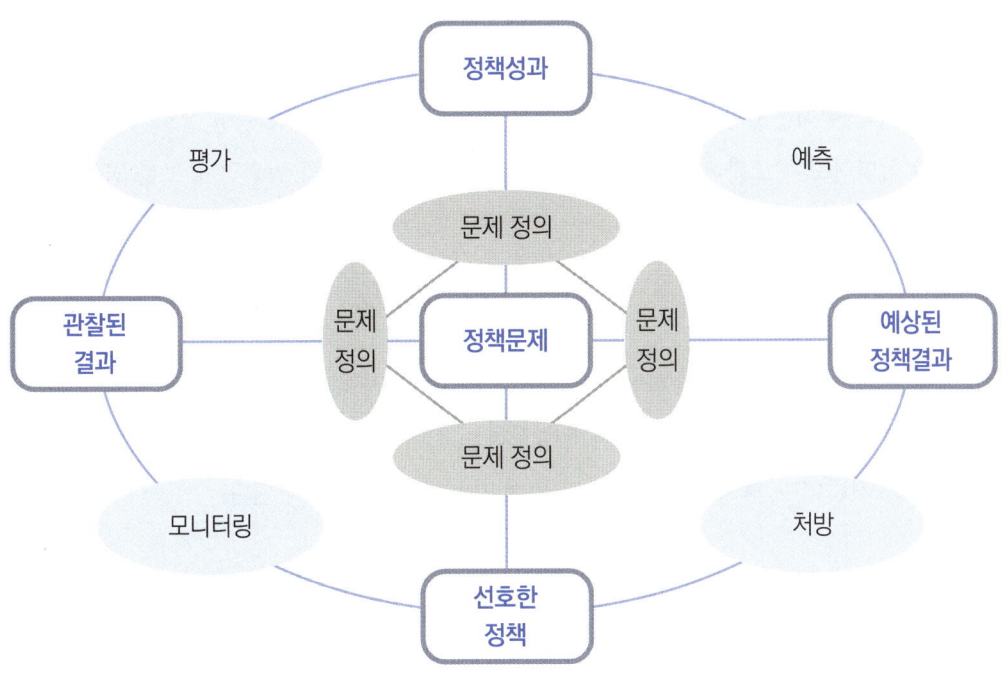

자료: Dunn(2018: 6)

---

01 '관찰된 결과'와 '정책성과'에 관한 자세한 내용은 '정책평가' 부문에서 다루기로 한다.

2. 정책분석의 주요 내용과 고려 사항

1) 정책분석의 주요 내용

정책분석의 주요 내용은 문제의 맥락, 성격, 범위, 이해관계자 등에 접근 방법이 달라질 수 있지만 보편적으로 정책분석가가 수행하여야 할 주요 내용은 다음과 같다.

(1) 증거 자료의 수집과 분석

정책분석가는 후술하게 되는 문제의 정의 및 구조화, 목적과 목표의 설정, 대안의 탐색과 평가, 각종 분석기법의 활용, 이해관계자 의견의 경청, 지식 발전을 위한 학습 등 활동을 수행하기 위한 증거로서 자료를 수집·분석하고 해석하여야 한다.

(2) 문제의 정의 및 구조화

어떤 유형의 정책문제일지라도 모든 정책분석의 내용에는 문제의 구성 요소를 체계적으로 분해하여 식별하고 구조화하여 근본 원인을 파악함으로써 문제의 범위와 규모를 명확하게 표현하고 정의하는 것이 포함된다.

(3) 목적과 목표의 설정

정책분석 내용에는 정책을 통하여 궁극적으로 달성하고자 하는 목적(가치)과 그 목적을 구체적으로 표현한 조작화한 목표를 명확하게 설정하는 것이 포함된다. 목적은 장기적인 정책성과를 판단하는 기준이며, 목표는 단기적이고 측정 가능한 평가 기준이 된다.

(4) 대안의 탐색과 비교 평가

정책분석 내용에는 문제 해결을 위한 목적에 기여하고 목표를 달성하기 위한 수단, 즉 정책 대안을 탐색하고 다양한 기준을 통하여 탐색한 대안들을 비교 평가하는 일이 포함된다. 정책 대안을 탐색하거나 대안들을 비교 평가하는 일에는 다양한 접근 방식이 있으며, 정책분석가는 각 접근 방법의 특징과 장단점을 이해하고 식별하여야 한다.

(5) 가용자원과 편익의 분석

정책문제를 해결하기 위해서는 재정, 인력, 시간 등의 유형적 자원이 동원된다. 정책분석 핵심 내용에는 정책대안들에 대하여 이들 가용자원을 투입하여 어느 정도 편익과 효과가 예측되는지에 관한 비용편익분석 또는 비용효과분석 등 다양한 분석기법이 포함된다.

(6) 실행가능성 및 타당성 평가

정책분석 내용에는 탐색한 정책대안을 비교 평가하여 어떤 대안이 최선의 대안으로 떠오르더라도 그 대안의 실행가능성 및 타당성을 검토하는 일이 포함된다. 정책분석가는 정책대안으로 최종 선택하는 경우 공익, 정의, 형평성, 공정성, 자유, 평등 등 행정의 본질적 가치에 부합하고, 정치적 수용 가능성, 재정적 동원 가능성, 기술의 존재, 행정적 가능성, 법적 가능성 등을 살펴보아야 한다.

(7) 이해관계자 관점 고려

정책분석가는 정책에 영향(긍정 또는 부정)을 받거나 관심을 가진 주요 이해관계자를 식별하고 그들의 의견을 경청하여야 한다. 정책분석은 합리적이고 분석적 활동이 중심이 되지만 정책문제의 성격에 따라 다양한 이해관계자의 요구에 부응할 수 있도록 그들의 관점, 가치, 심리 및 정서적 요인, 선호도 등의 요소도 포함하여야 한다.

[그림 2-2] 정책분석의 주요 내용

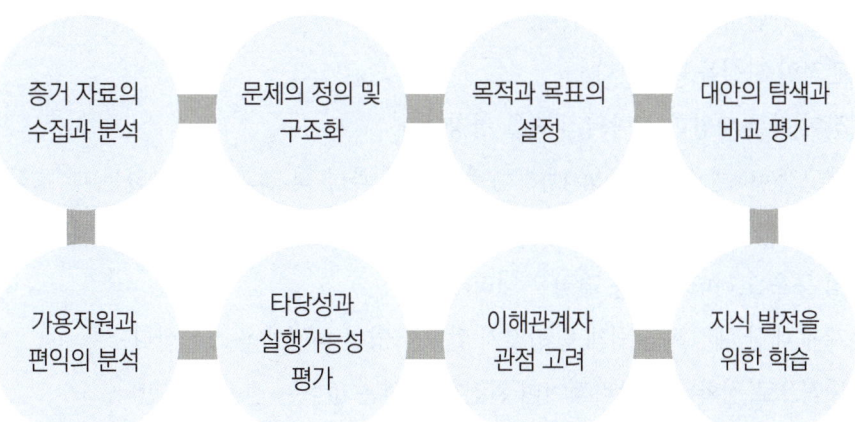

(8) 지식 발전을 위한 학습

정책분석의 연구자는 정책분석의 학문적 발전을 위해서 새로운 이론과 모형을 개발하고 그 응용성을 살펴보아야 하며, 정책분석가와 실무자는 이론과 기법들의 실제 적용 가능성을 살펴보는 학습활동이 지속적으로 이루어져야 한다.

2) 정책분석의 고려 사항

앞에서 정책분석가의 핵심 활동으로서 정책분석의 주요 내용을 설명하였다. 정책분석에 관한 연구자는 정책분석의 지식 발전을 위한 설명력이 높은 이론과 모형을 비롯하여 문제 상황에 적합한 접근 방법이나 분석 방법을 개발하는 데 중점을 둔다면 정책분석가는 실제 문제를 해결하는 데 필요로 하는 정보를 어디서 어떻게 수집하고 문제와 관련된 전문가는 누구이며 이들에게 어떻게 접근하는 것이 효율적인가, 당면 문제를 어떻게 접근할 것인지, 어떤 정보가 필요한지, 어떤 방법이 적절한지에 대하여 조언을 구하는 일로 시작하여 기본적인 논리적 분석 과정을 수행하여야 한다. 정책분석가가 정책분석을 수행하는 과정에서 기본적으로 고려하여야 할 사항을 제시하면 다음과 같다(Patton et al., 2016: 8-17).

① 문제의 핵심이 무엇인지 빠르게 집중한다.
② 정책분석에 대한 다양한 접근 방식을 고려한다.
③ 불확실성의 환경에 민감하게 대처하고 반응한다.
④ 명확하고 분명한 의사소통을 위하여 숫자를 사용한다.
⑤ 분석은 간단하고 투명하게 한다.
⑥ 객관적인 사실을 확인한다.
⑦ 입장이 다른 다양한 사람의 의견을 경청한다.
⑧ 정책고객(이해관계자, 최종 의사결정자)에게 분석 과정 및 결과를 제공하는 데 초점을 둔다. 정책분석가는 정책고객에게 정보와 분석결과를 제공하면, 그들은 가치, 맥락, 가정, 불확실성 등을 고려하여 최종 결정을 내리게 된다.
⑨ 문제에 대한 해결책을 쉽게 단정짓지 말고 다양한 해결책을 모색한다.
⑩ 절대적으로 정확하고 합리적이며 완전한 분석은 없다는 점을 인식한다.

〈표 2-1〉 사실을 확인하는 방법

- 사실의 출처를 확인한다. 신뢰할 수 있는 출처에는 기존 학술단체, 연구기관, 정부기관 등 해당 분야의 평판이 좋은 전문가가 포함되었는지 확인한다.
- 1차 출처를 확인한다. 가능하다면 원본 문서나 사건에 대한 직접 설명 등 1차 출처를 참조한다. 1차 소스는 가장 정확하고 필터링되지 않은 정보를 제공할 수 있다.
- 사실의 확신은 단일 소스에만 의존하지 않는다. 사람, 논문, 보고서, 이슈 페이퍼, 각종 양적 및 질적 데이터 등 다양한 소스로부터 수집된 자료에 근거한다. 동일한 정보가 여러 소스에서 일관되게 보고되면 정확할 가능성이 더 높다. 다양한 관점의 출처를 상호 참조하면 편견을 완화하는 데 도움이 될 수 있다.
- 정보가 최신의 것인지 확인한다. 일부 사실은 시간이 지남에 따라 변경될 수 있으므로 최신 정보를 확인하는 것이 중요하다.
- 사실이 어떻게 생성되었는지 이해한다. 이해가 안 되면 확신을 미룬다. 사실 확인을 위하여 정보 출처기관의 웹사이트나 공식 보도 자료를 이용한다.
- 사용자 생성 콘텐츠에 주의한다. 소셜 미디어나 기타 사용자 생성 플랫폼(유튜브 등)에서 공유된 정보는 정확하지 않을 수 있다. 그러한 정보를 사실로 받아들이기 전에 신뢰할 수 있는 출처를 통하여 확인한다.
- 모든 것을 확인할 수는 없으므로 문제와 가장 밀접하게 관련된 사실을 확인한다.
- 사실은 정의에 따라 달라지는 경우가 많으므로 중요한 내용이 무엇인지를 확인한다. 가족의 다수가 빈곤에 처해 있다는 주장이 있다면, 가족, 다수, 빈곤은 어떻게 정의되고 측정되어야 하는지를 먼저 고려하여야 한다.
- 비판적 사고를 가진다. 비판적 사고 능력을 사용하여 정보의 논리와 일관성을 평가한다. 어떤 것이 믿기지 않거나 기존 지식과 모순되는 경우 추가 조사가 필요할 수 있다.
- 사실 확인은 지속적인 과정이며 정보는 변경될 수 있다는 점을 유념한다. 새로운 정보가 나올 때마다 경계를 늦추지 말고 특정 주제에 대한 이해도를 정기적으로 업데이트한다.

자료: Patton et al.(2016: 13-14)의 내용을 토대로 수정 및 추가함

〈표 2-2〉 다른 의견을 경청한 경우

- 양측의 장점을 이끌어 내고 복잡한 문제와 대안적 해결책을 찾을 수 있다. 이는 타협으로 이어지는 데 도움이 될 수 있으며, 단순한 주장이나 충돌하는 가치에만 근거한 주장으로 남겨 두면 문제는 해결 불가능한 상태로 남을 수 있다.
- 익숙하지 않은 주제에 대한 자료의 분석 능력을 향상시키고 의미 있는 해석에 도움이 된다. 이 과정에서 확립된 진실이라고 생각하였던 것을 재검토하게 만들 수도 있다.
- 확립된 정책(좋은 정책이라 할지라도)에 대한 강력한 도전이 더 나은 정책을 낳을 수 있는 옹호 과정을 강화할 수도 있다.

자료: Patton et al.(2016: 14)

⑪ 문제에 적합한 취할 수 있는 정책 조치 유형을 고려한다.

〈표 2-3〉 정책 조치 유형

	직접적	간접적
금전적	제공 구매	세금 보조금
비금전적	금지 요구	알림 권고

자료: Patton et al.(2016: 10)

⑫ 대안의 예측은 결과의 방향(긍정 또는 부정)과 크기를 추정하고, 지나친 낙관주의를 경계한다(Bardach, 2009: 40-47). 완벽한 정책분석은 존재하지 않는다. 특히 정책문제는 복잡성, 복합성, 주관 및 가치, 정치성, 환경 변화 등의 다양한 특성을 내포하고 있기 때문에 문제를 쉽게 정의하고 해결책을 분명하고 명확하게 제시하는 것이 쉽지 않다. 정책분석가는 문제가 해결될 것이라는 낙관주의를 가지는 것은 좋지만 지나친 낙관주의는 바람직하지 않은 부작용이 나타날 수 있고 또 다른 문제의 근원을 제공할 수 있다. 따라서 정책분석가는 기대하는 결과가 산출되지 않을 수 있다는 가정도 상정하여야 한다.

3. 정책분석의 접근 방식

정책분석은 사회과학의 연구방법론을 토대로 문제 상황에 따라 다양한 유형의 접근 방식을 활용한다. 정책문제가 복잡하고 복합적인 성격을 포함하고 있기 때문에 문제에 대한 포괄적인 이해를 얻으려면 특정한 단일의 접근 방식보다는 다양한 접근 방법의 특징을 고려하고 각각의 한계를 보완하기 위하여 접근 방식의 조합과 혼합적 접근 방법을 활용하여야 한다. 대표적인 정책분석의 접근 방식은 다음과 같다(Patton et al., 2016: 22-24).

1) 기술적 정책분석

　기술적 정책분석(descriptive policy analysis)은 사실에 기반하여 정책문제의 실태를 정확히 파악하는 것을 목적으로 문제의 원인, 크기 및 범위, 강도 및 심각성, 다른 요인과의 관련성, 특성 등에 관심을 둔다. 예를 들어, 전체 학생에서 소득분위 1구간에 속하는 학생의 비율, 고령인구 비율, 사망률, 합계출산율, 이혼율, 독거노인가구 비율, 1인가구 비율, 흡연율, 학교생활만족도, 디지털행정서비스만족도, 고용률, 실업률, 범죄율, 부모 감독과 청소년 비행(非行)의 관계, 근로 조건과 건강의 관계, 고용 조건과 삶의 만족의 관계 등이 해당된다.

2) 예측적 정책분석

　예측적 정책분석(predictive policy analysis)은 정책 시행 전에 어떤 대안을 채택할 경우 가져올 미래 상태를 예측하는 것에 초점을 둔다. 예측적 정책분석은 특정 정책을 채택하면 과거의 연장 선상에서 일정한 규칙과 패턴으로 인하여 나타나는 미래 상태이다. 예를 들어, 출생지원금과 주거안정대책은 출생률 20% 증가에 기여할 것이다. 청년일자리도약장려금으로 청년일자리가 10% 창출될 것이다.

3) 규범적 정책분석

　규범적 정책분석(prescriptive policy analysis)은 기대하고 희망하는 바람직한 특정 결과의 상태를 가져오는 것에 초점을 두고 조치를 권장하는 것에 관심을 둔다. 규범적 정책분석은 예측적 정책분석과 같이 미래 상태에 가져올 결과라는 점에서 동일하나 예측적 정책분석은 일정한 규칙과 패턴이라는 조건에 따라 나타난 반면 규범적 정책분석은 모두가 당면하는 문제가 해결되기를 기대하고 바라는 미래 상태이다. 예를 들면, 일자리를 100만 개 만들겠다, 실업률과 범죄율을 0으로 만들겠다, 인구유입률을 10%로 달성하여 지역공동체를 회복하겠다, 지역·계층·세대 간 갈등을 해소하고 사회 통합을 이루겠다, 수질 및 대기환경을 크게 개선하여 쾌적한 삶의 질을 제공하겠다, 글로컬대학으로 지역 발전을 선도할 것이다 등이다.

4) 합리적·포괄적 정책분석

　합리적·포괄적 접근 방식은 정책문제가 무엇이고 그 문제를 해결하기 위한 최적 대안은 무엇인지에 대한 명확한 정보를 갖고 있으며, 이용 가능한 대안에 대한 합리적인 예측을 바탕으로 결정을 내린다고 가정한다. 여기에는 가능한 모든 정책 옵션을 식별 및 평가하고 비용편익, 타당성, 실현가능성, 영향을 미치는 상황 등의 모든 조건을 고려하여 궁극적으로 규범적인 미래 상태를 가져올 것으로 기대되는 정책대안을 제시한다고 가정한다. 그러나 이와 같은 합리적·포괄적 접근 방식은 현실적으로 불가능하다.

5) 점진주의 정책분석

　점진주의 접근 방식은 정책문제의 총체적인 접근과 완전한 해결보다는 부분적이거나 특정 문제만을 정책분석 대상으로 삼는 것에 관심을 둔다. 정책분석가는 종종 특정 문제나 변화하는 상황에만 대응하여 현재 정책을 기반으로 점진적인 국면에 초점을 둔다. 점진주의 접근 방식은 보수적이고 현실적이나 혁신적인 정책대안의 모색에는 한계가 있다.

6) 정량적·정성적 정책분석

　정책분석은 문제의 원인을 식별·정의·구조화로부터 시작하여 대안의 탐색과 비교 분석하고 최적 대안을 제시하는 일련의 과정을 체계적으로 분석하는 과정이다. 이와 같은 분석 과정은 데이터를 기반으로 정보와 지식을 생성하는 활동이 포함되는데 객관적 수치를 중심으로 양적 데이터를 수집하여 분석하고 해석하는 일과 주관적 신념과 가치를 기반으로 다양한 의견과 주장을 반영하는 질적인 접근 방식이 혼용된다.

4. 기본적 정책분석 과정

정책분석 과정은 문제의 성격, 접근 방법, 분석자에 따라 다를 수 있지만 기본적인 정책분석 과정 모형은 다음 [그림 2-3]과 같다. 정책분석의 과정은 크게는 니즈(needs)의 사정을 토대로 문제의 정의(인지, 식별, 확인, 구체화), 대안의 탐색·개발·구성, 정책대안의 결과 예측 및 평가, 최적 정책대안의 제시 순으로 이루어지며, 여기에서 목표 설정, 대안의 평가 기준 수립, 대안의 식별 등의 세부적인 과정이 포함된다.[02] 그리고 대안의 식별은 문제 정의에 비추어 보아야 하고 또한 정책대안의 결과 예측 및 평가도 처음에 정의한 문제와 설정한 정책 목표에 부합되는지도 비추어 보아야 한다. 이와 같은 일련의 모든 과정은 정책분석의 윤리를 고려하여야 하며 각종 분석기법이 활용되는데, 이 책의 내용은 이상의 정책분석 과정, 정책분석윤리, 각종 분석기법 등을 구성하고 있다.

1) 문제의 정의(구조화)

정책분석의 첫 번째 단계는 문제 상황을 인지하여 문제의 구성 요소를 식별 및 확인하고 구체화를 통하여 정의하는 것이다. 분명하고 정확한 문제를 정의하는 것은 문제 해결을 위한 목표를 분명하게 설정하는 데 도움을 주는 것뿐 아니라 다음 단계의 정책분석 과정의 활동을 순조롭게 진행할 수 있도록 방향과 틀을 제공한다. 문제의 정의 단계에서는 언론, 이슈 페이퍼, 대략적 계산, 빠른 의사결정분석, 정치적 맥락 등을 이용하여 문제의 대체적인 줄거리를 파악한 다음 구체적인 구성 요소를 파악하고 구조화하는 계획을 수립하여야 한다.

2) 대안의 탐색, 개발, 구성

정책분석의 두 번째 단계는 문제를 해결하기 위한 설정된 목표를 달성하기 위하여 정책대안

---

[02] [그림 2-3]에서 원형의 '정책평가'는 정책 과정의 광의 국면에서는 정책분석 과정에 포함될 수 있으나 협의 국면에서 제외한다.

[그림 2-3] 기본적인 정책분석 과정

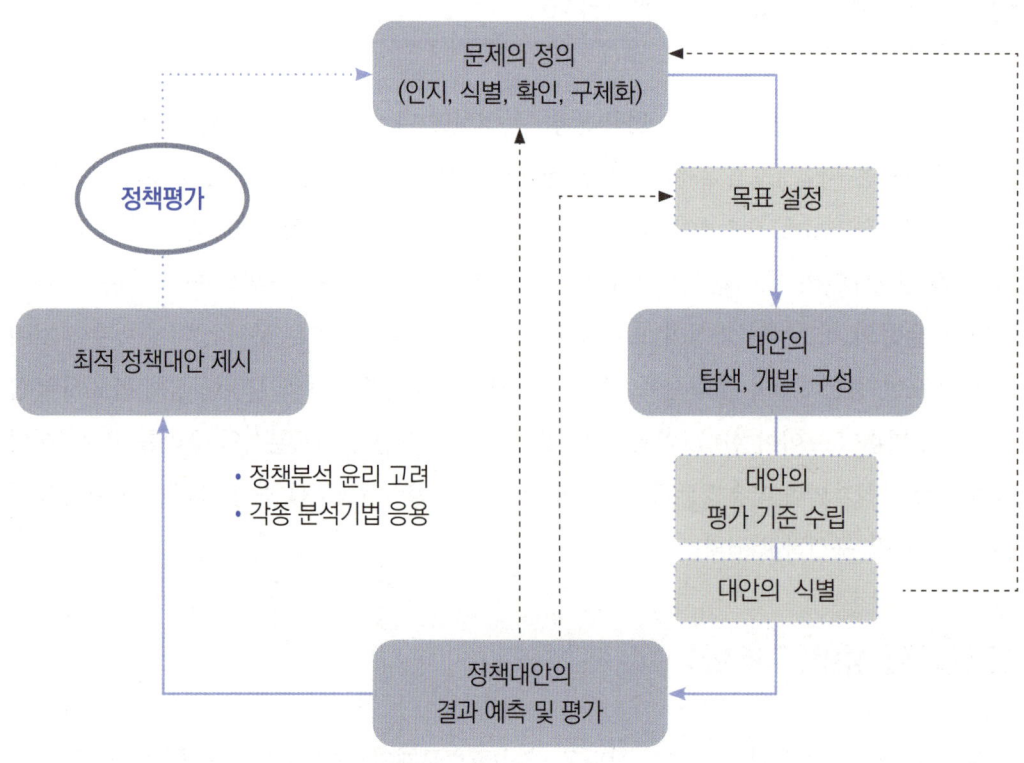

자료: Patton et al.(2016: 44)의 내용을 토대로 재구성함

을 탐색하고 개발하여 형성하는 것이다. 문제를 분명하게 정의하고 적절한 목표를 설정하였더라도 잠정적인 정책대안을 찾지 못하였거나 정책대안을 탐색하였더라도 정책문제 해결과 관련이 없는 대안만을 개발하였다면 그 다음 단계로 진행하는 정책대안의 비교 및 평가활동은 아무런 의미가 없게 된다. 정책대안을 탐색하는 방법으로는 전문가 집단의 브레인스토밍, 문헌 검토, 연구결과물, 기존 정책의 수정 등의 여러 방법 중에서 단일 방법을 선택하거나 각 방법의 한계를 보완하기 위하여 복수의 방법을 혼합할 수 있다.

3) 대안의 평가 기준 수립

정책대안의 결과를 예측 및 평가하기 위해서는 다양한 기준을 적용하여야 한다. 구체적인 기준과 각 기준의 상대적 중요성은 정책문제의 맥락과 성격에 따라 달라질 수 있지만 일반적으로 사용되는 대안의 평가 기준은 공공가치와 문화적 규범, 환경 변화에 대한 적응성과 지속가능성, 비용에 대한 효율성, 목표 달성 가능성, 공정성 및 형평성, 실현가능성(기술적 실현가능성, 재정적 실현가능성, 정치적 타당성 및 수용성, 행정적 및 집행가능성, 법적 요건) 등을 고려할 수 있다.

4) 대안의 식별

정책대안의 식별은 탐색·개발된 대안들을 평가 기준에 비추어 분명하게 구분하고 정의하는 것으로서, 대안의 특성, 장단점, 목표에 대한 수단으로서 가치, 동원 및 이용 가능성을 구분하여 정책대안의 결과 예측 단계로 진입할 수 있는 가능성을 파악하는 것이다. 대안을 식별하는 접근 방법 및 전략으로는 연구결과물의 분석, 무조치 분석, 빠른 설문조사 및 빠른 의사결정분석, 실제 경험 비교, 유추와 은유, 브레인스토밍, SWOT분석, 전문가 자문, 프로토타입(prototype), 규범적 이상과의 비교, 기존 정책과 비교 등을 활용할 수 있다.

5) 대안의 결과 예측 및 평가

정책대안의 결과를 예측하는 것은 경제적·사회적·정치적·환경적 등 다양한 측면과 다양한 요소를 고려하는 복잡하고 다면적인 분석을 수반한다. 정책대안을 평가하기 위한 이론과 모형에 입각한 여러 방법론적 기법이 존재하지만 실제 결과는 외부 요인과 예상치 못한 사건과 변수에 따라 영향을 받을 수 있으므로 불확실성이 포함된 경쟁가설도 인식하는 것이 중요하다. 정책대안의 결과 예측의 정확성을 높이고 기대하는 정책의 결과를 가져오려면 정책의 목적, 주요 이해관계자의 참여, 다양한 관점의 전문가 참여, 다양한 상황 변화에 대한 반응성 등을 고려하여야 할 것이다. 대안의 결과를 예측 및 평가하는 단계에서 적용할 수 있는 방법은 비용편익분석, 사회적 영향평가, 환경영향평가, 규제영향평가, 정치적 타당성(정치적 지지와 정치적 의제와 일치성), 시뮬레이션 모델과 시나리오 작성 및 민감도분석, 외삽법, 이론적 예측, 직관 및 판단적 예측 등의 기법을 사용할 수 있다.

6) 최적 대안의 제시

최적의 정책대안을 제시하는 것은 특정 문제를 해결하거나 특정 목표를 달성하기 위하여 체계적으로 분석된 정보에 입각한 최종 정책을 제공하는 것이 포함된다. 최적의 정책대안을 제시하는 정보에는 공정성, 객관성, 정확성, 이해성 등의 요소를 포함하여야 하고, 최종 의사결정자와 이해관계자들의 관심도와 전문성 수준을 고려하여 투명하고 명확한 의사소통을 위한 커뮤니케이션 전략도 마련하여야 한다.

지금까지 각 단계별 정책분석 과정의 주요 내용과 접근 방법을 제시하였으며, 이를 요약 정리한 것이 〈표 2-4〉이다. 하지만 분석가는 각 단계별 전략 및 접근 방법을 절대적인 기준으로 이해하기보다는 분석가의 역량에 따라 상호 혼합적 및 보완적으로 이용할 수 있다.

〈표 2-4〉 정책분석 단계별 전략 및 방법

단계	전략 및 방법
모든 단계	- 데이터 식별 및 수집 - 기본 데이터 분석 - 웹사이트 검색 - 언론 및 여론 추이 - 정부의 정책자료 - 빠른 설문조사 - 분석에 대한 커뮤니케이션
문제의 정의 (인지, 식별, 확인, 구체화)	- 대략적 계산 - 빠른 의사결정분석 - 조작적 정의 생성 - 정치적 분석 - 이슈 페이퍼
대안의 탐색, 개발, 구성	- 전문가 집단의 브레인스토밍 - 문헌 검토 - 연구결과물 - 기존 정책의 수정

대안의 평가 기준 수립	- 공공가치와 문화적 규범 - 환경 변화에 대한 적응성과 지속가능성 - 비용의 대한 효율성 - 목표 달성 가능성 - 공정성 및 형평성 - 기술적 실현가능성 - 재정적 가능성 - 정치적 타당성 및 수용성 - 행정 및 집행가능성 - 법적 요건
대안의 식별	- 연구결과물의 분석 - 무조치 분석 - 빠른 설문조사 빠른 의사결정분석 - 실제 경험 비교 - 유추, 은유 - 브레인스토밍 - SWOT분석 - 전문가 자문 - 프로토타입(prototype) - 규범적 이상과의 비교 - 기존 정책과 비교
정책대안의 예측과 평가	- 외삽법 - 이론적 예측 - 직관 및 판단적 예측(정책델파이, 교차영향분석, 실현가능성평가) - 민감도분석 - 의사결정분석 - 정치적 타당성 분석 - 시나리오 작성 - 이원쌍비교(AHP) - 비용편익분석 - 의사결정나무분석
최적 대안 제시	- 정보에는 공정성, 객관성, 정확성, 이해성 - 최종 의사결정자와 이해관계자들의 관심도와 전문성 수준 고려 - 투명하고 명확한 의사소통을 위한 커뮤니케이션 전략 마련

자료: Patton et al.(2016: 56-47)의 내용을 토대로 수정함

5. 자료 수집과 품질 평가

1) 자료 수집 시 고려 사항

(1) 자료 수집 방법의 신뢰성과 타당성

정책분석가는 새로운 정책문제에 직면하였을 때 가능한 신뢰성과 타당성을 갖춘 자료를 수집하는 일을 수행하여야 한다. 자료의 신뢰성과 타당성을 확보하는 일은 정책분석 과정의 성공을 가져오는 데 중요한 요인이다. 그러나 정책분석가는 정책분석 과정 수행에 필요로 하는 모든 자료를 수집하는 것도 쉽지 않고, 어디에서 어떻게 수집하는 것이 신뢰성과 타당성을 갖춘 자료인지를 식별하고 판단하기 쉽지 않다.

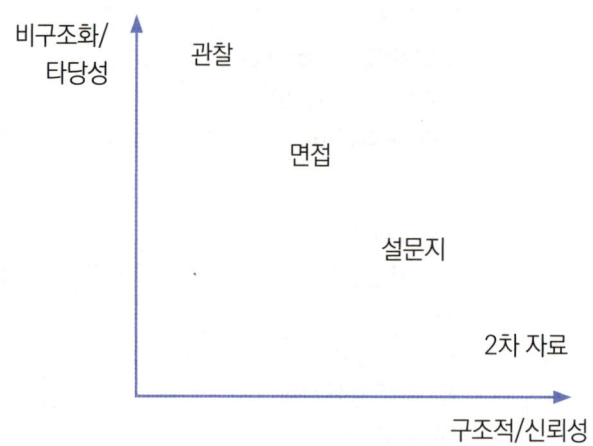

[그림 2-4] 자료 수집 방법의 타당성과 신뢰성의 관계

자료: 김구(2020: 294)

자료 수집 방법의 타당성이란 어떤 기법이나 도구에 의하여 수집된 자료가 수집 목적 및 목표와 일치되는 정도를 말하고, 신뢰성이란 동일한 절차를 동일한 조건에서 적용하였을 때 동일한 자료를 얻는 정도를 말한다. 일반적으로 자료 수집 방법에서 타당성이 높은 자료는 신뢰성이 낮고(비구조화된 방법), 신뢰성이 높은 자료는 타당성이 낮다(구조화된 방법). 따라서 비구조

화된 직접 관찰이나 면접은 2차 자료와 설문지에 비하여 타당성은 높으나 신뢰성은 낮다. 반대로 구조화된 방법인 2차 자료와 설문지는 관찰이나 면접 방법에 비하여 상대적으로 신뢰성이 높다(김구, 2020: 293-294). 정책분석가는 이와 같은 관계를 고려하여 자료 수집 방법을 선택하여야 한다.

(2) 상황에 따른 자료 수집 방법

분석가는 문제의 정의를 비롯하여 정책분석 각 단계에서 필요로 하는 자료를 수집하기 위하여 자료 수집 방법의 타당성과 신뢰성의 고려뿐만 아니라 효율적이고 효과적인 자료 수집 방법을 선택하려면 다음과 같이 자료 수집의 시간적 여유, 상황의 복잡성, 정책문제와 관련된 모집단의 규모와 분포, 자료 수집에 대한 대상자의 참여 의욕 및 자료 제공 능력 등의 여러 상황을 고려하여야 한다(김구, 2020: 292-293).

첫째, 자료 수집에 필요한 시간적 여유가 없는 경우, 즉 신속한 정책분석을 수행하여야 하는 경우는 2차 자료와 빠른 설문 방법이 적합하고 시간적 여유가 많은 경우는 직접 면접이나 관찰 방법이 적합하다. 둘째, 자료 수집 상황이 복잡한 경우에는 직접 면접이나 관찰 방법이 적합하고 단순한 경우에는 2차 자료와 설문 방법이 적합하다. 셋째, 정책문제의 당사자 및 이해관계자의 규모가 크다면 설문과 2차 자료가 유용하고 반대로 그 규모가 작은 경우는 직접 면접이나 관찰 방법이 적합하다. 넷째, 모집단의 공간적 분포가 분산되어 있고 광범위한 경우는 설문과 2차 자료가 유용하고 좁거나 집중된 경우는 직접 면접이나 관찰이 유용하다. 다섯째, 자료 수집 대상자의 참여 의욕이나 자료 제공 능력이 높은 경우는 설문과 2차 자료가 적합하나 참여 의욕이나 제료 제공 능력이 낮은 경우는 직접 관찰과 면접 방법이 적합하다.

하지만 이와 같은 자료 수집 방법은 상황에 따른 상대적이며 절대적인 기준은 아니다. 어떤 상황에서는 가장 적합한 방법이 다른 상황에서는 적합하지 않을 수 있다는 점에 유의하여야 한다. 예를 들어, 문제 상황이 복잡하다면 직접 관찰이 적합하지만 시간적 여유가 없는 경우에는 2차 자료를 사용할 수밖에 없다. 또한 자료 수집 대상이 넓게 분포되어 있다면 2차 자료가 적합하나 대상자의 참여 의욕이 낮은 경우는 직접 관찰이나 면접이 더 적합하다. 따라서 이와 같은 관계는 정책문제와 목표를 비롯한 단계별 정책분석 과정에서 적용하는 세부 접근 방법이나 분석기법 등을 종합적으로 고려하여 판단하여야 할 것이다.

[그림 2-5] 상황에 따른 자료 수집 방법

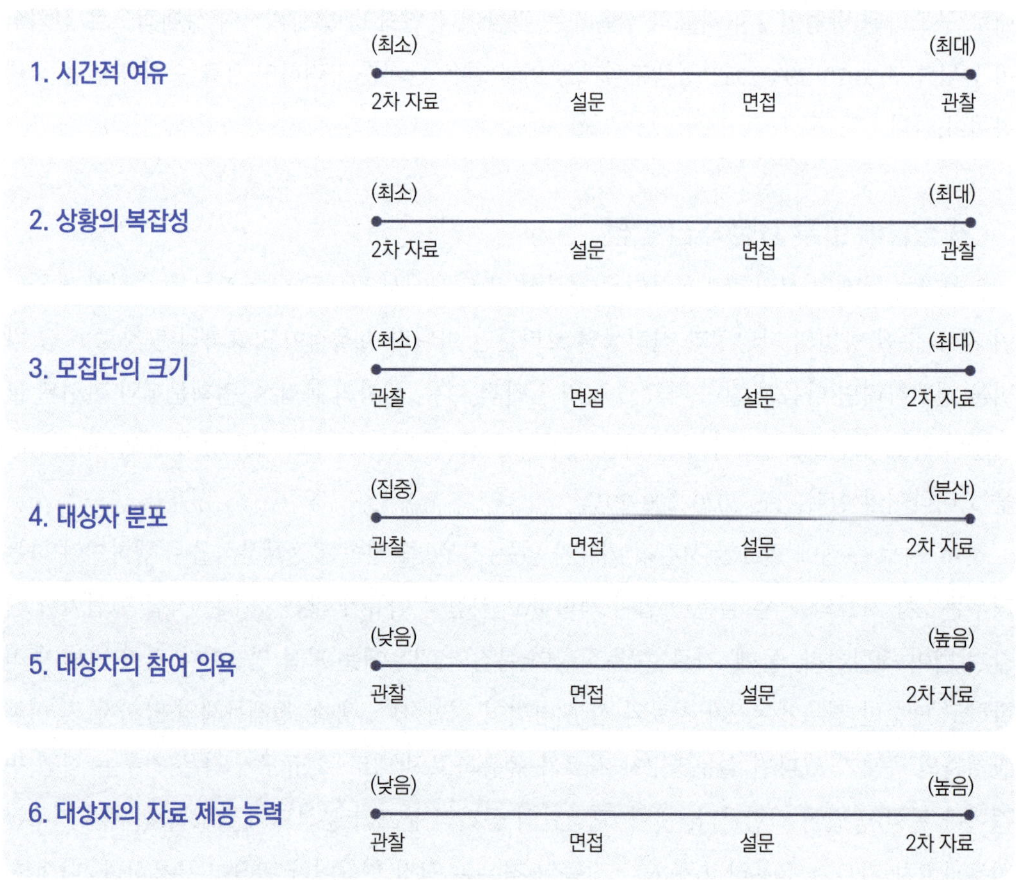

1. 시간적 여유
   (최소) ―――――――――――――――――― (최대)
   2차 자료   설문   면접   관찰

2. 상황의 복잡성
   (최소) ―――――――――――――――――― (최대)
   2차 자료   설문   면접   관찰

3. 모집단의 크기
   (최소) ―――――――――――――――――― (최대)
   관찰   면접   설문   2차 자료

4. 대상자 분포
   (집중) ―――――――――――――――――― (분산)
   관찰   면접   설문   2차 자료

5. 대상자의 참여 의욕
   (낮음) ―――――――――――――――――― (높음)
   관찰   면접   설문   2차 자료

6. 대상자의 자료 제공 능력
   (낮음) ―――――――――――――――――― (높음)
   관찰   면접   설문   2차 자료

자료: 김구(2020: 293)의 내용을 수정함

2) 자료 수집의 원천

정책분석가는 수립한 정책분석 계획에 따른 정책분석 과정을 원활히 수행하려면 신뢰성과 타당성을 갖춘 자료를 수집하여야 하고, 수집한 자료를 읽고 이해·분석·해석하여 유용한 정보로 생성하여야 한다. 자료는 다양한 원천(소스)을 통하여 수집할 수 있다. 정책분석 과정에서 이용할 수 있는 자료 수집의 일반적인 원천은 다음과 같다.

① 관련 전문가
② 정부기관(중앙행정기관, 지방행정기관)

③ 공공기관(공기업)
④ 도서관(국회도서관, 국립중앙도서관, 대학도서관)[03]
⑤ 민간연구소 및 조사기관
⑥ 비영리조직
⑦ 언론 및 방송기사(한국언론진흥재단 빅카인즈[04] 활용)
⑧ 관련 핵심 관계자 인터뷰(면담)
⑨ 현장 관찰
⑩ 국제기구(UN, OECD, 세계은행 등)
⑪ 구글지도(Google Maps) 및 지리정보 활용[05]
⑫ 현행 법률(법제처 국가법률정보센터)
⑬ 통계청의 국가통계포털(kosis.kr)

3) 자료의 품질 평가

문제를 이해하고 설명하기 위해서는 문제를 일으키는 원인 및 조건에 대한 실체적이고 객관적인 증거 자료를 수집하여야 한다. 정책분석의 성패는 실제를 가장 잘 대표하여 나타낼 수 있는 증거 자료를 수집하는 일이다. 정책분석을 수행한다는 것은 증거 기반의 자료를 해석하고 이해하며 설명하는 것이기 때문에 자료의 품질이 정책분석의 의미 있는 결과에 영향을 미친다(Bardach, 2009: 10).

정책분석가는 수집된 자료가 정책분석 과정을 수행하는 데 중요한 증거로써 가치가 있는지 판단하여야 한다. 수집된 자료가 핵심 증거로써 가치가 있는지를 판단하기 위해서는 자료의 품질을 평가하여야 한다. 수집된 자료의 품질 정도를 평가하기 위한 기본적인 기준을 제시하면 다음 〈표 2-5〉와 같다. 다음 각 체크리스트는 자료의 가치 및 중요도를 안내하기 위한 것이며, 분석가는 식별의 용이성을 위하여 기호(+, 0, -)로 표시하거나 점수를 할당하는 방식을 선택할 수 있다(Patton et al., 100-101).

---

[03] 도서관 및 웹사이트 검색에서는 논리구조(AND, OR, NOT)를 활용하면 유용하다.
[04] https://www.bigkinds.or.kr
[05] 국내의 대표적 지도 서비스는 국가공간정보포털지도서비스(https://www.nsdi.go.kr/lxmap/index.do)를 활용할 수 있다.

① 어떤 자료인가? 원본 자료인가 재구성된 자료인가를 확인한다. 가능한 원본 자료일수록 객관적 사실에 관한 정보를 파악하는 데 도움이 된다.
② 자료는 어디에서 수집하였는가? 권위가 있고 신뢰할 수 있는 곳인지를 확인한다.
③ 자료는 어떻게 수집하였는가? 분석 결과에 이익이나 손실을 볼 수 있는 직접적으로 관련된 사람이 아닌 직접적인 영향을 받지 않는 공정한 사람들이 체계적으로 수집한 자료여야 한다.
④ 자료는 언제 수집하였는가? 자료는 가능한 최신의 현행화된 것이어야 한다. 그러나 위기 상황이 발생하여 그에 대한 대응책을 모색하고자 신속하게 자료를 수집하여야 하는 경우

〈표 2-5〉 자료품질 점검 사항

질문	점검 사항
어떤 자료인가?	- 1차 자료/2차 자료 - 단일/다중 지표
어디에서 수집한 것인가?	- 같거나 비슷한/다른 지역(장소) - 동일/다른 지리적 경계를 가진 범위 - 유사/비교할 수 없는 프로그램 - 문제의 범위에 속하는 대상자/비대상자
어떻게 수집하였는가?	- 체계적/무작위 - 무작위 표본/비무작위 표본 - 공정한 제3자/프로그램 담당자
수집한 이유는 무엇인가?	- 위기 상황에 대한 지속적인 모니터링/대응 - 내부 요구 사항에 대한 대응/외부 요구 사항 충족
언제 수집하였는가?	- 계획 후/위기 상황 중 - 최근/과거
누가 수집하였는가?	- 상황과 목표의 이해 정도 - 훈련을 받은/받지 않은 직원 - 유경험자/무경험자 - 고위직/하위직 직원 - 조직화된/비조직화된 직원 - 숙련된/비숙련된 의사소통자

자료: Patton et al.(2016: 100)의 내용을 수정함

체계적인 자료 수집 방법이 갖추어지지 않아 오류가 포함될 수 있다는 점을 유의하여야 한다.
⑤ 자료를 수집한 사람은 누구인가? 자료를 수집한 사람이 상황과 목표가 무엇인지를 이해하고 상황에 대한 경험이 있으며, 자료 수집 방법에 대한 체계적인 교육 및 훈련을 받고 객관적이고 공정한 입장을 가진 사람인지 등이 중요하다.

6. 정책분석의 가능성 평가

정부는 정책문제를 해결하기 위하여 신속한 의사결정을 하여야 하고, 어떤 정책대안을 채택할 것인지에 관한 논리적인 정책분석 과정을 수행하여야 한다. 문제의 존속 상태나 자원의 비효율적인 배분 상태가 공공성 실현 및 공익과 충돌하는 경우 이를 치유하기 위하여 정부의 정책적 개입이 불가피하지만 연구기관이나 정책분석 전문기관에서 정책분석을 의뢰받은 경우 가장 먼저 점검하여야 할 사항은 정책분석의 가능성을 파악하는 일이다. 정책분석기관이나 정책분석가는 필요한 시간, 노력, 비용 등의 투입 자원에 비하여 분석으로 얻을 수 있는 이점을 점검하여 의뢰인에게 전달하는 내용도 포함된다.

다음 [그림 2-6]은 정책분석의 투입 요소(시간, 노력, 비용)에 따른 분석의 이익을 예측할 수 있는 결과를 세 가지 유형으로 제시하고 있다.

첫째, 선형으로 표시된 A유형은 정책분석에 대한 자원의 투입을 증가할수록 지속적으로 좋은 대안이 나타나는 경우이다. 그러나 투입할 수 있는 자원은 한계가 있기 때문에 동원 가능한 자원의 범위 내에서 대안의 만족할 만한 수준인지를 판단하여야 한다.

둘째, 곡선의 형태를 가진 C유형은 분석의 이익이 지속적으로 변화하는 비율로 나타나는 경우이다. C유형은 분석에 많은 자원 투자를 증가할수록 더 좋은 정책대안이 나오고 분석의 가치가 높아지나 가장 좋은 대안이 확인되었으며 더 많은 자원을 투자한다고 하여 이점이 크게 증가하지는 않는 경우이다.

셋째, B유형의 경우 분석에 대한 가능한 투자 범위는 모두 동일한 수준의 이점을 생성할 수 있는 경우이다. 예를 들어, 대량의 설문조사 자료를 수집하였지만 이를 전산화할 수 없으면 분석에 전혀 도움이 되지 않는다. 1번 지점에서는 모든 데이터가 컴퓨터에 입력되어 있지만, 이 지점 이후에 추가적인 이점을 얻으려면 분석을 수행하는 데 필요에 따라 데이터를 조작할 수 있도록 하는 추가 작업이 필요하다. 이것이 지점 2에서 완료되면 다양한 설명 자료를 사용할 수 있게 되고 문제를 밝힐 수 있다. 그런 다음 설문조사를 기반으로 문제에 대하여 많은 세부적인 관찰을 할 수 있는 지점 3에 도달할 때까지 분석에 대한 또 다른 투입이 필요하다(Patton et al., 2016: 166).

[그림 2-6] 정책분석의 투입에 대한 분석의 이익

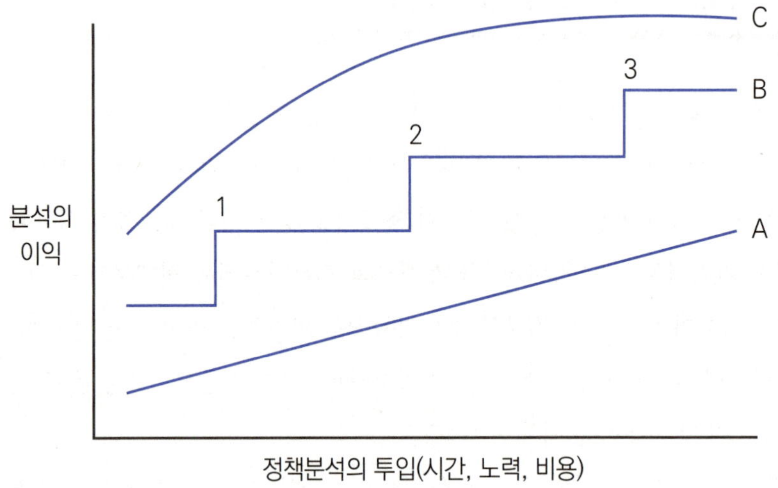

자료: Patton et al.(2016: 166)

제3장

Public Policy Analysis and Decision Making

정책문제의 구조화

1. 정책문제의 구조화 과정

Theory and Practice of Public Administration

1) 문제 구조화의 의의

정책분석은 문제 해결을 위한 방법론으로서 문제에 대한 가장 바람직한 해결책(정책대안)을 찾는 것이다. 문제 해결 방법은 해결하여야 할 문제가 무엇인지 어느 정도 정확하게 정의할 때 더욱 적절하고 바람직한 해결책을 제시할 수 있다. 바람직한 해결책을 모색하기 위한 정책분석의 첫 번째 활동은 문제 구조화이다.

문제 구조화(problem structuring)는 해결하여야 할 문제의 성격, 범위, 심각성, 목표집단의 크기, 이해관계자의 규모와 관련성 등을 구분(식별)·확인하여 상호 연관성을 중심으로 체계적인 질서를 확립하고 정의하는 것을 의미한다. 문제 구조화는 정책분석 과정의 다음 단계에 영향을 미치는 토대가 되기 때문에 문제를 분명하고 명확하게 구분하고 정의하는 일은 곧 정책분석 과정의 성패와 연결된다. 문제 구조화 과정은 문제의 상황을 비롯하여 정치적·사회적 여건과 분석가에 따라 그 접근 방법이 다를 수 있지만 일반적인 과정은 다음 [그림 3-1]과 같이 진행한다.

문제 구조화 과정의 첫 번째 단계는 문제 상황에 대하여 인지하는 것이다. 인지하는 것은 사람마다 다르다. 똑같은 문제와 자극에 대하여 인지하는 사람이 있고 그렇지 않은 사람이 있다. 인간은 지식, 경험, 가치, 신념 등의 종합적 세트로서 이해하고 공감하는 능력이 똑같을 수 없다. 분석가나 의뢰인이 문제라고 인지하였을 때 비로소 문제의 구조화가 시작되는 것이다. 문제 구조화 과정의 두 번째 단계는 문제를 올바른 문제로 정의하는 일이다. 문제를 올바르게 정의하였다면 문제가 해결될 것이고, 올바른 문제가 아니라면 문제가 해결되지 못하여 문제 구조화를 다시 하여야 한다. 이와 같은 일련의 과정은 문제가 해결될 때까지 환류 및 반복되는 과정으로 이해하여야 한다.

문제 구조화의 과정은 궁극적으로 문제를 해결하려 할 때 올바른 해결책을 제시하기 위한 일련의 과정이다. 그러나 일련의 과정이 순조롭게 진행될 수도 있지만 오류가 포함된 단계별 활동으로 인하여 문제 해결과 관련이 없거나 올바른 해결책이라고 제시하였더라도 실제 문제가 해결되지 못한 경우가 있다. 이와 같은 것은 문제 구조화의 오류를 범한 경우이다. 즉, 문제 구조화가 분명하고 정확하지 않았다는 것을 의미한다.

[그림 3-1] 문제 구조화의 과정

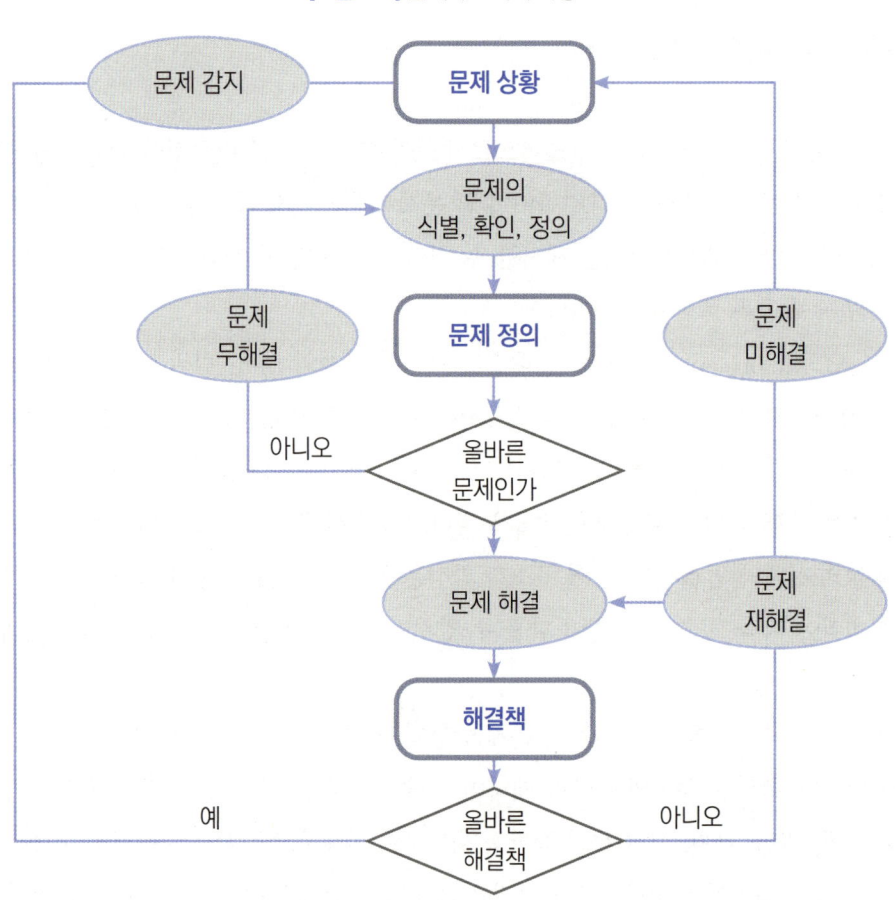

자료: Dunn(2018: 71)의 내용을 수정함

2) 문제 구조화의 고려 사항

(1) 문제 구조화의 창의성

성공적으로 문제를 해결하기 위하여 분석가는 문제의 상황에 대하여 새로운 관점에서 새로운 문제의 요소를 인식하고 식별하여야 한다. 새로운 문제 상황에 직면하고 있다는 것은 과거 경험하였던 해결책이 효과가 없거나 새로운 해결책의 모색이 요구된다는 것을 의미한다. 새로운 해결책을 모색하려면 문제 구조화의 접근에 창의적이어야 한다. 창의성은 문제 상황에 호기심을 가지고 다양한 관점을 포용하며 자유로운 사고를 기반으로 긍정적이며 다양한 자극에 대한 주의를 기울일 수 있는 상태를 의미한다. 이와 같은 창의성의 기본 조건을 기반으로 문제 구조화의 조작화는 다음과 같다(Dunn, 2018: 78).

첫째, 문제 상황에 대한 접근 방법이 참신하여 기존 경험적 의견이나 대부분 사람들의 의견과 다르거나 차이가 있다.

둘째, 문제 상황에 대한 접근 방법이 이전에 받아들여졌던 생각이나 아이디어를 수정하거나 거부하는 것을 포함할 만큼 비전통적이고 파격적이다.

셋째, 분석 상황에 대한 접근 방법이 높은 강도로 이루어지거나 장기간에 걸쳐 이루어지도록 높은 동기와 지속성이 필요하다.

넷째, 분석 상황에 대한 접근 방법으로 제시한 산물이 가치가 있다고 동료 분석가·정책결정자·이해관계자들이 판단한 경우이다.

(2) 문제 구조화 국면에 관한 상호 연결성

문제 구조화의 세부적 국면은 문제 감지, 문제 탐색, 문제 설명, 문제 구체화 등 네 가지 단계는 순차적이며 서로 연관되어 있다(Dunn, 2018: 78-79).

첫 번째 단계는 문제 상황을 감지하고 인식하는 것이다. 사람마다 지식, 경험, 신념, 가치, 태도, 감각기관, 공감 능력, 감수성 등이 같을 수는 없다. 문제 상황을 감지하고 어떻게 인식하느냐에 따라 문제 구조화의 다음 단계로 진행한다.

두 번째 단계는 문제 상황의 실태가 어떻게 구성되어 있고 누가 관련되어 있으며 현재의 상태가 어느 수준인지를 대략적으로 탐색하는 활동으로서 단일 문제에만 집중하는 것이 아니라 상황을 구성하는 모든 문제를 발견한다.

세 번째 단계는 발견된 모든 문제를 구체적으로 설명한다. 대략적으로 탐색한 모든 문제를 구체적으로 설명함으로써 문제의 핵심 상황과 거리가 먼 것이나 관련성이 없는 문제는 제외함으로써 실질적 문제로 수렴 및 집중한다.

네 번째 단계는 실질적 문제를 개념화 및 조작화를 통하여 공식적 문제를 정의한다. 실질적 문제를 개념화하려면 이데올로기, 역사적 및 시대적 맥락, 사회적 가치 등 다면적 요소를 포함하여야 한다. 예를 들어, '빈곤'을 최소한의 인간다운 삶을 영위하는 데 필요한 물적 자원이 부족한 상태로 정의한다면, 어떤 조건이 최소한의 인간다운 삶을 영위하는 것인지, 여러 물적 자원의 종류는 무엇인지, 부족한 상태의 기준은 무엇인지 등을 구체적으로 제시할 필요가 있다.

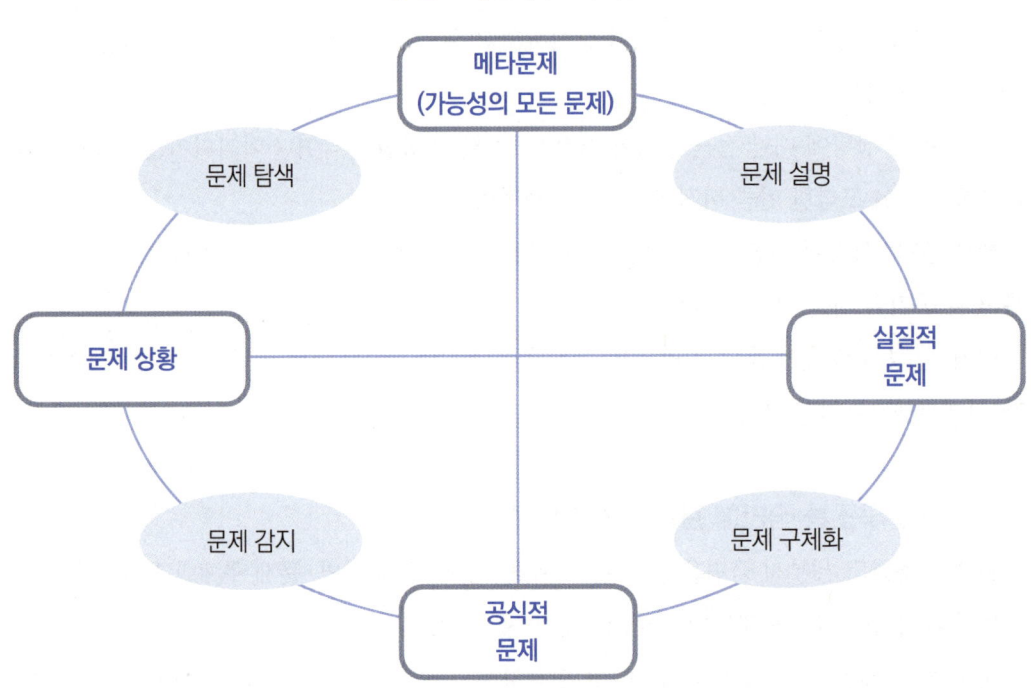

[그림 3-2] 문제 구조화 국면

자료: Dunn(2018: 79)

(3) 문제 구조화의 오류

문제 구조화에서 중요한 사항은 실질적이고 공식적인 문제가 실제 문제 상황과 얼마나 일치하는지이다(Dunn, 2018: 80). 실질적이고 공식적인 문제가 실제 문제 상황과 일치하지 않은 것은 문제 구조화 국면([그림 3-2])의 연결성이 부족하거나 각 단계에서 요구하는 분석활동을 충실히 수행하지 못하였거나 문제 상황에 대한 개념화 및 조작화에 오류가 포함되어 있기 때문이다. 문제 구조화 중 3종 오류(메타오류, meta error)가 포함되면 잘못된 문제가 형성 및 정의되고 정책문제 해결에 대한 잘못된 정보와 지식을 산출하여 제공하게 됨으로써 결국 자원만 투입될 뿐 문제는 미해결 상태로 지속되거나 미해결된 문제로 새로운 문제가 파생되기도 한다.

〈표 3-1〉 정책분석의 오류

종류	정의
1종 오류 (α error)	- 정책대안이 실제로 효과가 없는데도 효과가 있다고 주장하는 오류 - 귀무가설(차이 및 효과가 없다)이 참일 때 기각하는 오류
2종 오류 (β error)	- 정책대안이 실제로 효과가 있는데도 효과가 없다고 주장하는 오류 - 귀무가설(차이 및 효과가 없다)이 거짓일 때 채택하는 오류
3종 오류 (meta error)	- 실질적이고 공식적인 문제와 실제 문제 상황의 불일치성 - 실제 상황과 문제 정의의 차이(예: 실제 암인데 감기라고 진단)

2. 문제의 진술

1) 문제의 표현 방법

분석가는 다양한 방법으로 문제 상황을 표현하고 설명할 수 있다. 분석가는 간단한 그림이나 표, 계량적 숫자, 언어적 수사 등 다양한 표현 수단으로 문제 상황을 표현하고 설명할 수 있다. 문제 상황을 설명하기 위한 표현 방법은 다음과 같다(Dunn, 2018: 81-89).

(1) 기술적 모형

문제 상황에 대한 기술적 모형(descriptive model)은 문제 상황의 실태를 파악하거나 상황을 일으키는 원인을 설명하거나 결과를 예측한다. 기술적 모형은 사회 및 경제 지표 목록에 포함된 소득, 고용 및 실업, 의료 및 복지, 에너지 등과 같은 정책 조치의 결과를 모니터링하고 소득 효과, 고용 효과, 의료 및 복지 수급자, 에너지 수요 등 미래 정책결과를 예측하는 데에도 적용한다.

(2) 규범적 모형

규범적 모형(normative model)은 문제 상황을 설명하거나 예측할 뿐만 아니라 소득과 부(富), 교육과 계몽, 범죄와 정의에 이르는 가치 달성을 최적화하기 위한 행동 과정을 규정하려고 시도한다. 정책분석가가 사용하는 다양한 유형의 규범모형 중에는 최적의 의료 및 복지 서비스 수준, 최적의 교통 편의, 최적의 주택공급량, 최적의 교육 서비스 수준, 최적의 삶의 질 수준, 최적의 고용 수준, 최적의 치안 수준, 최적의 민주주의 수준, 최적의 국민 통합 수준 등 최적의 바람직한 상태에 비추어 현재 직면하고 있는 문제 상황을 설명하고 예측하려는 것이다. 하지만 '최적의 상태' 또는 '바람직한 상태'라 하더라도 누구(정책분석가, 최고결정자, 정책대상자, 이해관계자 등)의 입장에서 최적이고 바람직한지에 대한 견해와 수준이 다를 수 있어 관련 구성원들 간 합의가 이루어져야 한다.

(3) 언어적 모형

언어적 모형(verbal model)은 언어를 통하여 문제 상황을 전달하고 이해하려는 것이다. 언어는 가장 보편적으로 사용하는 방법으로 전문가와 일반인 모두에게 표현할 수 있다는 장점이 있으나 전문적인 언어를 사용하는 경우나 표현하는 언어에 숨겨져 있는 근본적인 암시를 쉽게 파악하고 이해하기 어려우며, 그 언어의 의미에 대하여 모두가 통일적으로 해석하고 수용하는 것은 아니다. 통상적으로 사용하는 보통, 상당히, 적당히, 아주, 썩, 훨씬, 굉장히, 정말 등의 용어 표현은 모호하거나 추상적이고 다의적인 의미를 가지기 때문에 사람, 시간, 장소 등에 따라 다르게 해석할 수 있다. 따라서 언어를 통하여 문제 상황을 표현하는 경우에는 쉽고 분명한 언어를 선택할 필요가 있다.

(4) 상징적 모형

상징적 모형(symbolic model)은 기호, 수학, 통계 또는 논리적 표기법을 사용하여 문제를 특징짓는 것으로 여겨지는 주요 변수 간의 관계를 설명한다. 상징적 모형은 표기법에 관한 지식과 학습 경험이 있는 전문가들 간 의사소통은 가능하지만 그렇지 못한 일반인들 사이에서는 의사소통이 어렵다. 상징모형은 과학적 엄격성에 기반을 둔 이론과 증거에 토대를 두고 대표적 현상을 표현하고 주장하지만 문제 상황의 구체적인 현상이나 다양한 변수가 개입되는 상황을 표현하고 설명하는 데는 한계가 있다.

상징적 모형의 대표적인 예로서 다음과 같은 단순 선형 방정식을 통하여 설명할 수 있다.

$$Y = a + bX$$

여기서 Y는 예측되는 종속변수의 값이고 X는 Y를 달성하기 위하여 조작될 수 있는 독립변수의 값으로 X와 Y 사이의 관계는 직선의 선형 함수로 가정하고 있다. [그림 3-3]과 표시할 b는 직선의 기울기로서 계수로 표현되며, X의 단위 변화에 따른 Y의 변화량을 의미한다. 경사가 급할수록 X가 Y에 미치는 영향은 커진다. 절편 또는 상수라고 불리는 기호 a는 X가 0일 때 직선이 수직 또는 Y축을 가로지르는 지점을 나타낸다. 점선으로 제시된 Y값은 X 값의 1/2인 반면(예: Y = 0 + 0.5X), 실선을 따라 X의 각 변화는 Y에 1.0 단위 변화를 제시하고 있다(예: Y = 0 + 1.0X). 이 선형 모형은 결과 변수(Y)의 값을 생성하는 데 필요한 정책변수(X)의 변화량을 예측한다(Dunn, 2018: 84).

[그림 3-3] 상징적(기호) 모형

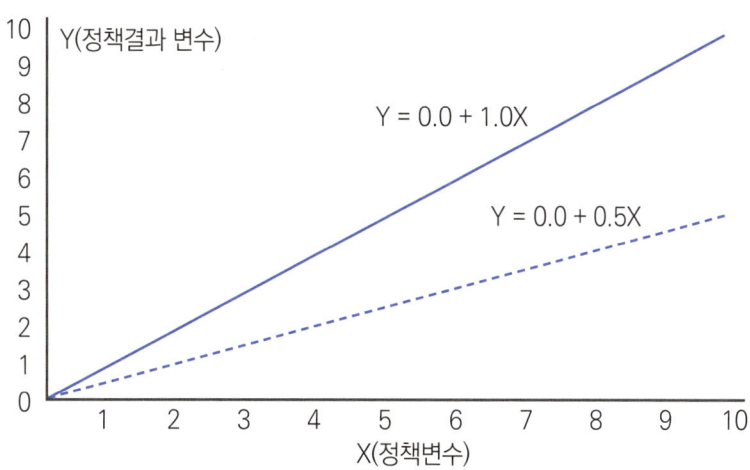

자료: Dunn(2018: 85)

(5) 절차적 모형

절차적 모형(procedural models)은 문제 상황과 관련된 변수 간의 동적 관계로 표현한다. 절차적 모형도 기호 등의 상징적 표현 방식을 사용한다. 하지만 상징적 모형은 실제 데이터를 사용하여 정책과 결과변수 간의 관계를 추정하는 반면, 절차적 모형은 이러한 관계를 가정하거나 모의실험(simulation)한다는 것이 차이점이다. 절차적 모형의 장점은 창의적인 모의실험이 가능하다는 점이지만 모형의 가정을 정당화할 만한 증거를 찾는 것이 어렵다는 단점도 있다(Dunn, 2018: 84).

절차적 모형의 간단한 형태는 정책의 여러 가지 가능한 결과를 예측하여 생성되는 의사결정나무이다. 의사결정나무는 기존 데이터가 거의 또는 전혀 없는 조건에서 다양한 정책 선택의 가능한 결과에 대한 주관적인 추정치를 비교하는 데 유용하다(Dunn, 2018: 85). [그림 3-4]는 여러 가지 정책대안이 오염을 줄일 확률을 추정하는 간단한 의사결정나무를 보여 준다. 의사결정나무에 대한 자세한 설명은 이 책의 뒤(제8장)에서 별도로 다룬다.

[그림 3-4] 절차적 모형

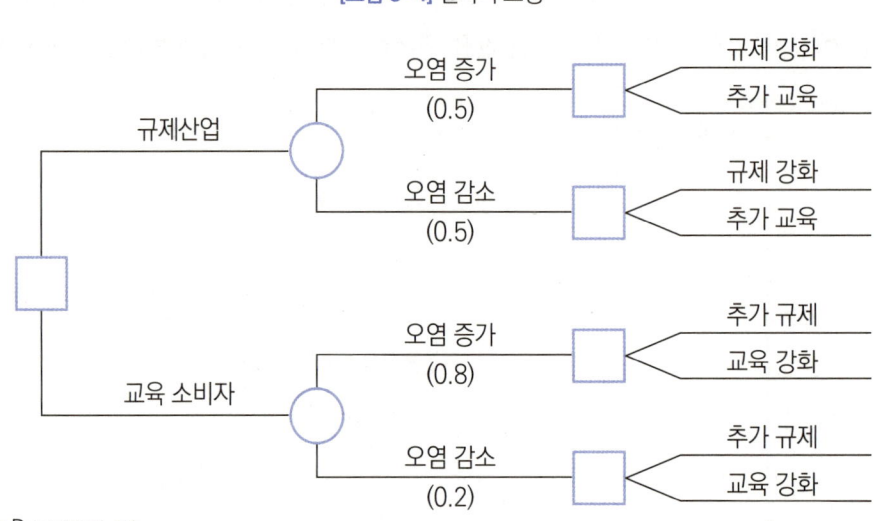

자료: Dunn(2018: 85)

(6) 대리 및 관점모형

대리모형은 의식적이든 무의식적이든 형식적 문제가 실질적인 문제에 대한 유효한 표현이라는 가정에 기반한다. 관점모형은 실질적인 문제를 보는 여러 가지 가능한 방법 중 하나로 간주하고 형식적 문제가 실질적인 문제의 완전히 유효한 표현이 될 수 없다고 가정한다(Dunn, 2018: 86). 대리모형이나 관점모형의 공통점은 상징적 모형을 확장하여 문제 상황의 실질적 문제를 대리 또는 어떤 관점에서 표현하는 방법이며 주로 예측하는 데 적용하기 때문에 대리(예측)의 정확도 및 관점의 타당성 정도가 중요한 관건이다.

[그림 3-5]에 표시한 산점도는 X와 Y의 관측된 실제 값으로 이를 바탕으로 암묵적인 관점은 X와 Y의 인과관계의 대리모형을 구성하는 것이다. 여기서 정책변수 X는 결과변수 Y의 원인으로 간주한다. 정책변수(X)는 저수지의 깊이이며 결과변수(Y)는 가수량으로서 저수지의 깊이에 따라 댐의 연간 강수량이 결정된다고 보는 것이다. 이 경우에도 모든 변수가 고정되어 있다는 가정을 전제로 한다. 만약 저수지에서 물을 더 빨리 배수하거나 비가 오지 않은 가뭄이 지속된다면 예측한 결론은 의미가 없어진다. 또 다른 예로서 실업과 빈곤이 인과관계에 있다고 믿을 만한 타당한 이유를 제공한다면 예측된 장기적인 실업에 따라 빈곤 상태가 결정된다고 본다. 그러나 빈곤 상태가 구직 욕구를 억제한다고 가정한다면 빈곤이 실업에 영향을 미친다는 증거로 다르게 해석될 수 있다(Dunn, 2018: 86-87).

[그림 3-5] 하나의 관점에서 Y에 대한 X의 가정된 효과

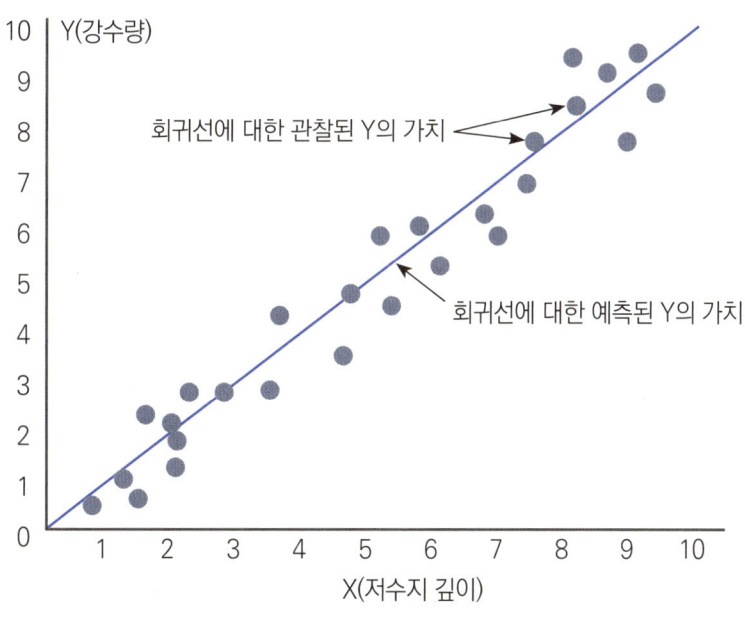

자료: Dunn(2018: 87)

2) 문제의 진술 개발

정책분석가는 문제의 정의, 즉 상황을 확인하고 표현하며 설명하려면 기본적인 몇 가지 절차를 고려하여야 한다. 분석가는 먼저 문제 상황에 대한 다양한 관점에서 깊이 있는 생각을 하여야 하고, 문제의 구성 요소 간 경계를 구분하여, 구분한 경계 범위 내에서 상황과 연관되거나 일으키는 사실을 확인하여야 한다. 또한 문제 상황에 비추어 목적과 목표를 나열하고 정책의 경계(범위)를 식별하며 잠재적인 비용과 이익을 표시한 다음 최종적으로 문제 진술문을 작성하고 검토하여야 한다. 각 단계에 대한 세부 설명은 다음과 같다(Patton et al., 2016: 144-146).

〈표 3-2〉 문제의 진술 개발 단계

1. 문제에 대한 다양한 관점과 깊이 있는 생각
2. 문제의 구성 요소 간 경계의 구분
3. 구분한 경계 내에서 사실 확인 및 기술
4. 문제에 비추어 목적과 목적의 기술 및 나열
5. 정책 영향의 경계 범위 구분
6. 대략적 잠재적인 비용과 이익을 추정하여 표시
7. 문제 진술문 작성과 검토

(1) 문제에 대한 다양한 관점과 깊이 있는 생각

정책분석가는 문제 상황에 대한 다양한 관점을 가지고 깊이 있는 생각을 하여야 한다. 반대로 특정 관점을 가지고 표면적인 국면을 본다면 본질적인 요소가 누락되거나 주관적 편향성으로 실제와 다른 왜곡된 표현으로 제시할 수 있다. 분석가는 목표집단과 이해관계자들이 왜 문제라고 주장하는지, 그들의 주장에 암시하고 있는 본질적 가치가 무엇인지를 생각하여야 한다. 명시적으로 제시된 주장보다 숨어 있는 배경과 암묵적 연관성이 무엇인지를 볼 수 있어야 한다. 예를 들어, "가난한 사람들이 건강 관리에 더 많은 비용을 지불한다"라는 주장이 있을 때, 이 주장 속의 가치는 가난한 사람들이 건강 관리에 대하여 다른 그룹보다 더 많은 비용을 지불하여서는 안 된다는 것을 암시하고 있다. 또한 '더 많은' 가치가 어떻게 정의되는지에 따라 그들의 기대 수준에 충족되지 못할 수도. 이런 경우 경험적 데이터를 신속하게 수집하여 다양한 소득 범주를 유형화하고 유형별로 의료 서비스 비용을 부담할 수 있을지를 확인하여야 한다. 이를 통하여 (1인당 또는 가구당 기준으로) 연간 의료비 지급액(절대 금액 및 소득 비율)이 소득 그룹에 따라 다른지 여부를 결정하여야 한다.

(2) 문제의 구성 요소 간 경계의 구분

정책분석가는 문제의 위치, 문제가 발생한 기간, 문제를 형성한 역사적 사건을 명시하여야 하며, 분석 대상의 문제와 다른 문제의 연관성도 생각하고 그 연관성의 구조와 강도를 고려하여야 한다. 예를 들어, 의료 서비스 문제가 전국적인 현상인지, 특정 지역에 국한된 것인지, 또한 최근에 발생한 문제인지 아니면 오랫동안 지속된 문제인지, 과거에는 문제가 없었는데 문제가 발생하였다면 역사적 사건은 무엇인지, 그리고 문제의 요소가 의료 접근성인지, 의료 서비스 내용(의료인의 역량, 품질, 신뢰) 자체인지, 의료비의 급여와 비급여(건강보험의 혜택을 받지 않고 본인이 전액 부담)의 부담에 관한 것인지 등을 구분하여야 한다.

(3) 구분한 경계 내에서 사실 확인 및 기술

문제를 정의하기 위한 문제 진술의 과정에는 앞선 단계에서 구분한 문제 구성 요소의 세부 사실 내용을 확인하고 기술한다. 수집할 사실은 문제 구성 요소를 대표한다. 예를 들어, "가난한 사람들이 건강 관리에 더 많은 비용을 지불한다"라고 한다면, 사실에는 가난함, 건강 관리, 더 많은 지불 등의 핵심 단어 및 문구에 대한 정보가 포함된다. 빈곤층은 최소한 다양한 소득 범주의 빈곤 측정, 가족 수, 개인 수, 가구 수에 대한 데이터가 필요함을 시사하고, 더 많이 지불한다는 것은 의료 서비스가 어떻게 정의되고 지불되는지, 그리고 급여와 비급여를 비롯하여 본인 부담과 건강보험에서 부담하는 비율을 알아야 함을 의미한다. 더 많은 비용을 지불하는 척도로 연령(수명)의 차이에 대한 사실이 필요함을 시사할 수도 있다. 건강 관리는 약품 지출, 의사 진료, 치과 진료, 대응 지출 대 예방 지출, 입원 환자 대 외래 진료 등에 대한 지출에 대한 사실을 의미하기도 한다. 이렇게 여러 목록이 작성되면 분석가는 많은 데이터에 혼란스러울 수도 있지만 이러한 사실을 발전시키면 가치와 문제 경계에 대한 통찰력을 얻을 수 있다.

(4) 문제 상황에 비추어 목적과 목표의 나열

문제에 대한 가능한 해결책(정책대안)의 수용 가능성은 문제와 관련된 각 행위자의 목적과 목표에 따라 달라진다. 문제를 정의하기 위한 문제의 진술 단계에서는 문제 해결을 통하여 무엇을 가져올 수 있을지에 관한 가치가 함축된 목적과 그 목적을 구체화한 목표를 잠정적으로 명시하여야 한다. 물론 분석이 진행되면서 그 목적과 목표는 수정될 수도 있다. 수정될 수 있다고 하여 목적과 목표의 목록을 준비하지 않으면 안 된다. 목적과 목표의 목록을 준비하지 않으면 문제가 잘못 정의될 위험이 있다. 예를 들어, 사회의 건강을 유지하는 것이 목적이라면, 목표는 의료 서비스 접근성 향상, 의료 품질 개선, 의료 비용 절감, 저소득층에 대한 재정적 부담 감소 등으로 나열할 수 있다. 목표에 대한 세부적인 조치로는 예방 치료를 위한 방문 증가, 질병으로 인한 임금 손실 감소, 약물 및 입원에 대한 연간 가계 지출 감소, 의료 및 건강보험에 대한 저소득 가계 지출 감소 등이 포함될 수 있다.

(5) 정책 영향의 경계 범위 구분

문제에서 고려되는 변수의 범위인 정책 범위는 최종적으로 검토되는 대안에 영향을 미친다. 때로는 정책 범위가 고객에 의하여 규정되기도 하고, 때로는 분석가가 작업하는 환경에 따라 결정되기도 하며, 다른 경우에는 동원 가능한 시간과 자원에 따라 정의되기도 한다. 분석가는 정책에 영향을 받을 수 있는 경계 범위를 구분하고 설정하여야 한다. 만약 정책 영향의 범위를 정하지 않으면 상위 정책을 식별할 수 없으며, 식별하더라도 구현이 불가능할 수도 있다. 예를 들어, 의료비에 문제의 범위에 해당되는 사람은 환자(입원환자, 외래환자), 건강보험료 납부자 또는 건강보험공단, 병원, 민간보험사, 의사, 제약회사, 의료 관련 단체 등이 포함될 수 있다.

(6) 대략적 잠재적인 비용과 이익을 추정하여 표시

정책분석가는 지금까지 진행한 결과를 토대로 적절한 방식(기술적 모형, 규범적 모형, 언어적 모형, 상징적 모형, 절차적 모형, 대리 및 관점모형 등)을 이용하여 문제 해결을 위한 잠재적 비용과 이익을 목표집단, 이해관계자, 최고의사결정자 등에게 보고하여야 한다. 비용의 이익을 표시하는 세부 내용에는 누가 얼마만큼 이익을 보고 누가 얼마만큼 손실을 부담하여야 하는지를 표시하여야 한다. 분석가는 이 단계에서 가정과 분석의 한계를 언급하여 제3자의 검토자가 편견이나 오염된 정보를 발견할 수 있도록 하여야 한다. 예를 들어, 가난한 사람들에게 더 나은 의료 서비스를 받을 수 있도록 본인 부담을 낮추고 병원에 의료비 지급 기간을 단축한다면, 가난한 사람과 병원은 이익을 얻을 수 있지만, 현재 의료 시스템을 이용하지 않고 건강보험료를 납부하는 사람들에게는 잠재적 부담이 될 수 있다.

(7) 문제 진술문 작성과 검토

문제를 정의하기 위한 마지막 단계로 지금까지 진행한 결과물을 정리하여 진술문을 작성하고 검토하여야 한다. 문제의 정의 중에 사용되는 기본 방법에는 문제의 크기를 추정하기 위한 간단한 계산, 문제의 주요 속성을 식별하기 위한 빠른 의사결정분석, 계량화할 수 없는 요소를 간과하지 않도록 돕는 정치적 분석 등을 이용할 수 있다.

3) 문제 진술을 지원하는 분석

문제의 정의를 위한 문제 진술의 타당성을 확보하기 위한 증거로서 대략적인 계산, 빠른 의사결정분석, 정치적 분석 등이 이용될 수 있다. 이에 대한 세부적인 내용은 다음과 같다.

(1) 대략적인 계산

대략적인 계산은 문제 진술의 목록을 작성한 후 몇 가지 간단한 수치와 방향(+, 0, -)과 방향의 크기, 가중치 등을 사용하여 문제를 정의하는 데 도움을 줄 수 있다. 다음 〈표 3-3〉은 왼쪽에 목록 항목을 열거하고 오른쪽 문제(A, B, C) 유형에 대하여 체크(✓)한 후 집계함으로써 문제의 우선순위를 파악하는 데 도움을 준다. 이 방식은 가부(可否, Yes/No) 형태이기 때문에 매우 단순하여 쉽게 이용할 수 있다는 이점이 있으나 목록 항목의 정도를 비교할 수 없다는 단점이 있다.

다음 〈표 3-4〉는 문제 진술 목록에 체크 표시하는 대신에 점수를 할당하는 방식으로 10점 만점을 기준으로 점수에 해당하는 숫자를 표기한 후 합계를 산출한다. 이 방식은 체크 방식의 단점을 보완하는 방식이나 목록 간 중요도를 반영할 수 없다는 단점이 있다.

<표 3-3> 문제 진술에 도움이 되는 우선순위 계산(체크 방식)

기준	문제		
	A	B	C
1. 문제의 맥락			
① 분석을 위한 시간	✓		✓
② 정치적 의미	✓	✓	
③ 이해관계자의 입장	✓	✓	✓
④ 대상 집단의 입장	✓	✓	✓
⑤ 심각성		✓	
2. 문제의 특성			
① 문제의 경계 범위 명확	✓		
② 의견/주장의 일치		✓	✓
③ 복잡성	✓	✓	✓
④ 불확실성	✓		✓
⑤ 가치 지향적	✓	✓	
3. 문제의 영향			
① 결과의 규모	✓		✓
② 대상 집단의 규모	✓	✓	
③ 대상 집단의 영향력	✓	✓	✓
④ 영향의 중요도	✓	✓	
⑤ 파급 효과			✓
4. 정책과 분석의 비용			
① 정책의 비용	✓	✓	
② 분석의 비용	✓		✓
③ 분석의 성과	✓	✓	
합계	15	12	10

자료: 김지원(2015: 38)의 내용을 재인용 및 수정함

〈표 3-4〉 문제 진술에 도움이 되는 우선순위 계산(점수 할당 방식)

기준	문제		
	A	B	C
1. 문제의 맥락			
① 분석을 위한 시간	7	6	5
② 정치적 의미	6	5	5
③ 이해관계자의 입장	7	6	7
④ 대상 집단의 입장	8	7	7
⑤ 심각성	9	8	5
2. 문제의 특성			
① 문제의 경계 범위 명확	6	6	7
② 의견/주장의 일치	7	6	6
③ 복잡성	7	5	6
④ 불확실성	6	5	6
⑤ 가치 지향적	6	5	5
3. 문제의 영향			
① 결과의 규모	5	6	7
② 대상 집단의 규모	8	7	5
③ 대상 집단의 영향력	6	5	4
④ 영향의 중요도	7	6	5
⑤ 파급 효과	6	5	4
4. 정책과 분석의 비용			
① 정책의 비용	6	5	6
② 분석의 비용	7	6	6
③ 분석의 성과	7	6	5
합계	121	105	101

자료: 김지원(2015: 39)의 내용을 재인용 및 수정함

<표 3-5> 문제 진술에 도움이 되는 우선순위 계산(점수에 가중치 부여 방식)

기준	가중치	문제 A 평가	문제 A 값	문제 B 평가	문제 B 값	문제 C 평가	문제 C 값
1. 문제의 맥락							
① 분석을 위한 시간	9	7	63	6	54	5	45
② 정치적 의미	8	6	48	5	40	5	40
③ 이해관계자의 입장	6	7	42	6	36	7	42
④ 대상 집단의 입장	7	8	56	7	49	7	49
⑤ 심각성	7	9	63	8	56	5	35
2. 문제의 특성							
① 문제의 경계 범위 명확	5	6	30	6	30	7	35
② 의견/주장의 일치	5	7	35	6	30	6	30
③ 복잡성	6	7	42	5	30	6	36
④ 불확실성	7	6	42	5	35	6	42
⑤ 가치 지향적	9	6	54	5	45	5	45
3. 문제의 영향							
① 결과의 규모	8	5	40	6	48	7	56
② 대상 집단의 규모	6	8	48	7	42	5	30
③ 대상 집단의 영향력	6	6	36	5	30	4	24
④ 영향의 중요도	7	7	49	6	42	5	35
⑤ 파급 효과	6	6	36	5	30	4	24
4. 정책과 분석의 비용							
① 정책의 비용	5	6	30	5	25	6	30
② 분석의 비용	7	7	49	6	42	6	42
③ 분석의 성과	6	7	42	6	36	5	30
합계			805		700		670

자료: 김지원(2014: 40)의 내용을 재인용 및 수정함

〈표 3-5〉는 문제 진술 목록에 점수로 할당된 방식에 각 항목의 가중치를 부여하여 곱셈으로 결과치를 산출하고 그 값들을 합계하는 방식으로 앞에서 제시한 두 가지 방식의 한계를 보

완할 수 있는 장점이 있는 반면, 가중치 결정을 어떤 방식으로 어떻게 도출하고 합의할 것인지가 쉽지 않다.

(2) 빠른 의사결정분석

빠른 의사결정분석은 의사결정의 본질을 포착하기 위하여 몇 가지 분기(分岐)만으로 구성된 간단한 의사결정나무를 이용하여 불확실성과 관련된 가장 기본적인 의사결정 딜레마를 설명하는 데 주관적 확률 및 선호도를 이용한다. 예를 들어, 두 가지 대안만 있는 경우, 그중 하나는 다른 것보다 훨씬 더 위험하며, 위험한 대안에 대하여 가능한 결과는 두 가지뿐이다. 딜레마는 위험한 대안을 선택하여 최선의 결과를 얻기 위하여 도박을 할 것인지, 아니면 위험한 대안을 선택하여 최악의 결과를 얻을 기회를 피할 것인지이다(Patton et al., 2016: 150). 여기에서 네모(□)는 결정 노드(결정마디, 결정접속점), 원(○)은 불확실성 노드, 세모(◁)는 단말 노드를 의미한다.

[그림 3-6] 기본적 의사결정나무

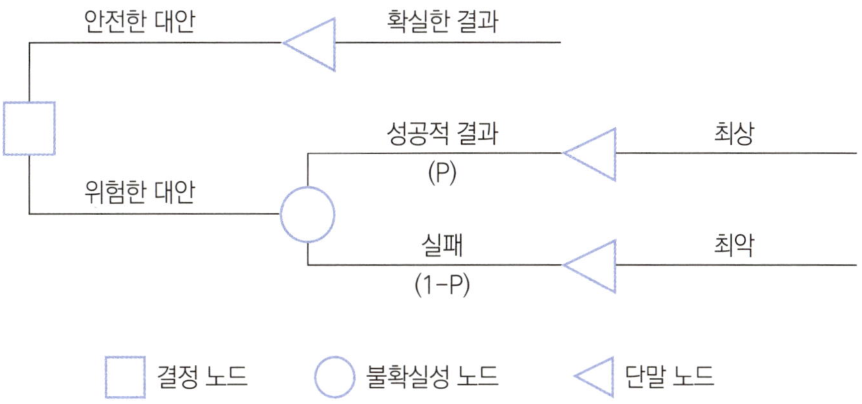

자료: Patton et al.(2016: 150)

[그림 3-6]의 기본적인 의사결정나무 구조를 보면, 결정하여야 할 대안은 위험한 대안과 안전한 대안 중 하나를 선택하여야 하는 국면이다. 안전한 대안은 확실한 결과가 예상되며 위험한 대안은 최상의 결과가 예상되는 성공적 결과와 최악의 결과가 예상되는 실패로 분기된다.

위험한 대안은 불확실성을 의미하며, 불확실성은 성공적 결과를 가져올 수도 있고 실패를 가져올 수도 있다. 만약 성공적 결과 확률을 예상한다면(P) 실패할 확률(1-P)도 알 수 있다고 가정한다.

[그림 3-7]의 의사결정나무는 도심 개발에서 세금 감면과 아무런 조치를 하지 않은 두 가지 대안의 결정 국면을 예시하고 있다. 두 가지 대안은 모두 불확실한 상황 속에서 개발할 경우와 개발하지 않을 경우의 결과를 가정할 수 있다. 여기에서 아무것도 하지 않은 대안의 불확실한 상황은 개발한 경우와 개발하지 않은 경우로 구분할 수 있으며, 개발한 경우의 예상한 결과(P1)가 최상이라면 개발하지 않을 경우의 결과(1-P1)는 세 번째로 최상으로 예상할 수 있다는 가정이다. 똑같이 세금 감면 대안의 불확실한 상황도 개발한 경우 예상한 결과(P2)가 두 번째 최상으로 예상한다면, 개발하지 않은 경우 예상한 결과(1-P2)는 최악으로 예상할 수 있다는 가정이다.

[그림 3-7] 도심 개발에 관한 세금 감면의 의사결정나무

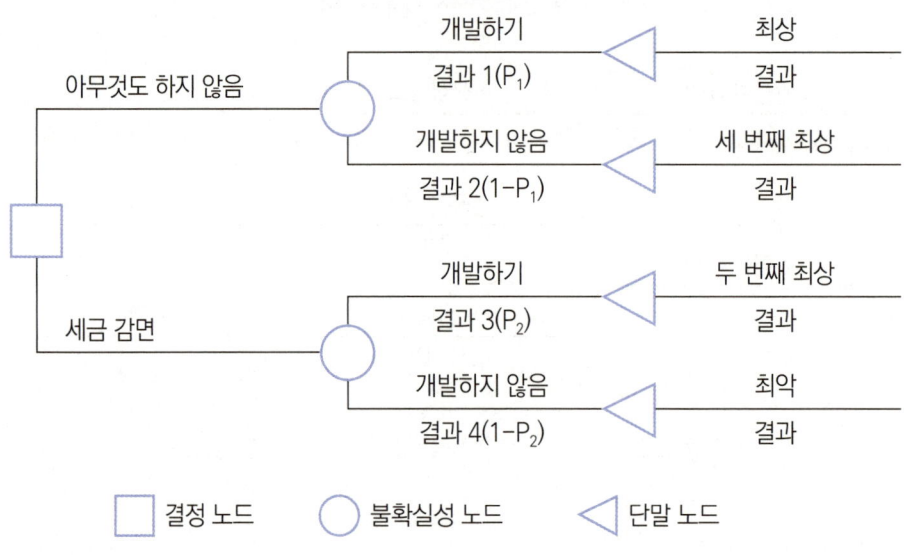

자료: Patton et al.(2016: 151)

(3) 정치적 분석

정책분석은 문제의 정의에서부터 최종 정책대안을 채택하고 실현하기까지 정치적 분위기

와 정치적 수용 가능성을 고려하여야 한다. 정책문제가 주관적이고 가치 지향적이며 정치적 이념과 신념이 포함되어 있어 객관적 수치로만 진술하고 설명하는 데는 한계가 있다. 객관적으로 포착하지 못한 문제를 식별하고 주관적 가치가 개입된 문제를 진술하고 식별하려면 핵심 행위자가 누구이고 그들의 동기, 신념, 태도, 선호, 욕망, 영향력, 등도 파악할 필요가 있다.

〈표 3-6〉은 지역공동체 개발을 위한 예산자원에 관한 행위자들의 주관적 선호를 파악하는 이슈 및 문제의 구성 요소이다. 표의 왼쪽에 행위자들의 목록을 나열하고 상단에 이슈 및 문제의 구성 요소를 열거한 후 각 행위자에게 긍정(+), 부정(-), 의견 없음(0) 중 하나를 표기하도록 한다. 이렇게 제시된 의견은 문제 정의와 관련하여 행위자의 주관적 및 정치적 성향과 선호를 파악하는 데 도움을 얻을 수 있다.

〈표 3-6〉 지역공동체 개발을 위한 예산자원에 관한 이슈

행위자	이슈 및 문제의 구성 요소			
	목표 공동체 개발 펀드 조성	이웃 개선	시의적 예산 확보	합계
공동체위원회	+	+	+	긍정 3
공동체 위원장	+	+	+	긍정 3
공동체 감독자	+	+	+	긍정 3
해당 지역주민	+	+	0	긍정 2
시민사회단체	-	+	0	긍정/부정 각 1
언론	-	+	0	긍정/부정 각 1
시장	-	+	+	긍정 2, 부정 1
시의원	+	+	0	긍정 2

주: + 긍정, - 부정, 0 의견 없음
자료: Patton et al.(2016: 162)의 내용을 수정함

4) 문제 정의 시 고려 사항

문제의 진술을 통한 문제의 정의는 문제 상황에 대한 메타오류(제3종 오류)를 범하지 않고 문

제의 구성 요소가 모두 포착되어야 하며, 일부 요소가 누락되거나 왜곡되지도 않아야 한다. 분석가는 문제의 올바른 정의를 위하여 문제의 진술 과정에서 다음과 같은 사항을 고려하여야 한다(Bardach, 2009: 1-9).

(1) 문제 범위의 적정성

문제의 범위는 너무 좁거나 넓어서는 안 되고 적정하여야 한다. 너무 많은, 너무 천천히, 너무 빨리 등의 용어를 사용할 경우는 상황과 조화를 이루어야 한다. 예를 들어, "우리 지역에 무주택 거주자가 너무 많다" 또는 "고령인구는 매년 증가하고 있지만 그들을 수용할 수 있는 일자리는 너무 부족하다"라고 할 경우 '너무'의 범위가 모호하다. 이런 경우 가능한 범위를 한정하거나 계량화할 필요가 있다. "우리 지역에 무주택 거주자는 전체 시민 중 10%에 해당한다" 또는 "고령인구는 최근 3년부터 매년 전체 인구의 5% 증가하고 있으며, 이 중 일자리를 필요로 한 사람은 3%에 해당한다"로 진술하여야 한다.

(2) 가능한 정량화

문제는 가능한 양적 속성으로 표현한다. "너무 크다, 너무 작다, 너무 느리다. 너무 빠르다" 등의 표현은 다양한 주관적 해석이 뒤따를 수 있다. 공통적인 인식 및 지각을 통하여 일치된 판단 작용을 할 수 있도록 객관적이고 양적인 속성으로 표현한다.

(3) 문제를 일으키는 조건(상황)의 진단

문제의 조건들은 시민들이나 분석가가 기대하지 않았던 것이나 다루기 힘든 것일 수도 있다. 문제의 조건을 제거하거나 완화하기 위해서는 그 조건을 진단하여야 한다. 예를 들어, 대기오염이 문제라면 정부가 운전자에게 엔진을 조율하거나 배기 시스템을 적절한 순서로 유지하도록 강요하지 않았기 때문일 수 있다.

(4) 공통의 함정에 유의

분석가는 문제를 정의하는 과정에서 최소한 두 가지 위험한 함정에 빠질 수 있다. 첫째는 문제 정의 단계에서 해결책을 제시하는 것이다. 해결책을 미리 말해 버리면 다양한 더 좋은 대안적 해결책 모색을 포기하는 것과 마찬가지이다. 둘째는 문제 정의 과정에서 인과관계 주장을 너무 쉽게 받아들이는 것이다. 문제를 일으키는 원인의 조건을 쉽게 제안하는 것은, 그 조건들이 원인에 영향을 미치는 실제일 수도 있지만 아닐 수도 있다.

(5) 잠재적 기회의 확인

문제의 정의 과정에서 분석가는 보이는 특정 상황에 대한 개선 및 해결에만 전념하여서는 곤란하다. 문제의 범위에 포함되지 못하는 요소들도 파악하고 확인할 수 있어야 한다. 즉, 문제를 인식, 식별, 확인하는 데 분석의 사각지대는 없는지, 누락이 있는지를 검토하여야 한다.

(6) 정의에 대한 평가

문제는 일반적으로 정상 또는 올바르다는 기준에 비추어 비정상적이거나 올바르지 못하거나 나쁜 것이지만, 모든 사람에게 그런 것인지를 살펴보아야 한다. 누구의 입장에서 비정상적이고 올바르지 않은 것인지 또는 나쁜 것인지를 살펴보아야 한다. 올바르지 않다고 생각하는 사람들의 규모, 범위, 기준, 수준(정도), 선호, 입장, 동기, 태도 등을 면밀히 살펴보아야 한다.

(7) 반복성

문제 정의는 바람직하고, 올바르며, 좋은 해결 방안을 모색하기 위한 첫 단계이다. 한 번만으로 문제를 정의하면 잠재적 기회를 놓칠 수도 있고 더 바람직하고 올바른 정의와 거리가 먼 메타오류(문제의 본질과 핵심에서 벗어난 정의)를 범하기 쉽다. 이런 오류를 범하지 않기 위해서는 다양한 이해관계자의 관점에서 문제에 대한 반복적인 정의가 요구된다.

3. 정책문제의 구조화 방법

앞에서는 문제 구조화 과정에서 문제를 정의하기 위한 문제의 진술 과정을 살펴보았다. 지금부터는 문제를 정의하는, 즉 문제의 본질이나 구성 요소를 분해하고 분류하여 문제가 무엇인지를 결정하는 여러 방법에 대하여 살펴본다(Dunn, 2018: 89-107).

1) 경계분석

(1) 의의

경계분석(boundary analysis)은 문제의 범위, 한계, 영역, 위치를 확인하며 현재 분석하고 있는 문제와 다른 문제들과의 관계를 확인하고 그 경계를 구분하는 것이다. 경계분석은 문제의 요소 또는 이슈 누적의 크기를 통하여 문제의 범위, 한계 등을 확인하는 방법이지만 문제를 정의하는 하나의 방법일 뿐 확실한 결과를 담보하지는 않는다. 다른 분석 방법도 마찬가지이지만 여타 문제의 구조화 방법과 함께 사용하면 경계의 추정 방법은 정책분석에서 메타오류(제3종 오류)를 범할 가능성을 줄여 준다.

(2) 방법

경계를 추정하는 방법은 다음과 같이 3단계로 진행한다.

가. 포화표본추출

경계분석의 첫 번째 단계는 이해관계자의 포화(또는 눈덩이) 표본을 추출하는 것이다. 분석가는 이해관계자에 대하여 대면이나 전화 또는 컴퓨터를 통하여 연락할 수 있으며, 맨 처음 응답자는 두 명의 추가 이해관계자를 지명하도록 요청할 수 있다. 분석가는 또다시 지명을 받은 이해관계자들과 접촉한다. 이렇게 반복된 과정은 특정 영역(예: 의료 개혁)의 정책 관련 이해관계자들 세계의 전체 또는 대부분의 구성원이 접촉하기 때문에 그들 집단의 이슈 및 주장의 범위를 포착할 수 있다.

나. 문제에 관한 이슈 및 주장의 도출

경계분석의 두 번째 단계에서 분석가는 이해관계자로부터 문제라고 생각하는 이슈와 주장들의 표현을 이끌어 낸다. 이해관계자들의 이슈와 주장들의 표현은 기록하고 문서화하여야 하며, 필요한 정보 진술은 대면 인터뷰를 통하여 얻을 수도 있으나 분석가의 시간적 제약을 고려하여 전화, 컴퓨터 통신 및 사용 가능한 기타 문서를 통하여 얻을 수도 있다.

다. 누적도수분포표 작성과 문제의 경계 추정

경계분석의 세 번째 단계는 누적도수분포표를 토대로 문제의 경계를 추정하는 것이다. 누적빈도분포는 가로축에 이해관계자를 표시하고 세로축은 이슈나 주장 등의 문제 요소의 수를 표시한다. 각 이해관계자의 새로운 요소를 표시함에 따라 곡선의 기울기는 다양한 변화율로 표시된다. 초기의 빠른 변화율은 느린 변화를 거쳐 결국 정체로 이어지다가 곡선이 평평해지고 이것으로 문제의 경계 한계가 추정되는 것이다.

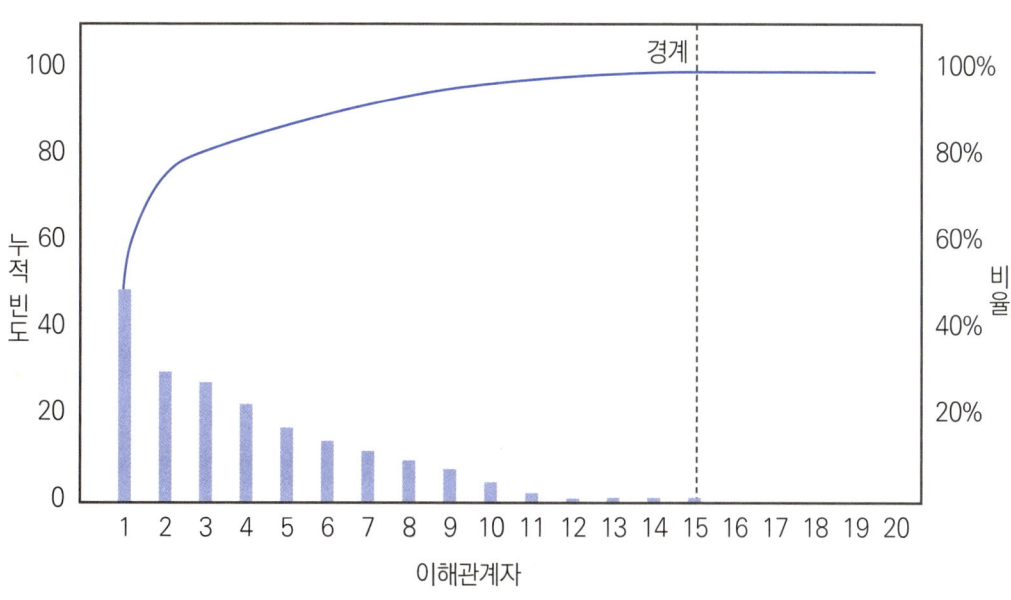

[그림 3-8] 문제 경계의 추정 도표

자료: Dunn(2018: 92)

2) 분류분석

(1) 의의

분류분석(classification analysis)은 문제의 특성을 일정한 범주 및 종류(등급)로 분류함으로써 문제를 범위, 크기, 비중, 영향력 등을 파악하고자 한다. 분류분석은 문제에 대한 사전 지식을 기준으로 논리적으로 구분한다. 다음 〈표 3-7〉의 연령별 빈곤 수준 이하로 생활하는 사람의 비율을 분류하기 위해서는 먼저 빈곤 수준과 연령집단을 몇 개의 집단으로 구분할 것인지에 대한 지식이 필요하다. 이 분류표에 따르면, 1970년도부터 2014년까지 전체적으로 보면 빈곤 수준 이하로 생활하는 사람의 비율이 감소하지 않은 것으로 알 수 있으며, 빈곤이 감소한 64세 이상에 비하여 18~64세 성인과 18세 미만 연령층의 빈곤 비율이 약간 더 높다는 것을 알 수 있다.

〈표 3-7〉 연령별 빈곤 수준 이하로 생활하는 사람의 비율(1970~2014년)

연령 집단	1970	1980	1990	2000	2010	2014
모두	12.5	12.9	13.5	11.2	14.9	14.6
〈18	15.1	18.3	20.6	16.2	22.0	21.1
18~64	9.0	10.1	10.7	9.6	13.8	13.5
〉64	24.6	15.7	12.2	9.9	8.9	10.0

자료: Dunn(2018: 94)

(2) 분류분석의 규칙

분류분석에서 분류의 범주가 타당한 범주인지 확실하게 알 수 있는 방법은 없다. 그러나 분류 시스템이 문제 상황과 관련이 있고 논리적으로 일관성이 있는지 확인하는 데 도움이 되는 몇 가지 규칙이 있다.

가. 실질적인 관련성

분류의 기초는 분석가의 목적과 문제 상황의 성격에 따라 개발되어야 하지만, 분류의 범주가 문제 상황과 현실적으로 일치하거나 최대한 가까워야 한다. 예를 들어, 빈곤은 부족한 소득, 실업, 사회적 배제, 문화적 박탈, 심리적 불안 등의 문제로 분류할 수 있다.

나. 총망라성

분류의 범주는 총망라적이어야 한다. 문제의 어떤 요소라도 어느 범주에 속하여야 한다. 예를 들어, 어느 지역에 거주하는 사람들을 대상으로 빈곤 수준 이하의 연령을 분류할 때 모든 연령이 어느 범주에 속하여야 하는데 18세 미만 연령층이 제외된다면 문제의 정의에서 18세 미만은 제외되는 것이며, 이로 인하여 18세 미만 연령층은 정책대상 집단에서 제외됨으로써 문제를 완전히 해결하기 어렵게 된다.

다. 상호배타성

분류의 범주는 상호 배타적이어야 한다. 문제의 상황을 구성하는 요소(이슈, 주장)는 어느 범주의 하나에만 할당하여야 하며, 두 가지 이상의 범주에 중첩되어 할당하여서는 안 된다. 예를 들어, 가족의 소득을 분류할 때 빈곤선 이상과 빈곤선 미만 소득 중 하나에만 속하여야 한다.

라. 일관성

각 범주와 하위 범주는 단일 분류 원칙을 기반으로 하여야 한다. 이 규칙을 위반하면 하위 범주가 겹치게 된다. 예를 들어, 저소득층을 하위 범주로 빈곤선 이상인지 복지 수당을 받는지에 따라 가족을 분류하면 많은 가족이 두 범주에 속하는 오류가 발생한다.

마. 계층적 독특성(차별성)

분류계층의 수준(상위 범주, 하위 범주, 하위 세부 범주)은 독특성을 기반으로 차별되 구분하여야 한다. 분류 시스템을 해석하기 위한 계층적 차별성 규칙은 앞에서 논의한 규칙에서 파생한 것이다. [그림 3-9]와 같이 가구의 상위 범주에서 하위 범주로 빈곤과 비빈곤으로 구분하고, 하위 범주를 다시 정부 지원 받음과 정부 지원 받지 못함으로 구분하여야 한다.

[그림 3-9] 분류 계획

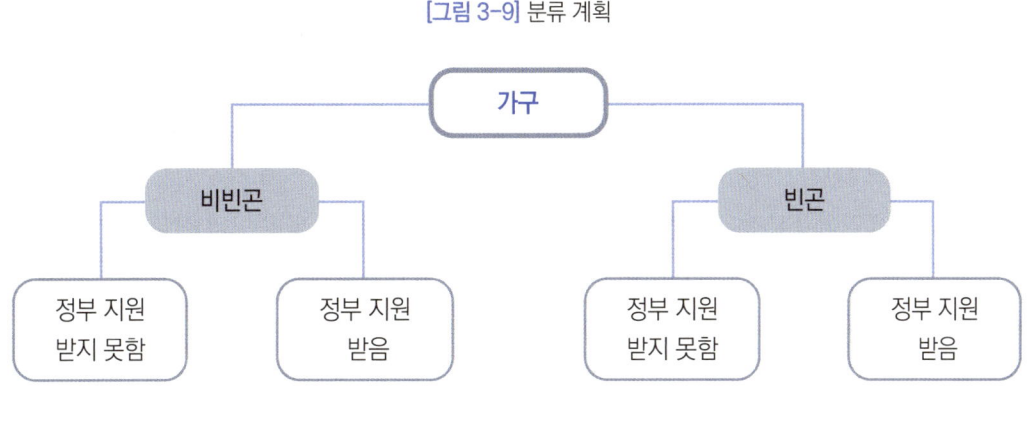

자료: Dunn(2018: 96)

3) 계층분석

(1) 의의

계층분석(hierarchy analysis)은 문제의 가능한 원인을 식별하는 방법이다. 문제의 가능한 원인을 식별하려면 주어진 상황에서 작동할 수 있는 다양한 원인을 식별하는 개념적 틀을 갖는 것이 유용하다. 계층분석은 문제의 상황을 일으키는 가능한 원인, 그럴듯한 원인, 실행 가능한 원인 등 세 가지 종류의 원인을 식별하는 데 도움이 된다. 가능한 원인은 아무리 멀리 있더라도 주어진 문제 상황의 발생에 기여할 수 있는 사건이나 행동이다. 예를 들어 일하려는 의지, 실업, 부(富)의 분배구조, 경제 상황, 고용정책 등은 모두 빈곤의 가능한 원인으로 간주할 수 있다. 이에 반해, 그럴듯한 원인은 연구나 직접적인 경험에 기초하여 문제가 있다고 판단되는 상황의 발생에 중요한 영향을 미친다고 믿는 원인으로 실업이나 부의 분배구조 등으로 규정한다. 실행 가능한 원인은 정책 입안자가 조작할 수 있는 원인에 해당하며 고용정책 등은 정책의 개입으로 조작할 수 있다.

(2) 계층분석의 규칙

계층분석을 수행하기 위한 규칙은 분류분석에 사용되는 규칙(실질적 관련성, 총망라성, 상호배타성, 일관성 및 계층적 구별성)과 동일하며, 논리적 분류 절차도 두 가지 분석 유형 모두에 똑같이 적용된다. 분류분석과 계층분석의 주요 차이점은, 분류분석은 일반적으로 개념(범주) 및 하위 개념(하위 범주)을 분류하는 반면, 계층분석은 가능하고 그럴듯하며 실행 가능한 원인의 개념을 사용한다는 것이다. 그럼에도 불구하고 두 가지 형태의 분석은 문제가 얼마나 잘 개념화되었는지 평가하기 위한 주요 기준으로서 논리적 일관성을 사용한다. 그러나 계층분석의 개념 도출에서 지식의 원천으로 그룹이 아닌 개별 분석가에 의존하는 경우 대안적인 인과관계를 설명하지 못할 수도 있다.

[그림 3-10]은 계층분석을 통한 화재 원인을 분류하고 있다. 화재 원인의 상위 개념(범주)으로 인간의 행동과 비인간의 사건으로 분류하였고, 인간 행동의 하위 개념(하위 범주)은 직접적인 것과 간접적인 것으로 분류하였으며, 직접적인 것의 세부 개념(세부 범주)은 점화 사고와 흡연으로 분류하였고, 점화 사고의 원인으로 초와 석유등으로 분류하였다.

[그림 3-10] 화재 원인에 대한 계층분석

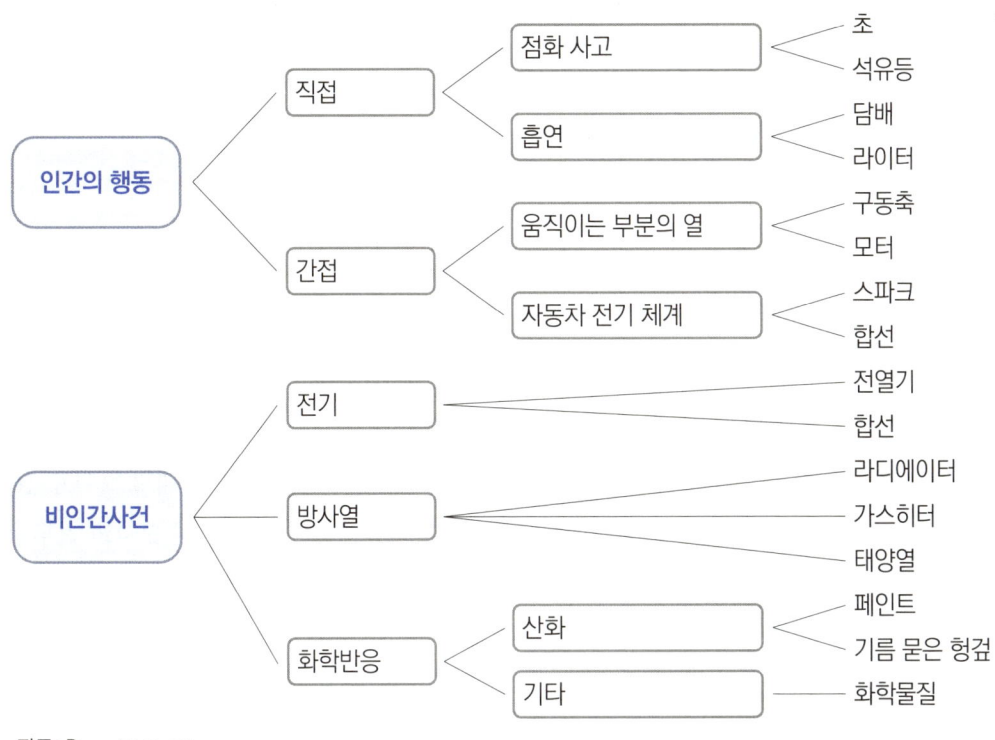

자료: Dunn(2018: 98)

4) 유추

(1) 의의

유추(類推, synectics) 및 비유는 유사한 문제에 대한 인식을 촉진하기 위하여 고안된 방법으로 분석가는 문제를 구조화할 때 유추를 창의적으로 활용하는 데 도움이 된다. 유추의 사전적 의미는 두 개의 사물이 몇몇 성질이나 관계를 공통으로 가지며, 또 한쪽의 사물이 어떤 성질 또는 관계를 가질 경우 다른 사물도 그와 같은 성질 또는 관계를 가질 것이라고 추리하는 것이다. 유추는 문제들 사이에 동일하거나 유사한 관계에 대한 인식을 전제로 한다. 유추법의 기본전제는 새로운 문제로 보이는 것이 실제로는 위장된 오래된 문제이며, 오래된 문제에는 새로운 것처럼 보이는 문제에 대한 잠재적인 해결책이 포함될 수 있다는 것이다. 유추법은 문제의 개념을 한정된 특정 상황에서만 보고 찾으려고 하기보다는 관련된 유사한 상황에 비추어 보면 잠재적인 개념이나 해결책을 모색할 수 있다고 가정한다.

유추는 비유를 하기 위하여 개인과 그룹에 의존한다. 문제가 얼마나 잘 개념화되었는지 평가하는 주요 기준은 비교의 타당성, 즉 주어진 문제 상황이 유추로 간주되는 다른 상황과 유사한 정도이다.

(2) 유추의 유형

정책문제를 구조화하는 데 유추의 유형은 다음과 같이 네 가지로 구분한다.

가. 개인적인 비유

개인적인 비유는 분석가가 자신이 정책 입안자나 고객과 같은 다른 사람과 동일한 방식으로 문제 상황을 경험하고 있다고 상상하려고 시도한다. 예를 들어, 분석가가 시내버스 이용 경험을 통하여 시민들의 교통 혼잡 상황을 설명한다거나 일일교사 경험을 통하여 교사의 격무, 잡무의 심각성, 수업의 어려움 등을 이해하는 방식이다.

나. 직접적인 비유

직접적인 비유를 할 때 분석가는 둘 이상의 문제 상황 사이에서 유사한 관계를 도출한다. 예를 들어, 약물 중독 통제 경험을 바탕으로 마약 중독 문제를 구조화하거나 고래에서 잠수함의 원리를 유추하거나, 우산을 통하여 낙하산의 원리를 유추하거나, 하늘을 나는 새를 통하여 비행기의 원리를 유추하는 것 등이 있다.

다. 상징적인 비유

상징적인 비유를 할 때 분석가는 주어진 문제 상황과 일부 상징적 과정 사이의 유사한 관계를 발견하려고 시도한다. 예를 들어, 다양한 종류의 자동제어장치(온도조절장치, 자동조종장치)를 통하여 정책 과정을 유추하는 경우가 있다.

라. 환상적인 비유

환상적인 비유를 할 때 분석가는 문제 상황과 상상 속의 상황 사이의 유사점을 완전히 자유롭게 생각한다. 예를 들어, 국방정책 분석가들은 핵 공격에 대한 방어 문제를 구조화하기 위하여 환상적인 비유를 사용한다. 즉 핵 공격을 받았을 때 문제 상황을 유추하는 것이다.

5) 브레인스토밍

(1) 의의

브레인스토밍(brainstorming)은 한 사람의 아이디어가 다른 사람의 아이디어 창출을 자극하여 창의성을 발휘함으로써 문제 상황을 개념화하는 데 도움이 될 수 있는 아이디어, 목표 및 전략을 생성하는 방법으로, 특히 문제에 대한 잠재적 해결책에 대한 많은 창의적인 제안을 생성하는 데 사용할 수 있다.

브레인스토밍은 문제 상황의 목표와 실제적 제약에 따라 상대적으로 구조화되거나 구조화되지 않은 활동을 포함할 수 있는 방법으로서 정책문제에 대한 논의는 문제와 관련된 여러 분야의 전문가의 참여와 그들 간 상호 작용을 포함하여 개방적이고 자유로운 분위기 속에서 자유롭게 논의하면서 긍정적인 보강은 장려하는 반면 비판은 최소화함으로써 창의적인 아이디어를 도출하는 방법이다. 분석가가 브레인스토밍 그룹을 형성하고 진행한다면 가장 먼저 개방적인 분위기 속에서 어떤 외부 자극과 간섭에 방해받지 않고 자유롭게 의견을 제시할 수 있는 환경을 마련하여야 한다.

(2) 절차

가. 전문가 선발

브레인스토밍 그룹은 문제 상황의 성격에 따라 구성하여야 한다. 일반적으로 주어진 상황에 대하여 특별히 지식이 있는 전문가를 선택한다.

나. 아이디어 생성

아이디어 생성 과정과 아이디어 평가 과정은 엄격하게 분리하여야 한다. 아이디어 생성 과정에서는 개방적이고 자유로운 분위기 속에서 모든 생각, 어떤 의견 제시도 허용하여야 한다. 아이디어 생성 과정에서 토론은 성급한 비판과 논쟁으로 인하여 참신한 새로운 아이디어의 생성을 방해받을 수 있다.

다. 생성된 아이디어 평가

전 단계에서 생성된 아이디어 평가는 아이디어가 더 이상 생성되지 않은 후에 시작하여야 한다.

라. 아이디어의 우선순위 부여

아이디어 평가 단계가 끝나면 그룹은 아이디어의 우선순위를 정하고, 이를 문제의 개념화로 정리하거나 잠재적인 해결책이 포함된 제안에 통합하여야 한다.

6) 다중관점분석

(1) 의의

다중관점분석(multiple perspective analysis)은 구조화되지 않은 문제 상황에 개인, 조직, 기술의 세 가지 관점을 적용하여 문제에 대한 통찰력을 얻는 방법이다. 이 방법은 문제 상황에 대하여 개인, 기술, 조직적 관점을 적용하면 어느 특정 관점에서만 접근하였을 때 나타나는 단점 및 한계를 상호 보완하고 통합함으로써 더 의미 있는 문제 상황을 파악할 수 있다는 가정이다. 다중관점분석은 다양한 관점의 혼합을 통하여 개념의 타당성을 확보하는 데 도움이 된다. 예를 들어 경제학자, 정치학자, 행정학자, 심리학자로 구성된 팀보다 사업가, 변호사, 작가로 구성된 팀의 통합적 관점이 더 의미 있는 결과를 생성할 수 있다. 그러나 다중 관점을 적용할 경우에는 참여 관점이 균형을 이루고 적절한 의사 전달을 촉진할 수 있어야 한다.

(2) 다중관점의 특징

가. 기술적 관점

기술적 관점은 최적화 모델 측면에서 확률이론, 계량경제학, 비용편익분석, 체제분석, 의사결정분석 등을 사용하여 문제와 해결책을 분석하는 방법이다. 기술적 관점은 과학기술적 세계관에 기초하여 인과적 추론, 객관적 분석, 예측, 통계적 추론을 강조한다.

나. 조직적 관점

조직적 관점은 문제의 개념 및 해결책을 조직의 표준운영절차(SOP), 규칙 및 제도적 루틴 등을 통하여 구조화하는 방법이다.

다. 개인적 관점

개인적 관점은 개인의 인식, 요구, 가치 측면에서 문제와 해결책을 찾고자 한다. 개인적 관점의 특징은 문제 구조화를 지배하는 요소로서 직관, 리더십, 자기 이익을 강조한다는 것이다.

7) 가정분석

(1) 의의

가정분석(assumptional analysis)은 문제 상황과 상충되는 창의적인 가정을 찾고 이들 가정을 체계적으로 비교하고 종합하는 방법이다. 가정분석은 다른 방법과 병행할 수도 있고 그룹, 개인 또는 둘 모두와 함께 사용될 수 있어서 상대적으로 포괄적인 접근법이다. 가정분석은 정책분석가, 정책입안자 및 기타 이해관계자 등이 문제의 공식화에 동의(합의)할 수 없는 경우 문제 상황과 대립되는 가정을 찾고 표면화하여 종합하는 방법이다.

가정분석은 정책분석의 다음 주요 한계를 극복하기 위하여 설계된 방법이다.

첫째, 정책분석은 문제 상황이 명확하게 정리되었지만 특정 시점의 특별한 선호를 가진 단일 의사결정자의 가정에 기초하는 경우가 많다.

둘째, 정책분석은 때로는 문제의 성격과 잠재적인 해결책에 대하여 매우 다른 견해를 체계적으로 고려하지 못하는 경우가 있다.

셋째, 대부분의 정책분석은 경험과 고정관념으로 인하여 경로의존적인 지배적인 문제 공식화에 도전하는 것이 어렵거나 불가능한 상태에서 수행된다

넷째, 문제 정의의 적절성과 해결책을 평가하는 데 사용되는 기준은 문제 본질의 개념화에 대한 가정보다는 문제 공식화의 표면적 특성(예: 논리적 일관성)을 다루는 경우가 많다.

(2) 절차

가정분석은 정책분석가, 정책입안자, 기타 이해관계자들 간 갈등 속에서 창의적인 문제 상

황과 대립되는 창의적인 가정을 찾고 도전하는 과정에서 최선의 해결책을 찾는 방법이지만 각자의 관점에서 최선의 해결책을 찾으려면 참여자의 헌신도 필요하다.

가. 이해관계자 식별

가정분석의 첫 번째 단계에서 정책 이해관계자들이 최초의 주장이나 제시한 해결책을 식별하고 각자 다르게 제시한 주장이나 해결책이 정책 프로세스에 영향을 미치고 영향을 받는 정도에 대하여 평가하고 영향을 미치지 못하거나 제외되는 이해관계자를 식별한다.

나. 가정의 표면화

가정분석의 두 번째 단계에서 분석가는 제시한 주장이나 해결책과 대립되는 가정을 표출하고 모든 가정의 목록을 작성한다.

다. 가정의 도전과 비교 평가

가정분석의 세 번째 단계에서 분석가는 최초의 제안과 그와 대립되는 가정을 비교·대조·평가한다. 이 과정에서 최대로 다른 가정과 역가정(반대되는 가정)을 체계적으로 비교하며, 각 가정은 역가정에 도전을 받는다. 만약 역가정이 타당하지 않은 경우 추가 고려에서 제외된다. 그러나 타당하다면 문제와 해결 방법에 대한 새로운 개념화의 기초가 될 수 있는지 여부를 검토한다.

라. 가정의 집계

가정의 도전이 완료되면 이전 단계에서 유의적인 해결책으로서 검토된 제안된 가정들을 집계(pooling)한다. 여기서는 가능한 많은 이해관계자가 동의하는 허용 가능한 가정 목록을 만든다.

마. 가정의 종합화

마지막 단계는 문제에 대한 복합 또는 합성에 기반에 해결책을 만드는 것이다. 수용 가능한 가정의 복합 세트는 문제의 새로운 개념화 생성을 위한 기초가 되며, 문제의 개념화와 잠재적인 해결책을 둘러싼 과정이 이 단계에 이르게 되면 이해관계자의 활동은 협력적이고 생산적일 수 있다.

제3장 **정책문제의 구조화**

[그림 3-11] 가정분석의 과정

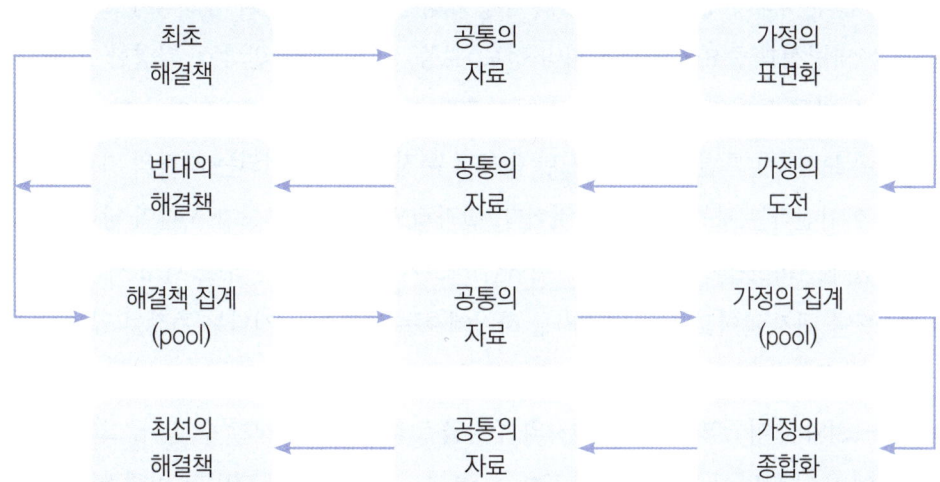

자료: Dunn(2018: 105)

8) 논변지도

(1) 의의

논변지도(argument mapping)는 논쟁의 구조와 내용을 시각적으로 표현한 것으로, 문제에 대한 논쟁의 다양한 구성 요소(정보, 보증, 지지, 이의, 반박) 간의 관계를 명확하게 하고 분석하는 데 도움이 된다. 이는 비판적 사고, 의사결정, 의사소통을 위한 귀중한 도구로서 논변의 구성 요소는 전제(증거나 이유로 제시되는 진술이나 제안)와 결론(논쟁자가 확립하려는 요점이나 주장)으로 이루어져 있다. 논변지도는 논쟁의 강점이나 약점을 시각적으로 강조할 수 있으며, 건전한 논쟁은 참된 전제와 유효한 논리적 구조를 가지고 있어 의사결정 과정에서 다양한 이해관계자에게 주장에 대한 타당성의 이유를 이해시키고 더 많은 정보를 바탕으로 선택하는 데 도움을 줄 수 있다. 또한 논변지도는 개인이 논쟁의 논리적 구조를 분석하고 평가하도록 함으로써 비판적 사고 능력을 향상시키는 데 도움이 되며, 논변지도를 사용하여 다양한 입장을 시각적으로 제시하고 비교할 수 있어 명확한 시각적 표현을 제공함으로써 복잡한 아이디어를 전달하는 데도 유용하다. 또한 암시적이거나 명시되지 않은 가정은 논변지도에서 명시적으로 만들어 숨겨진 전제를 식별하는 데도 도움이 된다.

(2) 방법

논변지도는 논쟁의 구성 요소(정보, 보증, 지지, 이의, 반박)의 타당성과 중요성이 그래픽으로 표시된다. 즉, 타당성과 중요성 척도에 따라 정보, 보증, 지지, 이의, 반박 등 다양한 요소를 평가하는 것이다. 예를 들어, "시내 도로에서 시속 50km 속도 제한이 폐기되어야 한다"는 주장의 근거를 들어 보자. 이 특별한 주장은 느린 속도로 운전하면서 낭비되는 시간의 기회비용이 속도 증가로 이어진다는 보증에 근거한 것이다. 결과적으로, 느린 속도가 시간이 낭비된다고 생각하는 운전자는 속도를 증가할 것이고 위험한 사고가 발생한다. 반대로, 평소 제한 속도를 준수하고 속도를 내지 않아도 되는 운전자들 사이에서는 사고가 더 적다는 주장이 있을 수 있다. 이와 같은 주장은 다양한 이해관계자들에 의하여 평가될 수 있다.

[그림 3-12]와 같이 6명의 이해관계자의 주장을 그래프상에 표시할 수 있다. 그래프는 속도 제한 폐기에 대한 타당성 및 중요도 척도(1 = 낮음, 9 = 높음)에 따라 다양한 이해관계자에 의하여 평가될 수 있다. 그래프는 이해관계자가 4개 사분면 모두에 분산되어 있음을 보여 주며, 저속도 폐지에 대하여 타당성과 중요성에 대한 의견 차이를 나타내고 있다. 이와 같은 다른 의견은 이해관계자가 특정 그룹에 따라 다를 수 있음을 알 수 있다.

[그림 3-12] 속도 제한 폐기에 대한 타당성과 중요성

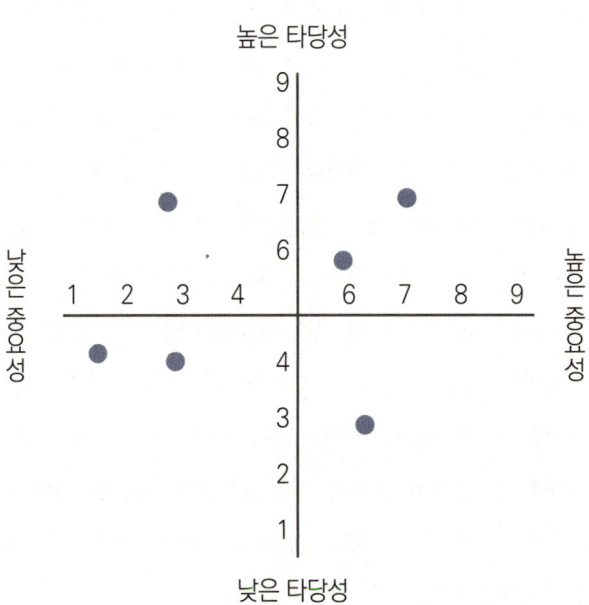

제3장 정책문제의 구조화

지금까지 정책문제의 구조화 방법에 대하여 살펴보았다. 문제 구조화 방법은 각각의 특징과 한계를 가지고 있어서 문제 상황에 적합한 하나의 방법을 적용할 수도 있지만 복수의 방법을 혼합함으로써 각 방법의 한계를 보완하는 방안을 모색하여야 할 것이다. 〈표 3-8〉은 각 방법에 대한 이용 목적, 절차, 지식의 원천, 성과의 기준을 정리한 것이다.

〈표 3-8〉 문제 구조화의 방법별 특징

방법	목적	절차	지식 소스	성과 기준
경계분석	메타문제의 경계 추정	포화 표출 및 문제 도출	다양한 이해관계자	한계의 정확성
분류분석	개념의 분류	개념의 논리적 구분 및 분류	단일 분석가	논리적 일관성
계층분석	가능하고 그럴듯하며 실행 가능한 원인 식별	원인의 논리적 구분 및 분류	단일 분석가	논리적 일관성
유추	문제 간의 유사성 인식	개인적·직접적·상징적·환상적 비유의 구성	집단 구성원	그럴듯함(타당성)
브레인스토밍	아이디어, 목표, 전략의 생성	아이디어 생성과 평가	집단 구성원	의견 일치(합의)
다중관점분석	통찰력의 생성	기술적·조직적·개인적 관점의 활용	집단 구성원	관점의 다양성
가정분석	상충되는 가정의 창조적 종합	이해관계자 식별, 가정 표면화, 도전 및 종합	집단 구성원	변증법적 생산성
논변지도	비판적 사고	주장의 타당성 분석	집단 구성원	그럴듯함(타당성)

자료: Dunn(2018: 90)

제4장

Public Policy Analysis and Decision Making

정책목표 설정과 대안의 탐색

1. 정책목표의 설정

Theory and Practice of Public Administration

1) 목표 설정의 의의

정책은 권위 있는 기관(사람)이 '어떠한 사회를 어떻게 만들겠다'라고 공식적으로 결정해 놓은 방침이다. 여기에서 '어떠한 사회'는 비전에 해당되며, '어떻게 만들겠다'는 전략에 해당된다. 전략은 정책목표와 정책수단 및 활동을 포함한다. 정책목표는 정책을 통하여 달성하고자 하는 기대(원)하는 바람직한 미래 상태, 문제 해결의 상태, 문제 해결을 통하여 기대하는 바람직한 결과 상태이다. 잘 설정된 정책목표가 달성되면 문제가 해결된 상태여야 하고, 기대(원)하는 바람직한 결과 상태여야 한다. 반대로 명시적으로 정책목표가 달성되었더라도 본질적인 문제가 해결되지 않았거나 기대(원)하는 바람직한 결과 상태가 아니라면 문제의 정의(구조화)에서 메타오류(제3종 오류)를 범하였거나 메타오류를 범하지 않았다면 목표 설정이 문제 정의(문제 구조화)의 결과와 불일치하거나 목표 설정 과정에서 문제의 내용적인 속성을 정확하게 이해 또는 반영하지 못하였다는 것을 반증하는 것이다.

정책목표의 설정 과정은 가치 판단과 복잡한 정치 과정이 개입된다. 하지만 문제가 해결되지 않으면, 즉 목표 설정이 잘못되면 그로 인하여 파생되는 새로운 문제가 발생하거나 문제의 규모가 더 커지는 정책실패로 귀결된다. 정책실패는 자원이 낭비되거나 비효율적 자원 배분 상태가 지속되고 있어 효율적 자원 배분을 기대하는 정책목표 및 문제 해결의 상태와 거리가 멀게 되는 결과를 낳게 된다.

2) 목표 설정의 원칙

목표 설정은 문제가 해결된 상태 또는 기대(원)하는 바람직한 미래 상태를 생각하고 비전을 현실로 바꾸도록 강한 동기를 부여하는 프로세스이다. 목표 설정은 문제 해결 및 바람직한 미래 상태에 도달하는 방법에 대한 명확한 경로를 제공하는데 목표 설정 시 다음과 같은 원칙을 고려하여야 한다.

(1) 현재 상태와 미래 상태의 차이 파악

정책목표는 문제 상황의 현재 상태를 기대(원)하는 바람직한 또는 도달하려는 미래 상태의 결과를 제시한 것이다. 목표 설정에는 현재 상태의 상황과 도달하려는 미래 상태의 상황 간 차이를 파악하고 그 차이의 크기, 범위, 정도 등을 제시할 수 있어야 한다.

(2) 목표의 명확화 및 세분화

달성하고 싶은 것이 무엇인지 명확하고 구체적으로 표현하여야 한다. 명확하고 구체적일수록 실행계획 수립이 쉬워진다. 또한 목표를 추진하고 관리하기가 수월할 수 있도록 세분화하여야 한다. 목표를 세분화하면 담당기관과 부서를 명확히 지정할 수 있고 책임성을 높이며 진행 상황을 좀 더 효과적으로 추적할 수 있다.

그러나 정책목표를 명확하게 진술하지 못하는 이유는 정책문제에 대하여 입장을 달리하는 이해관계자와 여러 집단이 관련되어 있고, 하나의 정책을 통하여 여러 가지 목표를 동시에 추구하려는 경우 등이 있다. 예를 들어, 건설 부문의 경우 국토교통부와 환경부 간 의견 및 입장 차이가 있을 수 있고, 인구정책을 통하여 지역공동체 회복, 산업의 생산가능인력 확보, 국가재정 재원, 국방, 경제 성장 등 다양한 세부 목표가 진술될 수 있다.

(3) 스마트 기준 목표 세우기

SMART 기준을 사용하여 목표가 구체적(specific)이고, 측정 가능하며(measurable), 달성 가능하고(achievable), 현실적이어야 하며(realistic), 기한이 정해져(timebound) 있는지 확인하여야 한다. 스마트 목표 기준은 잘 정의되고 달성 가능한 목표를 설정하는 데 지침으로써 도움이 된다.

<표 4-1> SMART 목표의 특징

구성 요소	세부 정의
구체적(S)	- 분명하여야 한다. - 단순하여야 한다. - 한정적이어야 한다. - 초점을 맞추어야 한다.
측정 가능성(M)	- 진행 상황을 측정할 수 있어야 한다. - 성과지표를 제시하여야 한다. - 양적 및 질적으로 측정 가능하여야 한다.
달성 가능성(A)	- 문제 해결에 대하여 적절하여야 한다. - 문제 해결을 위하여 도전적이어야 한다. - 이해관계자들이 동의하고 수용하여야 한다. - 자원을 동원할 수 있어야 한다.
현실적(R)	- 문제 해결과 관련이 있어야 한다. - 달성 수준이 적당하여야 한다. - 결과(문제 해결 및 바람직한 상태) 지향적이어야 한다.
시간(T)	- 분명한 시간 척도(년, 분기, 월, 일, 시각 등)를 명시하여야 한다. - 분명한 목표 도달 시간(날짜)을 명시하여야 한다.

자료: "University of California의 SMART Goals: A How to Guide"를 수정함

(4) 문제 해결을 위한 목표의 우선순위 설정

모든 목표가 똑같이 중요하거나 시급한 것은 아니며 하위 목표는 상위 목표의 수단이 되기도 한다. 목표는 문제를 해결하기 위하여 제시한 것이어서 문제의 심각성, 해결의 시급성, 시의성(時宜性) 등을 고려하여 그 우선순위가 달라질 수 있다. 목표는 문제 해결 및 기대(원)하는 바람직한 결과 상태를 달성하는 데 중요성과 영향을 기준으로 그 우선순위를 정하고 가장 중요한 것에 집중할 필요가 있다. 목표 설정은 지속적인 정치적 과정이므로 필요에 따라 목표를 재검토하고 수정하는 것이 중요하다. 주기적으로 우선순위를 재평가하고 변화하는 비전과 상황에 맞추어 목표를 조정하는 것이 필요하다.

(5) 추진 일정 및 목표 도달 시간 설정

각 목표에 대한 현실적인 일정을 설정한다. 목표를 실현하기 위한 추진 일정과 목표 도달 시간의 설정은 일의 우선순위를 정하여 순조롭게 진행하는 데 도움이 되고 어느 정도 긴장을 주어 동기 부여를 강화할 수 있다.

(6) 신축성

목표는 일관성을 유지하여야 하지만 문제의 상황 변화에 따라 수정(조정 및 변경)할 수 있어야 한다. 문제의 해결 상태가 목표이기 때문에 문제의 상황이 변화하면 기대(원)하는 해결 상태도 수정되어야 한다. 특히 문제의 상황이 예상치 못한 도전과 기회를 맞이하는 경우 목표의 설정도 유연성을 가질 필요가 있다.

(7) 목표의 시각화

공공문제에 대한 정책목표는 가치 지향적이며 복잡한 무형적인 요소를 포함하고 있어 목표 달성의 결과 모습을 상상하기가 쉽지 않다. 그러나 가능한 목표의 달성 상태를 시각화로 나타내도록 한다. 시각화는 동기를 강화하고 장애물을 극복하는 데 도움이 될 수 있다.

(8) 목표 공유와 피드백

분석가는 목표 설정 과정에서 정책대상 집단과 이해관계자를 포함한 다른 사람들과 목표를 공유하고 건설적인 피드백을 구한다. 외부의 다양한 의견은 귀중한 통찰력과 다양한 관점을 얻는 데 도움이 된다.

(9) 동원 가능한 자원 파악

문제 상황의 현재 상태를 도달하려는 미래 상태로 전환하기 위해서는 유·무형의 정책수단 및 도구뿐 아니라 인적·물적 자원이 동원되어야 한다. 목표 설정에는 미래 도달 상태에 비추어 소요되는 자원 현황을 파악하고 가용성을 파악하여야 하며, 주관기관과 다른 기관으로부터 지원 가능성도 확인하여야 한다.

(10) 집행기관 및 담당부서 결정

목표 설정 단계에서는 목표 달성을 위한 집행기관 및 담당부서도 결정 및 지정하여야 한다. 집행기관 및 담당부서 입장에서 새로운 목표를 할당받을 경우 권한의 확대일 수도 있지만 책임의 부담일 수도 있다. 기관 고유의 업무로서 문제 해결을 위한 목표를 설정하는 경우 관련 담당부서를 지정할 수 있지만 비정형적인 새로운 목표를 설정하는 경우 어느 기관 및 부서가 담당하느냐에 따라 목표의 달성 정도가 달라질 수 있다. 분석가와 최고의사결정 그룹은 기관의 고유 기능과 성격이 문제 상황과 가장 직·간접적으로 연관성이 높은지, 기관 및 부서의 역량과 동원 가능한 자원 보유 여부 등을 고려하여 기관이나 부서를 지정 및 결정하여야 한다.

(11) 장애물 탐색

목표는 기대(원)하는 바람직한 해결 상태(미래 상태)이다. 미래 상태의 결과를 맞이하기 위해서는 다양한 유·무형의 정책수단 및 도구와 동원 가능한 인적·물적 자원 등도 고려하여야 한다. 이러한 필요로 하는 수단, 도구, 자원 등을 확보할 수 없거나 문제 정의 단계에서 명시적으로 잠정적으로 동의하고 찬성하였던 집단이 목표 설정 단계에서는 부동의하거나 반대 입장으로 선회하는 경우가 발생한다. 분석가는 목표 설정 과정에서 이와 같은 장애물을 어떻게 극복하거나 대응할 수 있을지를 고려하여야 한다. 정책목표의 추진에서 예측 가능한 잠재적인 장애물에 대한 탐색은 목표관리 및 정책품질관리에도 많은 도움이 된다. 장애물 탐색은 정책대안의 평가하는 실현가능성과 직접적으로 관련된다.

목표 설정에 장애물을 식별하기 위한 방법으로서 다음과 같이 제약나무지도(constraints tree mapping)를 작성한다. 제약나무는 제약 조건을 식별하고 분류하는 효과적인 방법은 목표 달성을 방해하는 장애물을 식별하고 분류하기 위하여 그래픽으로 구성한다. 일반적으로 제약 조건은 여섯 가지로 구분한다(Dunn, 2018: 228-229).

① 물리적 제약 : 목표 달성은 기술 개발 상태에 따라 제한될 수 있다. 예를 들어, 태양 에너지 사용을 통한 오염 감소는 태양 기술 개발 수준에 따라 제한될 수 있다.

② 법적 제약 : 공법, 재산권 및 기관 규정은 목표 달성을 위한 시도를 제한할 수 있다. 예를 들어, 가난한 사람들에게 자원을 재분배하기 위하여 고안된 사회 프로그램은 보고 요건으로 인하여 제약을 받을 수 있다.

③ 조직적 제약 : 정책을 구현하는 데 사용할 수 있는 조직구조와 프로세스로 인하여 목표

달성을 위한 노력이 제한될 수 있다. 예를 들어, 과도한 중앙집중화, 관리 불량, 사기 저하 등은 프로그램과 정책의 효율성을 제한한다.

④ 정치적 제약 : 정치적 반대는 정책의 초기 수용과 실행에 제한을 가한다. 이러한 반대는 조직의 관성과 점진적인 의사결정을 통하여 문제를 피하려는 경향에 반영되기도 한다. 예를 들어 소비자 보호, 환경 보호, 에너지 보존은 입법부의 의제로 상정되기까지 몇 년이 걸리는 경우이다.

⑤ 분배 제약 : 사회 서비스를 제공하기 위하여 고안된 공공 프로그램은 혜택과 비용이 다양한 그룹에 공평하게 분배되도록 보장하여야 하는 경우가 많다. 더 높은 순효율성 혜택을 달성하는 프로그램은 종종 사회적 형평성을 낮추고 그 반대의 경우도 마찬가지이다.

⑥ 예산 제약 : 정부 예산은 제한되어 있으므로 부족한 자원을 고려하여 지출을 고려하여야 한다. 대부분 계획은 혁신적이고 미래 지향적인데 반하여 예산은 안정적이고 보수적이어서 계획과 예산이 괴리되는 현상이 나타날 수 있다.

[그림 4-1] 국가에너지정책의 제약나무지도

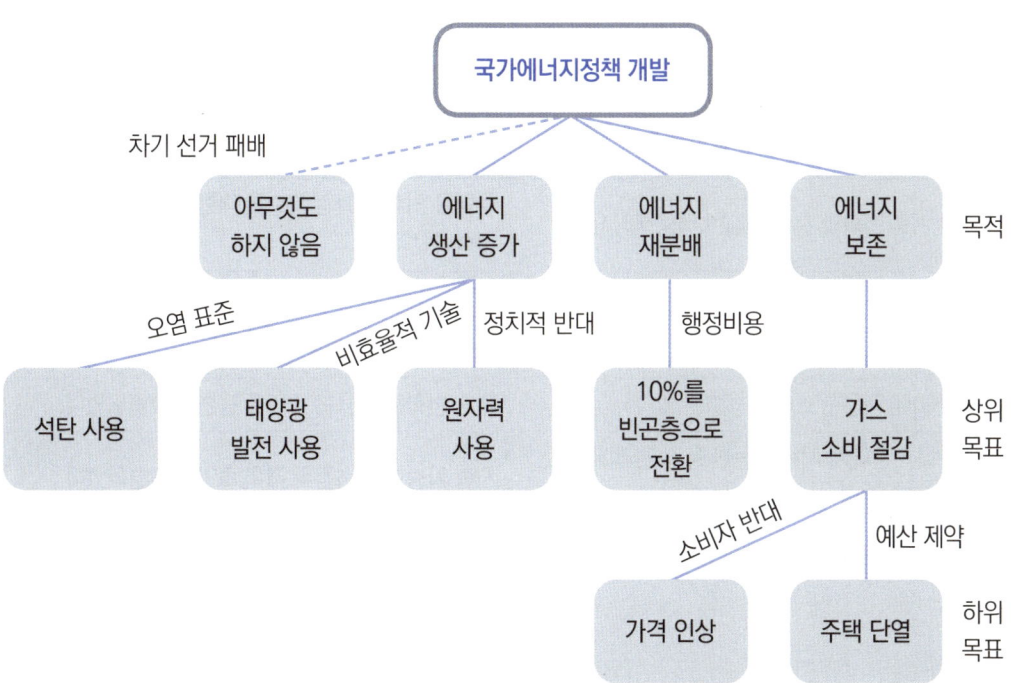

자료: Dunn(2018: 230)

3) 목표 설정의 과정

(1) 의의

목표 설정은 비효율적인 자원의 배분 상태나 문제 상태를 효율적인 자원 배분 상태나 기대(원)하는 바람직한 문제 해결 상태의 결과에 도달할 수 있는 전략을 세우는 것이다. 정책목표의 설정 과정은 비효율적인 자원 배분 상태를 효율적인 자원 배분 상태로, 또는 문제 상태를 기대(원)하는 바람직한 해결 상태로 전환하는 과정이기도 하다.

[그림 4-2] 정책목표의 설정 과정

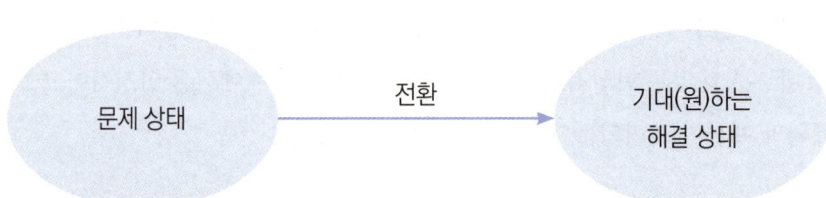

〈표 4-2〉 문제 상태와 목표 상태의 비교[01]

문제 상태 ➡➡	➡➡ 목표 상태(해결 상태)
주택은 기후 변화와 홍수에 대한 대응책이 없다.	주택은 기후 변화와 홍수에 대한 대응책이 더욱 강화되었다.
농업 수확량 감소	농업 생산량 증대
수인성 질병 발생률 증가	수인성 질병 발생률 감소
기후 변화에 대응한 스마트 농법은 없다.	기후 변화에 대응한 스마트 농법이 채택되었다.
지역사회 수준에서 지속 가능한 토지 관리에 대한 계획이 없다.	지속 가능한 토지관리 계획 초안이 작성되었다.
지역주민의 대피소 접근이 불가능하다.	지역주민은 대피소를 이용할 수 있다.

---

01 https://www.gp-award.com/downloads/Objective-Tree-Analysis.pdf (2024. 1. 31).

제4장 **정책목표 설정과 대안의 탐색**

정책목표의 설정 과정은 문제 상태를 목표 상태로 전환하는 것이다. 〈표 4-2〉는 기후 변화와 빈번한 홍수 사태로 농촌지역이 직면한 문제 상태와 그에 대응한 목표 상태(해결 상태)를 비교하고 있다.

(2) 목표 및 목표나무의 구조

가. 목표의 구조

정책목표는 핵심 문제의 해결을 위한 정책의 추진 방향을 제시하고 미래의 상태 및 조건을 나타낸다. 정책목표는 하나의 상위에 대하여 복수의 하위 목표로 구성되고, 그 하위 목표를 달성하기 위한 정책대안으로서 각종 수단(도구) 및 조치가 이루어진다. 정책목표는 목표 간 관련성 및 타당성, 체계성, 적합성, 적절성, 일관성 등의 요소를 갖추어야 하며, 정책대안이 문제 상황의 실제에 집행되면 하위 목표가 달성되고 하위 목표가 달성되면 종국적인 상위 목표 상태에 도달할 수 있어야 한다.

[그림 4-3] 목표의 구조

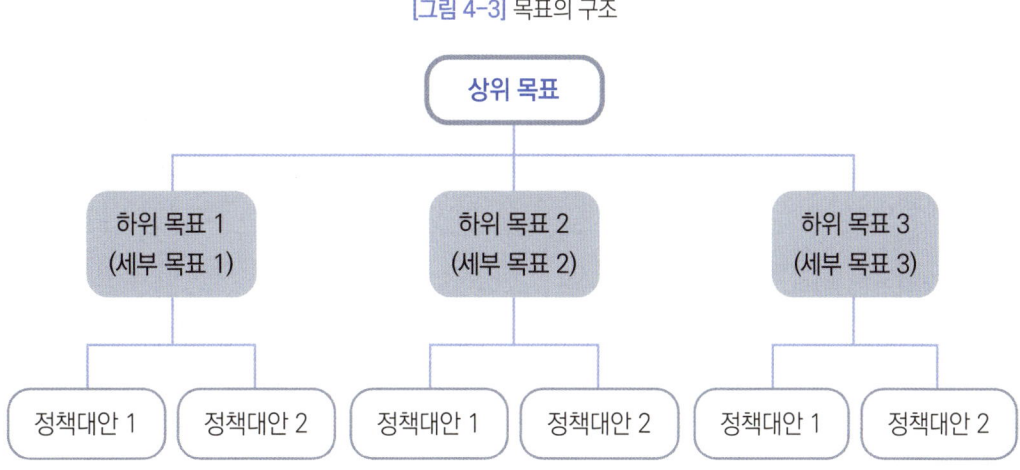

나. 목표나무의 구조

정책목표의 설정은 문제의 구조를 목표의 구조로 전환하는 것으로 이를 시각적으로 표현하면 문제나무를 목표나무로 전환하는 것이다. 문제나무를 목표나무로 전화하면 상위 목표에 대한 하위 목표의 연결성과 체계성은 물론 직·간접적인 영향 관계를 파악하는 데 도움이 된다.

목표나무의 구조는 목표를 확인하고 상위 목표와 하위 목표 간의 관계를 파악하며 하위 목표에 대한 잠정적인 대안들을 식별하고 체계화하는 것이다.

목표나무는 목표 순위 간 명확하게 구조화되기 때문에 문제의 구성 요소가 목표로 어떻게 연결되는지 쉽게 파악할 수 있다. [그림 4-4]와 같은 문제나무가 목표나무로 전환되는 연결 구조를 보자. 문제나무는 문제에 영향을 미치는 직접적인 원인들이 제시되고 그 아래에 간접적인 원인들로 형성된다. 이에 대한 목표나무는 핵심 문제가 바람직한 결과라는 상위 목표로 설정되고 문제나무의 직접적인 원인들은 직접적 해결 조건의 하위 목표로 설정된다. 그리고 문제나무의 직접적 원인에 대한 간접적인 원인들은 목표나무에서 간접적인 해결 조건의 정책대안으로 형성된다.

[그림 4-4] 문제나무와 목표나무의 전환

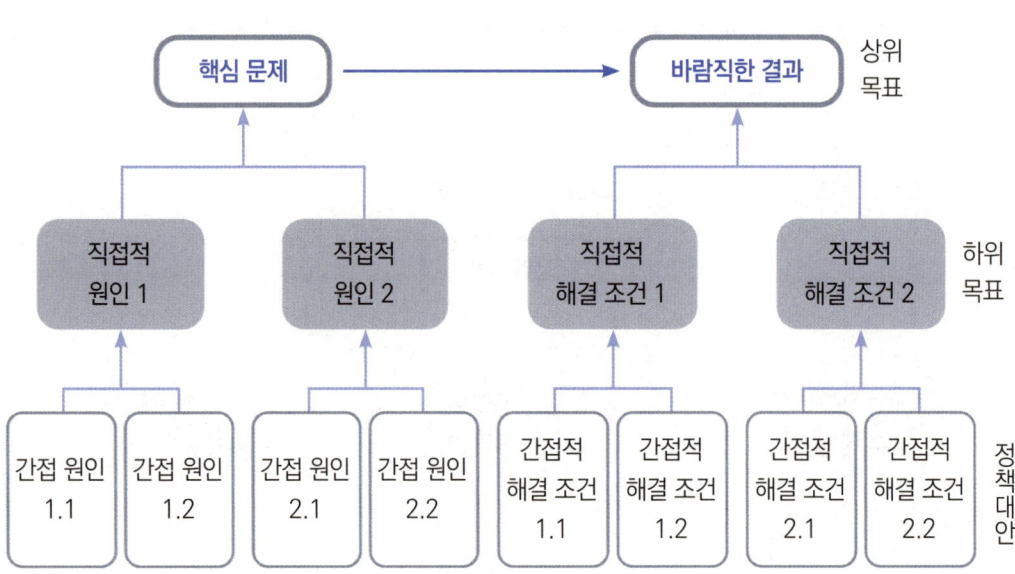

(3) 목표나무의 형성 과정

정책목표의 설정 과정은 문제나무의 구조를 목표나무의 구조로 전환하는 것이다. 목표나무의 형성 과정은 문제의 구조화에서 나타난 문제 구성 요소의 목록을 나열하고 구성 요소별 기대(원)하는 바람직한 결과 상태를 식별하고 문제의 구성 요소에 대한 조건으로 전화하며 기대하는 결과 상태에 기여하는 직접적이거나 간접적인 활성화 조건을 식별한다. 이와 같은 문제

의 구성 요소로부터 목표나무 형성 과정을 자세히 살펴보면 다음과 같다.[02]

[그림 4-5] 목표나무 형성 과정

---
1. 문제 구성 요소의 목록 나열과 그룹화 및 문제나무의 형성

⬇
---
2. 기대하는 바람직한 결과 상태의 식별

⬇
---
3. 문제를 바람직한 조건으로 전환

⬇
---
4. 기대(원)하는 결과 상태에 기여하는 직접적인 활성화 조건 식별

⬇
---
5. 목표에 대한 간접적인 활성화 조건 식별

가. 문제 구성 요소의 목록 나열과 그룹화 및 문제나무의 형성

목표나무를 형성하는 첫 번째 단계는 문제의 구조화(정의) 결과에서 제시된 문제 구성 요소의 목록을 나열하고 그 요소들의 유사성 및 관련성으로 그룹화한다 그룹화하는 방법은 계량적으로는 요인분석(factor analysis)을 사용할 수 있으며, 정성적으로는 전문가 집단의 의견을 종합하는 방법을 사용할 수 있다. 이를 토대로 문제나무의 구조를 형성한다.

나. 기대하는 바람직한 결과 상태의 식별

목표나무를 형성하는 두 번째 단계는 문제 구성 요소별 기대(원)하는 바람직한 결과 상태를 식별한다. 기대하는 바람직한 결과 상태는 목표가 된다. 기대하는 결과는 현실적으로 달성 가능하여야 하며, 달성이 어려운 경우에는 다시 문제나무로 돌아가 좀 더 관리하기 쉬운 문제의 구성 요소를 식별할 수도 있다.

---

02 https://www.gp-award.com/downloads/Objective-Tree-Analysis.pdf의 내용을 수정함.

다. 문제를 바람직한 조건으로 전환

목표나무를 형성하는 세 번째 단계는 문제나무의 맨 위에 위치한 핵심 문제를 목표나무의 맨 위의 바람직한 조건(결과)으로 전환한다. 목표나무의 상위 목표에 해당되는 바람직한 결과에 대한 진술은 현실적으로 달성 가능하여야 한다. 경우에 따라서는 목표나무를 형성할 때 문제나무에 포함되어야 하는 추가 정보나 고려 사항을 식별할 수 있다.

라. 기대(원)하는 결과 상태에 기여하는 직접적인 활성화 조건 식별

목표나무를 형성하는 네 번째 단계는 상위 목표에 해당하는 '바람직한 조건(결과)'에 기여하는 직접적인 해결 조건(문제나무의 직접적 원인)을 진술하여야 한다. 원하는 조건을 달성하는 데 필요한 경우 새로운 진술을 추가하여야 할 수도 있지만 추가하는 내용에 대한 확실한 증거 기반이 있는지도 확인한다.

마. 목표(상위 목표 및 하위 목표)에 대한 기여하는 간접적인 활성화 조건 식별

목표나무를 형성하는 마지막 단계는 문제나무의 간접적 원인에 해당하는 상위 목표 및 하위 목표 달성에 기여하는 간접적인 활성화 조건을 식별하고 진술한다. 이상과 같이 문제나무를 목표나무로 전환하여 형성한 다음 최종으로 검토하여야 할 사항은 상위 목표(바람직한 결과 상태)에 대하여 직접적(하위 목표) 및 간접적(목표 대안) 활성화 조건을 구조화하면서 상위 목표-하위 목표-정책대안 간의 논리적 인과관계를 살펴보아야 한다. 즉, 하위 수준의 간접 활성화 조건이 상위 수준의 직접 활성화 조건을 발생시키는 데 충분한지 확인한다. 이때 다양한 이해관계자들의 의견을 비롯하여 전문가 집단의 의견을 통하여 확인할 수 있다.

[그림 4-6]은 기후 변화에 따른 농촌지역의 공동체 문제를 해결하기 위한 목표나무를 구조화한 것이다. 핵심 목표(상위 목표)는 기후 변화에 대한 농촌지역 공동체의 회복력을 증대하는 것이고, 이에 대한 하위 목표에 해당하는 직접적 활성화 조건으로 농작물과 가축의 환경 개선, 기후 변화에 대한 덜 취약한 농가, 사회적 및 제도적 역량 강화 등이 진술되어 있다. 다음으로 하위 목표 달성에 기여하는 간접적 활성화 조건(정책대안에 해당)이 진술되어 있다.

또 다른 목표나무의 예를 보면, [그림 4-7]과 같이 지역에서 저탄소정책의 사례를 엿볼 수 있다. 저탄소정책은 소비자의 수요 측면과 제공자의 공급 측면으로 구분할 수 있다. 수요 측면에서는 열 효율과 전기 효율을 통하여 정책목표에 기여하는 것으로 설정하였으며, 열 효율은

제4장 정책목표 설정과 대안의 탐색

[그림 4-6] 농촌지역공동체 회복력 증대를 위한 목표나무

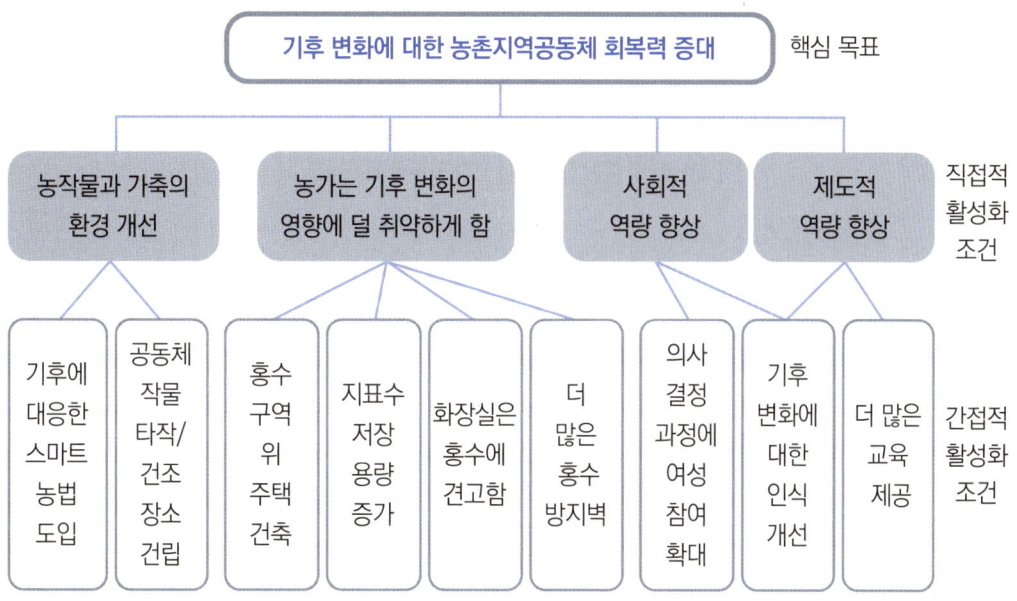

[그림 4-7] 저탄소정책의 목표나무

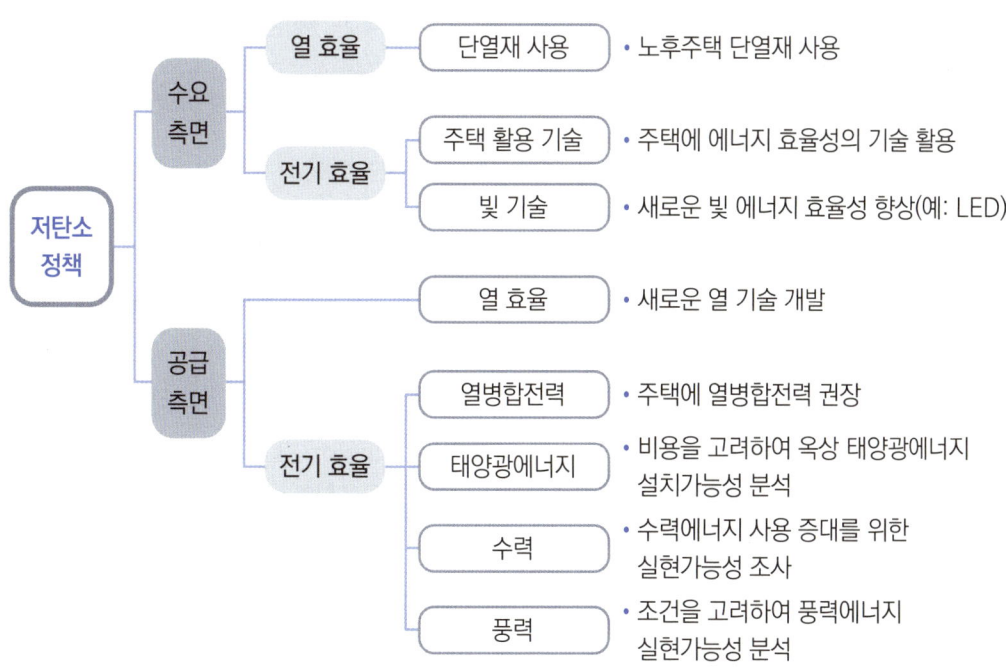

자료: Mckenna et al.(2018: 1110)의 내용을 수정함

111

단열재 사용을, 전기 효율은 주택 활용 기술과 빛 기술 향상 등의 정책대안이 제시되어 있다. 공급 측면도 열 효율(정책대안)과 전기 효율을 통하여 정책목표에 기여하는 것으로 구조화되어 있으며, 전기 효율은 열병합전력, 태양광에너지, 수력, 풍력 등의 정책대안이 제시되어 있다.

[그림 4-8] 혁신도시 입지 선정 기준의 목표나무

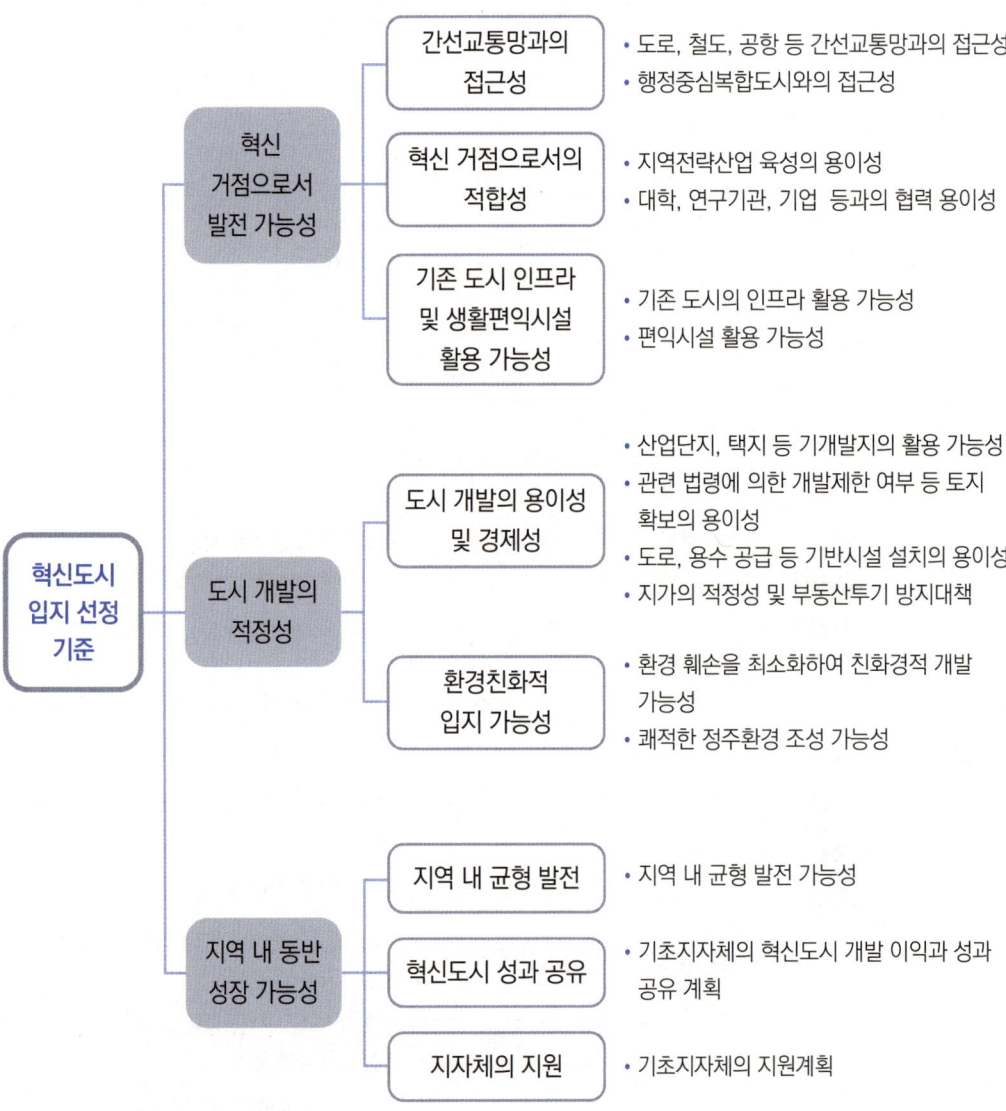

자료: 국토연구원(2005)의 내용을 토대로 구성함

다음은 혁신도시 입지 선정 기준에 대한 목표나무를 형성하였다. 혁신도시란 지방 이전 공공기관 및 산·학·연·관이 서로 긴밀히 협력할 수 있는 최적의 혁신 여건과 수준 높은 주거·교육·의료·문화 등 정주환경을 갖춘 새로운 차원의 미래형 도시를 말하며, 혁신도시 건설은 수도권 소재 공공기관의 지방 이전을 계기로 혁신주도형 경제의 지역 거점을 형성함으로써 수도권과 지방 간의 불균형을 해소하고 지역의 특색 있는 발전을 촉진함을 목적으로 한다. 혁신도시의 성격과 기능은, 첫째로 혁신도시는 지역의 혁신 거점 역할을 수행한다. 혁신도시는 공공기관을 중심으로 기업, 대학, 연구소 등이 상호 교류하는 네트워크로 형성되어 지식 창출과 기술 혁신의 터전이 되는 지식 기반을 갖추고, 혁신 주체 간 상호 학습을 통하여 혁신 역량이 강화되는 학습 도시이며 기업의 첨단산업생산기술 등에 관한 새로운 아이디어와 높은 혁신이 창출되는 첨단기업도시의 기능을 수행한다. 둘째로 혁신도시는 양질의 정주환경을 갖춘 미래형 도시로서 주거·교육·문화·의료·레저·체육시설 등 양질의 생활 여건을 구비하고, 첨단 정보통신 및 교통 체계 등 디지털 기반을 갖춘 첨단 기술산업이 성장할 수 있는 여건을 구비하며, 녹지·공원·경관·생태 등 자연과 인간이 어우러지는 친환경적 도시환경을 구비한다. 셋째로 혁신도시는 국가 균형 발전과 지역의 자립적 발전을 선도하며, 행정중심복합도시를 중심으로 전국적인 공공행정 네트워크를 형성함으로써 국토의 통합적 발전을 유도, 지역의 혁신 역량을 강화하여 지역의 자립적 발전을 선도하는 도시이다(국토연구원, 2005).

이상의 목적을 달성하기 위하여 혁신도시의 입지 기준을 토대로 목표나무를 [그림 4-8]과 같이 형성할 수 있다.

다음은 정부의 의료인력 확충에 대한 계획 내용을 토대로 목표나무를 다음 [그림 4-9]와 같이 형성한 것이다. 목표나무를 형성하게 된 정부 발표 내용은 다음과 같다. 정부는 2024년 1월 6일 "2035년까지 의사 인력을 1만 명 확충" 계획을 발표하였다. 정부는 의료 취약지역에서 활동하는 의사 인력을 전국 평균 수준으로 높이는 데 5,000명의 의사가 더 필요할 뿐 아니라 급속한 고령화 등으로 늘어나는 의료 수요를 감안할 경우 2035년까지 1만 5천 명 수준의 의사가 부족할 것으로 보고 있다. 정부는 1만 5천 명의 수요 가운데 2035년까지 1만 명의 의사 인력을 확충한다는 계획이다. 이를 위하여 2025학년도부터 의과대학 정원을 2,000명 증원하여, 현재 3,058명에서 5,058명으로 확대한다. 2025학년도부터 2,000명이 추가로 입학하게 되면 2031년부터 배출되어, 2035년까지 최대 1만 명의 의사 인력이 확충될 것으로 보고 있다. 늘어나는 의대 입학정원의 대학별 배정은 "비수도권 의과대학을 중심으로 집중 배정한다"라는 원칙에 따라 각 대학의 제출 수요와 교육 역량, 소규모 의과대학의 교육 역량 강화 필요성, 지역의료 지원 필요성 등을 다각적으로 고려할 계획이다. 특히, 각 비수도권 의과대학에 입학 시 지역인재전형으로 60% 이상이 충원되도록 추진할 계획이다. 정부는 의사 인력 수급 현황을 주기적으로 검토하고 조정하겠다고 한다. 고령화 추이, 감염병 상황, 의료기술 발전 동향 등 의료환경 변화와 국민의 의료 이용 상황을 종합적으로 고려하여, 합리적으로 수급을 관리할 계획이다(보건복지부, 2024. 2. 6).

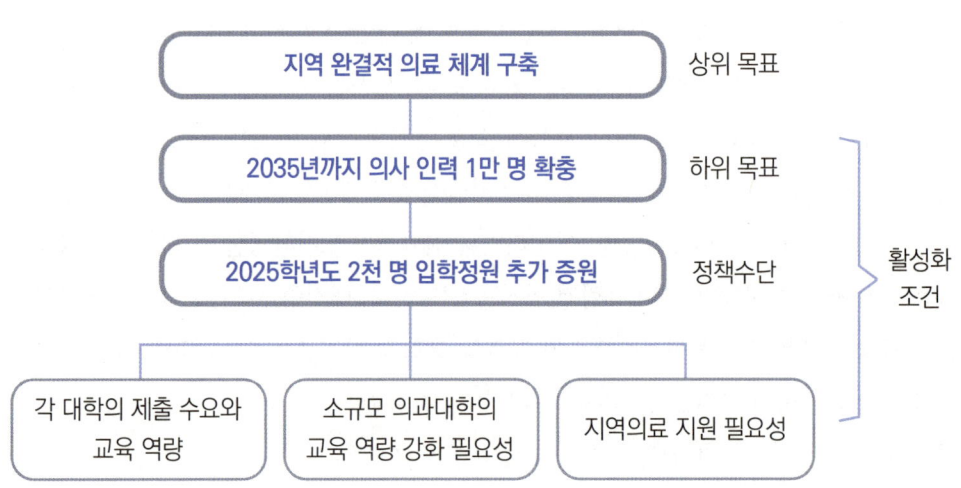

[그림 4-9] 의료인력 확충에 대한 계획의 목표나무

2. 정책대안의 탐색

1) 정책대안의 의미

정책대안(policy alternative)은 정책목표를 달성하기 위하여 사용할 수 있는 모든 수단과 방법, 즉 기대(원)하는 바람직한 결과 상태를 가져오기 위하여 사회적 과정들에 영향을 주고자 하는 활동들의 종합이다. 정부기관이나 조직은 다양한 상황에서 정책을 결정하기 전에 다양한 정책 옵션(대안)을 고려한다. 이러한 대안에는 문제 해결 상태나 바람직한 결과 상태라는 목표를 달성하기 위한 다양한 수단과 방법을 모색하여야 한다.

예를 들어, 정부가 환경오염을 방지(목표)하기 위한 정책대안(수단)으로 규제와 재정적 인센티브를 마련하거나 실업률 20%를 감소하는 목표를 위한 실업자에게 재교육 프로그램을 운영하거나 고용기업에 재정적 지원을 마련하는 방안을 고려할 수 있다.

[그림 4-10] 목표와 정책대안(수단)의 구조

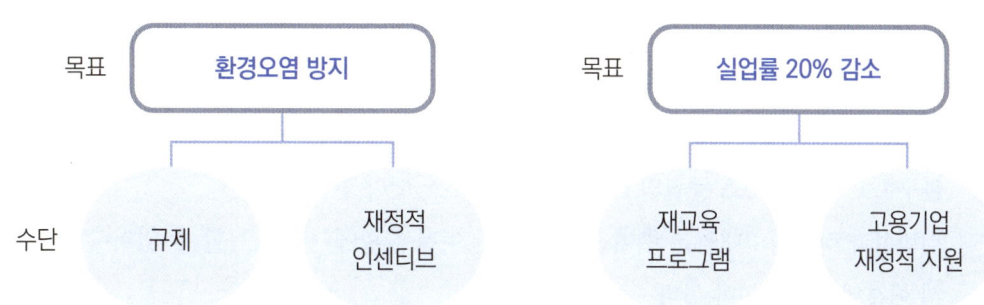

또 다른 예를 들면, 정부가 기후 변화를 해결하기 위한 정책을 고려하는 경우 다음과 같은 정책대안을 고려할 수 있다.

① 탄소세 : 기업과 개인이 탄소 배출량을 줄이도록 장려하기 위하여 탄소 배출에 대한 세금을 시행한다.
② 재생 가능 에너지 인센티브 : 재생 가능 에너지원의 개발 및 사용에 대한 재정적 인센티브 및 보조금을 제공한다.
③ 규제 조치 : 탄소 배출을 제한하고 환경 친화적인 활동을 장려하기 위하여 산업에 대한 좀 더 엄격한 규제를 시행한다.
④ 대중교통 투자 : 개별 차량에 대한 의존도를 줄이고 전체 탄소 배출량을 줄이기 위하여 대중교통 인프라에 투자한다.
⑤ 국제 협력 : 전 세계적으로 기후 변화를 해결하기 위하여 국제 협약 및 협력에 참여한다.

잠깐!

ChatGPT에서 인구정책에 대한 대안(Alternatives to population policy)을 탐색해 보자.

2) 좋은 대안의 조건

공공문제의 해결, 즉 정책목표에 기여할 수 있는 정책대안을 탐색하기에 앞서 어떤 특징을 가진 대안이 좋은 대안일까? 대안은 무엇보다는 정책목표를 달성하는 데 기여할 수 있어야 하고, 이후 정책분석 단계에서 수행하는 대안을 비교하고 예측하는 데 분석과 판단에 도움이 되는 유용한 정보를 가지고 있어야 하며, 실행가능성이 존재하여야 한다. 좋은 대안의 세부 조건으로 다음과 같은 사항을 고려하여야 한다(Walker, 1988; Patton et al., 2016: 217-218).

① 동원 가능성과 비용 : 대안은 동원 가능하고 비용이 효율적이어야 한다.
② 안정성 및 지속가능성 : 대안은 정책의 집행(실현) 중에 발생하는 장애와 어떤 상황에서도 불구하고 안정적으로 동원되고 계속 작동할 수 있어야 한다.
③ 신뢰성과 타당성 : 대안은 주어진 시간 동안 어떤 상황에서도 작동할 수 있어야 하고, 문제 해결에 기여하여야 한다.
④ 유연성 : 대안은 두 가지 이상의 목표를 달성할 수 있으면 더욱 좋다.
⑤ 기여 가능성 : 대안이 목표 달성의 기여에 실패할 가능성이 없거나 낮아야 한다.
⑥ 이해 및 의사소통성 : 분석에 참여하지 않은 사람들도 대안을 쉽게 이해할 수 있어야 한다.
⑦ 용이성 : 대안은 단순하고 명료하여 대안을 구현하기 쉬워야 한다.
⑧ 규범성 : 대안은 기존의 윤리와 도덕적 규범에서 수용할 수 있어야 한다.
⑨ 미래성 : 대안의 집행 효과가 광범위하게 다른 미래 환경에서도 영향을 미칠 수 있어야 한다.

3) 정책대안의 탐색 과정

정책목표 달성에 기여할 수 있는 정책대안을 개발하고 형성하기 위해서는 먼저 정확한 문제 정의와 목표 설정이 중요하다. 문제 구조화를 통한 문제 정의는 상황을 일으키는 요인들의 크기, 범위, 강도, 영향성, 연결성 등을 찾고 이런 특성을 체계적으로 정리하는 데 도움을 주지만 그 해결의 방향을 암시하기도 한다. 따라서 정책대안의 형성의 첫 단계는 정확하게 문제를 정의하는 데서 출발하기 때문에 이미 정의된 문제의 구성 요소, 즉 문제나무를 다시 한번 검토하

제4장 정책목표 설정과 대안의 탐색

는 것이 필요하다. 또한 그 문제를 해결하는 데 설정된 목표가 바람직하고 실현가능성을 갖추고 있는지도 살펴보아야 한다.

정책대안을 개발하고 형성하는 두 번째 단계는 문제 해결에 기여할 수 있는(가설) 대안(수단)을 탐색하고 개발하는 일이다. 대안의 탐색은 광범위한 원천에서 찾아야 하며 특정 원천에만 접근해서는 안 된다. 분석가는 대안 탐색 시 다음의 고려 사항을 유의하여 더 좋은 대안이 목록에 포함될 수 있도록 함정에 빠지지 않아야 한다.

〈표 4-3〉 대안 탐색의 고려 사항

- 문제 상황을 그리며 주위를 둘러본다.
- 실질적인 핵심 이슈에 초점을 맞춘다.
- 과거의 경험에만 의존하지 말고 새로운 학습과 지식을 기반으로 새로운 대안을 찾으려고 한다.
- 광범위하고 포괄적으로 시작하여 집중적으로 마무리한다. 좀 더 멀리, 넓고, 깊이 생각한다.
- 너무 빨리 문제 정의를 확정하지 말자. 문제를 너무 빨리 결론을 내리면 목표를 잘못 설정할 수 있고 결과적으로 관련성이 있고 최적일 수 있는 대안을 식별하지 못한다.
- 선호를 일찍 서둘러 형성 및 결정하지 말자. 이렇게 되면 더 좋은 대안을 놓치게 된다. 대안이 더 이상 존재하지 않는다고 판단할 때까지 탐색하여야 한다.
- 사전 평가를 통하여 의미 있는 대안을 배제하지 말아야 한다. 사전 평가는 적용 가능한 기준의 전체 범위에 대한 완전한 분석을 허용하기보다는 하나의 기준에만 집착함으로써 의미 있는 대안을 배제하는 결과를 가져온다.
- 아이디어가 제시될 때 비판하지 말자. 경험하지 않은 새로운 아이디어 및 의견을 제시하는 과정에서 비판을 받게 되면 더 이상 창조적 대안을 제시하지 않는다. 비판은 새로운 아이디어의 발현을 억제할 수 있기 때문이다.
- 불명료한 언어적 함정을 주의한다. 명확한 대안은 의사소통이나 이해하는 데 일관성을 유지하도록 도움을 준다.
- 대안의 목록을 개념화하고 단순화한다.
- 아이디어와 통찰력이 발생하는 즉시 기록한다.
- 초기에 관심 밖의 대안도 조건 변화에 따라 유의성을 가진 대안으로 부상할 수 있다.

자료: 노화준(2017: 107); Bardach(2009: 15-26); Patton et al.(2016: 235-236)의 내용을 수정함

세 번째 단계는 넓은 범위에서 탐색하고 개발한 가능성의 모든 대안에 대하여 앞에서 제시하였던 '좋은 대안의 조건'에 비추어 정리하고 문제나무 및 목표나무와 연결성을 갖추도록 그

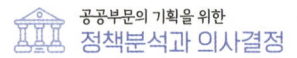

룹화한다.

[그림 4-11] 정책대안의 개발 및 형성 과정

1. 정확한 문제 정의와 목표 설정
⬇
2. 광범위한 대안(수단)의 개발(발견 및 추출, 식별)
⬇
3. 구체적인 정책대안의 형성

4) 정책대안의 원천

정책대안의 원천(sources)은 어디에서 대안들(alternatives)을 발견하거나 고안 및 창안할 것인가, 즉 어디에서 아이디어를 얻을 것인가이다. 문제의 구조화로부터 제시된 문제의 구성 요소를 통하여 문제나무를 형성하고, 문제나무를 목표나무로 전환하였으면 다음 단계는 목표나무에서 설정된 기대(원)하는 바람직한 결과 상태(목표)를 이루기 위한 대안(수단), 즉 좋은 대책과 방법을 궁리하여 찾아내거나 좋은 대책을 세워야 한다. 정책대안은 무엇보다도 문제를 해결하는 데 가장 효과가 있고 현실적이면서 실현가능성이 있어야 한다. 그러기 위해서는 이에 가장 적합한 대안을 어디에서 찾을 것인가를 고려하여야 한다. 정책대안의 원천을 찾을 때 출처는 가장 먼저 신뢰성, 객관성, 권위 및 전문성을 고려하는 것이 중요하다.

(1) 정부 보고서 및 백서

많은 정부기관은 다양한 정책대안을 설명하는 보고서와 백서를 발행한다. 이러한 결과물의 문서는 공식적인 권위와 전문성을 바탕으로 타당한 연구 방법과 객관적인 분석을 기반으로 작성된다.

(2) 연구기관

정부출연 연구기관 및 민간 연구기관은 전문 분야의 연구자로 구성된 그룹을 형성함으로써 정책문제에 대한 과학적인 연구 결과를 통하여 정책 제안을 제공할 수 있다. 연구기관은 다양한 문제에 대하여 연구를 수행하고 권장 사항을 제공하고 있다.

(3) 학술연구단체

각 분야의 학술연구단체(학회)는 자신의 연구 및 전문 지식을 바탕으로 정책대안을 제안하는 논문을 발표 및 출판한다.

(4) 비정부기구

비정부기구(NGO)는 사회문제를 이슈화하여 정책문제로 진입할 수 있도록 주장하면서 특정 문제의 해결 대안을 제시하기도 한다. 비정부기구는 현장 경험과 통찰력을 바탕으로 정책대안을 제안할 수도 있다.

(5) 국제기구

UN(국제연합), 세계은행, IMF(국제통화기금), OECD(경제협력개발기구) 등과 같은 기관은 전 세계적으로 정책대안을 제안할 수 있다.

(6) 위원회

정부의 각종 위원회는 각 분야의 전문가들로 구성된다. 전문가들은 자신의 지식과 통찰력을 바탕으로 정책대안을 제안할 수 있다.

(7) 정책대상 집단 및 대중의 의견

문제의 당사자인 정책대상 집단이나 대중에 대하여 면접, 설문조사, 공청회 등의 방법을 이용하여 그들의 의견을 구한다. 정책대상 집단이나 대중의 의견은 정책대안이 포함되어 있다.

(8) 미디어 및 의견 기사

신문, 잡지, 온라인 미디어에는 종종 대안적인 정책 관점을 제시하는 의견 기사와 사설이 게재된다. 미디어의 의견과 사설은 문제에 대한 대안으로서 새로운 관점의 통찰력을 제안하기도 한다.

(9) 정당

정당은 정치 권력 획득을 목적으로 하는 정치적 이익집단이지만, 선거 캠페인 중의 공약이나 공식 강령에서 제시하는 주장은 정책대안의 실마리가 될 수 있다.

[그림 4-12] 정책대안의 원천

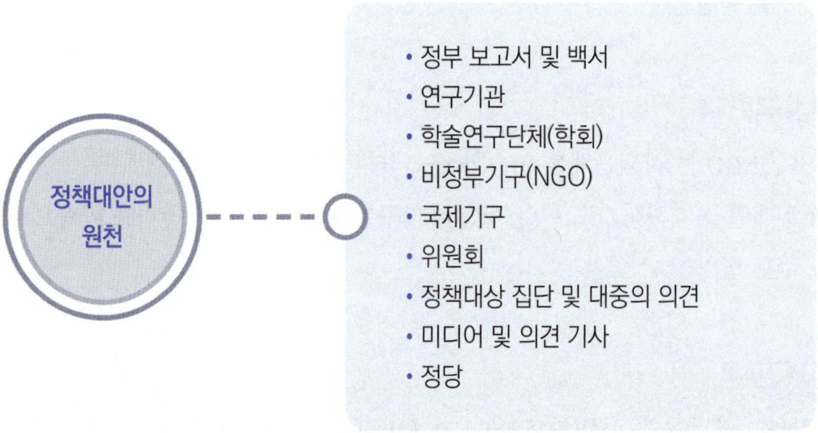

정책대안의 원천
- 정부 보고서 및 백서
- 연구기관
- 학술연구단체(학회)
- 비정부기구(NGO)
- 국제기구
- 위원회
- 정책대상 집단 및 대중의 의견
- 미디어 및 의견 기사
- 정당

5) 정책대안의 발견 및 추출 방법

분석가의 과업 중의 하나는 정책분석 과정에서 문제 해결 및 바람직한 결과 상태에 기여할 수 있을 것이라고 생각(가설)하는 잠정적인 정책대안을 발견 및 추출하는 일이다. 잠정적인 정책대안을 추출하는 절대적인 방법은 존재하지 않는다. 아래에서 제시한 추출 방법(김지원, 2015: 84-87)은 문제 상황 및 목표에 따라 독립적으로 적용할 수 있지만 상호 복합 및 혼합적으로 적용하여 각 방법의 한계를 보완할 수 있도록 하여야 한다.

(1) 권위 있는 전문가의 의견

문제 상황과 관련된 정책 분야별 전문가는 존재한다. 권위 있는 전문가의 의견은 문제 해결 및 바람직한 결과 상태에 기여할 수 있는 잠정적인 정책대안의 후보가 될 수 있다. 전문가의 지식과 학술활동의 경험은 특정 분야의 문제를 해결할 수 있는 실마리 또는 마중물이 될 수 있다. 전문가는 특정 분야에 대하여 상대적으로 많은 지식과 경험을 가지고 있지만 다른 분야에 대해서는 비전문가이다. 정책문제는 다양성을 비롯하여 복합성과 복잡성의 특성을 포함하고 있다. 분석가는 이 특성들을 포착할 수 있도록 어떤 분야의 누구의 의견을 들어야 할지를 결정하여야 한다. 권위 있는 전문가는 그 분야에 오랫동안 천착하여 꾸준히 논문, 저술, 학술활동을 한 사람이다. 이와 같은 사람에게 접근하기 위해서는 학술단체(학회)에 추천을 요청하거나 분석가가 직접 저작물(논문, 저술, 특허 등)을 검색하여 이메일이나 전화로 접근하는 방법을 고려할 수 있다.

(2) 목표집단 대표성의 의견

잠정적인 정책대안은 무엇보다도 문제 상황 속에 포함되어 있으며, 문제 해결의 대상이 되는 목표집단의 의견이 곧 정책대안의 대표성을 띠고 있을 수 있다. 목표집단의 대표적 의견이 정책대안 유의성의 대표성으로 등치될 수 있기 때문에 목표집단의 의견의 대표성을 조사함으로써 정책대안을 발견할 수 있다. 목표집단의 의견을 통하여 정책대안의 대표성을 확보하려면 조사 과정에서 표본추출의 대표성을 확보할 수 있는 표본추출 방법을 적용하여야 한다.

[그림 4-13] 목표집단과 정책대안의 관계

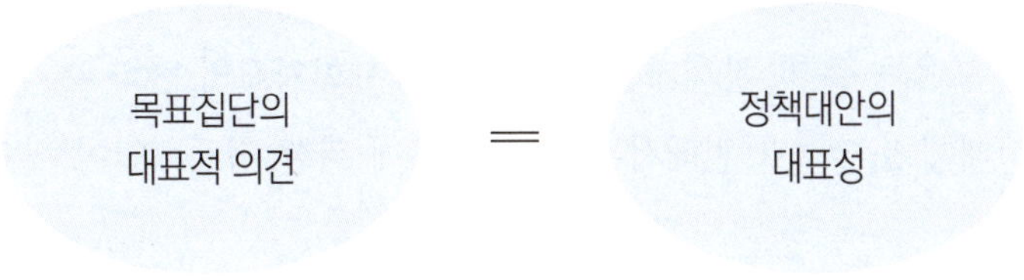

목표집단의 대표적 의견 = 정책대안의 대표성

(3) 이해관계자 및 관련 집단의 동기와 욕구 파악

정책문제는 다양한 이해관계자와 관련 집단이 관련되어 있다. 문제 해결 및 바람직한 결과 상태에 기여할 수 있는 잠정적인 정책대안을 발견하는 방법은 이해관계자 및 관련 집단의 동기, 신념, 가치, 의도, 규범 등을 조사하여 분석하고 결과를 살펴보는 것이다. 조사분석을 위한 자료 수집 방법은 문제 상황과 목표의 수준 및 상태에 따라 1차 자료(면접, 관찰, 설문조사) 또는 2차 자료(신문기사, 미디어 매체 자료, 통계자료 등)를 이용한다.

(4) 특성의 유형별 그룹화

잠정적인 정책대안은 문제 해결의 대상에게 맞춤식이어야 한다. 정책대안이 맞춤식 대안이 되려면 대상 집단 구성원들의 특성을 유형·계층·계급별로 분류하여야 한다. 분류분석에 대한 자세한 내용은 제3장에서 설명하였다.

(5) 원인 규명

마주하고 있는 모든 문제 상황은 문제의 원인이 존재한다. 의료기관에서 각종 의료 도구를 이용하여 질병의 원인을 찾아 확인하고 치료 방법을 동원하여 치료 활동에 몰두하듯이 정책문제의 원인을 규명하는 것이 곧 해결 방안이 될 수 있다.

(6) 각종 지표의 변화 추이 확인

경제지표를 비롯하여 각종 사회지표는 사회 현상을 나타내는 신호이다. 국내총생산(GDP), 실업률, 인플레이션, 경상수지, 금리, 주택거래지수, 소비자신뢰지수, 재고지수, 소비자물가지수 등 경제지표들은 경제활동의 성과를 측정하고 상태를 파악하며 예측하는 데 도움을 준다. 경제지표뿐만 아니라 교육 수준, 노령인구, 출생률과 사망률, 빈곤율, 불평등지수, 성차별 및 성평등, 범죄율, 건강지수, 사회적 자본, 주거 상태 등의 사회적 지표 등은 경제지표와 함께 특정 사회의 품질, 공정성, 교육, 건강, 안전, 인구 특성 등 사회의 발전과 안녕감 등 다양한 측면을 이해하는 데 도움을 준다. 분석가는 경제지표와 사회지표의 변화 추이를 살펴봄으로써 바람직한 목표 상태에 도달하기 위해서는 어떤 지표에 관한 정책대안이 필요한지를 확인할 수 있다.

(7) 직관과 통찰력

잠정적인 정책대안이 문제의 해결책 또는 바람직한 목표 상태의 결과에 기여할 수 있을지에 대하여 직관과 통찰력이 있다고 생각하는 사람의 판단을 고려한다. 직관(intuition)은 경험, 지식, 혹은 내재된 감각을 기반으로 무의식적으로 느끼는 것으로 직관을 가진 사람은 감각적으로 상황을 파악하고 즉각적으로 판단할 수 있다. 통찰력(insight)은 문제나 상황에 대한 깊은 이해를 나타낸 것으로 통찰력을 가진 사람은 다양한 정보를 종합하여 패턴을 파악하고, 그로부터 새로운 아이디어나 해결책을 도출할 수 있다. 이와 같이 직관과 통찰력을 갖춘 사람은 주변

환경을 빠르게 파악하고 이해할 수 있는 능력을 지니며, 문제에 대한 깊은 이해와 창의적인 해결책을 찾을 수 있는 능력도 갖추고 있다. 직관과 통찰력을 결합한 사람은 의사결정자로서 성공적인 역할을 수행하는 데 도움이 된다.

(8) 유추

분석가는 잠정적인 정책대안이 문제 해결 및 바람직한 목표 상태의 결과에 기여할 수 있을지에 대하여 과거 성공적 경험을 가진 정책과의 유사성을 기초하여 판단한다. 유추는 주어진 정보나 사실을 기반으로 논리적인 추론을 통하여 결론을 도출하는 과정이다. 유추는 일반적이거나 추상적인 원리를 활용하여 특정한 사례나 결과를 이해하거나 예측하는 것을 의미한다.

(9) 사회적 규범

정책대안은 도덕과 윤리와 같은 사회적 규범에 부합하는 바람직한 사회 상태를 실현하는 데 기여하는 수단이어야 한다. 문제 상태는 바람직하지 않은 상태이고 사회적 규범에서 벗어난 상태를 의미한다. 잠정적인 정책대안은 바람직하지 않은 상태를 개선하기 위하여 도덕과 윤리와 같은 사회적 규범 속에서 발견할 수 있다. 정책이 사회적 규범의 변화에 영향을 미칠 수도 있지만, 사회적 규범이 정책의 방향을 안내할 수도 있다. 또한 정책대안이 사회적 규범에 부합할수록 최종 정책으로 채택될 가능성이 높으며 정책집행의 수용성도 높일 수 있다.

[그림 4-14] 정책대안의 발견 및 추출 방법

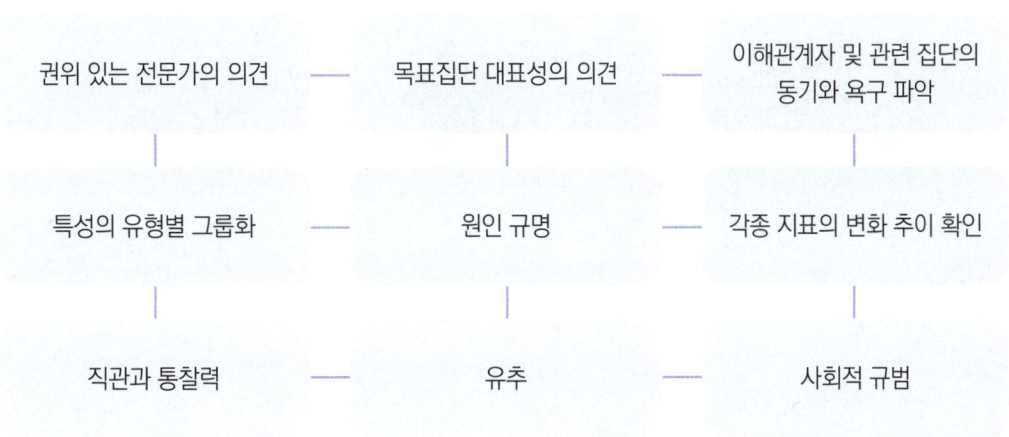

6) 정책대안의 식별 방법

(1) 대안 식별의 의의

분석가는 잠정적인 정책대안을 발견 및 추출하였으면 '좋은 대안의 조건' 기준에 비추어 정책대안을 식별하여야 한다. 정책대안의 식별 과정은 정책대안의 평가 후보군으로 진입하고 문제 해결과 바람직한 목표 상태의 결과에 기여할 수 있는지를 판단하는 활동이지만 넓은 의미에서는 식별 과정에서 더 좋은 아이디어를 발굴하는 것까지도 포함한다. 즉, 대안의 발견 및 추출하는 과정을 완전히 마감하는 것이 아니라 식별 과정에서 더 좋은 아이디어도 추가할 수 있다. 그러나 대안의 미래 상태를 비교 평가하기 위해서는 식별 과정에서 비교 평가할 수 있는 대안 후보군이 마감되어야 한다.

문제의 구조화 과정에서 문제는 광범위하게 정의하여야 한다고 설명하였다. 이 주장은 문제 해결 및 기대하는 바람직한 결과 상태에 기여할 수 있는 가능성의 정책대안이 배제되지 않도록 문제를 포괄적으로 기술하여야 한다는 말과 같은 의미이다. 반면에 문제 해결 및 기대하는 바람직한 결과 상태에 기여할 가능성이 현저히 낮은 거리가 먼 정책대안은 배제하는 일이 정책대안의 식별이기도 하다.

[그림 4-15] 정책대안의 식별 과정

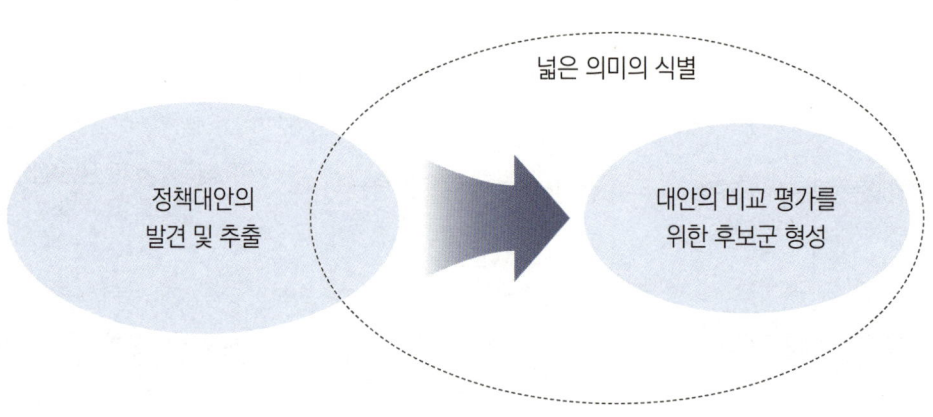

(2) 대안의 식별 방법

정책대안의 식별 방법은 연구 결과 분석(메타분석), 무조치(아무런 조치를 취하지 않은 경우) 분석, 빠른 조사, 유추 및 은유, 브레인스토밍, 유형 개발, 실제 경험의 비교 등의 방법이 있다. 이들 중 몇 가지 방법을 설명하면 아래와 같다(노화준, 2017: 101-106; Patton et al., 2016: 221-229).

가. 연구 결과 분석

정책문제를 해결하기 위한 정책대안을 발견하기 위하여 많은 경우 전문가 집단에게 연구용역을 의뢰하거나 학술연구기관에서 발표한 학술 논문을 이용할 수 있다. 연구 결과 분석은 기존 연구결과물(연구보고서 및 논문)에 대한 체계적인 리뷰(systematic review), 메타분석(meta-analysis), 연구종합(research synthesis)이라고도 한다. 연구종합은 하나의 연구팀에 의하여 수행된 정부 간여(개입)의 효과에 대한 연구는 여러 연구환경 및 연구팀이 수행한 정부 간여 효과에 대한 연구보다 일반화하는 데 한계가 있다고 가정하고, 복수의 연구 결과를 비교 종합하는 방법이 정책대안의 효과를 이해하는 데 바람직하다는 가정에 기초하고 있다. 이처럼 연구 결과 분석은 기존에 수행한 연구결과물을 토대로 잠정적인 정책대안 효과를 비교 분석하여 종합하고 의미 있는 정보와 지식을 생성함으로써 정책대안을 식별하는 데 활용할 수 있다.

연구 결과 분석 방법은 접근 방법에 따라 연구종합과 메타분석으로 구분한다. 연구결과물로써 문헌을 체계적으로 검토한다는 점에서는 공통적인 특징을 가지고 있지만 가장 두드러진 차별적 특징은 연구종합은 질적 또는 양적 방법으로 접근하여 연구 결과를 통합하는 데 관심을 두지만 메타분석은 계량적 양적 방법으로 접근하여 연구 결과의 효과의 방향이나 크기에 초점을 둔다는 점이 차이이다.

이와 같이 여러 연구 결과를 분석하면 잠정적인 정책대안을 종합함으로써 일반화 가능성을 높일 수 있다는 강점이 있으나 약점으로는 정책대안의 적용 시점은 미래이나 연구 결과가 반영된 시점은 과거이기 때문에 과거 시점에서 작성된 연구 결과를 미래 시점에 적용하려면 시간적 흐름에도 불구하고 정책대안의 모든 환경과 조건이 변함없이 일관성 있게 유지될 것이라고 보장하기 어렵다는 점이다.

<표 4-4> 연구종합과 메타분석의 특징 비교

연구종합	메타분석
- 일반화를 하기 위한 목적으로 이미 수행한 몇 개의 연구결과물을 통합하려는 시도 - 질적 방법 또는 계량적 방법 등을 포함한 다양한 접근 방법의 사용	- 체계적인 리뷰에 토대를 두고 연구 성과를 종합하며 계량적 요약을 산출하는 과정 - 주로 통계적인 접근 방법 적용 - 경험적 연구 결과에만 적용하고 이론적 연구에는 적용 불가능 - 여러 개의 연구 결과를 종합하여 효과의 방향 및 크기에 초점을 맞춤

나. 무조치 현황 분석

정책대안을 고려하는 것은 문제라고 인식하고 정의하는 상태이거나 바람직하지 않은 상태를 문제 해결 상태 또는 기대(원)하는 바람직한 결과 상태로 가져오기 위한 것이다. 고려하는 잠정적인 정책대안의 효과와 크기를 식별하기 위한 하나의 방법은 정부가 고려하고 있는 정책대안의 조치가 없는 경우 현재의 문제 상태나 바람직하지 않은 상태는 미래에 어떤 결과 상태를 가져올 것인지를 생각할 수 있다. 아무런 조치가 없는 상황에서 현재 상태를 미래 상태로 확장하면 잠정적인 정책대안의 역효과의 크기를 예측할 수 있으며, 만일 잠정적인 정책대안을 개입하게 될 경우 미래의 상태는 기대하는 바람직한 상태 수준까지 역효과의 크기가 사라지게 됨으로써 역효과의 크기는 곧 잠정적인 정책대안의 효과의 크기로 식별할 수 있다.

[그림 4-16]의 예시의 경우 가로축(X)은 시간의 흐름을, 세로축(Y)은 상태를 가리킨다. 가로축의 중앙을 기점으로 왼쪽은 과거부터 현재까지의 상태를, 오른쪽은 미래 상태를 가리키며 세로축의 중앙 지점(5)은 바람직한 수준을 나타낸다고 가정한 경우 무조치로 인한 미래 상태의 범죄율 증가와 출생률 감소 상태를 보여 준다. 그리고 실선 사선은 과거부터 현재까지를, 점선 사선은 미래 상태의 변화 추이를 나타내고 있다. 이 상황에서 아무런 조치를 취하지 않은 미래 상태의 범죄율은 바람직한 상태 수준에 비추어 점점 증가하고 있으며 출생률 또한 점점 감소하고 있다는 것을 예상할 수 있다. 만일 범죄율 감소와 출생률 증가를 위한 정책대안을 조치한다면 조치를 하지 않은 경우의 역효과 크기를 소멸시킴으로써 바람직한 상태까지 범죄율이 감소되고 출생률이 증가될 것이라는 효과 크기를 식별할 수 있다.

[그림 4-16] 과거/현재 상태와 무조치의 미래 상태의 관계

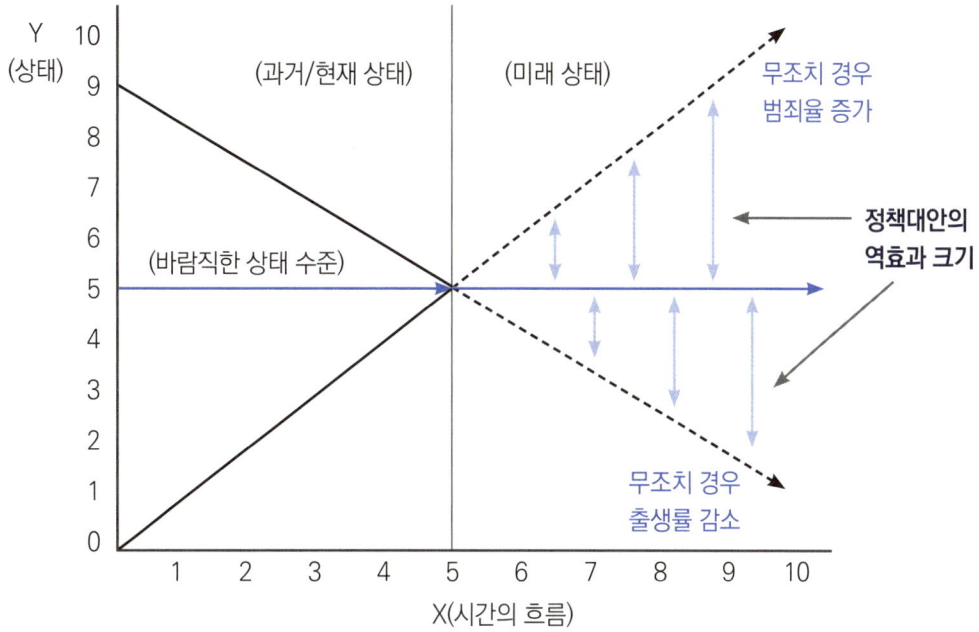

다. 빠른 조사

체계적이고 정밀한 조사를 진행하기 위해서는 치밀한 조사설계를 구축하고 신뢰성과 타당성을 확보할 수 있는 측정 도구를 마련하여 모집단에 대한 전수조사나 표본조사를 실시하여야 하는 등 많은 노력을 비롯하여 절대적인 시간과 비용이 필요하다. 하지만 연구자 및 분석가에게 잠정적인 정책대안의 효과 크기를 식별할 수 있는 시간과 비용에 한계가 있는 경우 정밀한 조사의 결과로 식별하기보다는 빠른 조사(quick survey) 방법을 적용할 수 있다. 빠른 조사는 주변의 다른 연구자 및 분석가나 평소 해당 문제에 정통한 사람들(pools)에게 접촉하여 간략한 질문과 대답을 통하여 잠정적인 정책대안의 효과 크기를 식별하는 방식이다.

예를 들어, 연구자 및 분석가는 특정 문제와 관련된 전문 학술단체(학회)의 구성원 소수에게 오프라인 및 온라인(이메일, 전화번호 등 접촉 가능한 연락처를 알고 있음)을 통하여 간략한 질문을 하고 잠정적인 정책대안의 효과에 대한 의견을 모으고 정리하여 식별할 수 있다. 또한 특정 문제와 관련된 정책기획의 실무자 그룹이 사용하는 온라인 블로그나 토론 게시판을 이용하거나 공개회의, 공청회 등에서도 간략한 질문으로 빠른 조사를 진행할 수 있다. 빠른 조사의 목적은

간결하면서도 잠정적인 정책대안을 식별하는 데 도움이 되는 많은 아이디어 및 정보를 얻기 위한 것이므로 표본의 대표성은 문제가 되지 않는다(Patton et al., 2016: 224). 빠른 조사를 진행하는 경우 고려하여야 할 사항은 가능한 짧은 기간 내에 응답을 받을 수 있도록 기간(시간)을 정하고, 필수적인 정보만을 수집하도록 질문을 최소화하여야 한다. 불필요한 질문은 응답률을 낮출 수 있다.

〈표 4-5〉 빠른 조사의 추진 과정

단계	정의
1. 목적 설정	빠른 조사의 목적을 명확히 정의한다. 어떤 정보를 수집하려는지, 왜 그 정보가 필요한지를 명확하게 이해한다.
2. 핵심 질문 형성	얻고자 하는 가장 중요한 정보에 대한 몇 가지 핵심 질문을 형성한다. 핵심 질문에 답할 수 있는 정보를 수집하는 것이 우선이다.
3. 간단한 질문 형식 선택	단답형, 객관식, 예/아니오 등 간단하고 명확한 질문 형식을 선택하여 설문을 작성한다. 필요하면 간략한 주관식 서술형을 병기할 수 있다.
4. 테스트 및 수정	작성한 설문을 빠르게 테스트하고 피드백을 받아 수정한다. 명확성과 간결함이 중요하다.
5. 배포 방법 결정	빠른 응답을 얻기 위하여 효과적인 배포 방법을 선택한다. 이메일, 소셜 미디어, 간이 설문 도구 등을 활용할 수 있다.
6. 빠른 자료분석	가능하다면 자동응답 수집 및 분석 도구를 활용하여 즉시 분석 결과를 얻을 수 있도록 하며, 기본적인 통계 및 시각화를 활용한다.
7. 정리와 결과 공유	결과를 명확하게 정리하여 이해하기 쉬운 형태로 정리하고, 필요하다면 정책분석팀이나 이해관계자와 공유한다.

라. 실제 경험 비교

분석가는 실제 경험을 통하여 잠정적인 정책대안들 중에서 가장 관련성이 높은 대안을 대안 후보로 식별한다. 실제 경험을 비교 분석하는 목적은 하나의 최선의 대안을 식별하는 것이 아니라 경험을 통하여 구현할 수 있는 가능한 옵션 목록을 생성하는 것이다. 그 이유는 명백히 좋은 대안으로 고려하였으나 실현가능성이 부족하여 무산되는 경우를 대비하여 실제 경험에서 도출된 몇 가지 대안을 추가 분석할 수 있도록 선택에 포함되어야 하기 때문이다(Patton et al., 2016: 225).

마. 유형의 개발

문제의 유형을 구분하고 유형별 문제의 범위와 크기를 분석하거나 잠재적인 정책의 영향을 받는 개인, 그룹 또는 조직의 유형을 도출하면 잠정적인 정책대안의 효과 크기도 식별하는 데 도움이 될 수 있다. 〈표 4-6〉과 같이 지역공동체의 생활인구에 대한 방문 목적별 체류 시간을 분류하고 분류한 셀(cell)에 속하는 방문자 수를 파악하면 생활인구를 증대할 수 있는 정책대안의 효과가 어느 정도가 될지 식별할 수 있다.

〈표 4-6〉 지역공동체 생활인구 유형 분류(과거 1년 기간)

체류 시간 방문 목적	당일 (무숙박)	2일/월	주말(2일) /월	3일 이상/월	1개월 이하	1개월 이상	2개월 이상
통근							
통학							
관광							
체험							
의료							
휴양							
기타							

바. 이상과의 비교

정책목표는 문제가 해결된 상태 또는 기대(원)하는 바람직한 결과 상태에 도달하는 것이다. 정책목표의 개념적 설명이 곧 정책의 이상적 상태이다. 이상(理想)의 사전적 정의는 "생각할 수 있는 범위 안에서 가장 완전하다고 여겨지는 상태"이다. 정책목표의 이상은 목표집단과 이해관계자를 비롯하여 사회구성원들이 문제가 해결되거나 바람직한 상태 및 수준이라고 생각하는 것을 의미한다. 정책대안의 탐색 과정은 이런 이상 상태를 실현하는 데 기여하는 대안을 발견하는 활동이기도 하지만 이상 상태에 더 유의적으로 영향을 미칠 수 있는 대안과 반대로 제약 및 장애 요인이 될 수 있는 대안들이 무엇인지를 식별하는 일이기도 하다. 분석가는 실제에서 제약 및 장애 요인을 제거하는 것은 불가능하더라도 이상을 생각하는 것만으로도 더 좋은 아이디어가 나올 수 있고 잠정적인 대안들이 목표 달성에 더 영향을 미칠 수 있을지를 식별할 수 있다. 그러나 이상과의 비교를 통하여 경쟁력 있는 대안을 발견 및 식별할 수 있을지라도 이상의 목표 상태가 주관적이고 추상적이며 목표집단과 이해관계자마다 다를 수 있어 이상적인 목표 상태로의 합의를 이끌어 내는 것이 과제이다.

[그림 4-17]은 정책대안의 발견 및 추출을 통하여 잠정적인 대안의 후보들을 형성하고 이들 후보 중에서 이상적 목표 상태에 기여할 수 있는 경쟁력 있는 대안 후보군을 식별하고 기준선을 중심으로 선발할 수 있다는 가정이다. [그림 4-17]에서 잠정적인 대안의 후보들(a~h) 중 경쟁력 있는 대안으로 식별되는 대안 후보는 a, c, e, f, h 등이고 영향력의 가능성이 미흡하거나 장애 또는 제약 요인으로서 식별 기준선에 미치지 못하는 대안 후보는 b, d, g 등으로 확인할 수 있다.

[그림 4-17] 이상과의 비교에서 좋은 정책대안 식별

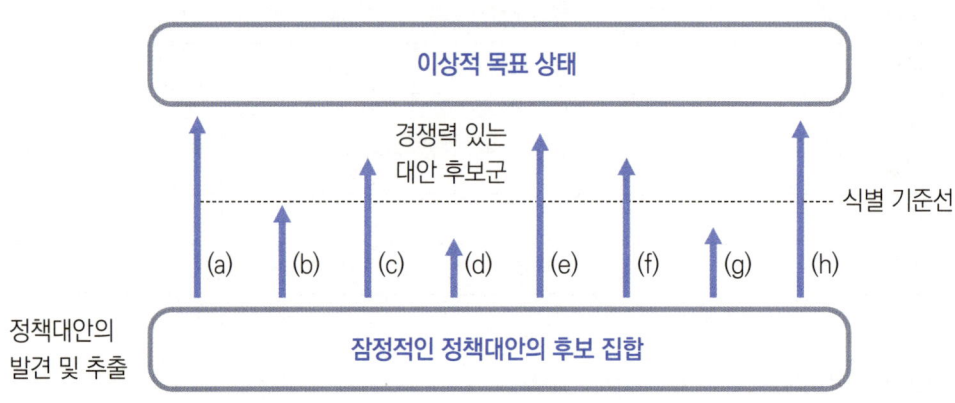

제5장

정책대안의 평가 예측

1. 대안 예측의 의의

1) 대안 예측의 의미

　　대안의 예측은 문제 해결 및 기대(원)하는 바람직한 상태에 기여할 것이라고 고려하였던 잠정적인 정책대안의 결과를 미리 헤아려 짐작하는 것이다. 제4장에서 정책대안의 탐색 과정, 즉 대안을 발견 및 추출하고 식별한 결과를 토대로 대안이 정책목표 달성에 어느 정도 기여할 것인지를 현재 시점에서 미래에 가져올 결과 또는 변화 상태를 예측하는 것이다.

　　정책대안을 예측하기 위해서는 우선 평가의 결과가 제시되어야 한다. 대안의 평가는 여러 기준에 따라 각 대안의 가치(좋고 나쁨, 잘하고 못함, 옳고 그름), 효과의 크기, 영향의 수준 등의 값어치를 매기는 것을 의미한다. 대안의 평가는 식별된 대안들에 관한 정보를 바탕으로 다양한 요소를 고려하는 포괄적이고 체계적인 접근 방식이다. 정책대안의 예측은 정책목표에 비추어 평가 결과를 토대로 대안이 가져올 미래 상태를 예상하는 것이다.

　　다음 [그림 5-1]의 예시와 같이 수질오염 완화의 정책목표를 달성하기 위하여 공장 폐수를 방류하는 기업체에 대하여 규제(단속, 및 비용 부담)의 정책대안을 실현하면 공장 폐수를 방류하는 기업체가 현저히 감소함으로써 궁극적인 정책목표인 수질오염 완화에 기여할 것이라고 예측하는 것이다. 두 번째 예를 보면, 미세먼지 감소의 정책목표를 달성하기 위하여 경유 차량이 서울의 도심지역에 진입하는 것을 막는 경우 미세먼지 농도가 50% 감소함으로써 궁극적인 정책목표인 미세먼지 감소에 기여할 것이라고 예측하는 것이다. 마찬가지로 실업률 감소의 정책목표를 달성하기 위하여 실업자 재취업 프로그램을 운영하면 재취업률이 20% 증가함으로써 실업률 감소에 기여할 것이라고 예측하는 것이거나, 지역 활성화를 위하여 워케이션(workation: work + vacation : 일을 하면서 휴가를 즐기는 근무 형태) 프로그램을 운영하면 생활인구의 방문자가 20% 증가할 것이라고 예측하는 것이다.

[그림 5-1] 정책대안의 예측(예시)

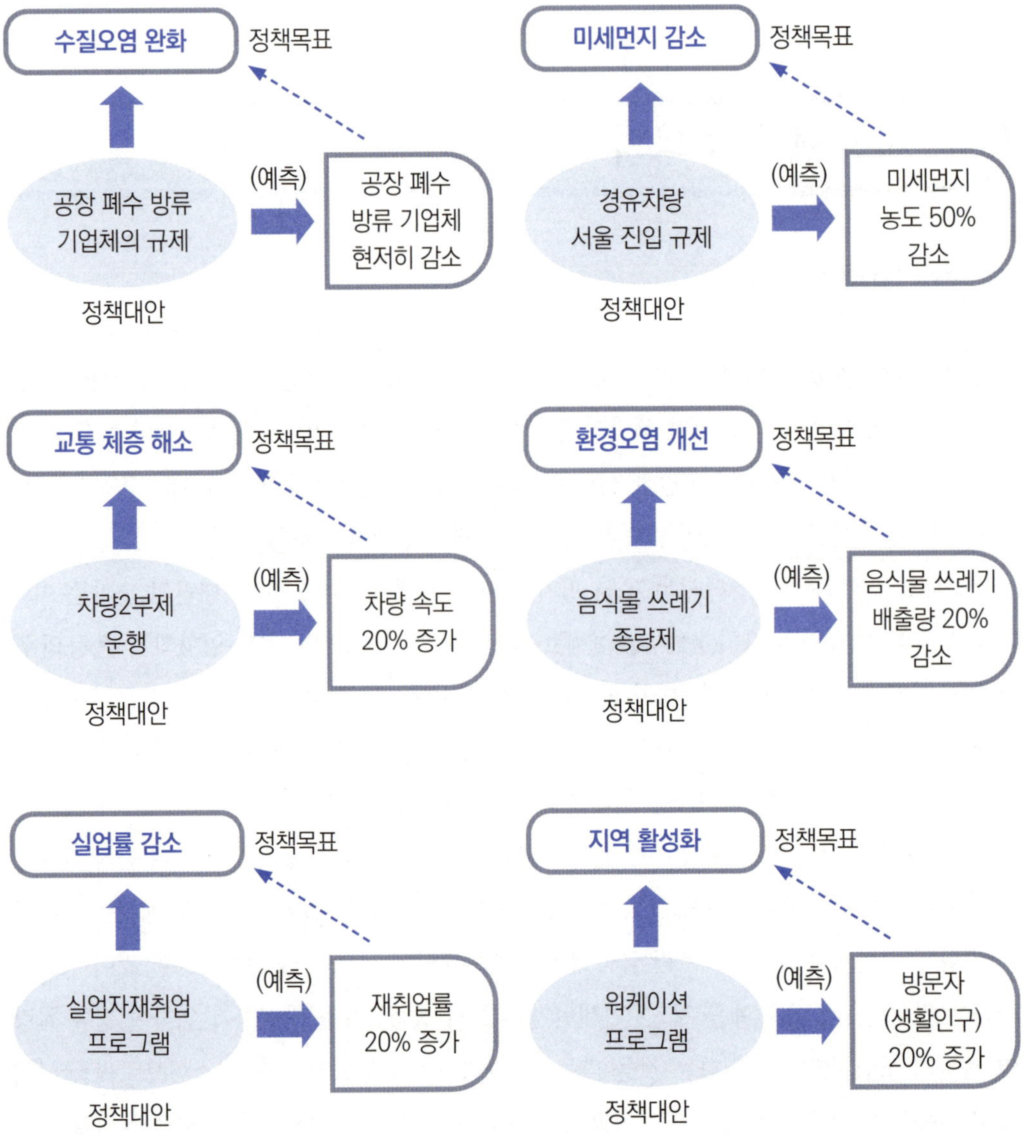
수질오염 완화
정책목표
공장 폐수 방류 기업체의 규제
(예측)
공장 폐수 방류 기업체 현저히 감소
정책대안
미세먼지 감소
정책목표
경유차량 서울 진입 규제
(예측)
미세먼지 농도 50% 감소
정책대안
교통 체증 해소
정책목표
차량2부제 운행
(예측)
차량 속도 20% 증가
정책대안
환경오염 개선
정책목표
음식물 쓰레기 종량제
(예측)
음식물 쓰레기 배출량 20% 감소
정책대안
실업률 감소
정책목표
실업자재취업 프로그램
(예측)
재취업률 20% 증가
정책대안
지역 활성화
정책목표
워케이션 프로그램
(예측)
방문자 (생활인구) 20% 증가
정책대안

2) 대안 예측의 목적

정책대안을 예측하는 궁극적인 목적은 대안이 목표 상태(문제 해결 및 기대하는 바람직한 상태)에 어느 정도 기여하는지를 평가하여 의사결정에 관한 정보를 산출하고 최종 의사결정자나 의사결정집단에 보고하여 공식적 정책으로 채택 및 결정을 위한 판단 과정에 도움을 주기 위함이다. 정책대안을 예측하는 것은 증거 기반 정책결정의 중요한 국면이다. 정책대안의 예측 결과는 정책 입안자가 정책환경의 복잡성을 탐색하고 자원 배분을 최적화와 잠재적인 부정적인 결과를 예상하면서 원하는 결과를 달성할 가능성이 높은 정책을 설계하는 데 도움이 된다. 대안의 예측 결과는 다음과 같은 부문에 도움이 된다.

첫째, 정보에 입각한 의사결정의 품질을 높인다. 정책대안에 대한 예측은 최종 의사결정자나 의사결정집단이 평가 예상 결과(정보)에 입각하여 결정을 내릴 수 있도록 도움을 준다. 정책대안의 잠재적 결과와 영향을 평가하여 도출한 정보는 의사결정자에게 최선의 정책을 판단하고 결정하는 데 도움이 된다.

둘째, 자원의 효율적 배분을 지원한다. 정부가 가용할 수 있는 자원은 제한되어 있다. 유능한 정부의 내용 중 하나는 제한된 예산을 효율적으로 배분하는 일이며, 대안 예측의 목적은 특정 문제를 해결하거나 기대(원)하는 결과를 달성하는 데 가장 효과적이면서 비용의 효율적인 배분의 접근 방식을 식별하여 자원을 좀 더 효율적으로 할당할 수 있도록 판단하고 결정하는 데 도움이 된다.

셋째, 정책의 불확실성과 위험을 완화하는 데 도움이 된다. 정책대안의 예측은 현재 시점에서 여러 조건을 가정하고 미래 상태를 평가한 결과이지만 미래 상태는 잠재적 불확실성과 위험 요소가 포함되어 있기 때문에 정책실패를 초래할 수 있다. 정책대안의 평가활동은 대안의 불확실성과 위험 요소를 식별하여 의도하지 않은 결과와 부정적인 결과를 방지하는 데 도움이 될 수 있다.

넷째, 정책목표 집단 및 이해관계자들과 효과적으로 소통하는 데 도움이 된다. 정책 입안자가 목표집단 및 이해관계자와 더욱 효과적으로 의사소통하기 위해서는 정보가 필요하다. 정책 입안자는 정책대안의 예측 결과로서 제시된 정보에 입각하여 다양한 이해관계자들에게 정책대안의 잠재적 영향에 대하여 설명하고 그들의 이해와 지지를 얻을 수 있으며 정책의 집행가능성을 높일 수 있다.

다섯째, 변화하는 환경과 조건에 적응하는 데 도움이 된다. 정책이 집행되는 사회경제적·정치적 환경과 조건은 역동적이고 끊임없이 변화한다. 정책대안을 평가함으로써 도출된 정보는 정책 입안자들이 새로운 과제와 기회를 예측하고 적응하는 데 도움이 된다.

여섯째, 정책 효과의 크기를 추정함으로써 정부 개입의 정당성을 확보하는 데 도움이 된다. 정책의 개입은 정부 활동이 개입하는 것이며, 정책대안의 평가는 정부 활동의 개입이 정당성을 갖추는지를 예상하는 것이다. 정책대안의 평가활동은 미래 추진될 정책의 효과 크기 및 영향 정도를 추정함으로써 정부 개입이 정당성을 확보할 수 있을지를 설명하고 보장하는 데 도움을 줄 수 있다.

일곱째, 갈등을 해결하거나 완화하는 데 도움이 된다. 정책결정 과정은 때때로 서로 다른 이해집단 간의 갈등 상태로 이어질 수 있다. 정책대안을 평가함으로써 생성된 정보는 잠재적인 논쟁 지점을 식별하는 데 도움이 되며, 갈등을 해결하거나 완화하고 합의와 협력을 촉진하는 데 도움이 된다.

3) 미래의 유형과 예측

정책대안의 예측은 평가활동에서 생성된 정보에 입각하여 현재 시점에서 대안의 미래 상태를 예상하는 것이다. 대안의 예측은 문제의 현재 상황을 개선 및 해결하거나 기대하는 바람직한 결과를 예상하는 것이나, 미래 상태를 어떻게 정의하느냐에 따라 목표 상태와 정책의 성공 여부가 달라진다. 미래 상태의 정의는 대안의 효과를 예상하는 기준이 된다. 던(Dunn, 2018: 123)은 미래를 가능한 미래, 개연적 미래, 규범적 미래 등의 세 가지 유형으로 구분하였다.

(1) 가능한 미래

가능한 미래(possible futures)는 어떠한 사건이나 상황이 발생할 수 있는 미래의 사회 상태로서 실제 발생하는 사회 상태와는 다르다. 미래 상태는 실제로 발생하기 전까지는 결코 확실하지 않으며 어떤 사건이나 상황이 발생할지 알 수 없다. 예를 들어, 현재는 인구가 감소하고 있으나 미래 사회에서는 인구가 증가(+), 정체(0), 감소(-)할 수 있는 상태일 수 있고, 현재는 범죄율이 증가하고 있으나 미래 사회에서는 범죄율이 증가 또는 감소할 수 있는 상태이거나 새로운 범죄가 발생할 수 있는 상태를 의미한다. 또한 현재는 평화로운 상태이나 미래 사회에서는 전쟁이 일어날 수도 있고 일어나지 않을 수도 있는 것과 같이 미래 사회에서 일어날 수 있는 모든 사건이나 상황의 가능성을 포함한다.

(2) 개연적 미래

개연적 미래((plausible futures)는 절대적으로 확실하지 않으나 아마 그럴 법한 일이 발생할 수 있는 상태로서, 증거나 이론을 바탕으로 정책 입안자가 사건의 방향을 바꾸거나 상황을 개선하기 위하여 정책에 개입하지 않는 경우 일어날 가능성이 있는 미래 상태이다. 예를 들어, 현재 교통 체증을 겪고 있음에도 불구하고 이를 개선하기 위한 정책적 개입이 없는 경우 3년 후에는 더욱 심각한 교통 체증을 맞이하게 되거나, 현재 인구가 지속적으로 감소하고 있는 추이를 감안할 때 효과적인 인구정책의 개입이 없는 경우 20년 후에는 지역의 인구가 소멸될 것이라는 미래 상태이다. 마찬가지로 매년 명예 훼손, 모욕 등 언어 폭력과 성폭력 등은 꾸준히 증가하고 있는 상황에서 이에 대한 대응책이 마련되지 않는 경우 언어 폭력과 성폭력 등의 범죄는 매년 10%씩 증가할 것이라고 예측하는 상태이다.

(3) 규범적 미래

규범적 미래(normative futures)는 정의, 자유, 평등, 공정성, 공익, 형평성 등과 같은 행정의 본질적 가치를 실현하거나 정책 입안자가 바람직하다고 생각하는 미래의 사회 상태를 의미한다. 예를 들어, 일자리 200만 개 창출, 소비자물가 상승률 0, 범죄발생률 0, 실업률 0 등과 같이 사회구성원의 욕구 불만족이 없는 상태나 자원이 완전히 효율적으로 배분된 상태이다.

〈표 5-1〉 미래의 유형

가능한 미래	개연적 미래	규범적 미래
- 미래에 일어날 모든 가능성의 사회 상태 - 현재의 사회 상태와 구분	- 정부가 정책 간여를 하지 않는다면, 현재 상태가 연장되어 일어날 미래 상태	- 정책 입안자(정책분석가/정책결정자)가 기대하는 미래 사회 상태 - 사회구성원의 욕구 불만족이 없는 상태 - 자원이 완전히 효율적으로 배분된 상태
(넓음)	(중간)	(좁음)
실제 사회에서 변화(개선)의 폭		

이 세 가지 미래 유형 중 실제 사회에 변화 및 개선의 폭은 가능한 미래가 가장 넓고 규범적 미래가 가장 좁으며, 개연적 미래는 그 중간에 해당한다. 예를 들어, 매년 합계 출생률이 감소하고 있는 상황에서 규범적 미래는 출생률이 매년 일정 수준으로 증가하는 상태가 바람직하다고 생각하지만 실제는 그렇게 이루어지기 힘들며, 가능한 미래는 인구가 증가, 감소, 정체 등 어떤 상태도 일어날 수 있어 가능한 미래 예측은 실제 사회에서 폭넓게 적용된다. 하지만 가능한 미래는 전문적 분석 방법을 이용하지 않더라도 누구나 예측할 수 있는 상태로서 정책정보로써 가치가 없다. 정책분석에서 정책대안의 미래의 효과를 예측하는 것은 바람직한 상태 또는 자원의 효율적 배분 상태라고 생각하는 규범적 미래 상태에 대하여 개연적 미래 상태의 간극은 물론 개연적 미래 상태를 변화(개선)시키기 위한 정책대안을 개입할 경우 규범적 미래 상태에 어느 정도 도달할 것인지를 추정하는 것과 같다. 예를 들어, 현재 실업률이 연평균 2.5%라고 한다면 개연적 미래는 그 연장 선상에서 연평균 2.5%~3.0%로 추정될 것이다. 만약 현재 실업률 2.5%를 미래 상태에 2.0%로 낮추기 위하여 정부가 정책대안으로서 양질의 일자리 프로그램을 마련한 경우 정책대안의 예측은 목표치 2.0% 달성에 기여할 수 있는지를 예상하는 것이고, 또한 규범적 미래가 실업이 없는 상태(실업률 0%)라고 한다면 정책대안의 예측은 규범적 미래(실업률 0%)와 개연적 미래의 변화 상태(실업률 2.0%)의 차이를 추정하는 것이다. [그림 5-2]에서 보는 바와 같이 넓은 의미의 예측은 (a)~(e) 모두가 해당하지만 정책대안의 실제적 예측은 (d)의 크기를 예상하는 것이다.

[그림 5-2] 미래 상태와 예측의 관계

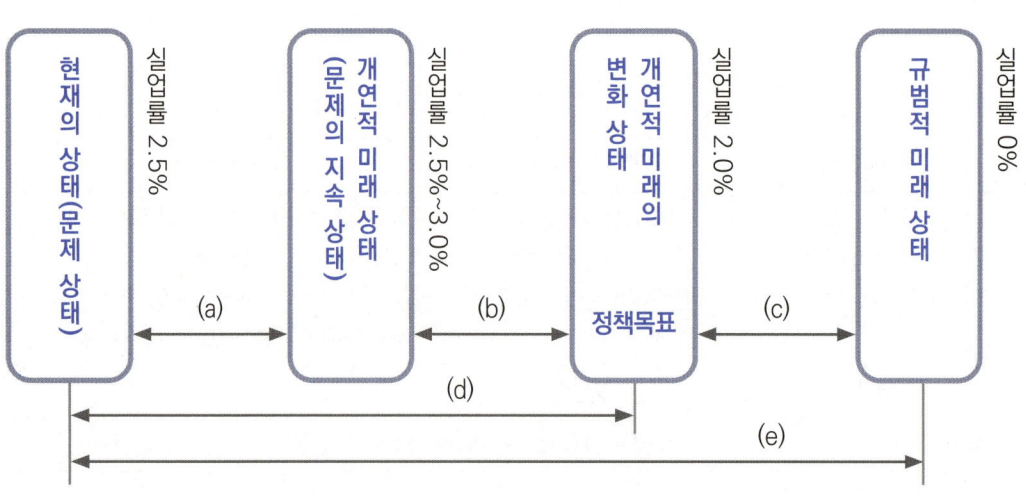

4) 정책대안의 예측 과정

정책대안의 예측 과정은 최종 정책으로 결정되기 전에 잠정적인 결과(효과와 영향)를 평가하고 예상하는 과정이다. 예측 과정은 앞에서 제시하였던 문제의 구조화 및 정의, 목표 설정과

〈표 5-2〉 정책대안의 예측 과정

단계	정의
1. 예측 대상 대안 확인	대안의 발견 및 식별에서 형성된 예측 대상 후보군을 확인한다.
2. 평가 기준 설정	문제 상황과 목표 상태에 비추어 어떤 기준으로 대안을 평가할 것인지를 설정한다.
3. 데이터·정보 확인 및 추가 수집	평가에 이용할 수 있는 관련 데이터와 정보를 수집하고 수집된 데이터 및 정보가 가치 있는지를 식별하고 필요하면 추가로 수집한다.
4. 모델링 및 시뮬레이션	모델링 및 시뮬레이션 기법을 활용하여 각 정책대안의 잠재적 효과 및 영향을 예측한다.
5. 시나리오 분석	시나리오 분석을 실시하여 각 정책대안의 이행에 따라 전개될 수 있는 다양한 미래 시나리오를 탐색한다. 각 시나리오와 관련된 잠재적 위험과 불확실성을 식별한다.
6. 이해관계자 관심·선호 고려	이해관계자(전문가, 영향을 받는 목표집단, 이익집단 등)와 협력하여 다양한 관점과 통찰력을 수집한다. 예측 과정에서 다양한 이해관계자의 관심사와 선호도를 고려한다.
7. 비용편익분석· 비용효과분석· 규제영향분석· 환경영향평가	직접 및 간접 비용과 편익을 모두 고려하여 각 정책대안에 대한 비용편익분석을 수행한다. 또한 각 대안의 경제적·사회적·환경적 영향을 평가하기 위하여 비용효과분석, 규제영향분석, 환경영향평가를 수행한다.
8. 위험 평가	각 정책대안과 관련된 잠재적 위험과 의도하지 않은 결과를 평가한다. 위험을 완화하고 제안된 정책의 탄력성을 향상시키는 방법을 식별한다.
9. 정책의 실행 타당성평가	기술적·정치적·재정적·법적·행정적 타당성 등을 고려하여 각 정책대안의 실행 타당성을 평가한다.
10. 의사결정자 (그룹)에게 보고	관련 분석과 함께 예상 결과를 의사결정자(그룹)에게 제시한다. 의사결정자(그룹)는 제시된 평가예측 정보와 예상 결과를 활용하여 어떤 정책대안을 판단하고 선택한다.
11. 이해관계자에게 공유	정책대안 중에서 최종 정책으로 결정되면, 이해관계자에게 일련의 정책분석 과정과 정책의 미래 효과 및 영향을 설명한다.

대안의 탐색활동의 연장이며 조건의 변화와 새로운 정보가 제공되면 반복적인 피드백 과정을 거친다. 효과적인 정책대안 예측을 위해서는 대안과 관련된 다양한 측면과 복잡성을 고려하는 포괄적이고 다학문적인 접근 방식이 필요하다.

정책대안의 예측 과정은 문제 상황, 목표 상태, 분석 능력, 분석에 소요되는 시간과 비용, 동원 가능한 자원, 정치적 여건 등 다양한 상황에 따라 다를 수 있지만 일반적인 예측 과정은 다음과 같다.

2. 정책대안의 평가 기준과 고려 사항

1) 대안평가 고려 사항

민간부문에 전속된 사적인 문제와 달리 공공문제는 상황을 일으키는 원인이 불분명하고 복잡 및 복합적이며, 다양한 이해관계집단이 존재하고 이들의 주관적 신념, 가치, 규범 등이 내재된 사회적 가치와 정치적 환경 등이 작용한다. 그러므로 문제를 정의하고 목표를 설정하는 과정이 순조롭거나 쉽게 합의할 수 있는 것도 아니며, 때로는 양극화와 갈등이 심화되고 지속되면 목표 설정과 대안 선택에도 곤란을 겪게 된다. 여기에서는 공공문제에 대한 대안평가 시 주요 고려 사항을 설명한다.

(1) 공공부문의 고유성

공공부문은 민간부문과 달리 다음과 같은 몇 가지 차이점이 있다. 그러므로 분석가, 연구자, 정책 입안자, 의사결정자(그룹) 등은 정책대안의 평가 시 다음의 주요 차이점을 고려하여야 한다(Dunn, 2018: 205-206).

가. 다양한 이해관계자 존재

공공정책은 문제의 당사자인 목표집단이 존재하고 시민단체, 입법기관, 행정부(중앙정부, 지방정부, 공공기관), 기업, 노동조합, 각종 이익집단 등이 존재한다. 때로는 이들 서로가 기대(원)

하는 목표 상태가 다를 수 있기 때문에 갈등이 존재하며, 이들 간 교섭과 타협이 수반되기도 한다. 이와 같이 경쟁적인 가치를 지닌 이해관계자의 존재는 민간부문과 달리 공공부문에서 정책대안의 평가 과정은 물론 최종 정책의 결정 과정을 더욱 복잡하게 만든다.

나. 공공정책 목표의 집합적 성격

공공부문은 다양한 이해관계집단의 경쟁적 가치로 인하여 문제를 정의하고 목표를 설정하는 것이 쉽지 않으며 정책대안의 평가 기준을 설정하는 것도 쉽지 않다. 또한 민간부문과 달리 공공부문의 정책목표는 사회구성원의 집단적 이익, 즉 공익에 대한 광범위하고 추상적인 개념을 반영하여야 한다. 정책대안의 평가 기준은 공익의 실현 정도를 측정할 수 있어야 하지만 공익 측정의 보편적 기준이 존재하는 것이 아니라 상대적이어서 단일 기준보다 수량의 양적 요소를 비롯한 주관적 가치의 질적 요소를 포함하는 복합적 또는 혼합적 기준을 적용하여야 한다.

다. 공공재

사회에서 재화는 크게 사적재(특정재)와 공공재(집합재)로 구분하며, 여기에 사적재와 공공재의 두 가지 성격을 가진 준공공재가 있다. 사적재(私的財, private goods)는 시장기구를 통하여 공급되는 재화와 서비스로 경합성과 배제성을 동시에 가지는 민간재이다. 사적재는 특정 제품(자동차, 상품, 개인 주택)을 소유한 사람은 해당 제품의 혜택에서 다른 사람을 제외할 법적 권리가 있으며 할당은 수요와 공급에 의하여 결정되는 시장가격을 기준으로 이루어진다.

반면에 공공재(公共財, public goods)는 모든 사람이 공동으로 이용할 수 있는 재화 또는 서비스로 비경합성과 비배제성을 특징으로 하며, 공급 주체는 국가나 지방자치단체 등의 공공기관이나 공기업이 담당한다. 정부가 제공하는 맑은 공기, 물, 도로, 국방, 치안, 소방 서비스의 소비에서 누구도 제외될 수 없다. 민간부문은 수요와 공급에 따라 시장가격이 결정되지만 공공부문에서는 공급과 수요의 관계가 동일한 방식으로 작동하지 않기 때문에 일반적으로 시장가격을 기준으로 공공재를 할당하는 것이 쉽지 않다.

준집합재(준공공재)는 민간부문이 생산과 공급을 담당하지만 사회에 상당한 파급 효과를 미치는 재화와 서비스이다. 예를 들어, 교육은 민간부문(민간이 설립·운영하는 각종 학교)에서 제공하지만 공공성 실현을 목표로 하며, 기업이 고용을 담당하지만 경제적 안정화 목표에 기여하기 때문에 정부는 정부재정을 지원하여 공익 실현을 장려 및 촉진한다.

[그림 5-3] 사회에서 재화의 유형

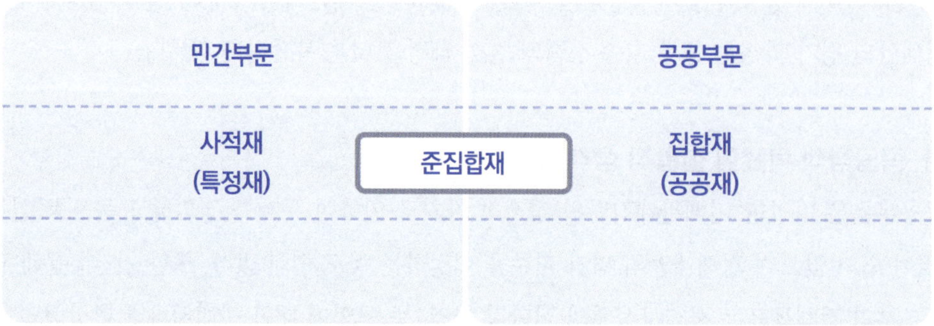

민간부문		공공부문
사적재 (특정재)	준집합재	집합재 (공공재)

    공공부문은 주로 교육, 사회복지, 공공안전, 교통, 환경 보호, 에너지 절약 등 집합적·준집합적 재화 및 서비스 제공에 전념한다. 이 세 가지 유형의 재화 및 서비스는 성격이 다르기 때문에 그 가치를 평가하는 기준과 척도도 다르다. 시장을 위하여 특정 제품을 생산하는 민간기업의 주요 기준은 이윤을 창출하는 것, 즉 제품 판매로 얻은 총수익과 제품 생산에 필요한 총비용 간의 차이를 최대화하는 것이다. 민간기업이 벌어들일 수익과 생산에 필요한 비용이 서로 다른 둘 이상의 제품 중에서 선택하여야 하는 경우, 기업은 총수익에서 총비용을 뺀 값으로 정의되는 이윤을 최대화하는 제품을 선택한다. 민간기업이 더 낮은 이익을 창출하는 제품에 투자하기로 결정하여야 하는 경우 해당 결정에 대한 기회비용(opportunity cost)을 계산할 수 있다. 기회비용은 좀 더 수익성이 높은 다른 대안을 선택할 수도 있었음에도 불구하고 한 제품이나 서비스에 자원을 투자함으로써 상실되는 이익이다. 이처럼 민간기업은 이윤의 최대가 예측되는 제품을 선택한다. 반면에 공공부문은 비용의 효율성도 고려하지만 바람직하다고 생각하는 사회 안정화 및 통합, 사회적 규범이나 가치 실현, 국민의 건강과 생명 보호, 보건의료, 환경 보호, 국방, 치안, 소방 등 비용으로 환산되지 않은 재화 및 서비스를 생산하고 공급하는 일을 담당하여야 하기 때문에 정책대안을 평가하는 과정에서 이러한 가치들이 측정될 수 있는 평가 기준을 설정하여야 한다. 그리고 이러한 목표(일)를 실현하는 것이 정부가 존재하고 활동하는 정당성이기도 하다.

라. 사회적 비용과 책임

    민간기업이 생산하고 공급하는 재화와 서비스는 시장의 가격기구를 통하여 수요와 공급 그리고 가격이 결정되며, 특정 재화와 서비스에 대한 사적 비용과 사적 이익에 책임을 지나 사회적 비용에 대해서는 책임을 지지 않는다. 이와 대조적으로 공공정책은 무형적인 요소와 주관적 질적 가치를 포함하고 있어 시장의 가격기구에서 가격을 책정하기 곤란하며 그 성격이 집합적이고 파급 효과가 불특정인에게 광범위하게 영향을 미치기 때문에 비용과 편익이 불특정 사회구성원에게 전가되는, 즉 사회적 비용과 사회적 책임으로 작용한다. 예를 들어, 고속도로 건설로 인한 환경 파괴 비용 또는 국립공원의 아름다움을 즐기는 데 따른 이익은 수량화하기 어렵고 합의에 따라 정의된 시장가격이 없는 경우가 많다(Dunn, 2018: 209). 또한 맑은 공기, 깨끗한 물, 국방, 치안, 소방 등의 공공재는 단위 가격을 결정하기 어려운 무형재이고 비용의 책임은 불특정 사회구성원들에게 전가된다. 이로 인하여 정책대안의 평가에서 무형재의 단위 가격을 어떤 기준과 방법으로 설정하며 비용의 부담 범위를 어떤 기준과 방법으로 설정할 것인지를 고려하여야 한다.

마. 외부 효과

외부 효과(externality)는 어떤 경제 주체의 행위가 다른 사람들에게 기대하지 않은 혜택(긍정적 외부 효과)이나 손해(부정적 외부 효과)를 발생시키는 효과를 의미한다. 즉, 혜택이나 손해를 보는 사람이 자신의 행위(내부 효과)로 이익과 손해를 보는 것이 아니라 타인의 행위로 자신이 이익이나 손해를 보는 경우이다. 분석가는 정책대안의 평가에 외부 효과의 비용을 고려하여야 하며, 비용을 평가할 때 정부는 다른 사람에게 부정적인 영향을 미치는 사람들에게 비용의 부담 기간, 비용의 크기 등의 요소를 포함하여야 한다(Patton et al., 2016: 187).

긍정적 외부 효과 예시는 건물 주변에 정원을 만들고 대중에게 공개함으로써 심미적 및 심리적 안정 효과에 영향을 미치는 일을 들 수 있다. 많은 대중에게 긍정적인 외부 효과로 작용하는 경우 정부는 긍정적 효과를 생성하는 사람에게 보상이나 유인책을 통하여 장려할 수도 있지만 특정 집단에게 초과 이익이 발생하면 이익에 비례하여 세금을 부과할 수도 있다. 부정적인 외부 효과의 예로는 시끄러운 공항, 노후화된 건물, 공공장소에서의 흡연, 무단 쓰레기 투기, 무단 폐수 방류 등을 들 수 있다. 부정적인 외부 효과가 작용하는 경우 정부는 부정적인 외부 효과를 생성한 사람에게 피해를 보상하게 하거나, 부정적인 요인 제거를 요구하거나, 비용을 부담(세금, 벌금, 과태료)시키거나, 강제적 조치(처벌)를 고려할 수 있다.

(2) 비용과 편익의 고려

공공부문은 비용뿐만 아니라 파급 효과가 광범위하고 장기적인 질적 가치도 고려하여야 하지만 재화 및 서비스의 성격에 따라 비용 대 편익을 비교하여 편익이 큰 정책대안을 고려하여야 하는 상황을 마주한다. 민간부문의 선택 기준의 논리는 이윤극대화이다. 이 이윤극대화 논리를 공공정책에도 확장할 수 있다. 공공부문은 정책대안의 평가 기준으로 민간부문에서 사용하는 이윤극대화, 즉 이익(총수익 - 총비용)을 사용하는 대신 순편익(총이익 - 총비용)을 사용한다. 예를 들어, 정부가 댐 건설에 500억 원을 투자하여 생활용수, 공업용수, 농업용수, 홍수 조절, 수력발전, 환경 개선, 레크리에이션, 비상용수 등의 활용 가치로 인하여 1조 원의 효과가 있다고 추정한다면 정부의 댐 건설은 경제적 타당성이 있다고 예측한다.

(3) 규범적 가치

정책 개입의 필요성은 당면 문제를 해결하거나 기대(원)하는 바람직한 미래 상태 또는 자원의 효율적 배분 상태를 가져오기 위한 것이다. '기대하는 바람직한 상태'나 '자원의 효율적 배분 상태'는 목표집단을 비롯하여 이해관계자들의 가치가 포함되어 있다. 정책대안의 평가는 유형적인 '사실'에 초점을 두는 것도 필요하지만 궁극적인 가치가 훼손되지 않도록 관심을 기울여야 한다.

(4) 한계비용과 수확 체감의 법칙

정책대안의 평가에서 새로운 프로그램의 비용을 고려할 때 분석가는 평균비용과 한계비용을 고려할 수 있다. 평균비용은 단순히 총비용을 총생산량으로 나눈 값을 의미한다. 예를 들어, 쓰레기 총량이 100톤이고 총비용이 1천만 원이라고 한다면 평균비용은 1톤당 10만 원이 된다. 분석가의 주요 함정은 기존 프로그램의 추가 또는 확장과 관련된 결정을 분석할 때 평균비용을 사용할 수 있지만, 한계비용이 더 적합한 경우가 있다.

한계비용(marginal cost)은 생산량 1단위를 추가로 생산할 때 발생 총비용의 증가분을 의미한다. 정책분석에서 프로그램 확장을 대상으로 하는 경우 관련 비용은 한 수준에서 다른 수준으로 확장하는 데 드는 한계비용을 고려하여야 한다. 시립공영주차장 운영을 비교하여 비용과 수익에 관한 예를 살펴본다(Patton et al., 2016: 190-191). 시(市)는 자동차 500대를 수용할 수 있는 차고를 건설하여 사회적 이익(+3,920)을 극대화할 것이고, 한계비용이 한계수입(또는 편익)을 초과하면 생산자는 생산량을 줄여 이윤(사회복지)을 늘릴 수 있다. 결국 추가 주차공간이 이전 공간보다 총 이익에 덜 기여하는 지점에 도달한다. 이를 수확 체감의 법칙(law of diminishing returns)이라고 한다. 이 개념과 밀접하게 연관되어 있는 것은 규모의 경제와 불경제라는 개념이다. 규모의 경제(economies of scale)는 생산 규모의 확대에 따라 생산의 평균비용이 장기적으로 계속 감소하게 되는 현상을 말하고, 규모의 불경제(diseconomies of scale)는 한계비용이 어느 수준의 생산량을 지나면 점차 증가하는 현상을 말한다. 즉, 일부 투입 수준이 고정된 단기에는 수익이 감소 또는 증가가 발생하는 반면, 모든 변수의 수준이 증가하거나 감소할 수 있는 장기적으로는 규모의 경제와 규모의 불경제가 발생한다는 것이다.

〈표 5-3〉 공영주차장의 비용과 수익

(단위: 천 달러)

주차장 규모 (자동차 수) (a)	총수입 (b)	한계수입 (c) =b(전-후)	총비용 (d)	자동차 100대당 평균비용 (e)=d/a	자동차 100대당 한계비용 (f)=d(전-후)	이익 (g)=b-d
100	4,760	–	2,940	2,940	2,940	+1,820
200	6,720	1,960	4,200	2,100	1,260	+2,520
300	8,680	1,960	5,320	1,773	1,120	+3,360
400	10,640	1,960	6,720	1,680	1,400	+3,920
500	12,600	1,960	8,680	1,736	1,960	+3,920
600	14,560	1,960	11,200	1,867	2,520	+3,360

자료: Patton et al.(2016: 190)을 수정함

(5) 형평성

정책대안 평가의 중요한 기준의 하나는 비용에 관한 효율성이다. 한정된 자원을 통하여 기대하는 목표 상태를 실현하는 것이지만, 다른 국면에서는 정책의 목표집단에 대하여 누구에게 더 많은 것을 제공할 것인지에 관한 것이다. 때로는 매우 효율적인 것으로 입증된 정책대안일지라도 형평성을 확보하기 힘들다. 형평성은 개인 간의 재화와 서비스의 분배를 의미한다. 형

평성 문제는 공공정책의 누가 혜택을 받는가와 누구에게 비용을 부담할 것인지에 관한 것이다. 사회구성원에게 재화와 서비스를 적절하게 분배하는 것이 무엇인지에 대한 명확한 정답은 없다. 일반적으로 형평성을 공평의 개념으로 설명하는 경우가 있다. 공평에 대하여 비차별적인 대우와 관련된 기본 원칙은 차별 대우를 받아야 할 '타당한 이유'가 있는 경우를 제외하고는 사람들을 유사하게 대우하여야 한다는 것이다. 타당한 이유를 구성하는 것이 무엇인지 정의하는 것은 딜레마이며 가치의 문제가 포함된다. 형평성에 대한 논의를 안내하는 데 도움이 될 수 있는 다음과 같이 몇 가지 정의가 있다(Patton et al., 2016: 191-193).

가. 수평적 공평

정책 입안자들은 경제적 상황이 유사한 개인과 기업 간에 세금 부담을 공평하게 분배하고 공정성과 사회 정의를 촉진하는 시스템을 설계하는 것을 목표로 한다. 수평적 공평(horizontal equity)은 공공재 및 서비스 제공을 분석할 때 "동등한·유사한 조건에 해당하는 사람에게 동등한·유사한 대우"를 의미한다. 수평적 공평은 비슷한 납세 능력이나 비슷한 경제적 능력을 가진 사람들이 비슷한 조세 부담을 지거나 비슷한 혜택을 받아야 한다는 주장이다. 이는 유사한 소득이나 세금 납부 능력을 가진 사람들이 비슷한 방식으로 정부 수입에 기여하여야 함을 의미한다. 이 원칙은 유사한 경제적 상황에 있는 개인이나 기업 간의 공정성과 평등한 대우를 보장하는 것을 목표로 한다. 수평적 공평은 건강 상태나 장애 등 개인이 통제할 수 없는 요인으로 인한 부(富)나 소득의 차이를 고려하지 않는다. 대신 유사한 재정적 능력을 가진 개인을 동등하게 대우하는 데 중점을 둔다.

예를 들어, 팬데믹 상황에서 재난지원금으로 전 국민에게 1인당 25만 원을 지급한 경우, 연간 소득이 중위소득에 해당하는 4인 가정에 대하여 동일한 금리를 적용하는 경우를 들 수 있다. 또한 정치 국면에서 대한민국 국민이므로 한 사람이 한 표씩 투표를 행사하는 경우, 사회복지 분야에서 자녀가 출생한 경우 출생지원금으로 100만 원을 지급하는 경우, 중앙정부가 전국 모든 기초지방자치단체에 동일한 금액으로 국고보조금을 지원하는 경우 등을 들 수 있다.

나. 수직적 공평

수직적 공평(vertical equity)은 공공재 및 서비스 제공을 분석할 때 또는 세금을 부담하는 경우에 "다른 조건에 해당하는 사람에게 다르게 대우하는 것"을 의미한다. 상황이나 조건이 다른 사람이나 기업들에게 재화와 서비스를 분배하는 문제와 관련이 있다. 수직적 공평의 원칙은 부유하거나 소득이 높은 사람은 소득이 낮은 사람에 비하여 소득의 더 높은 비율을 세금으로 납부하여야 한다는 것을 의미한다. 수직적 공평 시스템에서는 세율이 누진적인 경우가 많다. 즉, 소득이나 부가 증가함에 따라 세금 부담이 증가한다는 의미이다. 이는 소득이나 부의 증가 그리고 재정 상태와 관계없이 모든 사람이 소득의 동일한 비율을 지불하는 균일 조세제도와 대조된다.

수직적 공평의 근거는 종종 공정성 개념과 지불 능력 원칙에 기초한다. 이 원칙에 따르면, 높은 소득이나 재산으로 인하여 더 많은 세금을 납부할 능력이 있는 개인은 공공재와 서비스에 비용을 부담하기 위하여 자신의 자원을 더 많이 기여하여야 한다는 것이다. 수직적 형평성은 공공 서비스 및 프로그램에 자금을 조달하기 위한 정부 수입의 필요성과 공정성 사이의 균형을 이루기 위하여 조세정책 및 시스템을 설계할 때 주요 고려 사항 중 하나이다. 수직적 공평의 예는 팬데믹 상황에서 소득 하위 80% 가구에 재난지원금으로 1인당 25만 원을 지급하고 저소득층은 여기에 1인당 10만 원을 추가 지급하는 경우가 있으며, 대부분 소득을 기준으로 부담하는 세금, 건강보험료 등이 해당된다.

형평성에 관한 또 다른 문제는 목표집단에 대한 모집단을 어떤 기준으로 세분화하여야 하는 것이다. 모든 지방정부(지방자치단체)를 할 것인지, 지방정부 내에서 하위 그룹을 어떤 기준으로 세분화할 것인지, 하위 그룹에서 개인의 특성을 어떤 기준으로 세분화할 것인지 등을 정의하여야 한다. 이에 대한 하나의 대답은 프로그램의 특성을 살펴보는 것이다. 예를 들어, 대중교통 프로그램은 종종 자동차가 없는 사람과 한 대가 있는 사람, 출퇴근 시간에 이용하는 사람과 피크 시간을 피할 수 있는 사람, 단일 차량 통근자 대 여러 유형의 자동차, 장애인 대 비장애인 등으로 구분할 수 있다. 주택 프로그램은 소유자와 임차인, 부와 소득의 차등, 가구원 규모, 결혼 여부 등으로 구분할 수 있다(Patton et al., 2016: 192).

2) 정책대안의 평가 기준

정책대안의 평가 기준은 문제 상황과 정책목표에 따라 다양한 기준을 적용할 수 있다. 바다크(Bardach, 2009: 27-36)는 공통적인 평가 기준으로 효율성(efficiency), 평등(equality), 공평성(equity), 공정성(fairness), 정당성(justice), 자유(freedom), 공동체(community) 등을 제시하였고, 무엇을 평가 기준으로 할 것인지 갈등이 존재하는 경우 정치적 과정인지를 살펴보아야 하고, 실제 사용되는 기준으로는 합법성(legality), 정치적 수용성(political acceptability), 과도하고 낭비 및 남용하지 않은 예산과 편익이 정당하고 유용할 것 등을 제시하였다. 던(Dunn, 2018: 197-204)은 효과성(effectiveness), 효율성(efficiency), 적합성(adequacy), 형평성(equity), 대응성(responsiveness), 적절성(appropriateness) 등 여섯 가지 유형을 제시하였고, 패튼 외(Patton et al, 2016: 194-204)는 기술적 타당성, 정치적 실행가능성, 재정적 가능성, 행정적 집행가능성 등을 제시하였다. 다음은 정책대안의 평가 기준으로 던(Dunn, 2018: 197-204)과 패튼 외(Patton et al, 2016: 194-204) 등이 제시한 내용을 토대로 설명한다.

[그림 5-4] 정책대안의 평가 기준

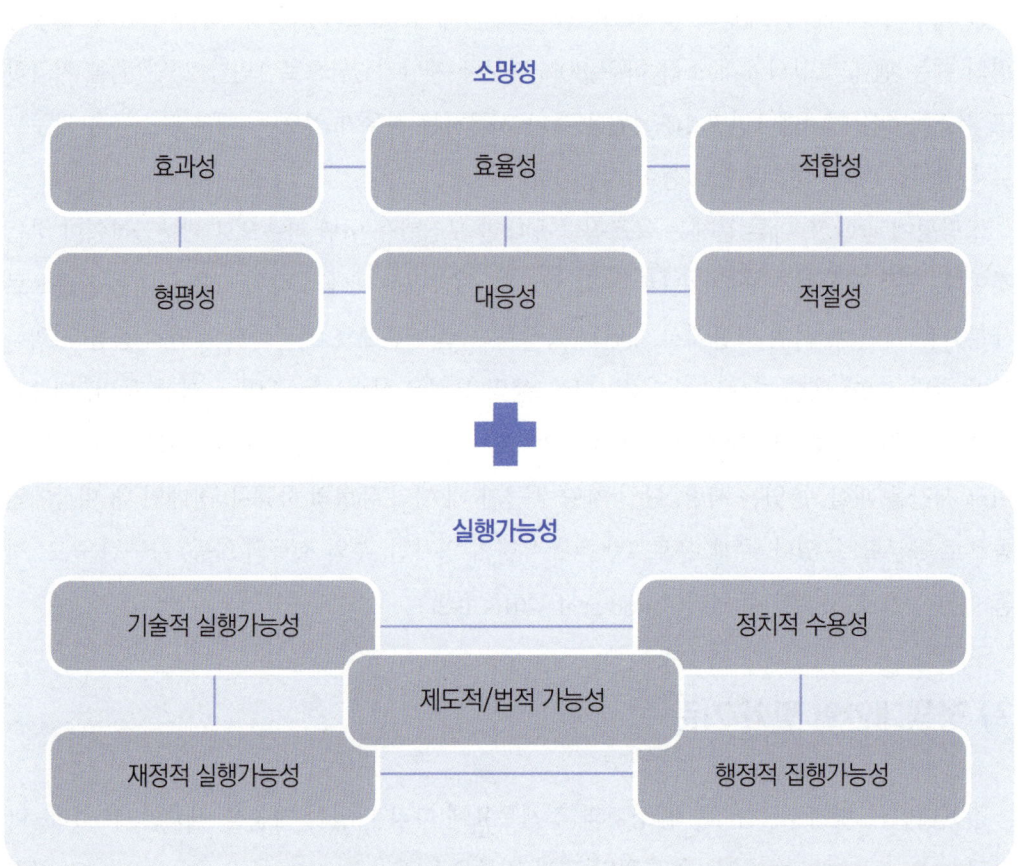

(1) 소망성

가. 효과성

효과성(effectiveness)은 가치 있는 결과의 달성 정도를 의미한다. 예를 들어, 지역의 연간 방문객의 목표를 1,400만 명으로 설정한 경우, 실제 1천만 명이 방문하였다면 효과성은 71.4%를 달성한 것으로 평가한다.

효과성은 '목표 달성 정도'로 정의하지만, 이를 나타내는 방식으로 그 결과가 달라질 수 있다. 우선 달성된 목표를 나타내는 절대 수치가 있고, 목표 대비 달성 정도, 과거 대비 향상 정도로 표현할 수도 있다. 〈표 5-4〉는 K시와 G시의 쓰레기 수거, 도로포장 사업, 관광객 유치에 관한 효과성 측정 요소와 측정 결과이다.

〈표 5-4〉 효과성 측정의 상대적 평가

	구분	쓰레기 수거	도로포장	관광객 유치
K시	투입	쓰레기 수거를 위한 인적·물적 자원	도로포장을 위한 인적·물적 자원	관광객 유치를 위한 인적·물적 자원
	산출	수거된 쓰레기(톤)	포장된 도로(km)	방문한 관광객(명)
	목표	1,000톤	10km	50만 명
	달성	800톤	9km	45만 명
G시	투입	쓰레기 수거를 위한 인적·물적 자원	도로포장을 위한 인적·물적 자원	관광객 유치를 위한 인적·물적 자원
	산출	수거된 쓰레기(톤)	포장된 도로(km)	방문한 관광객(명)
	목표	2,000톤	20km	100만 명
	달성	1800톤	15km	85만 명

자료: 박종구(2019: 34)의 내용을 수정함

위 〈표 5-3〉에 의한 목표 대비 달성 정도로 각 시의 효과성을 평가하면 다음과 같다.

① K시

$$\text{쓰레기 수거} = \frac{\text{달성된 성과}}{\text{계획된 목표}} = \frac{800\text{톤}}{1,000\text{톤}} = 80\%$$

$$\text{도로포장} = \frac{\text{달성된 성과}}{\text{계획된 목표}} = \frac{9\text{km}}{10\text{km}} = 90\%$$

$$\text{관광객 유치} = \frac{\text{달성된 성과}}{\text{계획된 목표}} = \frac{45\text{만 명}}{50\text{만 명}} = 80\%$$

② G시

$$\text{쓰레기 수거} = \frac{\text{달성된 성과}}{\text{계획된 목표}} = \frac{1,800\text{톤}}{2,000\text{톤}} = 90\%$$

$$\text{도로포장} = \frac{\text{달성된 성과}}{\text{계획된 목표}} = \frac{15\text{km}}{20\text{km}} = 90\%$$

$$\text{관광객 유치} = \frac{\text{달성된 성과}}{\text{계획된 목표}} = \frac{85\text{만 명}}{100\text{만 명}} = 80\%$$

나. 효율성

경제적 합리성의 속성인 효율성(efficiency)은 제품이나 서비스 단위를 생산하는 데 드는 비용으로 계산한다. 효율성은 금전적 이익에서 금전적 비용을 뺀 값이거나 정책의 기회비용을 경쟁 정책과 비교하여 더 큰 순이익을 달성하는 정책이 효율적이라고 정의한다. 효율성 개념은 여러 정책대안 평가에서 한정된 자원을 투입할 경우 최대 결과가 예상되는 대안을 찾거나 동일한 결과가 예상되는 경우 가장 적은 비용이 들어가는 대안을 찾는 것이다.

다. 적합성

적합성(adequacy)은 정책대안이 정의된 효과성(목표 달성 정도) 또는 효율성(이익의 극대화 또는 비용의 최소화)의 한계점을 달성하는 정책을 의미한다. 적합성 기준은 정책과 고정된 수준의 효과성 또는 효율성 사이의 관계 강도에 대한 기대를 의미한다. 적합성의 기준과 효과성과 효율성과의 관계는 〈표 5-5〉와 같이 네 가지 유형으로 구분하며, 각 유형에 따른 예를 제시하였다.

〈표 5-5〉 적합성의 기준 : 네 가지 유형

		비용	
		동일 (고정)	가변 (최소)
효과성	가변 (최대)	유형 Ⅰ 동일 비용 – 가변 효과성	유형 Ⅲ 가변 비용 – 가변 효과성
	동일 (고정)	유형 Ⅳ 동일 비용 – 동일 효과성	유형 Ⅱ 가변 비용 – 동일 효과성

자료: Dunn(2018: 198)

① 유형 Ⅰ 상황 : 비용이 고정되어 있고 효과성을 극대화할 수 있는 대안이 적절하다. A대학교는 예산이 5억 원이 책정되어 있는 상태에서 학생의 취업률 증가를 위하여 자격증 취득 지원, 현장실습 지원, 공무원시험 준비 특강 등의 세 가지 프로그램 중에서 취업률 달성에 가장 기여하는 하나를 선택하고자 한다.

② 유형 Ⅱ 상황 : 효과성이 고정되어 있고 비용을 최소화할 수 있는 대안이 적절하다. B지방자치단체는 대중교통 시설이 최소 100,000명에게 서비스를 제공하여야 한다면 버스(10억 원), 모노레일(20억 원), 지하철(100억 원) 중에서 버스를 선택하고자 한다.

③ 유형 Ⅲ 상황 : 가변 비용(비용최소화)과 가변 효과성(극대화)이 포함되기 때문에 가장 적절한 정책은 비용 대비 효과성 비율을 최대화하는 대안을 선택한다. D기관은 실직자 재취업률을 전년도 대비 70% 향상에 도달하고자 예산을 10억 원을 확보하였다. D기관은 실직자 재취업을 위하여 산업체 연수 프로그램을 시행하기로 하였으며, 정해진 재취업률 목표와 비용을 수용하면서 이 프로그램을 주관할 수 있는 위탁업체를 선정하기로 방침을 세웠다.

④ 유형 Ⅳ 상황 : 이 상황에서는 고정비용과 고정 효과가 포함된다. 이 경우 비용이 특정 수준을 초과하지 않는 수준에서 정해진 효과를 달성하여야 하는 것으로 대부분의 공공계약이 해당된다. E씨는 공무원시험 합격을 위하여 인터넷 강의(비용 100만 원), 학원 강의(비용 200만 원), 학교 수업(비용 150만 원) 중에서 비용이 가장 적게 드는 인터넷 강의를 선택하기로 하였다.

라. 형평성

소득, 교육 기회 또는 공공 서비스를 재분배하기 위하여 고안된 정책은 형평성(equity) 기준을 고려하여야 한다. 형평성의 기준은 사회에 자원을 분배하기 위한 적절한 기반을 둘러싼 윤리적 문제와 밀접하게 관련되어 있다. 특정 프로그램은 효과적이고 효율적이며 적합할 수 있다. 예를 들어, 편익과 비용의 비율 및 순편익이 다른 프로그램보다 우수할 수 있지만 비용과 편익이 불평등하게 분배된다는 이유로 거부될 수 있다. 즉, 가장 절실히 도움이 필요한 사람들이 서비스를 받지 못하거나, 지불 능력이 가장 낮은 사람들이 불균형한 비용을 부담하거나, 대부분의 혜택을 받는 사람들이 비용을 지불하지 않는 경우가 있을 수 있다.

마. 대응성

대응성(responsiveness)은 정책이 특정 집단의 요구, 선호, 관심을 충족시키는 정도를 의미한다. 대응성 기준은 분석가가 효과성, 효율성, 적합성, 형평성 등 다른 모든 기준을 충족하면서도 정책의 혜택을 받을 것으로 예상되는 그룹의 실제 요구 사항에는 여전히 대응하지 못하기 때문에 중요하다. 예를 들어, 지역사회의 여가 프로그램이 여가활동을 효율적으로 지원하지만 노인이나 청소년의 요구에는 만족시키지 못한 경우나 대중교통 노선이 교통 혼잡을 해결하는 데 기여하지만 교통 이용의 편리성은 충족하지 못한 경우 또는 시청의 민원행정 서비스가 신속하게 처리되지만 주민의 요구 사항을 충족시키지 못한 경우 등이다.

바. 적절성

적절성(appropriateness)은 개별 기준에 관한 것이 아니라 다른 기준들이 정책목표와 사회에 적합한지 여부를 묻는 것이며, 이 질문에 대답하려면 모든 기준을 함께 고려하여야 한다. 즉 효과성, 효율성, 적합성, 형평성, 대응성 등의 요건을 모두 정당화할 수 있는 수준을 고려하여야 한다. 이러한 이유는 적절성에 대한 표준은 없으며 존재할 수도 없다. 따라서 정책 입안자와 이해관계자들이 문제를 해결하는 데 또는 바람직한 결과에 기여하는 데 무엇을 더 중요하게 생각하는지에 관한 평가 기준들의 상대적 가치를 고려하여야 한다. 예를 들어, 합리성을 내용적 합리성(정답)과 절차적 합리성(공식)으로 구분할 때 이 두 가지 모두를 충족하는 합리성을 찾는 것이 힘든 것과 같다.

다음의 몇 가지 예시를 통하여 적절성을 찾는 것이 얼마나 쉽지 않다는 것을 엿볼 수 있다

(Dunn, 2018: 204). 첫째, 형평성과 효율성의 조화이다. 가난한 사람들에게 소득을 재분배하기 위하여 고안된 프로그램이 효율성에 근거하여 극히 일부에게만 혜택이 돌아갈 때, 재분배 복지로서의 형평성에 부합하는지 의문을 제기할 수 있다. 둘째, 공정성과 권리 부여의 조화이다. 이익을 얻는 사람들이 부패, 사기, 차별 등을 통하여 이익을 얻는 경우 공정성에 부합하는지 의문을 제기할 수 있다. 셋째, 민주적 및 인본주의적 가치와 충돌하는 경우이다. 효율적이거나 공정한 사회를 달성하는 데 필요한 수단이 민주적 절차와 충돌할 때 효율성과 형평성이 적절한지 의문을 제기할 수 있다. 즉, 의사결정을 합리화하려는 노력이 개인의 인권, 자유, 또는 자아실현에 필요한 조건을 전복시킬 때 효율성이나 형평성이 적절한지 의문을 제기할 수 있다. 효율성, 형평성, 인본주의가 모든 상황에서 반드시 동등한 것은 아니다. 풍요로운 평등사회를 만든다고 해서 소외가 자동으로 사라지는 것은 아니다.

(2) 실행가능성

가. 기술적 실현가능성

기술적 실현가능성(technical feasibility)은 검토되고 있는 대안을 통하여 목표를 달성하는 데 필요로 하는 기술을 보유하고 있거나 대체할 수 있으며 또는 기술을 빌려 올 수 있는지 등 기술의 실제 활용가능성을 의미한다. 예를 들어, 지능행정 서비스를 구현하는 데 AI와 같은 지능디지털 기술을 활용할 수 있는지에 관한 것이다.

나. 정치적 수용성

정책분석 과정에서 소망성을 갖춘 합리적인 정책이라고 평가하더라도 실제 의사결정자(그룹), 정치가, 이해관계자, 국민 등으로부터 지지를 받지 못하면 정책이 성공할 가능성은 거의 없다. 결과적으로 정책대안은 정치적 평가를 받아야 한다. 다양한 권력집단의 수용성이 있어야 하고, 정책의 지지를 얻으려면 어떤 양보가 이루어져야 하는지, 대안에 대한 합의를 확보하려면 어떤 절충안이 허용될 수 있는지 등을 고려하여야 한다(Patton et al., 2016: 200-202). 정치적 수용성은 앞에서 소망성의 하위 기준으로 제시된 적절성과 대응성(반응성)과 관련된다. 즉, 정책대안이 사회적 가치에 부합하고 정책고객의 선호와 요구를 충족시킬 수 있는지에 관한 것이다.

다. 재정적 가능성

공공정책을 실현하기 위해서는 재정(비용)이 마련되어야 한다. 정책 실현을 위한 재원을 국비 또는 지방비로 할 것인지, 국비와 지방비를 절반씩 할 것인지, 국비와 지방비를 절반씩 분담하지 않는다면 그 분담 비율은 어떤 기준으로 얼마씩으로 할 것인지, 세금으로 재원을 마련한다면 누구에게, 얼마 동안, 어떤 기준으로 얼마를 부담시킬 것인지, 서비스 이용자에게 부담시킨다면 얼마 동안, 어떤 기준으로 얼마를 부담시킬 것인지, 현재 세대에게만 부담시킬 것인지 미래 세대에게도 분담시킬 것인지, 미래 세대에게 부담시키는 것이 정당한지, 그리고 결론적으로 국민이 기꺼이 부담을 수용할 수 있을지에 관한 것이다.

라. 제도와 법적 가능성

정책 실현의 정당성을 갖추려면 제도와 법적 틀에서 벗어나지 않는지, 아니면 제도와 법적 장치를 마련할 수 있는지를 고려하여야 한다. 분석 초기에 대안 발견과 식별 과정에서 영향을 미칠 수 있는 기존 법률, 규칙 및 규정을 조사할 수 있지만 현행 제도와 법률이 뒷받침하지 않는 정책을 실현하기 어렵다. 만일 새롭게 마련한 정책대안이 다른 조건을 충족하여 정책으로 채택하려는 경우 제도와 법률을 어떻게 마련할 것인지에 대한 기본 틀과 초안을 제안하여야 한다. 이것까지도 정책분석가가 수행하여야 할 역할이며, 이런 경우 법률 전문가의 도움을 받아야 한다.

마. 행정적 집행가능성(시설, 인력, 협력, 지원, 헌신, 능력, 시간)

정책의 실현은 행정기관이 담당한다. 행정기관은 정책을 실현하는 데 동원할 수 있는 능력을 가진 인적 자원과 시설을 포함한 물적 자원을 보유하여야 하며, 정당한 권한이 주어져야 하고, 최고관리자층의 적극적 지지 및 지원과 같은 조직 차원의 지원과 헌신이 필요하며, 다른 기관의 협조와 협력을 선도할 수 있는 역량도 가지고 있어야 한다. 그리고 조직이 동원 가능한 자원, 권한, 헌신과 지원 역량, 시간 등이 부족하거나 미흡하다면 그것들을 어떻게 보충할 것인지에 대한 방안도 마련하여야 한다.

3. 정책대안의 예측 유형과 평가 이슈

1) 예측의 유형

(1) 외삽법

내삽법(intrapolation)이 데이터의 범위 내에서 모델 결과를 예측하는 것을 말하는 반면 외삽법(extrapolation) 또는 보외법이란 내삽을 연장을 통하여 미래를 예측하는 것이다. 즉, 데이터의 범위 바깥(즉, 측정 구간 범위 이외의 구간)에 대하여 모델 결과를 적용하여 예측하는 것을 의미한다. 외삽법은 기존 알고 있는 사실을 통하여 모르는 미래를 예측하는 것이다.

외삽법은 정부가 아무런 조치를 취하지 않을 경우 과거에서 현재까지 관찰된 자료로써 모델을 구축하고 그것을 통하여 미래를 추정하는 것이다. 외삽법의 기본 가정은 과거에 존재하였던 패턴이 미래에도 계속될 것이며, 이러한 패턴은 규칙적, 반복적, 지속적이다. 예를 들어, 인구 변동 추이의 경우 합계출산율이 10년 동안 매년 1.0 미만으로 관측되고 있고 이에 대하여 정부가 아무런 정책을 취하지 않는다면 10년 후의 합계출산율은 0.5 미만이 될 것이라고 추정한다. 또한 지역에서 인구 감소 추이가 매년 3.3%이고 다른 조건과 환경 변화도 없고 정책적 개입이 없다면 30년 후에는 이 지역의 인구가 완전히 소멸될 것으로 추정하는 것이다.

외삽은 다음 [그림 5-5]를 통하여 설명할 수 있다. 그림의 왼쪽은 과거에서 현재까지 관측된 자료(●)이고, 가로축(X)은 시간의 변화를, 세로축(Y)은 시간 변화에 따른 결과 상태를 의미한다. 그리고 a는 상수 또는 절편(회귀선이 좌표축과 만나는 지점)이라고 하며, b는 회귀선(사선)의 기울기로서 이에 대한 회귀식은 다음과 같다. 즉, 절편 a, 기울기 b를 구할 수 있다면 X를 1단위 증가 또는 감소할 때 결과(Y)를 예측할 수 있다.

$$Y = a + bX$$

[그림 5-5]와 같이 과거에서 현재까지 범죄율과 출생률이 관측되었다. 미래 10년 후 범죄율은 점진적으로 증가할 것이고, 출생률은 점진적으로 감소할 것으로 예측하는 것이다.

[그림 5-5] 내삽과 외삽의 관계

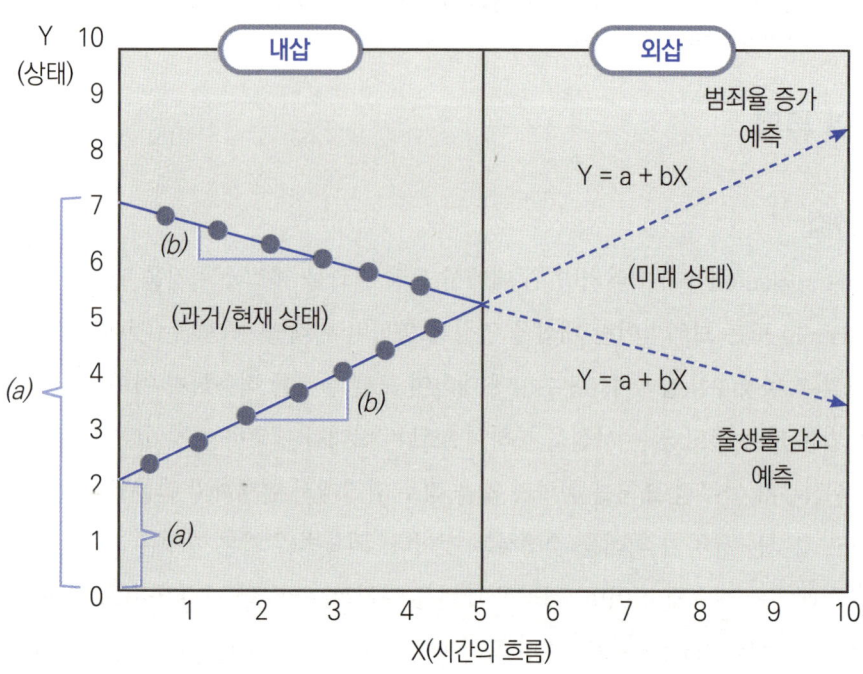

(2) 이론

이론(theory)은 현실 세계에서 경험적으로 입증된 결과를 중심으로 상호 관련된 개념(변수)들 간의 연결성, 규칙성, 일반성 등을 갖춘 진술이나 원칙을 말한다. 따라서 진술이나 원칙으로 정립된 이론은 똑같은 조건과 상황에서 적용하면 동일한 결과를 예측할 수 있다. 모델은 이론의 구성 요소를 상징적이면서 간략하게 설명하는 것으로서 이론을 이해하기 위한 표현적 상징은 이론적 모델이다. 이론적 모델(theoretical models)은 모델을 구성하는 변수 간 연결의 논리적 근거를 바탕으로 정책대안의 결과를 예측하는 방법이다. 정책대안을 예측하는 환경은 다양하고 복합하기 때문에 문제 상황에 따라 여러 학문 분야에서 정립된 단일 모델을 적용할 수도 있고, 다면적 영향을 예측하려면 여러 모델을 결합하여 예측할 수도 있다. 예측의 정확성은 데이터 품질, 모델의 가정, 현실 세계의 동적 특성에 따라 달라질 수 있다.

사회과학 분야에서 소개되고 있는 이론적 모델을 간략히 소개하고 '합리적 행동이론'에 대하여 살펴본다. 먼저 경제 모델인 공급 및 수요 모델은 상품과 서비스의 공급과 수요 사이의 상호 작용을 분석하여 정책 변화가 가격과 수량에 어떻게 영향을 미칠 수 있는지 예측하는 것이고, 투입-산출 모델은 경제 내 여러 부문 간의 상호의존성을 설명하여 정책 변화의 파급 효과를 예측한다. 게임이론 모델(game theory models)은 합리적인 의사결정자 간의 전략적 상호작용을 분석하여 다양한 행위자가 정책 변화에 어떻게 대응할 수 있는지 예측하고 이해 상충이 관련된 상황에서 잠재적인 결과를 식별한다. 통계 모델(statistical models)은 회귀분석 등의 모델을 활용하여 변수 간의 관계를 파악하고, 과거 데이터를 기반으로 정책 변화 결과를 예측하는 데 도움을 준다.

합리적 행동이론(Theory of Reasoned Action: TRA)은 사회심리학에서 인간의 행동을 이해하고 예측하기 위한 목적으로 아젠(Icek Ajzen)과 피시바인(Martin Fishbein)이 1967년에 처음 소개하였고, 이후 연구가 발전하면서 본격적으로 알려지기 시작한 것은 1970년대이다. 이 이론은 개인의 행동이 그들의 태도와 주변 사람들의 기대(주관적 규범)에 의하여 결정된다고 주장한다. 이후 합리적 행동이론에 지각된 통제(행동 성과가 어느 정도 쉽게 혹은 어렵게 이루어질 것인가에 대하여 개인이 지각하는 정도)가 추가된 계획된 행동이론(Theory of Planned Behavior: TPB)을 소개하기도 하였다.

합리적인 행동이론의 구성 요소 간의 관계는 다음 방정식으로 제시할 수 있다.

$$BI = w_1 \times AB + w_2 \times SN$$

이 방정식에서 BI는 행동 의도, AB는 행동에 대한 태도, SN은 주관적 규범, w_1 및 w_2는 행동 의도를 예측할 때 태도와 주관적 규범의 중요성을 반영하는 가중치이다.

[그림 5-6] 합리적 행동이론 모형

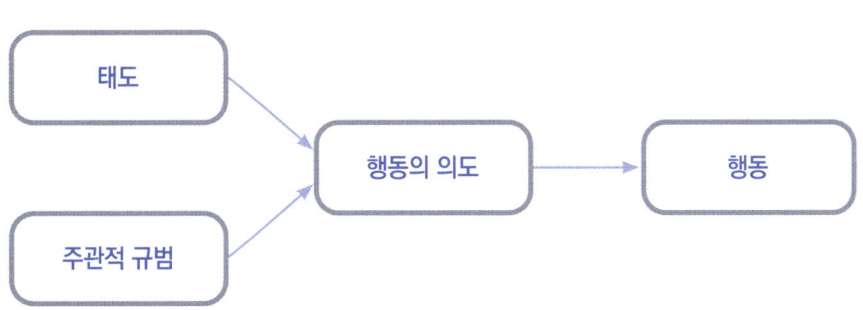

(3) 직관적 예측

직관(直觀, intuition)의 사전적 정의는 판단·추론 등을 거치지 않고 대상을 직접적으로 인식하는 일을 의미한다. 직관적 예측(intuitive prediction)은 과거의 데이터가 없어서 귀납적 접근으로 예측하기 어렵고 이론에 의한 논리적인 추론에만 의존하기보다는 자신의 직관, 본능, 직감, 감각, 통찰력 등을 바탕으로 예측하는 것을 의미한다. 직관은 의식적으로 인식할 수 없는 축적된 지식, 경험, 패턴을 활용하는 복잡한 인지 과정이다. 사람들은 반복적이고 지속적인 연습, 특정 영역의 전문 지식의 축적, 다양한 경험적 상황 노출을 통하여 직관적인 통찰력이 증진된다. 하지만 직관적인 예측은 개인의 선입견, 편견, 감정 또는 주관적 신념에 영향을 받을 수 있으며, 항상 객관적인 현실과 일치하지 않을 수도 있다.

〈표 5-6〉 예측 유형의 정리

예측의 유형	특징	방법
외삽	- 과거에서 현재까지의 관찰 자료를 통하여 미래 연장(추세 추정) - 귀납적 논리로 접근	- 고전적인 시계열분석 - 선형 추세 추정 - 지수 가중치 - 데이터 변환
이론	- 이론적 법칙과 명제 - 연역적 논리로 접근 - 한 사건이 다른 사건에 근거하여 발생할 것이라는 예견	- 이론지도 작성 - 인과관계 모델링 - 상관분석 - 회귀분석
직관	- 이론 및 경험적 자료가 없는 경우 - 개인적 경험과 통찰력에 기초하여 미래 예측 - 전문가의 주관적 판단	- 고전적 델파이 - 정책델파이 - 교차영향분석 - 실행가능성 예측

자료: Dunn(2018: 128)의 내용을 토대로 수정함

2) 평가의 주요 이슈

정책분석은 문제 해결과 바람직한 사회경제 상태 또는 자원의 효율적 배분 상태를 실현하는 데 가장 기여할 수 있는 정책대안을 비교분석 및 평가하여 예측하는 것이다. 예측은 각 대안을 비교분석을 통하여 생성된 정보를 바탕으로 판단하고 미래 상태를 추정하는 것인데, 비교분석의 기준으로 무엇을 설정하고 어떻게 비교하느냐에 따라 미래 상태가 달라질 수 있다. 여기에서는 정책대안의 비교분석 과정에서 모델링과 공식 형성에 영향을 미치는 주요 고려 사항에 대하여 살펴본다(Patton et al., 2016: 271).

(1) 모델링과 배분 공식

정책대안의 예측은 각 대안들에 대한 비교분석의 평가 결과를 통하여 이루어진다. 그러나 대안의 평가 기준이 무엇이고, 비교분석 및 평가의 모델링의 구조는 무엇이며 구성 변수가 무엇이고 어떻게 설정되는지, 또한 구체적인 세부 공식이 무엇인지에 따라 분석 결과 및 평가 결과가 달라진다. 특히 평가의 모델링과 배분 공식이 예측에 중요한 영향을 미친다는 것을 고려하여야 한다. 예를 들어, 중앙정부가 지방정부에 또는 지방정부가 하급기관에, 지방정부 및 하급기관이 문제 해결의 목표집단이나 이해관계자에게 자원을 배분하는 데 모델링과 배분 공식은 효과성, 효율성, 형평성, 대응성 그리고 실현가능성 등의 가치와 부합 정도가 다를 수 있다. 모델링과 배분 공식은 절차적 합리성에 해당되고 평가 기준(효과성, 효율성, 형평성, 대응성, 실현가능성 등)은 내용적 합리성에 해당된다. 절차적 합리성은 내용적 합리성을 위한 필요 조건이지 충분 조건은 아니다. 예를 들어, 증명된 규칙으로 정립된 수학 공식을 대입하였다고 항상 정답으로 연결되는 것은 아니다. 하지만 잘못된 수학 공식을 적용하면 잘못된 정답이 된다. 결론적으로 모델링과 공식은 정확한 예측에 중요한 영향을 미친다. 즉, 모델링과 공식에 대한 가정과 조건이 달라지면 예측이 달라진다.

다음 〈표 5-7〉은 자원을 배분하기 위한 기본 틀로서 정책대상 집단 1인당 비용을 고려하여 세 가지 프로젝트 별 금액을 배정하는 산정 과정을 제시하고 있다. 여기에서 확정되어 고정된 것은 대상자는 고정적이나 가중치와 1인당 비용은 가변적이다. 문제는 가중치와 1인당 비용을 어떤 기준으로 어떻게 설정하느냐에 따라 오른쪽 금액에 차이가 난다.

<표 5-7> 정책대상 집단 1인당 비용 소요 단순 비교(예시)

구분	가중치 (a)	대상자(명) (b)	1인당 비용 (c)	금액 (a×b×c)
프로젝트 A	0.3	200	100	6,000
프로젝트 B	0.4	150	120	7,200
프로젝트 C	0.3	180	150	8,100

또 다른 예시로 중앙정부가 지방정부(기초지방자치단체)에 지원금을 결정하는 순위를 결정하기 위하여 점수로 산정하기 위한 공식을 다음과 같이 형성한 경우, 구성 항목은 논리적 타당성을 갖추고 있는지, 항목 간 우선순위(가중치)는 어떤 기준으로 어떻게 설정할 것인지, 지역이 차별적 특성을 가진 경우 그 특성이 항목에 반영되었는지 그리고 반영된 항목은 지역 간 형평성을 확보할 수 있는지 등을 고려하여야 한다.

> 점수 = 인구 수 + 고령인구 비율 + (인구밀도) 대비 생활인구 비율 + 재정자립도
> + 지역경쟁력 지수 + ……

평가의 모델링과 공식은 가능한 다음과 같은 요건을 갖추어야 한다(Patton et al., 2016: 276-277).

첫째, 정책대안이 분명하고 명확하여야 하며 모호하지 않고 상호 모순되지 않아야 한다. 즉, 각 세부 수단이 다른 수단과 중첩되어서는 안 된다.

둘째, 모델링과 공식은 가능한 간명하고 단순하게 유지한다. 모델링이나 공식이 복잡하면 이해하기가 어려우며 측정하고 분석하는 데도 어려움을 겪게 된다. 그러나 너무 간단하면 대안의 중요 속성이 측정에서 누락될 수도 있다.

셋째, 정책대안 속성의 모든 분석 단위에 대하여 데이터를 쉽게 사용할 수 있는지 확인한다. 아무리 유의적인 모델이나 공식이더라도 그에 관한 데이터를 확보할 수 없으면 모델링과 공식을 적용할 수 없다.

넷째, 간단한 방법을 사용하여 측정치를 결합한다. 계산 과정의 산술 절차와 가중치 시스템은 단순하고 명확하여야 하며 이론적으로 논리적 타당성을 가져야 한다.

(2) 불확실성

정책분석에서 불확실성(uncertainty)의 정도를 식별하는 것은 비록 그 불확실성이 객관적이고 정량적 용어로 기술될 수 없더라도 대안 선택의 위험 요소를 제거하는 데 유용하다. 분석가나 의사결정자(그룹)는 대안 중 하나를 채택하는 데 너무 많은 위험이 수반되거나 더 많은 정보를 수집하여야 한다면 불확실성이 존재하고 있다고 판단하여야 한다. 분석가는 불확실성의 정도가 용인할 수 없는 수준이라면 최종 결정이 내려지기 전에 다른 프로젝트의 필요성을 제안할 수도 있다.

불확실성을 구체적으로 식별한 분석은 거의 없지만, 대안의 평가 예측에서 불확실성 상황에 직면할 때 분석가는 다음 사항 중 하나 이상을 고려하여야 한다(Patton et al., 2016: 293-294).

① 더 나은 정보가 나올 때까지 최종 선택을 연기한다.
② 확실성, 위험, 불확실성 및 누락된 정보를 파악한다.
③ 불확실성을 줄이기 위하여 더 많은 정보를 수집한다.
④ 단일 값이 아닌 다양한 값을 사용하여 비용과 이점을 추정한다.
⑤ 다양한 시점에서 가능한 미래 상태를 인식하는 일련의 대안을 개발한다.
⑥ 중복된 대안을 채택하거나 기존 대안을 수정한다.
⑦ 반드시 최적은 아니지만 수용 가능한 대안을 준비한다.
⑧ 최악의 예상 조건에서 최상의 결과를 제공할 대안을 준비한다.
⑨ 확률은 낮지만 영향력은 큰 우발 상황의 결과를 명시적으로 고려한다.
⑩ 민감도 분석을 사용하여 가정 변경으로 인하여 발생할 수 있는 영향을 추정한다.
⑪ 주요 불확실성과 위험을 식별하는 최소한의 정성적 설명을 제공한다.

(3) 개인과 집단 간 목표의 갈등

문제 해결 상태 또는 바람직한 상태에 대하여 개인과 집단의 생각이 일치할 수도 있지만 모든 상황에서 항상 반드시 일치하는 것도 아니다. 또한 단순한 개인 목표의 총합이 집단의 목표와 일치하는 것도 아니다. 그리고 개인의 궁극적 목표가 집단의 평균 목표와 거리가 있을 수도 있다. 즉, 개인 목표가 평균적인 집단 목표의 사각지대로 남게 될 수 있다.

개인과 집단의 합리적 의사결정에 대한 사례는 '죄수의 딜레마(prisoner's dilemma) 현상'에서도 너무 많이 알려져 있다. 죄수의 딜레마 현상은 개인의 합리성과 집단의 합리성이 반대되는 예를 제공한 사례이다. 상대방이 무엇을 결정할지 알 수 없을 때 각 사람에게는 개별적인 합리적인 결정이 있고, 두 사람이 집단적 대응을 결정할 수 있는 경우에는 다른 합리적인 결정이 있다는 내용이다.

    개인과 집단의 선호 충돌 문제는 두 사람이 있는 상황을 넘어서 더 큰 그룹에서도 나타나는 것으로 나타날 수 있다. 예를 들어, '투표의 역설(voting paradox)에서는 개인이 세 가지 선택 중 하나에 대하여 상호 배타적인 선호를 갖는 것으로 나타날 수 있지만, 개별 투표 결과를 합산하면 선호하는 대안이 없게 된다. 〈표 5-8〉에서 제시한 것처럼 A, B, C의 선호 대상에 대하여 갑, 을, 병 등 세 사람의 선호 우선순위가 무엇인지 식별할 수 없다. 또한 세 사람의 그룹 선호 비교에서도 B보다 A를, C보다 B를, A보다 C를 선호하는 순환적인 선호 세트가 생성된다. 이와 같이 개인 및 집단 간 선호의 우선순위가 무엇인지 선택에 딜레마를 겪게 되며 집합적 결정을 내리는 것이 더욱 곤란한 상황이 된다는 것이다. 이처럼 분석가는 선호의 우선순위를 식별하기 어려운 상황에 직면한 경우 그에 대한 하나의 대안으로서 비교평가 및 결정을 혼란스럽게 할 수 있는 또 다른 요소, 즉 다중 기준을 고려하여야 한다(Patton et al., 2016: 317).

〈표 5-8〉 투표의 역설

참여자	선호	순위
갑	A 〉 B B 〉 C A 〉 C	A B C
을	B 〉 C C 〉 A B 〉 A	B C A
병	C 〉 A A 〉 B C 〉 B	C A B
그룹 가치	A 〉 B (갑과 병) B 〉 C (갑과 을) C 〉 A (을과 병)	

자료: Patton et al.(2016: 318)

(4) 다중 기준

정책대안에 대한 선호의 우선순위를 식별하기 어려운 상황에 직면한 경우 복수 다중 기준을 고려할 것을 제시하였다. 특히 정책대안의 비교분석 및 평가 과정에서 복수의 다중 기준을 고려하는 것은 기준 간 상호 비교를 통하여 우선순위를 좀 더 명시적으로 식별하는 데 도움을 받을 수 있다는 것이다. 즉, 소수의 비교 기준보다 더 많은 기준을 추가하면 추가된 기준에 포함된 정보가 다른 기준이 가진 정보보다 차별적으로 비교 우위를 가질 수 있기 때문이다. 복수의 다양한 기준을 다루는 방법은 여러 가지가 있지만, 여기에서는 몇 가지 방법만 제시한다 (Patton et al., 2016: 322-324).

가. 쌍비교

쌍비교(paired comparisons) 또는 계층화분석 과정(AHP)은 목표, 기준, 대안을 체계적으로 구조화하고 목표에 대한 기준을 쌍비교하며, 또한 기준에 대한 대안을 쌍비교하여 종합함으로써 대안들의 우선순위를 식별하는 데 도움을 준다.

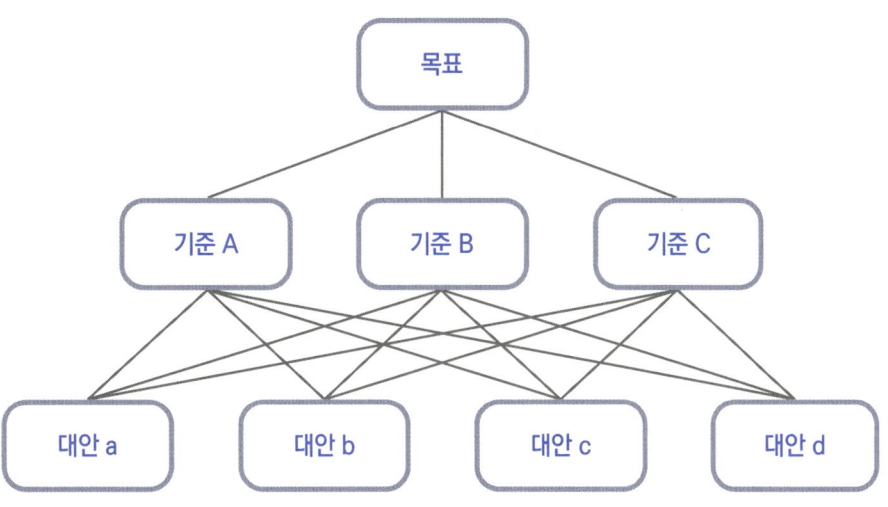

[그림 5-7] 목표-기준-대안 간 쌍비교 구조화

[그림 5-7]은 목표에 대한 복수의 기준과 정책대안을 구조화한 것이다. 분석가는 먼저 목표에 비추어 기준(A, B, C) 간 쌍비교(A:B, A:C, B:C)한다. 그다음 기준 A에 비추어 대안(a, b, c, d)

간 쌍비교(a:b, a:c, a:d, b:c, b:d, c:d)한다. 계속하여 기준 B, 기준 C에 비추어 똑같은 방식으로 쌍비교한다. 일련의 쌍비교는 일관성을 유지하여야 한다. 예를 들어, A가 B보다 크고(A>B) B가 C보다 큰(B>C) 경우 A는 C보다 커야(A>C) 한다. 쌍비교에 대한 자세한 설명은 별도의 장에서 설명한다.

나. 만족 상태

기준별 만족스러운 수준을 정의한 후 모든 기준에 대하여 최소한 만족 수준을 달성하는 대안 중에서 선택하는 방식이다. 모든 기준에서 최소한 만족스러운 대안이 없는 경우 만족 수준을 낮출 수도 있다. 그러나 방식의 한계는 누구의 입장에서 기준별 만족 수준을 정의하는지가 과제이다.

[그림 5-8]을 보면 기준 A, B, C 등 세 가지고 있고 정의한 만족 수준(점선)을 설정하였다면 대안 a, b, c 등이 각 기준의 만족 수준 이상에 도달하는지를 평가하는 것이다. 기준 A에서는 대안 b, c가 충족되고 기준 B에서는 모두 총족되며 기준 C에서는 대안 b만 충족된다. 따라서 세 가지 기준에 모두 충족되는 대안은 b이다.

[그림 5-8] 만족 상태

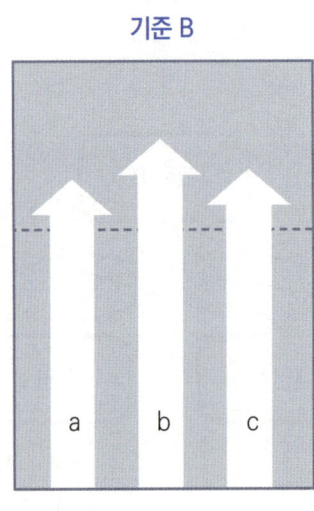
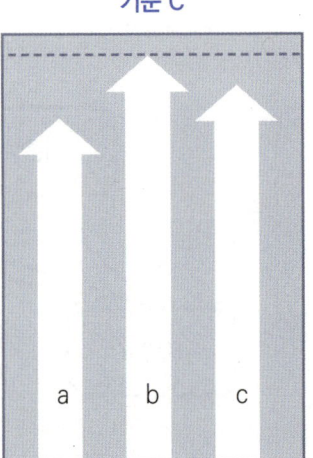

다. 순위 및 점수 부여

여러 기준에 대한 대안의 우선순위를 찾고자 하는 경우 각 대안이 각 기준에 얼마나 충족하는지 순위 점수를 매기고 순위를 도표에 나타내어 상대적으로 높은 결과를 선택하는 방식이다. 이 경우 상위 두 개 이상의 대안 순위 점수가 같게 나올 것에 대비하여 사전에 동일 순위에 대한 선택 기준을 마련하여야 한다. 예를 들어, 어느 지방정부는 새로운 시청을 이전 및 건립하기 위하여 부지 위치의 적합성을 토대로 선정하려고 한다. 〈표 5-9〉의 내용에서 A, B, C 등의 세 가지 대안 중에서 가장 순위 합계가 높은 C 대안이 선택된다.

〈표 5-9〉 신청자 건립 위치 적합성 순위

대안 (부지 위치)	기준 및 순위					계
	접근 편리성	장래 확장성	비용 경제성	개발 용이성	주변 입지환경	
A	4	4	3	2	4	17
B	3	3	2	4	3	15
C	1	2	3	3	2	11

주: 1은 최고점, 5는 최저점

다음은 기준의 상대적 중요도(가중치)로서 최대 점수를 부여한 후 각 대안별 점수를 매겨 합계 점수로 최고 점수를 받은 대안을 선택한다. 상대적 중요도는 사전에 전문가를 대상으로 '쌍비교'를 통하여 산정한다. 다음 〈표 5-9〉의 내용을 보면, 상대적 중요도 산정 결과에 따라 신청사 건립의 적합성 기준으로 시민의 접근 편리성은 30점, 장래 확장성은 30점, 비용 경제성은 20점, 개발 용이성과 주변 입지환경은 각각 10점씩으로 배점이 할당되었다. 이 점수표를 보면, A, B, C 세 부지 후보 중에서 가장 높은 점수를 받은 C 후보 대안이 선택된다.

또 다른 예시를 보자(노화준, 2017: 252-253). 대도시인 Y시는 극심한 교통난에 시달리고 있어 시민들이 무엇인가 대책을 세울 것을 강력히 요구하고 있다. Y시는 교통 및 도시문제 전문가들로 교통대책위원회를 구성하고 해결 방안을 제시하도록 위임하였다. 교통대책위원회는 브레인스토밍 과정과 실행가능성 검토를 통하여 다음과 같이 몇 가지 해결 대안을 제시하였다. 대안을 결정하는 기준은 결과점수가 최고 점수 순이며, 결과점수 산정은 평가 기준별 가중치과 평가점수를 곱한 것이다. 그리고 정치적 수용성은 해당 지역시민 의견을 비롯하여 기업체 및 산업체의 의견이 반영될 수 있는 가능성을 의미한다.

① A안 : 새로운 내부 및 외부 순환도로를 건설하는 방안
② B안 : 시에 몇 개의 위성 커뮤니티를 건설하고, 그 사이를 경전철로 연결하는 방안
③ C안 : 기업체와 산업체들이 출퇴근 시간을 서로 엇갈리게 정하여 매일 교통량을 시간대별로 분산시키는 방안

〈표 5-10〉 신청자 건립 위치 적합성 점수

대안 (부지 위치)	기준 및 순위					계 (100)
	접근 편리성 (30점)	장래 확장성 (30점)	비용 경제성 (20점)	개발 용이성 (10점)	주변 입지환경 (10)	
A	19	19	14	8	9	69
B	20	20	17	6	5	68
C	27	25	14	7	6	79

〈표 5-11〉 Y시의 교통란 해소를 위한 평가 기준과 점수

평가 기준	가중치	A안		B안		C안	
		평가점수	결과점수	평가점수	결과점수	평가점수	결과점수
비용	40	4	160	3	120	4	160
단기적 효과	30	3	90	4	120	5	150
장기적 효과	20	4	80	4	80	3	60
정치적 수용성	10	3	30	3	30	2	20
합계	100		360		350		390

자료: 노화준(2017: 253)을 수정함

잠깐! 수요 예측 잘못하여 세금 낭비하면 배상 책임

"세금 낭비 지자체장 책임" 용인경전철訴 주민 승소
'묻지마사업'에 경종…혈세 낭비 끝까지 책임 묻는다

　천문학적 세금 낭비로 용인시의 재정 위기를 초래한 용인경전철 사업과 관련해 전직 용인시장과 사업성을 검토한 연구기관 등 책임자들이 수백억 원을 물어내야 한다는 법원 판단이 나왔다. 서울고법 행정10부는 2024. 2. 14일 용인시민 8명이 용인시장을 상대로 낸 주민소송 파기환송심에서 "용인시장은 이정문 전 용인시장과 한국교통연구원·담당 연구원이 용인시에 214억 원을 지급하도록 청구하라"고 판결했다. 주민소송은 지방자치단체의 잘못된 회계와 예산 집행으로 발생한 손해에 대해 주민들이 '관련자에게 손해배상 소송을 내라'고 지자체에 요구하는 소송이다.

(중략)

　재판부는 "전 시장이 한국교통연구원의 과도한 수요 예측에 대해 타당성을 검토하려는 최소한의 시도조차 하지 않고 이를 실시협약의 기초로 삼아 사업시행자에게 일방적으로 유리한 내용이 포함되도록 했다"며 "적절한 위험 부담이 이뤄지지 않아 시장으로서 선관주의의무(선량한 관리자의 주의의무)를 위반했다"고 지적했다. 수요 예측에 실패한 한국교통연구원과 소속 연구원들의 과실도 인정됐다. 실제 탑승 인원이 예상치 대비 5~13% 수준에 불과했다는 점이 근거였다. 재판부는 "수요 예측에 따른 교통 수요 추정'은 사업 실시 여부 자체와 실시협약의 내용과 직결되는 중요한 요소"라며 "그런데도 합리적인 방법을 사용하지 않고 과도한 수요 예측을 했다"고 지적했다.

(중략)

　용인경전철 소송은 2005년 제도 도입 후 지자체가 시행한 민간투자사업을 주민소송 대상으로 삼은 최초 사례다. 이 사건은 1997년 경기도가 용인경전철 사업에 대한 검토를 지시하면서 시작됐다. 당시 용역을 수행한 한국교통연구원이 2002년 제출한 보고서는 용인경전철에 대해 하루 예상 수요를 13만 명으로 잡았고 이를 바탕으로 2010년 6월 완공됐다. 하지만 시행사인 캐나다 봄바디어와 최소수입 보장 비율(MRG) 등을 놓고 갈등을 겪느라 개통이 늦어졌다. 국제소송을 벌인 끝에 2013년 4월 개통됐지만 공사비용과 소송비용 등에 용인시민의 혈세가 2조 원 가까이 투입됐다. 개통 이후도 문제였다. 교통연구원의 예측과 달리 2013년 실제 하루 이용객은 9,000명에 불과했다. 이후에도 승객은 3만 명대에 머물렀다. 용인시민들은 2013년 10월 "평균 탑승 인원이 예상 인원의 5%에 불과해 운영비만 매년 473억 원 이상의 적자를 기록할 것"이라며 관련자들이 용인시에 세금 1조 32억 원을 배상하라는 주민소송을 냈다. 앞서 1·2심은 주민들의 청구를 기각했으나 대법원에서 판단이 바뀌었다. 대법원은 2020년 7월 "용인경전철 사업이 잘못된 수요 예측을 바탕으로 실시됐다면 주민들은 손해배상 청구 소송을 진행할 수 있다"며 주민들의 청구를 기각한 원심을 깨고 서울고법으로 돌려보냈다.

파기환송심 재판부는 대법원의 판결 취지를 반영해 관련자들의 손해배상 책임을 인정했다. 먼저 이 사업의 실시협약을 체결한 이 전 시장에 대해선 중대한 과실이 있다고 판단했다. 이 전 시장이 과도한 수요 예측을 바탕으로 시행사에 30년간 90%의 운영수입을 보장하는 등 용인시에 불리한 내용을 적절한 검토 없이 적용했고 용인시의회 사전 의결 등 절차도 준수하지 않았다는 것이다.

재판부는 용인시가 2013~2022년 지급한 4,293억 원을 과도한 수요 예측으로 인해 용인시에 발생한 손해 규모로 보고 이 전 시장과 교통연구원 등 관련자들의 책임 비율을 각각 달리해 배상금을 산출했다. 이 전 시장과 연구원 등의 책임 비율을 전체적으로 5%로 산정해 배상 금액을 214억 6,000만여 원으로 정했다. 교통연구원엔 1%의 책임 비율을 인정해 214억 원 중 42억 원을 지급하라고 명령했다.

자료: 매일경제(2024. 2. 15)

제6장

정책대안의 예측 방법

1. 시계열의 예측

1) 시계열 예측의 의의

(1) 시계열의 개념

정책대안의 평가 유형에서 정부가 아무런 조치를 취하지 않을 경우 과거에서 현재까지 관찰된 자료를 통하여 모델을 구축하고 그것을 통하여 미래를 추정하는 외삽법(extrapolation)을 앞에서 간략히 설명하였다. 외삽법의 대표적인 방법이 시계열을 통한 미래를 예측하는 방법이다.

시계열(時系列, time series)이란 시간의 흐름에 따라 변하는 현상을 일정한 시간(년, 분기, 월, 일, 시, 분, 초) 간격으로 관찰하여 얻어지는 일련(series)의 데이터이다. 시계열은 경제 현상이나 사회 현상에 관한 시간적 변화를 나타내는 계열이므로 어느 한 시점에서 관측된 시계열은 그 이전에 이루어진 결과에 의존하게 된다. 따라서 시계열 분석은 관측된 과거 일정 기간의 데이터를 분석하여 규칙성을 발견하고, 이러한 규칙성이 미래에도 변하지 않고 계속될 것이라는 가정하에 미래 시계열을 예측하게 된다(이덕기, 2002: 14; 김구, 2022a: 14에서 재인용).

시계열을 구성하는 관찰치는 관찰된 결과를 그대로 나타낼 수도 있고, 실수를 가공하여 얻은 평균, 비율, 지수 등으로 시계열로 나타낼 수 있다. 시계열을 구성하는 수치들은 동일하게 정의한 방법에 의하여 매 시간 동일한 단위(초, 분, 시, 일, 월, 분기, 년)로 관측된 것이어야 한다(이덕기, 2002: 14; 김구, 2022a: 14에서 재인용). 예를 들어, 인구증감률, 고령인구 비율, 실업률, 출생률 등을 월(月)로 정의하고 관측하였다면 시계열 데이터는 처음부터 마지막까지 매 월별로 관측된 데이터여야 하고, 분기(分期)로 정의하였다면 관측된 데이터는 분기별 단위로 수집되어야 하며, 년(年)을 기준으로 정의하였다면 매년 단위로 관측된 데이터여야 한다.

여러 시점에서 수집되어 순차적으로 제시되는 관찰된 값을 분석하는 시계열 분석의 목적은, 첫째는 시계열 데이터를 관찰하고 통계적으로 분석하여 시계열 데이터의 변화를 설명하는 적정 모형을 찾는 것이고, 둘째는 과거의 데이터로부터 얻어진 적정 모형을 통하여 미래를 예측하는 것이다(송병흠 외, 1999: 92; 김현철, 2005: 12; 김구, 2022a: 15에서 재인용). 시계열분석은 경제성장, 인구 변동, 에너지 소비량, 주택거래량, 물가지수, 주가지수, 교통량, 관광객, 실업률 및 고용률, 범죄율, 삶의 질, 기관 업무량 등 경제사회의 변화 현상을 예측하는 데 이용한다.

시계열을 통한 미래를 예측하는 모형은 [그림 6-1]과 같다. 가로축은 시간의 변화를, 세로축은 변화량을 나타내고, 그래프에서 왼쪽 실선은 관측된 과거의 시계열을 나타내며 우측 점선은 관측된 과거의 시계열을 연장하여 미래 상태를 예측하는 것이다.

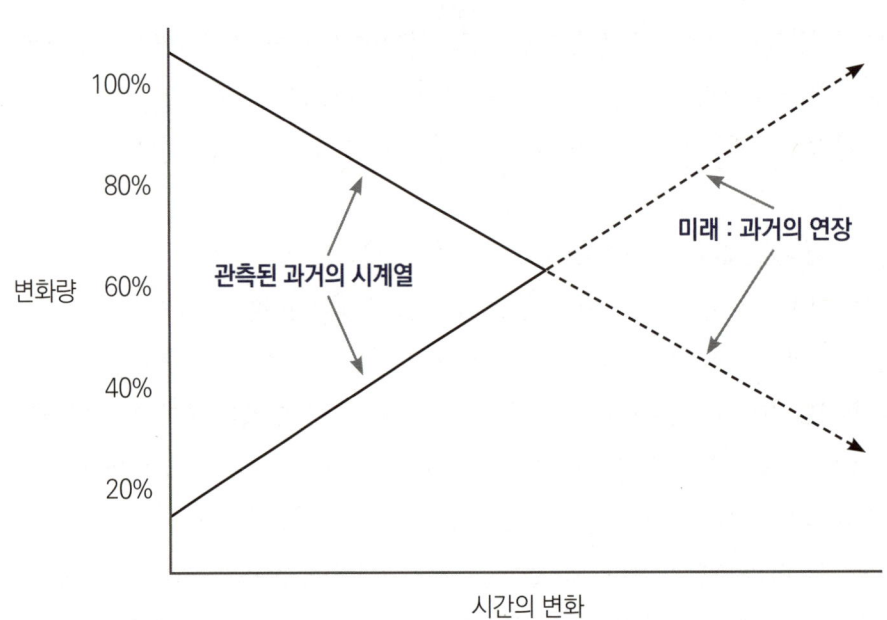

[그림 6-1] 시계열의 예측 모형

(2) 시계열과 시계열분석의 기본 가정

시계열을 통한 미래 예측은 다음 세 가지 가정을 기반으로 한다(Dunn, 2018: 129). 첫째는 지속성(persistence)이다. 과거에 관찰된 추세는 미래에도 그 추세가 지속될 것이라는 가정이다. 과거에 교통량 이용 및 에너지 소비가 동일한 비율로 증가하였다면 이러한 비율의 추세는 미래에도 증가할 것이라는 가정이다. 둘째는 규칙성(regularity)이다. 과거에 관찰된 패턴의 변화는 미래에도 반복될 것이라는 가정이다. 예를 들어, 과거에 7~8년마다 경제의 팽창과 수축이 반복되었다면 앞으로도 팽창과 수축이 반복될 것이라는 가정이다. 셋째는 신뢰성과 타당성(reliability and validity)이다. 장기적인 추세와 변화 패턴의 측정은 신뢰(측정의 일관성)할 수 있고 타당(측정하려는 내용을 정확하게 측정)하여야 한다.

시계열을 통한 미래 예측은 시계열 데이터 분석을 기반으로 한다. 시계열 데이터를 분석하려면 다음과 같은 기본 가정을 충족하여야 한다(이재길, 2019: 12; 김구, 2022a: 15-16에서 재인용). 첫째, 대부분의 시계열 데이터는 추세(trend)가 없는 독립적인 것이어야 한다. 시계열 데이터가 일정하게 상승(증가), 또는 하강(감소)한다면 분석하기 전에 이를 제거하여야 한다. 둘째, 시계열 데이터는 자기상관이 없어야 한다. 즉, 시차 간 관측치가 상호 관련이 없어야 한다. 자기상관이 존재하면 과대 및 과소 평가하는 오류를 범하게 된다. 셋째, 시계열 데이터는 정상성(stationarity)의 성질을 가져야 한다. 즉, 백색잡음(white noise)의 가정을 충족하여야 한다. 시계열 데이터는 모든 시간 t에 대하여 평균, 분산이 일정(동등)하여야 한다. 정상성의 가정은 자기상관함수를 통하여 신뢰한계 내에 존재하는 경우에 충족한다.

(3) 회귀분석과 시계열분석의 차이점

회귀분석(regression analysis)은 독립변수(원인변수·설명변수·예측변수)를 통하여 종속변수(결과변수·피설명변수·피예측변수)를 설명하고 예측하는 모형인데 반하여, 시계열분석은 변수 자체의 시간 흐름에 따른 특성을 파악하고 예측한다. 시계열분석의 장점은 과거의 특성이 미래에도 그대로 연장된다는 가정하에 예측치 추정에 유용하나, 변수 자체의 시간의 흐름에 따른 특성만을 토대로 예측하기 때문에 변수 사이의 이론적 관계를 명확하게 설명하지 못한다는 한계를 가진다(한광종, 2017: 19). 특히 시계열의 패턴은 정치·경제·사회·문화는 물론 천재지변(지진, 태풍, 홍수, 폭우)과 재난 상황(COVID-19), 환율 변화, 유가 변동, 지역 대규모 행사 등 다양하고 불확실한 외생 변수에 따라 영향을 받기 때문에(한광종, 2017: 22) 예측에 한계를 가지고 있다(김구, 2022a: 15에서 재인용).

2) 시계열분석의 기본 개념

시계열분석에서 사용하는 몇 가지 기본 개념은 다음과 같다(김구, 2022a: 16-18).

(1) 시차

시차(time lag)는 시간적 차이로 시계열의 두 시점 사이의 시간적 거리 또는 차이를 말한다. 예를 들어, '코로나19'로 인하여 정부가 전 국민 재난지원금을 지급하여 경제활성화를 살펴보고자 하는 경우 1개월 후 또는 2~4개월 후에 그 효과가 나타날 수 있다. 이렇게 재난지원금(독립변수)에 따라 경제활성화(종속변수)가 동시에 변화가 나타나지 않는 경우가 있다.

시차가 나타나는 이유는 다음과 같다(송근원, 2005: 18-19).

첫째, 심리적 이유이다. 소득이 증가하였다고 하여 곧바로 소비 행태를 보이는 것보다는 저축을 하거나 기존의 절약 습관 때문에 지출 시기를 늦추게 된다.

둘째, 기술 발전 및 제품 가격이다. 기술을 탑재한 제품의 경우 기술이 발전할수록 좋은 제품이 생산된다. 소비자는 현재보다 미래에 품질이 더 좋은 제품이 출시될 것이라는 기대감으로 현재의 구매를 망설이거나, 똑같은 제품일 경우 가격이 하락될 때를 기다리기 때문에 현재의 구매 행동을 늦추게 된다.

셋째, 제도적인 이유이다. 정부의 각종 정책에는 유인과 강제적 수단이 뒤따른다. 예를 들어, 부동산 계약의 경우 정부의 부동산 정책에 따라 세금 변동 폭이 달라지기 때문에 소비자는 세금을 고려하여 주택 구입을 결정할 수 있다. 전기자동차 구매 계약의 경우에도 정부의 보조금 지원을 고려하여 구매 시기를 조정할 수 있다.

(2) 추세

추세(trend)의 사전적 의미는 "어떤 현상이 일정한 방향으로 나아가는 경향"을 의미한다(네이버 국어사전). 시계열에서 추세는 시계열 파동이 일정한 방향으로 나아가는 경우를 말한다.

(3) 주기

주기란 일정한 간격이나 시간 동안 변동(팽창과 수축)이 반복되는 한 마디를 의미한다.

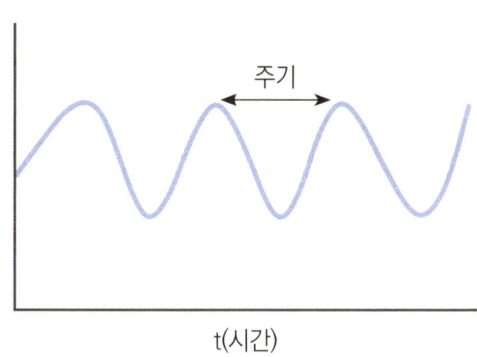

[그림 6-2] 시계열의 주기

(4) 백색잡음

시계열 데이터가 불규칙하게 변동하는 부분을 오차(error/randomness) 또는 잡음(noise)이라고 한다(이원우 외, 2018: 77). 백색잡음(white noise)은 모형진단에서 잔차(오차)들이 서로 독립되어 있고 동일한 분포(평균은 0이고, 분산은 일정하며, 임의성으로 분포되어 있는 경우)를 가진 성질을 의미한다(이덕기, 2002: 34-36, 64). 백색잡음은 시계열의 데이터가 시간의 흐름상에서 그 패턴이 일정하다는 것을 의미한다.

(5) 차분

차분(差分, differencing)은 현 시점의 데이터에서 전 시점의 데이터를 빼는 것을 말한다. 일반차분(regular difference)은 바로 전 시점의 데이터를 빼는 것이고, 계절차분(seasonal difference)은 여러 시점 전의 데이터를 빼는 것을 말한다. 일반차분은 다시 직전 시점에서 빼는 것을 '차분1'이라고 하고, 차분1의 결과에서 또 다시 직전 시점에서 빼는 것을 '차분2'라고 하며, 또다시 차분2의 결과에서 직전 시점에서 빼는 것을 '차분3'이라고 한다.

다음 예를 통하여 '차분1'의 방법을 설명한다. '차분2'와 '차분3'의 경우도 같은 방법으로 수행한다.

차분 방법 : [차분1]의 경우

① C3 셀에 커서를 위치한다.

② 그 커서 위치에서 "=B3-B2" 입력한다. 결과치는 177로 표시된다.

③ 177로 표시된 C3셀을 복사한다.

④ 나머지 C4에서 C24까지 드래그하여 붙여넣기 한다.

[그림 6-3] 엑셀에서 차분하는 방법

C3 | =B3-B2

	A	B	C	D	E
1	관측시점	고령인구	차분1	차분2	차분3
2	1	3,798			
3	2	3,975	177		
4	3	4,182	207	30	
5	4	4,366	184	-23	-53
6	5	4,548	182	-2	21
7	6	4,840	292	110	112
8	7	5,027	187	-105	-215
9	8	5,310	283	96	201
10	9	5,540	230	-53	-149
11	10	5,730	190	-40	13
12	11	5,940	210	20	60
13	12	6,144	204	-6	-26
14	13	6,387	243	39	45
15	14	6,585	198	-45	-84
16	15	6,764	179	-19	26
17	16	6,922	158	-21	-2
18	17	6,981	59	-99	-78
19	18	7,314	333	274	373
20	19	7,556	242	-91	-365
21	20	7,945	389	147	238

(6) 정상성

정상성(stationarity) 또는 안정성은 시계열의 데이터가 시간의 흐름상에서 그 패턴이 일정하고 추세나 동향이 없는 상태로, 즉 시계열의 평균이 시간 축에 평행하다는 의미이다. 시계열을 분석하기 위한 전제 조건으로 시계열이 정상성을 가져야 한다. 즉, 불규칙 추세와 동향이 있는 상태로는 분석하기 곤란하다. 만약 시계열의 데이터가 비정상성 시계열(non-stationary series)인 경우 차분(계절차분)과 자연로그 변환 등을 통하여 정상 시계열(stationary series)로 변환하여야 한다.

정상성은 시계열이 수평의 형태를 가져야 한다. 시계열 데이터가 시간의 흐름에도 불구하고 시계열 내에서 체계적으로 증가하거나 감소하지 않으며 일정 시점 전후의 부분 계열의 평균치가 거의 같아서 일정한 평균 수준을 유지하는 수평 형태를 갖는다. 정상성은 시계열의 확률적 구조가 시간이 변하여도 동일하다는 것이다. 즉, 시계열 데이터의 평균과 분산이 시점 t에 관계없이(시간의 흐름에 관계없이) 일정하며 안정적이기 때문에 시계열 그래프는 일정한 변동폭을 가진다. 시계열분석을 통한 예측은 과거 관측치의 변동이 규칙적이고 안정성(정상성)의 특성을 가진다면 미래에도 동일한 특성을 가질 것이라는 가정에 기초하고 있다.

[그림 6-4] 시계열의 정상성과 비정상성

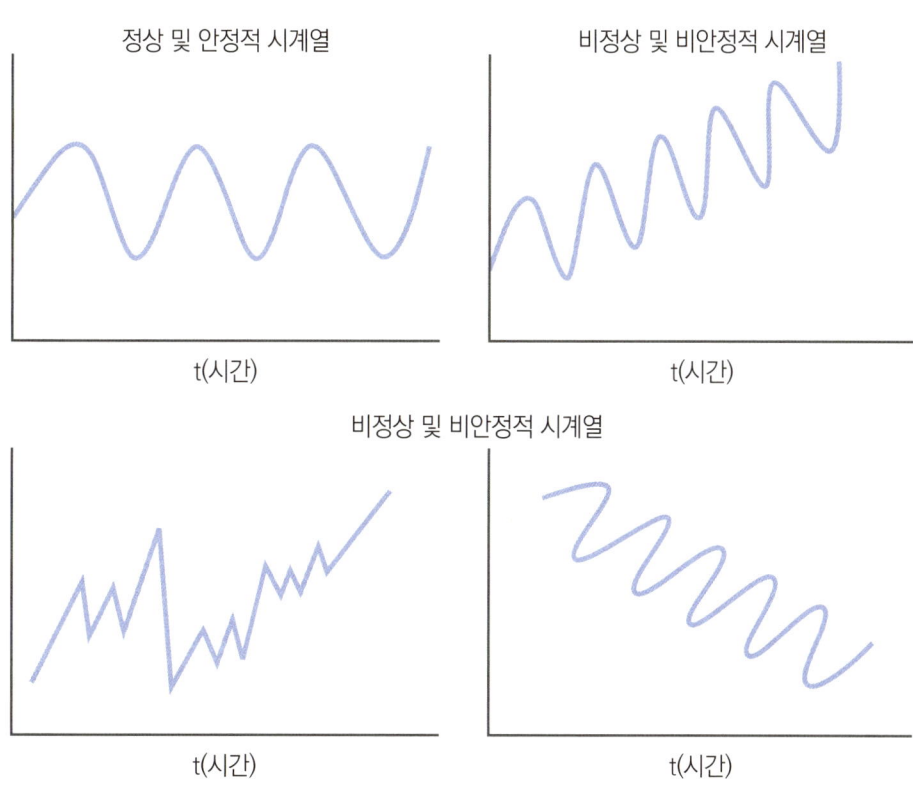

3) 시계열의 변동 유형

미래를 예측하기 위해서는 시계열 데이터를 분석하여야 하며, 시계열 데이터를 분석하기 위해서는 시계열이 시간의 흐름에 따라 규칙적(안정적)으로 변동하여야 한다. 그러나 시계열이 불규칙하게 변동한다면 정확하게 예측하기 곤란하다. 즉, 시계열이 안정적이어야만 과거의 값을 통하여 미래의 값을 예측할 수 있다. 이때 시계열을 분석하기 위하여 가장 먼저 파악하여야 할 일이 시계열이 규칙적인지 불규칙적인지를 파악하는 일이다. 즉, 시계열의 변동이 어떤 유형을 가지는지를 알아야 한다.

시계열의 변동 유형은 다음과 같이 추세, 계절, 순환, 불규칙 등으로 구분한다(이덕기, 2002: 15-20; 김현철, 2005: 18-20; 이우리, 2014: 6-9; 이원우 외, 2018: 76-77; 김구, 2022a: 19-22에서 재인용; Dunn, 2018: 129-131).

(1) 추세 변동

추세 변동(trend variation)은 데이터가 시간의 흐름에 따라 장기적으로 증가(상향)하거나 감소(하향)하는 변화 형태를 의미하고, 짧은 기간의 시계열 데이터에서는 추세 변동은 찾기가 어렵다. 즉, 추세 변동은 시계열의 장기적인 변화를 갖는다. 장기적인 추세는 시계열이 장기적으로 원활하게 성장하거나 감소하는 것이다. 예를 들어, 국민총생산량(GNP)와 국내총생산(GDP) 등 경제지표를 나타내는 대부분의 시계열, 인구 변동, 고령인구 비율, 자동차 보유 대수, 주택 보급률 등이 해당된다.

[그림 6-5] 추세 변동 시계열

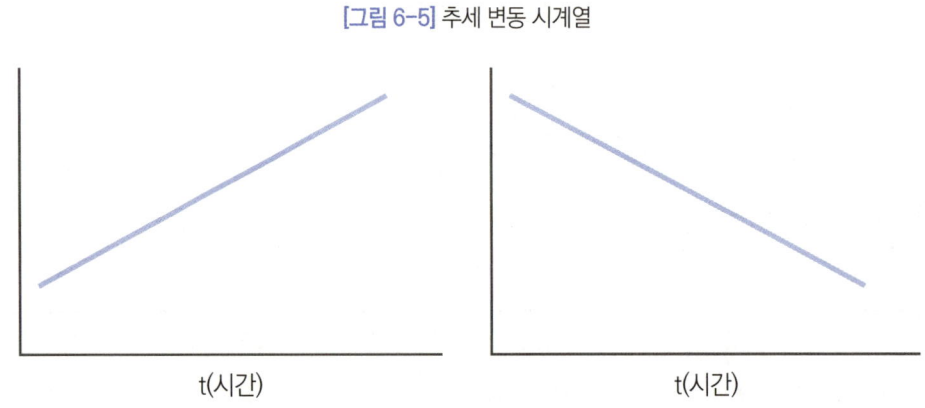

다음 [그림 6-6]은 가상적인 예로서 인구 1,000명 당 범죄 증가율의 장기적인 추세를 보여준다. 가로축은 시간의 흐름인 연도를 나타내고, 세로축은 범죄율을 나타낸다. 관측된 자료에 기반하여 전체 범죄 증가율 증가를 요약하기 위하여 직선 추세가 사용되었다.

제6장 **정책대안의 예측 방법**

[그림 6-6] 장기 추세의 시계열 예시

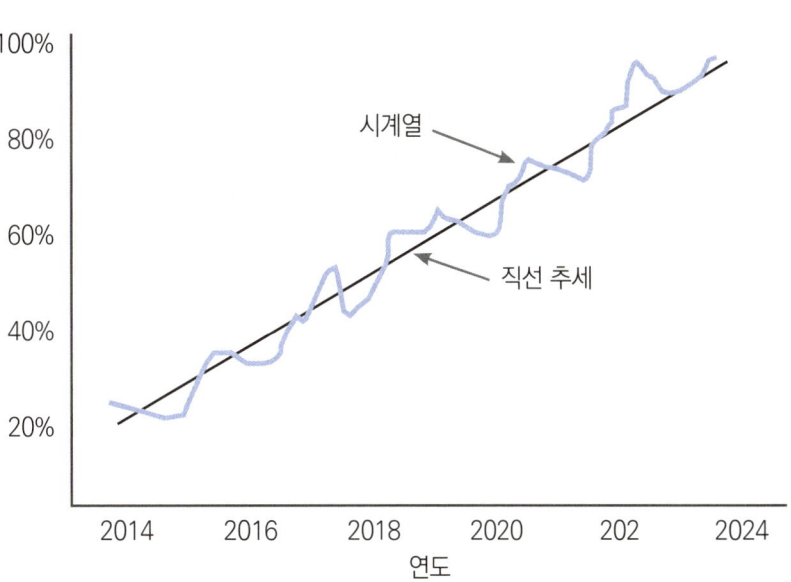

[그림 6-7]은 우리나라 연도별 고령인구 비율에 대한 시계열 데이터를 그래프로 나타낸 것이다. 2010년(10.9%)부터 2022년(18.0)까지 고령인구 비율은 매년 증가하는 추세를 보이고 있으며, 관측된 자료에 기반하여 전체 고령인구 증가율을 요약하기 위하여 직선 추세가 사용되었다.

[그림 6-7] 우리나라 연도별 고령인구 비율

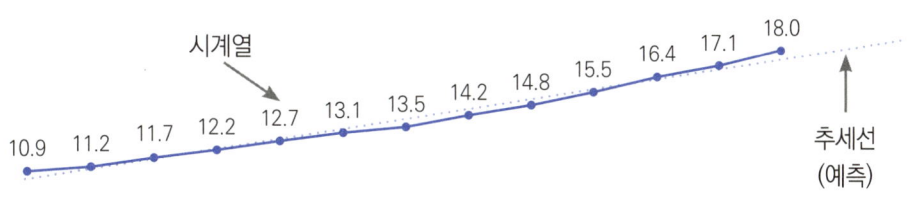

자료: 국가통계포털

(2) 계절 변동

계절 변동(season variation)은 특정 주기(주, 월, 분기, 년 등)로 시계열이 일정한 반복 형태를 가지면서 규칙적으로 변동하는 형태를 갖는다. 즉, 월별 또는 분기별로 변동이 반복된다. 전형적으로 계절 변동은 농산물의 생산량과 가격, 청량음료의 판매량, 냉·난방기구의 판매량 등에서 나타난다. 대부분 경제 관련 시계열은 추세와 계절 요인을 동시에 포함한다.

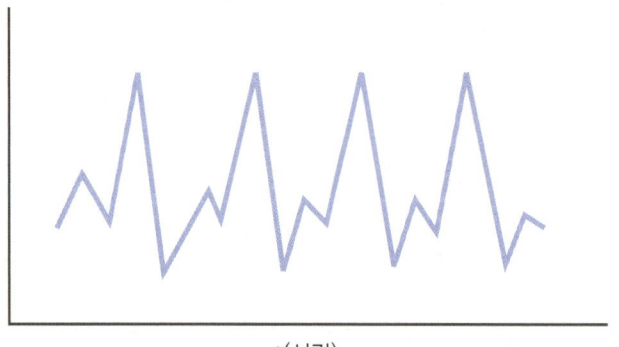

[그림 6-8] 계절 변동 시계열

잠깐! 계절조정실업률

기존 실업률 분석은 1개월 혹은 분기별로 이뤄지기에 오류가 발생할 수 있다. 가령 2~3월에는 졸업생들이 대거 배출되기 때문에 다른 달에 비해 실업자가 급증한다. 반면 5월이나 6월 정도엔 다시 실업률은 제자리를 찾아간다. 이 때문에 계절 조정을 거치지 않은 실업률은 정확하게 현실을 반영하지 못한다. 물론 계절적 요인은 매년 똑같이 반복되기에 계절 조정은 직전 연도와 비교할 때는 의미가 없다. 통계청은 월 단위 실업률을 집계하기 시작한 이후 자료들을 데이터베이스화해서 계절조정실업률을 산출한다. 일반적으로 계절 조정이란 시계열의 다양한 변동 요인 중 경기적 요인에 의한 변동을 보려고 원계열에서 비경기적 요인인 계절 변동 요인을 제거하는 과정을 의미한다. 계절 요인이 제거된 계열이 계절조정 계열이다. 계절 요인은 기후, 온도, 생활 습관 등으로 인해 보통 1년마다 반복해 나타난다. 한국에선 설과 추석이 특정 달에 고정되지 않

> 고 1월과 2월, 9월과 10월을 오가면서 되풀이된다. 또 한 달의 길이나 요일 수가 일정하지 않아 시계열 변동에도 영향을 미친다. 이런 명절과 요일 효과처럼 미리 알 수 있는 불규칙까지 넓은 의미의 계절 요인으로 고려하고 조정한다. 시계열의 전월 대비 변동을 보려면 이런 계절 요인들을 제거하고 분석해야 더 정밀하게 경기 동향을 분석할 수 있다. 통계청에서는 광공업 생산·출하·재고 동향, 서비스업 생산 동향, 소비 동향, 고용 동향 등을 원계열과 함께 계절 조정 계열을 공표한다. 하지만 보통 전년 동월 대비는 전년 같은 달을 비교한 것이기에 계절 요인이 같다고 보아 원계열을 그대로 이용한다. 통계청은 "실업률은 4.6%로 전년 동월 대비 0.1%p 상승했는데 계절조정실업률은 3.9%로 전월 대비 0.5%p 상승했다"는 식으로 발표한다.
>
> 자료: 매일경제, https://dic.mk.co.kr/cp/pop/today.php?dic_key=1194. (2024. 1. 11.)

(3) 순환 변동

순환 변동(cycle variation)은 계절 유형과 비슷하지만 일정한 주기를 가지지 않고 증가나 감소를 보이는 경우로 추세 패턴이 서서히 증가하거나 감소하는 형태를 보인다. 순환 변동의 형태는 국민총생산(GNP), 산업생산지수, 주택 수요, 이자율, 자동차 판매 대수, 주가 등 경제 및 산업의 현상 등을 나타내는 시계열이다. 계절 변동이 월, 분기, 년 등의 고정된 주기를 가지고 반복적 변동인데, 반면 순환 변동은 계절보다 크고 주기의 평균 길이가 계절보다 길며 특정 부분의 변동이 다른 부문에 확산 및 파급되는 특징을 갖는다.

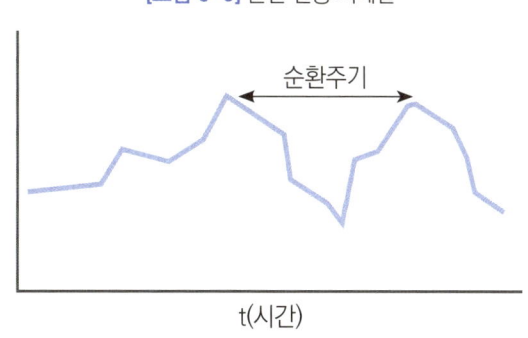

[그림 6-9] 순환 변동 시계열

(4) 불규칙 변동

불규칙 변동(irregular variation)은 추세, 계절, 순환 변동으로 설명되지 않으며 지진, 전쟁, 홍수, 화재, 감염병(예: COVID-19), 파업 등과 같은 사전에 예상할 수 없는 특수한 사건에 의한 변동이나 파악되지 않는 원인에 의하여 발생되는 우연적 변동이다. 시계열 데이터가 불규칙 변동을 가진 경우 예측의 신뢰성을 확보하기 어렵다.

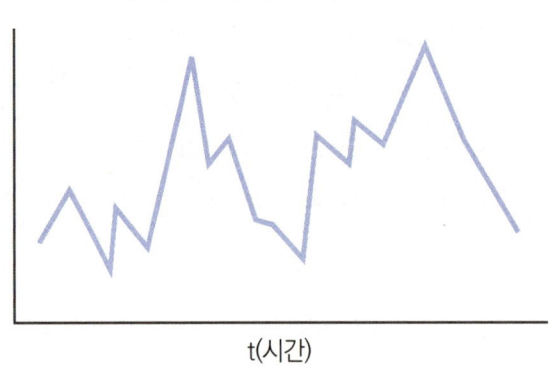

[그림 6-10] 불규칙 변동의 시계열

4) 선형 추세 추정

(1) 의의

과거의 데이터로부터 추세를 추정하는 표준적 방법은 회귀분석이다. 회귀분석을 통한 추정 방법은 통계적으로 신뢰할 수 있는 추정치를 얻는 절차인 선형 추세를 추정한다. 선형 회귀는 지속성, 규칙성 및 측정 신뢰성에 대한 가정을 기반으로 한다.

선형 회귀를 사용하여 추세를 추정하는 경우 시계열에서 관측된 값이 곡선이 아닌 직선이어야 한다. 선형성(직선 모양)에서 크게 벗어나면 신뢰할 수 없는 예측이 생성되기 때문이다. 그럼에도 불구하고 선형 회귀를 사용하면 계절적 변동이나 주기적 변동을 표시하는 계열에서 선형 추세 구성 요소를 제거할 수 있다.

(2) 선형 추세 회귀식

선형 추세의 기본 회귀식은 다음과 같이 일차함수로 나타낸다.

$$Y = a + bX$$

종속변수(Y)는 절편(a)과 기울기(b)를 토대로 독립변수(X)의 변화(증가 또는 감소)로 결정된다. 회귀분석에서 기울기(b)는 회귀계수로 제시된다. 예를 들어, 절편이 5이고 기울기가 3인 경우 X값이 1이면 Y값은 8이고, X값이 2이면 Y값은 11이 된다.

이와 같은 기본 회귀식 오차(잔차)를 고려한 추정 회귀식은 독립변수, 상수항(절편), 기울기, 오차 등을 통하여 종속변수의 변화를 추정한다(김구, 2022b: 250).

선형 추세선의 추정 회귀식 $\hat{y} = \alpha + \beta x + e$

$\hat{y}$: 시계열의 추정치
x : 시간(년, 분기, 월, 주, 일, 시각)
α : 상수항(절편)
β : 기울기
e : 오차

[그림 6-11] 선형 추세 기본 회귀모형

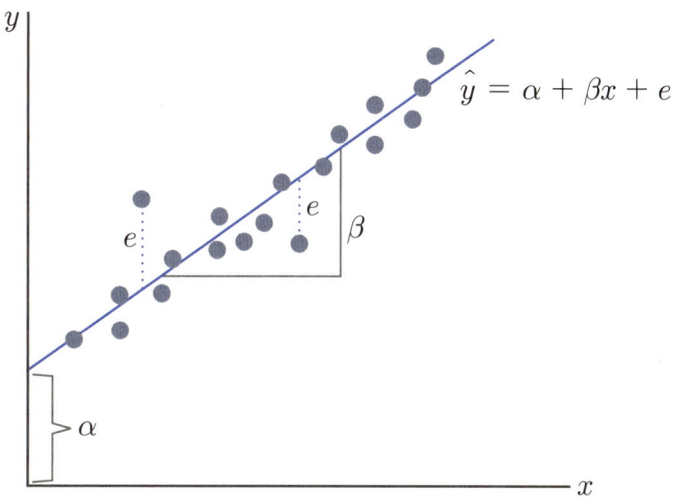

자료: 김구(2022b: 251)

다음은 선형 추세의 기본 모형을 통하여 추정 모형을 제시하면 [그림 6-12]와 같다. 가로축은 시계열의 시간 변화를, 세로축은 시계열의 변화량(증가 또는 감소)을 나타낸다. 그리고 a는 절편(상수항), b는 기울기(Y값의 변화를 X값의 변화로 나눈 값)이며, 오차 e는 관측된 시계열 값과 추세선의 차이를 나타낸다. 이 추정 모형에서 추세 추정 회귀식은 선형의 추세 회귀식에 오차를 더한 것으로 다음과 같다.

$$\hat{Y} = a + bx + e$$

[그림 6-12] 선형 회귀식 추정 모형

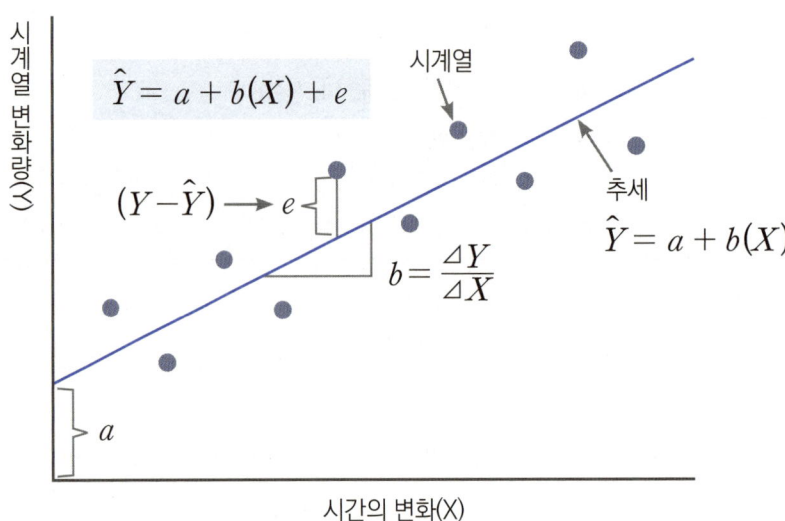

(3) 선형 추세 회귀식 사례

다음은 선형 추세 회귀식의 학습 수월성을 위하여 우리나라의 G지역 실업률의 추세를 추정하기 위하여 2010년부터 2022년까지 관측된 시계열 데이터에 대하여 엑셀 프로그램을 이용하여 설명한다.[01] [그림 6-13]과 같이 년 단위로 관측된 시계열 데이터를 그래프로 나타냈으며 점선으로 된 추세선을 제시하였다. 그리고 추세선에 따른 추세 추정식은 다음과 같이 제시되

---

01 이 데이터는 학습을 이해하는 데 도움을 주기 위한 것으로서 시계열의 데이터 및 오차들의 자기상관이 존재하지 않으며 오차의 등분산성, 정규성(정규분포) 등의 모든 조건이 충족된 것으로 가정한다.

었다.

$$Y = 0.1049X + 2.2269$$

위 회귀식에 따르면, X(독립변수 : 시간의 변화) 1단위일 때 Y(실업률)는 2.3, X가 2단위일 때 실업률은 2.4, X가 3단위일 때 실업률은 2.5가 된다고 추정할 수 있다.

[그림 6-13] G지역의 실업률 추이

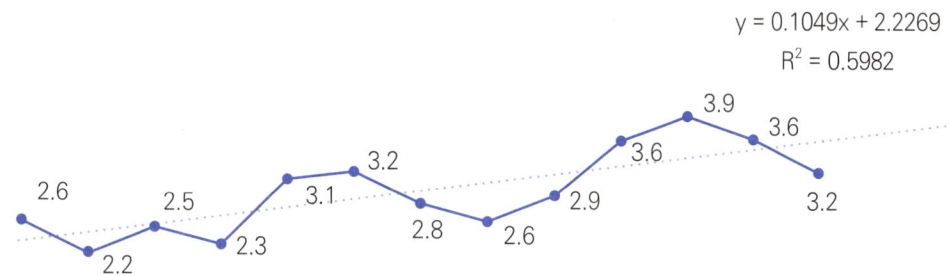

자료: 국가통계포털

엑셀 프로그램에서 추세 추정식과 결정계수(R^2)는 '추세선'에 마우스 포인트를 위치하고 더블 클릭하면 [추세선 서식]이 생성되고 원하는 옵션을 선택한다. 결정계수는 회귀식의 적합도(설명력)로서 시간의 변화(독립변수)에 의하여 설명되는 시계열 변화량(종속변수)의 비율로 추정회귀식(회귀모형)이 모집단에 얼마나 적합한지(타당한지) 또는 설명력이 있는지를 파악한다. 만약 결정계수가 0이라면, 두 변수 간 아무런 관계가 없다는 것이 아니라 직선의 관계가 존재하지 않는다는 것을 의미한다(김구, 2022b: 251).

[그림 6-14] 엑셀의 추세 추정식과 결정계수 옵션 설정

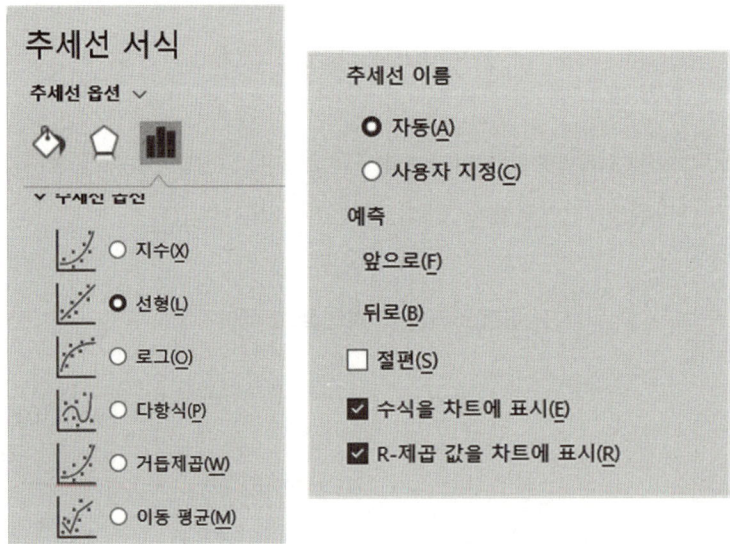

다음은 2008년부터 2020년까지 전국 시도 지방공무원 수의 시계열 데이터를 이용하여 연도별 지방공무원 수의 변화(증감)를 추정하기 위하여 'SPSS 프로그램'을 통하여 회귀분석을 실시한 과정을 다음과 같이 소개한다(김구, 2022b: 207-227).[02]

종속변수는 지방공무원이고 독립변수는 연도(Year)로 설정되었다.

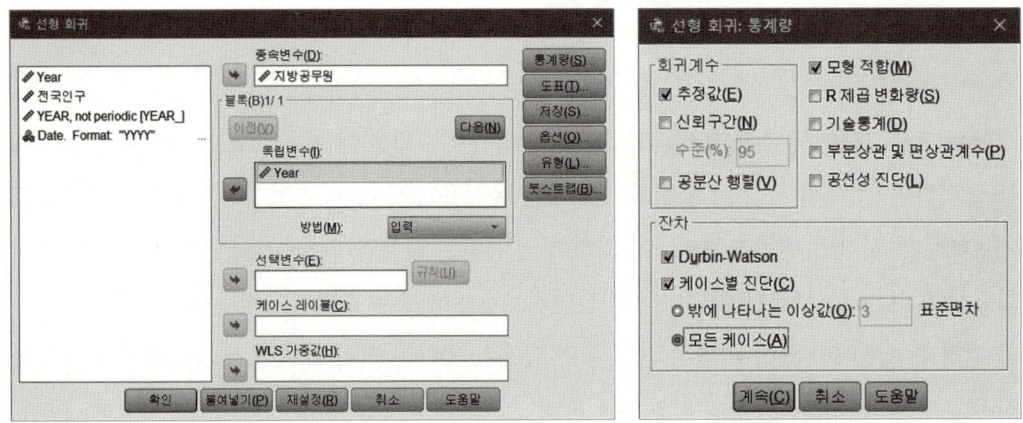

---

02 자세한 내용은 필자의 책(김구, 2022b)을 참조하기 바란다.

분석 결과는 다음과 같다. 모형 요약에서 R제곱이 0.654로 연도(Year)에 의하여 설명되는 지방공무원(종속변수)의 비율은 65.4%이다. 회귀모형의 유의성 검정에서 F값의 통계량이 20.765이고 유의 확률이 0.001로 유의 수준 0.05보다 작기 때문에 '회귀선의 기울기는 0이다'라는 영가설을 기각한다. 즉, 회귀선의 기울기는 존재한다는 의미이다. 따라서 회귀모형(회귀식)은 유의미하다.

잔차의 자기상관 존재 여부를 검증하는 더빈-왓슨(Durbin-Watson)의 d-통계량은 1.800으로 자기상관이 존재하지 않는 것으로 알 수 있다. d-통계량은 2에 가까울수록 자기상관이 없고 독립적이나, 0이나 4에 가까울수록 자기상관이 존재한다. 따라서 선형 회귀분석이 불가능하다. 자기상관의 범위는 0에서 4까지(0 < d < 4)이다.

그리고 t값의 유의 확률 0.001로 유의 수준 p<0.05보다 작기 때문에 통계적으로 유의하다. 즉, 지방공무원의 증가에 연도가 유의적 영향을 미치기 때문에 연도가 갈수록 지방공무원은 증가한다.

분석 결과에 의한 회귀계수에 의한 추정 회귀식은 다음과 같다.

$$\text{지방공무원 수} = -7500016.077 + 3870.538 \times (\text{연도})$$

- 상수(절편) : -7500016.077
- 기울기의 추정치 : 3870.538
- 기울기의 표준오차 : 849.384
- t값 : 4.557 = 3870.538 ÷ 849.284

위 추정 회귀식에 해당 연도를 적용하고 지방공무원 수를 추정하면 다음과 같다.
- 2025년 337823.373명 = -750016.077 + 3870.538 × (2025)
- 2030년 357176.063명 = -750016.077 + 3870.538 × (2030)
- 2040년 395881.443명 = -750016.077 + 3870.538 × (2040)

모형 요약[b]

모형	R	R 제곱	수정된 R 제곱	추정값의 표준오차	Durbin-Watson
1	.809[a]	.654	.622	11458.818	1.800

a. 예측자: (상수), Year
b. 종속변수: 지방공무원

ANOVA[a]

모형		제곱합	자유도	평균제곱	F	유의확률
1	회귀	2726554373	1	2726554373	20.765	.001[b]
	잔차	1444349576	11	131304506.9		
	전체	4170903949	12			

a. 종속변수: 지방공무원
b. 예측자: (상수), Year

계수[a]

모형		비표준화 계수 B	표준화 오류	표준화 계수 베타	t	유의확률
1	(상수)	-7500016.077	1710662.512		-4.384	.001
	Year	3870.538	849.384	.809	4.557	.001

a. 종속변수: 지방공무원

그러나 잔차(오차)들의 가정을 충족하지 못한 경우 해당 이상치(理想値, outlier)에 영향을 미치는 해당 사례는 삭제하고 다시 분석한다. 여기에서는 2019년과 2020년 사례에서 스튜던트화 잔차(SRE_1)가 2 이상이고, 2020년 사례에서는 COOK의 거리(COO_1)가 1 이상으로 이상치가 있음을 알 수 있다. 따라서 2019년과 2020년 사례를 삭제하고 회귀분석을 다시 실시한 결과이다.

	Year	전국인구	지방공무원	YEAR_	DATE_	PRE_1	RES_1	ZRE_1	SRE_1	COO_1
1	2008	49540367	275231	2008	2008	272025.15385	3205.84615	.27977	.32851	.02044
2	2009	49773145	278303	2009	2009	275895.69231	2407.30769	.21008	.23701	.00766
3	2010	50515666	279636	2010	2010	279766.23077	-130.23077	-.01137	-.01244	.00002
4	2011	50734284	281035	2011	2011	283636.76923	-2601.76923	-.22705	-.24292	.00427
5	2012	50948272	284355	2012	2012	287507.30769	-3152.30769	-.27510	-.28980	.00461
6	2013	51141463	287299	2013	2013	291377.84615	-4078.84615	-.35596	-.37160	.00620
7	2014	51327916	289914	2014	2014	295248.38462	-5334.38462	-.46553	-.48454	.00978
8	2015	51529338	296273	2015	2015	299118.92308	-2845.92308	-.24836	-.25928	.00302
9	2016	51696216	303401	2016	2016	302989.46154	411.53846	.03591	.03783	.00008
10	2017	51778544	310654	2017	2017	306860.00000	3794.00000	.33110	.35424	.00908
11	2018	51826059	322862	2018	2018	310730.53846	12131.46154	1.05870	1.15848	.13244
12	2019	51849861	337084	2019	2019	314601.07692	22482.92308	1.96206	2.21351	.66813
13		51829023	292182	2020	2020	318471.61538	-26289.61538	-2.29427	-2.69397	1.37452

모형 요약[b]

모형	R	R 제곱	수정된 R 제곱	추정값의 표준오차	Durbin-Watson
1	.949[a]	.901	.890	4994.035	.480

a. 예측자: (상수), Year
b. 종속변수: 지방공무원

ANOVA[a]

모형		제곱합	자유도	평균제곱	F	유의확률
1	회귀	2050177839	1	2050177839	82.203	.000[b]
	잔차	224463475.6	9	24940386.18		
	전체	2274641315	10			

a. 종속변수: 지방공무원
b. 예측자: (상수), Year

계수[a]

모형		비표준화 계수		표준화 계수	t	유의확률
		B	표준화 오류	베타		
1	(상수)	-8398744.791	958516.416		-8.762	.000
	Year	4317.173	476.163	.949	9.067	.000

a. 종속변수: 지방공무원

다시 분석한 결과 모형 요약에서 R제곱이 0.901로 0.654보다 대폭 증가하였으며, 회귀모형의 유의성 검정에서 F값의 통계량이 82.203으로 20.762보다 증가하였다.

지방공무원 수 = -8398744.791 + 4317.173 × (연도)

- 상수(절편) : -8398744.791
- 기울기의 추정치 : 4317.173
- t값 : 9.067이며 유의 확률 0.000으로 유의 수준 p<0.05보다 작기 때문에 통계적으로 유의하다.

위 추정 회귀식에 해당 연도를 적용하면 지방공무원 수를 추정하면 다음과 같다.
- 2025년 343530.534명 = -8398744.791 + 4317.173 × (2025)
- 2030년 365116.399명 = -8398744.791 + 4317.173 × (2030)
- 2040년 408288.129명 = -8398744.791 + 4317.173 × (2040)

5) 비선형 시계열

비선형 시계열은 선형성, 지속성 및 규칙성 조건을 충족하지 않는 시계열 유형으로 다음과 같이 다섯 가지로 분류한다(Dunn, 2018: 138).

(1) 진동

진동은 지속적이고 규칙적일 수 있지만(예: 운전자 음주 측정을 오후 11시에서 오후 2시 사이에 실시한 음주운전자 적발 건수) 관측 기간 내에 지속적인 증가 또는 감소를 보이지 않는다. 진동의 예로는 실업률의 계절적 변동, 기관 업무량의 월별 변동, 오염물질 수준의 일일 변동 등이 있다.

(2) 순환

순환의 주기는 수년 또는 그 이상의 기간 사이에 발생하는 비선형 변동이다. 순환의 전체 패턴은 항상 비선형인 반면, 주어진 순환의 부분은 선형이거나 곡선일 수 있다. 예를 들면 경기순환, 학문 분야, 과학 출판물, 문명의 '라이프 사이클' 등이 있다.

(3) 성장

선형성에서 벗어나는 것은 연도, 수십 년 또는 기타 시간 단위 사이에 발생한다. 성장 곡선은 시계열에서 성장률의 누적 증가나 누적 감소 또는 이 둘의 조합으로 나타난다. 성장 곡선은 비선형이지만 지속적이고 규칙적이다. 생물 유기체에 대한 연구를 통하여 발전된 성장 곡선은 산업, 도시지역, 인구, 기술 및 과학의 성장을 예측하는 데 이용된다.

(4) 쇠퇴

쇠퇴 곡선은 성장 곡선과 반대이며, 선형성에서 벗어나는 기간은 수년, 수십 년 또는 그 이상의 기간 사이에 다시 발생한다. 쇠퇴(하락) 곡선도 비선형이지만 규칙적이고 지속적이다. 하락 곡선은 시계열에서 감소율의 누적 증가 또는 감소를 나타내며, 감소율의 증가 및 감소를 결합하여 다양한 모양의 곡선을 형성할 수 있다. 쇠퇴의 패턴은 때때로 문명, 사회, 도시지역의 쇠퇴에 대한 다양한 역동적 또는 생활주기 관점의 기초로 사용된다.

(5) 격변

격변의 변동 주기는 갑작스럽고 급격한 불연속적 단절을 가진다. 격변의 시계열은 시간에 따른 비선형 변화뿐만 아니라 불연속적인 변화 패턴도 포함한다. 예를 들면, 전쟁 중 정부 정책의 갑작스러운 변화(공격 또는 철수), 경제 위기 시 증권거래소의 붕괴, 액체가 끓을 때 액체 밀도의 갑작스러운 변화 등이 있다.

[그림 6-15] 비선형 시계열 유형

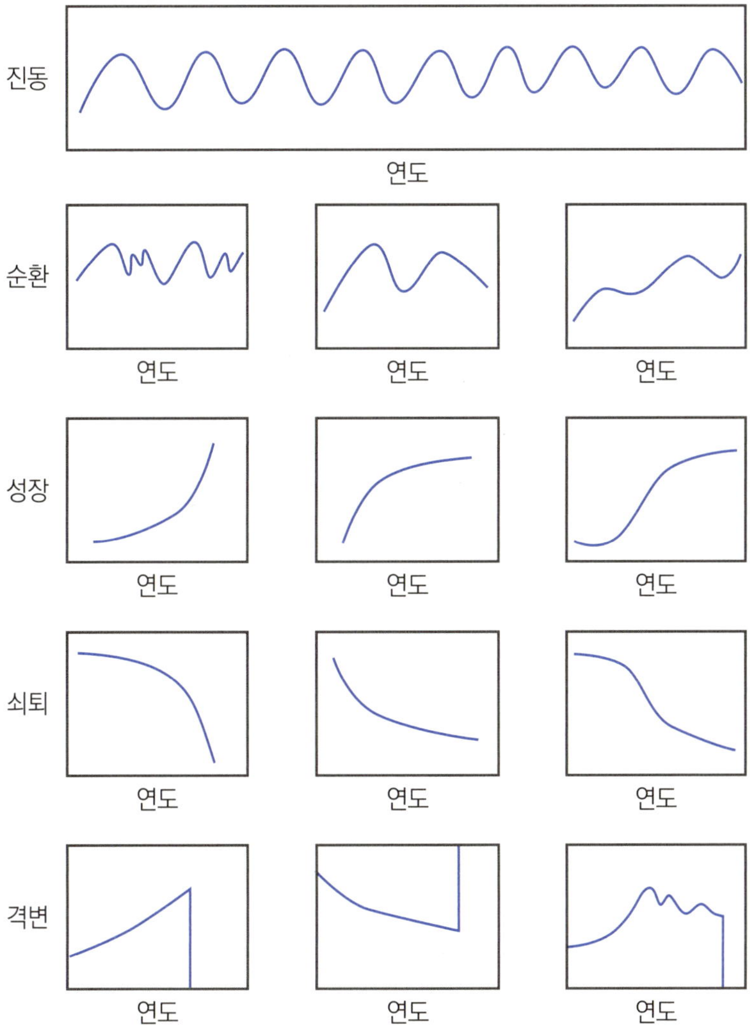

자료: Dunn(2018: 138)

> **잠깐!**
>
> **시계열 데이터 이상을 식별하는 'AI 모델' 자동으로 생성해 주는 인공지능 모델**
>
> 일반적으로 IoT 및 센서 데이터 또는 심박수 및 뇌파와 같은 생물학적 데이터를 포함할 수 있는 시계열 데이터는 복잡한 상호 연결이 있는 광범위한 유형의 정보로 구성된다. 즉, 시계열 데이터는 종종 심각한 변동성에 노출되어 데이터에서 의미 있는 패턴이나 이상이 발생하는 경우 식별하기 어렵다. 이에 프랑스 국립디지털과학기술연구소(National Institute for Research in Digital Science and Technology: Inria)와 일본 후지쯔 연구소(Fujitsu Laboratories)는 공동으로 IoT 디바이스, 센서 등에서 취득되는 시계열 데이터의 이상을 식별하는 인공지능(AI) 모델을 자동으로 생성하는 AI 기술을 개발했다.
>
>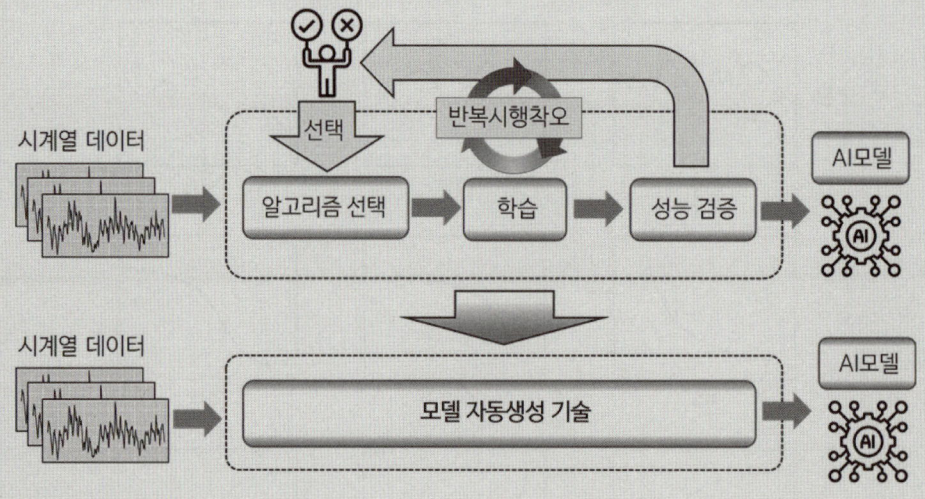
>
> 자료: 필자가 재구성함
>
> 이 기술은 프랑스 Inria가 개발한 데이터를 한 공간에 배치된 점의 집합으로 간주하고, 그 집합의 기하학적 정보를 추출하는 데이터 분석 방법인 토폴로지 데이터 분석(Topological Data Analysis: TDA) 기술에 후지쯔 연구소의 딥러닝 시계열 데이터 분석 기술을 활용하여 다양한 종류의 정보가 복잡하게 얽히는 시계열 데이터 중 이상 탐지에 필요한 정보를 자동으로 추출해 이상 현상을 탐지할 AI 모델을 자동 생성하는 기술

이다. 이 기술을 통해 전문 개발자와 엔지니어뿐만 아니라 일반 엔지니어도 쉽게 AI에 의한 시계열 데이터의 이상 탐지 모델과 분류 모델 생성이 가능해진 것이다. 또 구축 기간도 기존의 100분의 1로 줄일 수 있기 때문에 다양한 비즈니스 영역에서 AI 적용의 가속화가 기대된다. 현재 이 기술은 오픈 소스로 공개되어 있다.

아래 그림과 같이 구간의 시계열 데이터의 특징을 평면상에 매핑하여 나타냄으로써 시계열 데이터의 이상 여부를 쉽게 식별하는 데 도움을 준다.

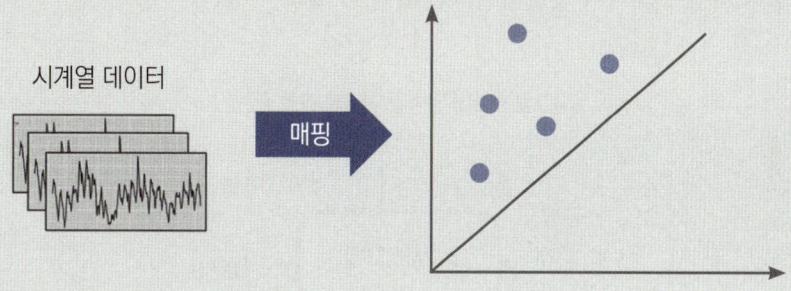

TDA 오픈소스(OSS, Open Source Software) : https://github.com/pmbaumgartner/open-tda.
자료: 인공지능신문(2020. 3. 23). https://www.aitimes.kr/news/articleView.html?idxno=15734. (2024. 2. 11.)

2. 이론적 예측

1) 이론적 예측의 의의

이론적 예측(theoretical prediction)은 경험적 증거나 직접적인 관찰이 아닌 이론적 틀이나 모델을 기반으로 미래 상태를 예측하는 방법이다. 이론적 예측은 과거의 관측된 데이터를 통하여 잠정적인 예측모형을 작성하고 미래를 추정하는 외삽적 예측과 달리 다양한 이론에 포함된 원인과 결과에 대한 가정(모델)에 기반하여 미래를 예측하는 방법이다. 시계열분석과 같은 외삽적 예측의 논리는 본질적으로 귀납적이지만 이론적 예측의 논리는 본질적으로 연역적이다.

연역적 논리는 특정한 부문에서 일반적인 진술(공리, 법칙, 명제)을 사용하여 예측을 포함한 다른 좀 더 구체적인 진술의 진실 또는 거짓을 정당화하는 추론의 한 형태이다. 즉, 이미 알려진 명제나 가정(모델)을 구체적인 사실에 적용하여 그 사실이 명제나 가정에 부합되는지 또는 위배되는지 추정하는 것이다.

이론적 예측은 이미 알려진 명제나 가정(모델)으로부터 추론하지만, 때로는 추론과 귀납이 상호 연관되어 있다. 즉, 이론적으로 확립된 모형을 실증적 연구(귀납적 접근)를 통하여 반복적으로 관찰되면 연역적 주장의 설득력은 상당히 높아진다. 귀납적 접근을 통하여 경험적 결과가 하나 이상의 가정에 의하여 뒷받침된다면 훨씬 더 설득이 있다.

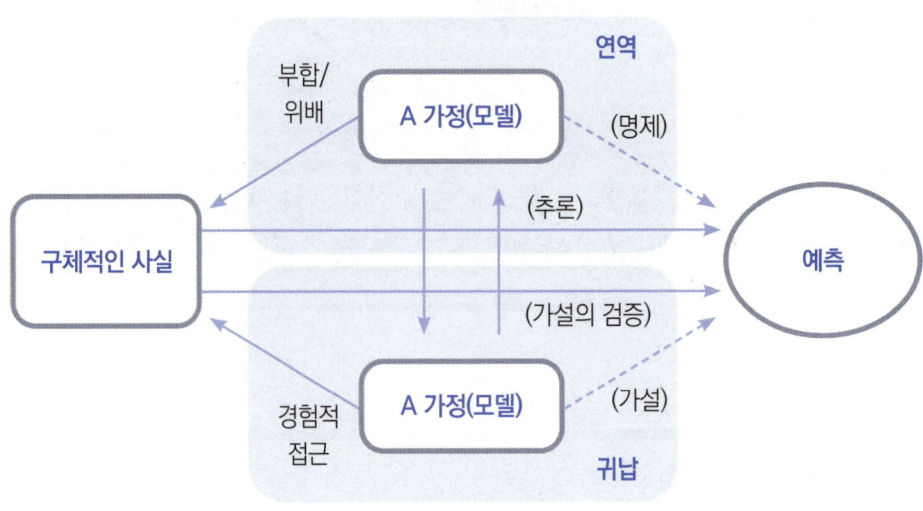

[그림 6-16] 연역과 귀납의 상호 관계

2) 이론적 예측의 방법

(1) 이론 지도 작성

이론 지도 작성은 분석가가 이론 또는 인과적 주장 내에서 주요 가정을 식별하고 배열하는 데 도움이 되는 방법이다. 이론 지도 작성은 수렴(convergent), 발산(divergent), 연속(serial) 및 순환(cyclic)의 네 가지 유형의 인과 주장을 밝히는 데 도움이 될 수 있다.

수렴 논증은 인과관계에 대한 두 가지 이상의 가정을 사용하여 결론이나 주장을 뒷받침하는 것이고, 발산 논증은 하나의 가정이 하나 이상의 주장이나 결론을 뒷받침하는 것이며, 연속 논증은 하나의 결론이나 주장이 하나의 주장이나 결론을 뒷받침하고 그 주장이나 결론이 또 다른 주장이나 결론을 뒷받침한다. 마지막으로 순환 논증은 연속 논증을 순환적 과정으로 뒷받침하는 것으로 순환 논증의 결과는 긍정적으로 또는 부정적으로 자기 강화적일 수 있다. 이 네 가지 논증 유형의 예측 상황에 따라 개별적으로 적용하여 추론할 수도 있고 수렴, 발산, 연속 및 순환 논증의 방법을 혼합하여 추론할 수도 있다(Dunn, 2018: 148).

[그림 6-17] 인과적 논거의 유형

인과적 주장이나 이론적 구조를 화살표 다이어그램 번호로 매개하여 연속적 과정으로 배열하여 설명할 수 있다. 인과적 추론의 논리구조를 주장(그러므로, 따라서)과 그 주장을 보증하는 가정(왜냐하면, 그렇기 때문에)의 연속으로 배열할 수도 있다. 이에 대한 예시로서 공공선택 이론가 오스트롬(Vincent Ostrom)이 정부기관의 비효율성을 설명하기 위하여 괄호 안에 논리적 지표를 제공하여 다음과 같은 주장을 제시하였다(Dunn, 2018: 149-150). 그는 털럭(Gordon Tullock)의 『관료제의 정치(*The Politics of Bureaucracy*)』(1965)에 대하여 (가정)합리적이고 이기적인 개인이 대규모 공공관료제에서 일어날 수 있는 사례를 분석하였다. 인간은 경제적·합리적 인간이기 때문에, (그러므로) 관료제 내의 개인은 승진할 수 있도록 경력 기회를 발전시키려는 야심 찬 공무원이다. (그리고) 승진은 상사의 호의적인 추천에 달려 있기 때문에 경력 지향적인 공직자는 상사를 기쁘게 하기 위하여 행동한다. (그렇기 때문에) 하급자는 상사에게 유리한 정보를 전달하려고 할 것이고, 불리한 정보는 삭제하게 된다. (사실) 정보 왜곡은 통제력을 약화시키고 다른 기대치를 생성한다. (따라서) 대규모 관료제는 오류가 발생하기 쉽고 빠르게 변화하는 상황에 적응하는 데 어려움을 겪게 될 것이다. (그렇기 때문에) 통제를 강화하여 관료주의의 오작동을 바로잡으려는 노력은 오류를 확대할 뿐이다. (그러므로) 규모에 대한 직무 성과가 낮을 것으로 예상할 수 있다. (왜냐하면) 조직이 커질수록 조직의 활동 중 산출물과 관련된 비율이 낮아지고 관리에 투입되는 노력의 비율이 커지기 때문이다(Dunn, 2018: 152).

[그림 6-18] 논거의 인과구조를 보여 주는 화살표 다이어그램

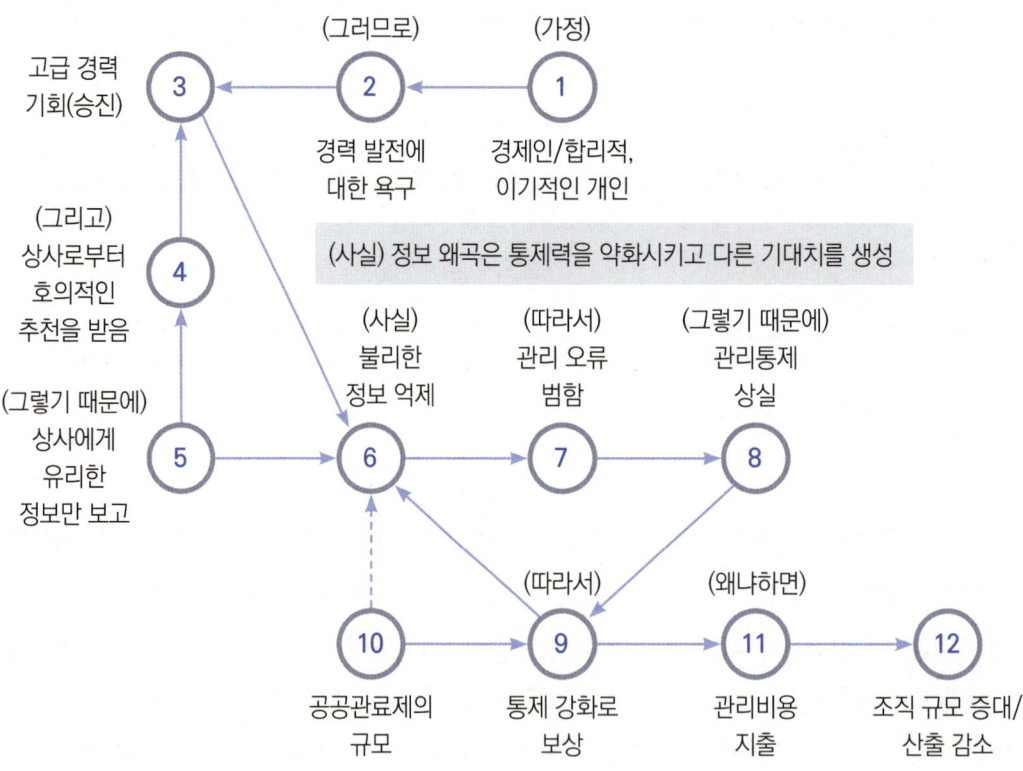

자료: Dunn(2018: 152)

(2) 이론적 모델링

이론적 모델링(theoretical modeling)은 이론의 단순화된 표현(모델)을 구성하기 위한 방법이다. 분석가는 이론에서 직접 이론적 예측을 하는 경우는 거의 없고 모델링을 통하여 추론하기 때문에 모델링은 이론적 예측의 필수적인 부분이다. 분석가는 이론으로 시작하는 반면, 그들은 미래의 사건을 예측하기 전에 이러한 이론의 모델을 개발한다. 이론을 테스트하는 과정에는 이론 자체가 아니라 이론의 모델을 구성하고 테스트하는 과정이 포함된다.

대부분의 이론적 예측 모델은 일부 가치 있는 결과를 최적화하기보다는 예측을 추구하기 때문에 기본적으로 설명적이다. 대부분의 경우 이러한 모델은 기호적으로, 즉 수학적 기호와 방정식의 형태로 표현한다. 우리는 "$Y = a + b(x)$"와 같은 시계열의 회귀식 모델을 살펴보았듯이, 정책분석에서는 인과모델을 비롯하여 다양하게 개발된 인과모델을 통하여 이론적 논거를 기반으로 미래를 예측하는 데 이용한다(Dunn, 2018: 152-153).

(3) 인과모델

인과모델(causal models)은 정책의 결과를 설명하고 예측하려는 이론을 단순화하여 표현한 것이다. 좋은 인과모델은 다음의 세 가지 조건을 갖추어야 한다. 첫째는 정책이 결과보다 시간적으로 선행되어야 한다. 정책이 시행된 이후 문제 해결이나 바람직한 상태로 가져오는 결과로 이어져야 한다. 둘째는 독립변수와 종속변수의 공변관계, 즉 정책과 결과가 상관관계를 가져야 한다. 셋째는 정책을 제외한 어떤 요인(외생변수, 제3의 변수)도 결과에 영향을 미치지 않고 정책만이 결과에 순수한 영향을 미쳐야 한다. 이상의 세 가지 조건을 갖춘 모델일수록 정책의 효과를 좀 더 잘 설명하고 예측할 수 있다.

인과모델은 원인변수(독립변수)와 결과변수(종속변수)만으로 이루어질 수 있고, 그 사이에 매개변수나 조절변수가 개입되어 직접 및 간접 효과를 가정하는 일련의 경로(path)를 갖는 구조로 형성된다. 이와 같이 변수 간 경로 구조를 분석하는 것을 경로분석(path analysis)이라고 한다.

다음 [그림 6-19]와 같은 인과모델은 독립변수, 매개변수, 종속변수 등 세 변수가 직접 효과 및 간접 효과의 경로를 가진다는 가정으로 구성되었으며, 두 변수 간 경로의 방향은 부호(+, -)로 나타내며, 부호 중 긍정적 또는 정의 효과는 (+), 부정적 또는 부의 효과는 (-)로 나타낸다.

첫 번째 모델의 직접 효과는 직무 스트레스는 이직 충동에 영향을 미치고, 간접 효과는 조직구성원의 직무 스트레스는 직무 만족에 영향을 미치고 직무 만족은 이직 충동에 영향을 미친다는 가정이다. 이 인과모델에 따르면, 직무 스트레스는 직무 만족을 낮추고(-), 직무 만족이 낮으면 이직 충동이 증가(+)될 것이라는 가정이기 때문에, 조직관리자는 조직구성원들이 이직 충동을 갖지 않도록 직무 스트레스를 낮추고 직무 만족을 높일 수 있는 관리 전략을 마련하여야 할 것을 주장할 수 있다.

두 번째 인과모델의 직접 효과는 감정적 불일치는 직무 만족에 부정적 영향을 미친다는 가정이고, 간접 효과는 감정적 불일치는 직무 스트레스를 높이고 높은 직무 스트레스는 직무 만족을 낮춘다는 가정이다. 이 가정에 따르면, 조직관리자는 조직구성원들이 감정적 불일치를 갖지 않도록 서로의 감정을 이해하고 공감하는 감성관리 전략을 마련할 것을 주장할 수 있다.

세 번째 인과모델의 직접 효과는 지역의 인구 유출이 지역공동체 붕괴에 영향을 미친다는 가정이고, 간접 효과는 인구 유출이 인구가 감소되고 인구 감소는 지역공동체 붕괴에 영향을 미친다는 가정이다.

[그림 6-19] 인과모델

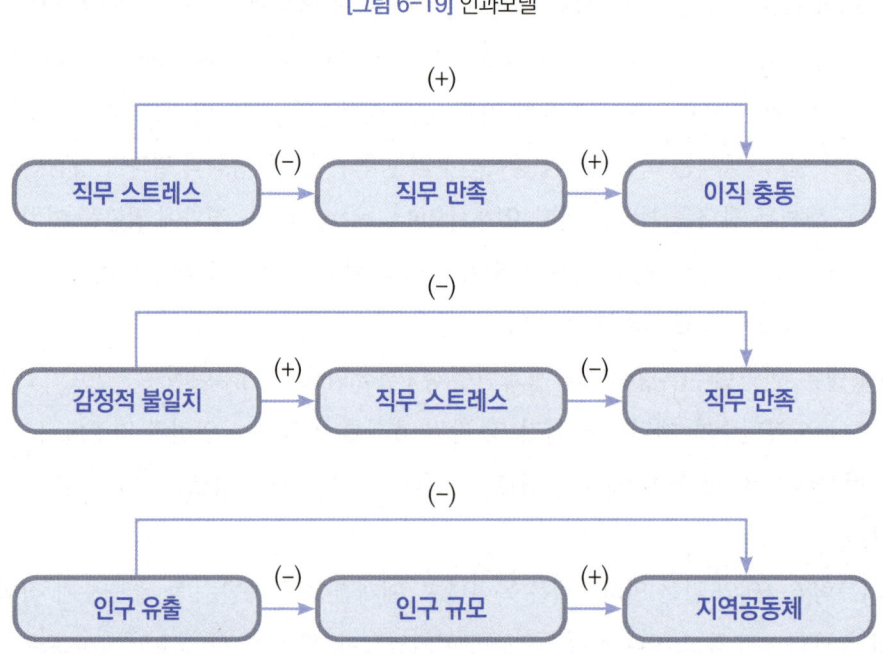

인과모형은 독립변수가 하나인 경우가 있고, 독립변수가 2개 이상 상호 작용을 하면서 매개

변수 및 종속변수에 영향을 미친다는 경우도 있다. [그림 6-20]과 같이 개방적 조직분위기와 합리적 보상 체계의 두 독립변수는 상호 작용하면서 지식 공유를 거쳐 조직 성과에 영향을 미친다는 간접 효과의 가정과 또한 독립변수가 조직 성과에 직접 영향을 미친다는 가정으로 구성되어 있다.

[그림 6-20] 조직분위기와 합리적 보상 체계가 지식 공유 조직 성과에 미친 영향

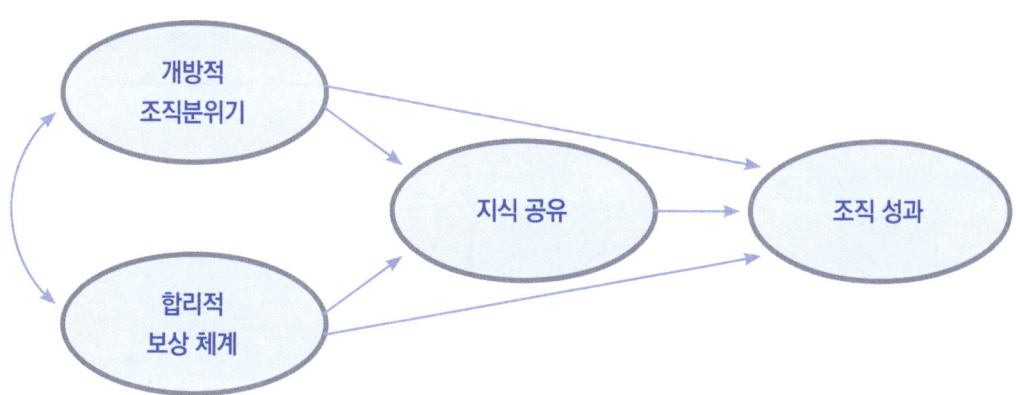

(4) 상관분석과 회귀분석

위 인과모델을 검증하기 위하여 분석에 이용하는 대표적인 방법이 회귀분석이다. 회귀분석(regression analysis)은 인과모델을 이용하여 통계적으로 변수들 사이의 인과관계(원인과 결과의 관계)를 검증하고 그 영향 정도를 추정하는 분석 방법이다. 회귀분석과 함께 두 변수의 관계의 방향과 관계 정도를 파악하는 것이 상관분석(correlation analysis)이다. 상관분석은 통계적으로 두 변수 간 상호 관계(상관관계) 정도와 방향(+, -)을 알 수 있지만, 어떤 변수가 원인에 해당되고 결과에 해당되는지에 관한 정보는 알 수 없다. 그러나 회귀분석은 이론적 논거에 의하여 독립변수와 종속변수가 확인되고 독립변수가 종속변수에 통계적으로 유의적 영향을 미치는지를 분석하여 검증한다. 따라서 상관관계는 인과관계를 위한 필요 조건이지 충분 조건은 아니다. 즉, 상관관계가 존재한다고 하여 반드시 인과관계가 존재하는 것이 아니라 존재할 수도 있고 또는 존재하지 않을 수도 있다. 회귀분석은 이론적 타당성에 기반하여 형성된 인과모델이 경험적으로 타당한지를 검증하는 분석 방법이다. 그러므로 회귀분석은 연역적 방법을 귀납적 방법으로 연결시키고 분석 결과를 통하여 다시 연역적 방법으로 추론하는 방법이다.

[그림 6-21] 상관관계의 정도

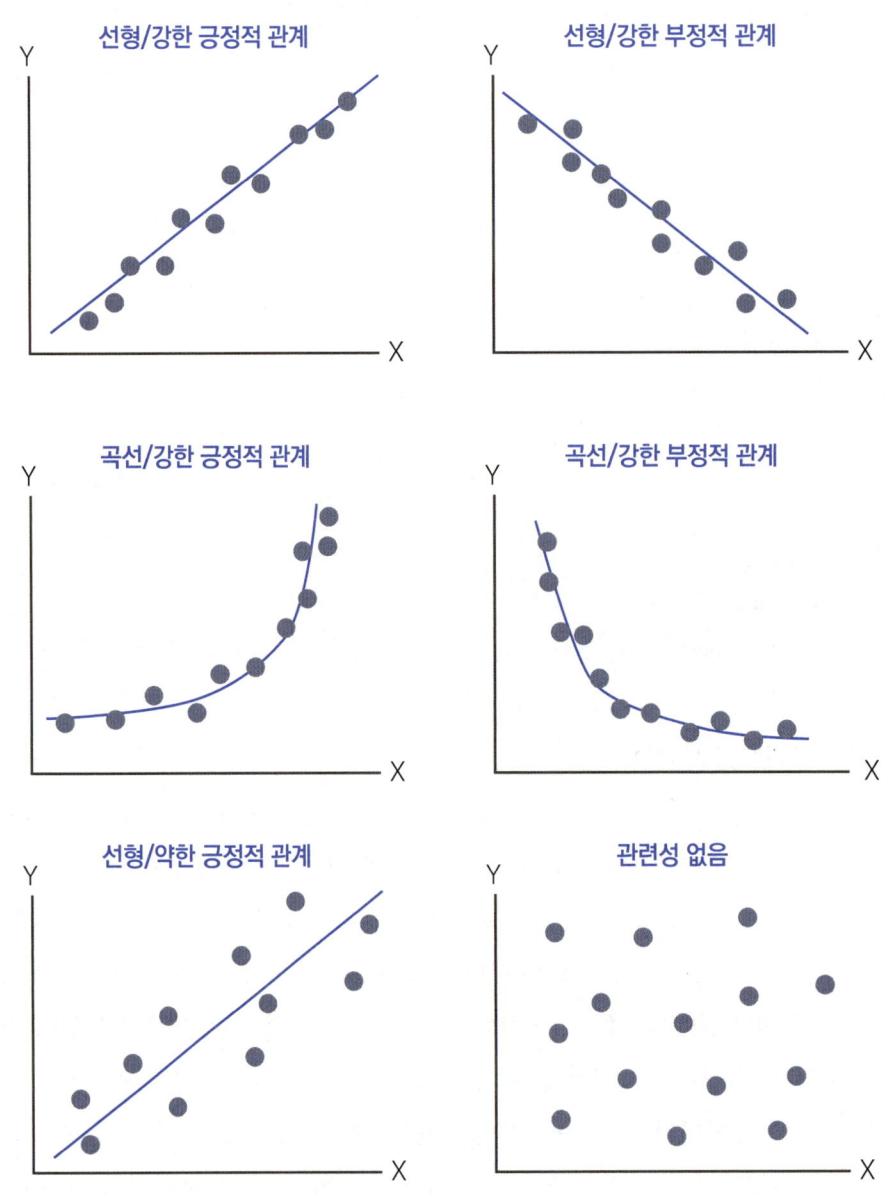

자료: Dunn(2018: 157)

(5) 구조방정식모델

분석가는 인과모델의 검증을 위하여 먼저 변수 간 관계에 대한 논리적 근거를 찾아야 하고 변수 간 위치를 확인하며, 변수에 대한 개념적 정의와 조작적 정의(측정지표 및 측정 문항)를 통하여 측정한다. 복수의 문항으로 측정된 변수에 대해서는 신뢰도 분석과 요인분석을 통하여 측정 문항을 검증하고 유의적인 문항을 통한 최종 평균치로써 개별적으로 상관분석, 경로 간 회귀분석을 실시한다. 하지만 구조방정식모델(structural equation modeling)은 이런 과정을 생략하여 요인분석, 상관분석, 회귀분석을 병합하여 모델의 적합도와 변수 간 영향 관계와 정도에 관한 정보를 파악할 수 있는 분석 방법이다.

회귀분석과 구조방정식모델의 첫 번째 차이점은 회귀분석은 변수를 구성하는 개별 측정 문항들(측정변수라고도 한다)의 평균치를 이용하지만 구조방정식모델은 변수를 구성하는 개별 측정 문항과 잠재변수의 관계를 표시하고 측정변수와 잠재변수의 관계뿐 아니라 잠재변수들 간 영향 정도를 분석한다. 두 번째 차이점은 회귀분석은 독립변수들(개방적 조직분위기와 합리적 보상 체계)과 매개변수(지식 공유)의 영향 관계를 분석하고, 또다시 매개변수와 종속변수(조직 성과)의 영향 관계를 분석하지만 구조방정식모델은 인과모델이 어떤 구조라도 모든 변수 간 관계를 한꺼번에 분석한다. 세 번째 차이점은 모형의 적합도에 대하여 회귀분석은 독립변수들과 매개변수의 관계, 매개변수와 종속변수의 관계별로 적합도를 제시하지만 구조방정식모델은 인과모델의 전체 적합도를 제시한다.

[그림 6-22] 구조방정식모델(예시)

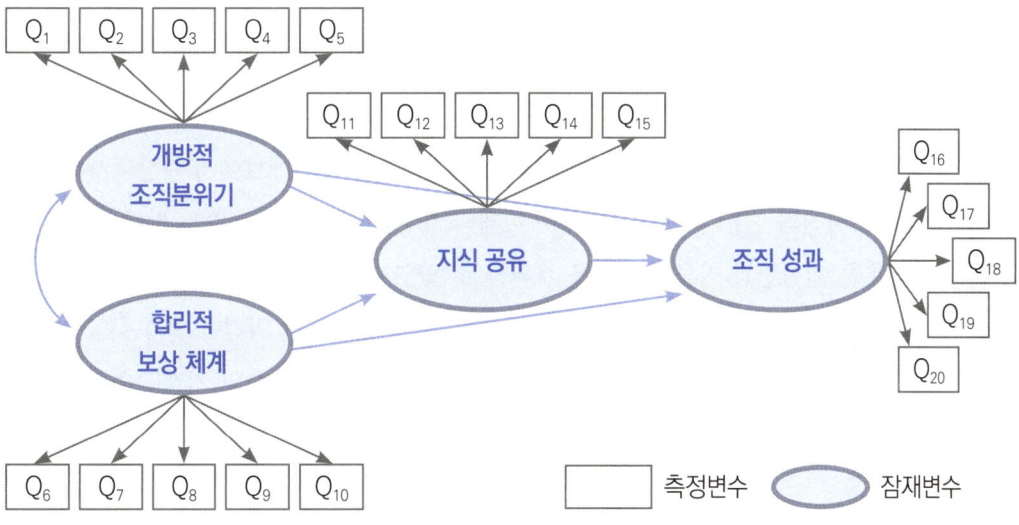

제7장
정책대안의 판단적 예측 방법

제6장에서 정책대안의 예측 방법으로 시계열분석 중심의 외삽법과 이론적 논거에 의한 가정과 명제에 비추어 추론하는 이론적 예측 방법을 살펴보았다. 외삽법은 관측된 과거의 데이터의 패턴을 통하여 미래를 예측하는 것이고 이론적 논거에 따라 추론하는 방법은 이미 확립된 명제와 규칙에 비추어 예측하는 것이기 때문에 이 두 가지 방법의 공통점은 과거의 확립된 가정이나 데이터에 의존한다는 것이다. 이러한 예측 방법은 경험적을 토대로 확립된 정형적 틀에 의하여 미래를 예측하는 데 도움을 줄 수 있는 반면 전혀 경험도 없는 새로운 비정형적 상황을 맞이하는 경우나 관측된 과거 데이터도 없는 경우 한계에 이를 수밖에 없다. 이와 같이 과거 데이터도 없고 이론적 추론으로 접근하기 곤란한 경우 전문가 및 이해관계자 중심의 통찰력과 주관적 판단에 따라 예측할 수 있다.

판단적 예측은 전문가 및 지식이 풍부한 사람들로부터 그들의 판단을 이끌고 종합하는 방법이다. 판단적 예측은 통계적 모델이나 알고리즘에만 의존하기보다는 전문가의 통찰력, 경험, 지식, 직관을 통합하여 예측하며, 경우에 따라 정량적 방법을 보완하는 방법으로 이용하기도 한다. 예를 들어, 투자 여부 결정에서 분석가는 정량적 모델과 자신의 판단을 모두 사용하여 주식이나 자산의 미래 성과를 예측할 수 있고, 마찬가지로 일기예보에서 기상학자는 데이터 기반 모델을 자신의 전문 지식과 결합하여 미래의 기상 조건을 예측할 수도 있다.

판단적 예측은 외삽법과 이론적 예측을 보완할 수 있고 새로운 비정형적 예측 상황에서 유용한 접근법이지만 예측 과정에 참여하는 사람의 편견이나 주관적인 의견이 예측에 영향을 미칠 수 있는 한계도 있다. 따라서 판단적 접근 방식과 엄격한 통계분석 및 기계학습기술(AI)을 결합하면 더 정확한 예측을 얻을 수 있다.

제7장 **정책대안의 판단적 예측 방법**

1. 델파이 기법

1) 델파이 기법의 의의

(1) 개념

그리스 신탁이 미래를 예견하려고 하였던 델파이에 있는 아폴로 신전의 이름을 딴 델파이 기법(Delphi technique)은 1948년 랜드연구소(RAND Corporation)의 연구원들이 개발하였으며, 이후로 공공, 민간, 비영리 등 다양한 부문에서 예측 프로젝트에 사용되었다. 델파이 기법은 불확실성이 있고 여러 전문가집단의 의견이 필요한 상황에서 예측이나 의사결정에 사용되는 구조화된 방법으로서 복잡한 문제 또는 특정 주제에 대한 전문가 의견을 체계적으로 수집하고 개선하기 위한 방법이다.

원래 델파이 기법은 군사 전략 문제에 적용되었으나 점차 교육, 기술, 마케팅, 운송, 대중매체, 의학, 정보 처리, 연구개발, 우주 탐사, 주택, 예산 책정, 그리고 삶의 질 등 다양한 문제에 대한 전문가 그룹의 의견을 체계적으로 정리하여 예측하기 위한 방법으로 이용되고 있다. 전통적으로 경험적 데이터를 기반으로 예측을 검증하기 위하여 전문가의 지식과 경험 활용을 강조한 반면, 델파이는 1960년대에 가치를 예측하는 문제에 적용되기 시작하였다. 델파이 기법이 개발된 배경에는 한 명 또는 여러 사람에 의한 집단의 지배, 또래집단 의견을 따르라는 압력, 성격 차이 및 대인 관계의 갈등, 권위 있는 위치에 있는 사람을 공개적으로 반대하는 어려움 등 집단에서 발견되는 왜곡된 의사소통의 여러 원인을 피하고자 설계되었다(Dunn, 2018: 165).

(2) 델파이 기법의 필요성

델파이 기법은 전문가들의 집단적 의견을 종합하는 과정이다. 전문가들의 의견일지라도 완전한 지식과 정보를 바탕으로 제시하는 것이 아니라 불완전하고 미흡한 지식과 정보를 바탕으로 제시할 수 있다. 따라서 다수의 전문가가 모여서 의견을 교환하면 한 사람의 의견보다 오류를 줄일 수 있다는 장점이 있다.

그러나 면대면의 집단적 의견 교환 과정의 단점으로는 정보의 원천이 오염되어 다수 전문가에게 전파되고 그 정보를 바탕으로 예측하면 오류를 범할 수 있으며, 다수의 의견이 잘못된 경우에도 그 의견이 다수결 원리에 따라 사회적 압력으로 행사될 우려가 있으며, 그 모임을 주도하는 강한 주장에 묵인하거나 동조하는 현상을 가져올 수 있다. 델파이 기법은 이러한 한계를 보완하고자 익명성을 보장하여 창조적 의견을 생성하기 위한 방법이다.

〈표 7-1〉 전문가 집단의 의견을 통한 예측의 장단점

장점	단점
- 한 명의 전문가보다 여러 전문가가 가진 지식과 정보를 활용하면 오류를 줄이고 예측의 질을 높임. - 한 개인보다 여러 전문가의 많은 요인(주관, 신념, 통찰력, 경험)을 고려 - 활발한 의사소통으로 사전에 예측 오류의 감소 - 집단지성의 이용	- 오염된 정보가 다수 전문가에게 전파되고 이용될 가능성이 높음. - 다수 의견이 잘못된 경우에도 그 의견이 사회적 압력으로 행사될 우려가 있음. - 한 두 사람의 강한 성격의 소유자가 그 집단의 결론에 영향을 미칠 우려(눈치게임) - 몇몇 이해관계자의 의견이 다수 의견으로 형성될 가능성 우려(집단동조 현상) - 집단사고 및 편향성

[그림 7-1] 집단의 전통적 의사결정과 델파이 기법의 비교

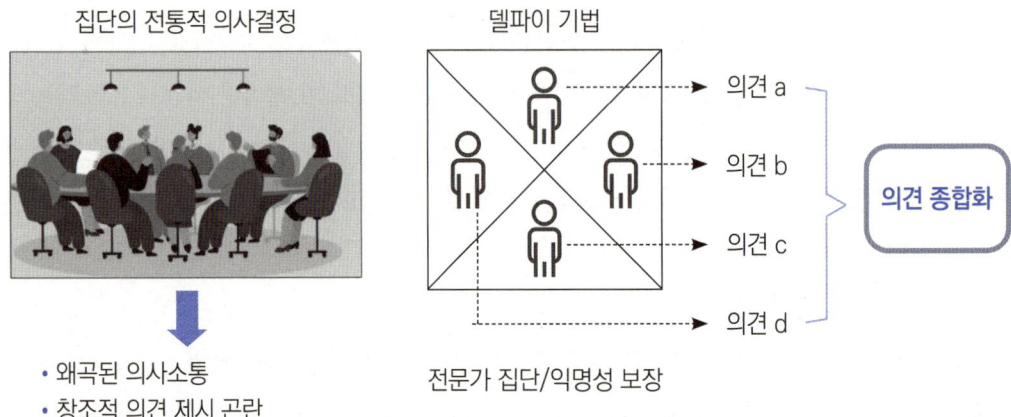

- 왜곡된 의사소통
- 창조적 의견 제시 곤란

전문가 집단/익명성 보장

(3) 델파이 기법의 원칙

델파이 기법을 적용하기 위해서는 다음과 같은 기본 원칙에 기반하여야 한다(Dunn, 2018:

165-166).

첫째, 참여의 익명성을 확보하여야 한다. 델파이 기법에 참여하는 전문가 또는 지식이 풍부한 사람은 다른 사람의 주장이나 의견에 영향을 받지 않고 자유롭게 창조적인 의견을 제시할 수 있도록 익명성이 유지되어야 한다.

둘째, 반복과 발전 과정이어야 한다. 개별 전문가의 판단(의견)은 집계되어 일련의 라운드를 통하여 참여 전문가에게 다시 전달되므로 사회적 학습과 이전 판단 수정이 가능해진다.

셋째, 통제된 피드백이어야 한다. 다양한 의견이 집계되고 수정되어 종합적 판단으로 이르기까지는 질문에 대한 응답의 요약 측정(예: 응답 빈도 분포)의 형태로 진행된다.

넷째, 통계적인 집단 반응으로 이루어진다. 라운드별 의견 반응의 요약은 중심 경향(평균이나 중앙치)이나 빈도 분포(히스토그램) 측정의 형태로 표시된다.

다섯째, 전문가 합의로서 최종 의견이 창안된다. 델파이 기법의 핵심 목표는 전문가 간의 합의가 최종 결과물로 나타날 수 있는 조건을 만드는 것이다.

[그림 7-2] 델파이 기법의 원칙

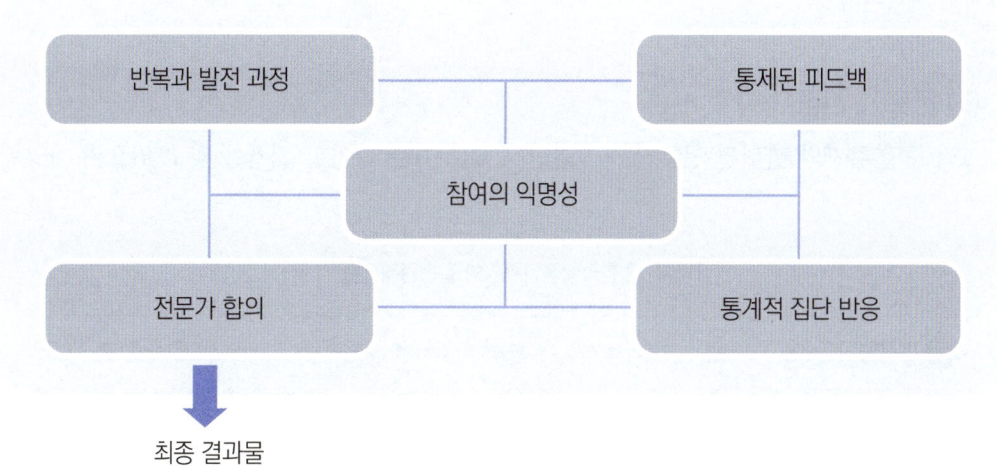

(4) 델파이 기법의 장단점

델파이 기법은 익명성, 반복적 프로세스, 편향 감소, 유연성 등의 장점을 제공한다. 익명성이 확보된 상태에서 전문가는 타인의 비판이나 영향을 두려워하지 않고 자유롭게 자신의 의견을 표현할 수 있으며, 반복적 의견 제안 프로세스로 인하여 시간이 지남에 따라 의견이 개선되고 수렴될 수 있다. 델파이 기법은 의견을 종합하고 피드백을 제공함으로써 편견과 극단적인 관점을 완화할 수 있으며, 다양한 상황과 문제에 맞게 조정할 수 있다는 장점이 있다.

이와 같은 장점에도 불구하고 델파이 기법은 장시간의 소요와 집약적 자원 필요, 전문가의 선택 편향, 집단사고 가능성의 단점도 있다. 델파이 기법은 반복적 의견 제안, 종합화, 피드백의 과정에서 많은 시간이 소요되고, 이에 따라 관리하는 데 상당한 자원과 노력이 필요하며, 전문가를 선택하는 기준이 모호한 경우 전문가의 선택이 편향적일 수 있고 익명성을 유지하려는 노력에도 불구하고 익명성이 노출될 경우 집단사고로 인하여 비판적 평가를 희생하면서 절충이나 합의로 이어질 수 있다는 단점도 있다.

2) 델파이 기법의 절차

델파이 기법은 전문가의 창조적 의견을 개발하고 피드백하여 의견을 발전시켜 종합화하는 과정이다. 따라서 델파이 기법은 여러 차례의 질문과 피드백의 반복이 포함되는 데 일반적인 절차는 다음과 같다.

(1) 전문가 선정

고려 중인 주제와 관련된 전문가를 식별한다. 전문가는 다양한 배경을 갖고 있으며 다양한

[그림 7-3] 한국행정연구원의 갈등관리 전문가 풀

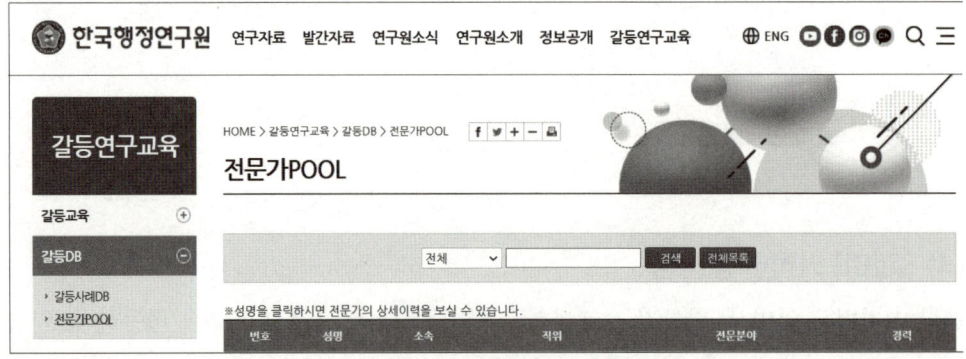

자료: https://www.kipa.re.kr/site/kipa/conflict/selectPoolList.do. (2024. 2. 14.)

관점을 가질 수 있지만 해당 주제에 대한 전문 지식을 갖추고 있어야 한다. 전문가는 상대적으로 지식과 경험이 많은 사람이며, 분석가는 평소 각 분야 전문가 풀(pool)을 구축해 두거나 학술단체(학회) 및 연구기관(대학 포함)을 통하여 식별할 수 있다.

(2) 질문 개발

델파이 진행자는 전문가로부터 통찰력과 의견을 수집하기 위하여 문제 및 주제와 관련된 개방형 질문지(설문지)를 개발한다. 설문지는 주제에 관한 의견, 예측 또는 평가를 요청할 수 있으며, 상세하고 사려 깊은 답변을 장려하는 방식으로 구성하는 것이 적절하다.

〈표 7-2〉 인구 감소에 대한 전문가 의견 조사지(예시)

우리나라는 모든 지역에서 매년 합계 출산율 급감으로 인하여 인구가 감소되고 있으며 전통적 지역공동체 규모를 유지하기 어려운 상황을 맞이하고 있습니다. 인구 감소는 사회 전체의 다양한 부문에 영향을 미치고 있어 정부는 다양한 대응책을 강구하고 있습니다.
○○ 분야의 전문가이신 선생님께서는 인구 감소에 대한 적절한 대응 방안이 무엇이라고 생각하는지 아래 빈칸에 자유롭게 제시하여 주시면 고맙겠습니다. 제시한 의견은 익명으로 처리됩니다.

(3) 1라운드(1차 질문 제시)

델파이 진행 절차에서 첫 번째 라운드에서는 전문가 패널에 설문지를 보내는 작업이 포함된다. 각 전문가는 질문에 독립적으로 응답하여 자신의 의견, 통찰력, 때로는 답변에 대한 증거나 근거를 제공한다.

(4) 1차 질문의 집계 및 요약

진행자는 1차 라운드에서 응답을 수집한 후 정보를 집계(빈도분포)하고 요약한다. 응답 결과는 익명으로 처리되며, 요약은 불일치 또는 차이가 있는 영역과 함께 의견의 발전을 위하여 요

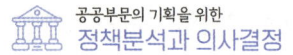

약된 응답 결과를 전문가에게 다시 보낸다.

(5) 2차, 3차 등 반복 피드백

여러 차례의 질문과 피드백을 통하여 프로세스가 계속된다. 각 후속 라운드에서 전문가는 동료가 제공한 피드백을 고려하여 전 라운드 응답을 재고할 수 있는 기회를 갖는다. 이 반복적인 진행 과정은 합의에 도달하거나 미리 결정된 중지 지점에 도달할 때까지 계속된다.

(6) 합의 및 보고

델파이 진행 절차는 전문가 간의 합의에 도달하는 것을 목표로 한다. 여기에는 특정 지점에 대한 의견 수렴, 불일치 영역 식별, 받은 피드백을 기반으로 예측 개선이 포함될 수 있다. 합의가 이루어지거나 진행 과정이 끝나면 진행자는 델파이 연구 결과를 요약한 최종 보고서를 작성한다.

[그림 7-4] 델파이 기법의 진행 절차

가. 전문가 선정
↓
나. 질문 개발
↓
다. 1라운드(1차 질문 제시)
↓
라. 1차 질문의 집계 및 요약
↓
마. 2차, 3차 등 반복 피드백
↓
바. 합의 및 보고

3) 정책델파이

(1) 의의

정책델파이(policy Delphi)는 전통적인 전문가 패널을 확장하여 다양한 의견을 가진 대중을 참여하는 것을 포함한다. 여기에는 고려 중인 주제에 따라 이해관계자, 지역사회 구성원 또는 일반 대중이 포함될 수 있다. 정책델파이는 주제에 대한 다양한 관점과 잠재적으로 좀 더 포괄적인 통찰력을 얻기 위한 방법이며, 진행자는 온라인 플랫폼이나 공개 회의를 이용하여 더 넓은 범위의 참가자로부터 의견과 피드백을 구할 수 있다. 그러나 다양하고 규모가 큰 참가자들이 참여하는 경우 진행 절차를 관리하고 입력 품질을 보장하는 것이 더 어려울 수 있다는 한계도 있다.

(2) 특징

정책델파이는 전통적 델파이 기법을 확장하는 방법이지만 정책 문제의 복잡성과 주장의 잠재적인 갈등 상태를 표면화하는 데 관심을 둔다. 정책델파이에서 갈등은 창조적 대안 탐색의 시발점으로 인식하며 정책 이슈의 정상적인 모습이라고 가정한다. 전통적 델파이가 최종적으로 합의를 도출하는 데 관심을 두는 반면, 정책델파이는 견해 차이가 어느 정도인지를 파악하는 데 관심을 둔다. 따라서 결과에는 제한이 없으며, 합의가 이루어질 수도 있고 갈등이 계속될 수도 있다. 전통적 델파이와 달리 정책델파이가 갖는 특징은 다음과 같다(Dunn, 2018: 166-167).

가. 선택적 익명성

전통적 델파이는 모든 참여 라운드가 익명으로 처리되지만 정책델파이의 참가자는 첫 번째 또는 두 번째 라운드 동안에만 익명으로 유지된다. 정책에 대한 논쟁이 표면화된 후 참가자들은 자신의 견해를 공개적으로 토론하도록 요청받는다.

나. 이해 대표자 선택

전통적 델파이는 전문가를 중심으로 이루어지지만 정책델파이는 전문성보다는 주제에 이슈에 대한 정보를 가지고 헌신적으로 참여하는 옹호자들의 대표 그룹을 선택하려고 시도한다.

다. 양극화된 통계적 반응

정책델파이는 개인의 판단을 요약할 때 의도적으로 불일치와 갈등을 강조한다. 전통적 델파이는 의견에 대한 집계 결과를 척도(평균이나 중앙치)로 사용할 수 있지만, 정책델파이는 개인 간의 다양한 상대적 거리와 차이를 나타낸다.

라. 구조화된 갈등

정책델파이에서 갈등은 정책문제의 일반적인 특징이라는 가정에서 출발하여 대안과 그 결과를 창의적으로 탐색하기 위하여 불일치를 활용하려는 모든 시도가 이루어진다. 입장의 기초가 되는 가정과 주장을 표면화하고 공개적으로 명시화하려는 노력이 이루어진다. 정책델파이는 합의와 갈등의 지속이 프로세스의 결과일 수 있다.

마. 온라인 회의

정책델파이에서는 대면회의도 할 수 있지만 가능하다면 온라인 컴퓨터 장치를 사용하여 물리적으로 분리된 개인 간의 지속적인 상호 작용을 진행할 수 있다. 컴퓨터를 활용한 온라인 회의를 사용하면 일련의 델파이 라운드(1차, 2차, 3차 등)를 단축하거나 필요하지 않을 수 있다.

〈표 7-3〉 전통적 델파이와 정책델파이의 비교

구분	전통적 델파이	정책델파이
의견 조사	환류적 의견 조사의 반복적 과정	
통제된 환류	판단을 종합하여 전달할 때는 응답 결과를 통계적인 수치로 제시	
참가자	동질적인 전문가집단	정책 이슈(주제)에 대한 다양한 이해관계자
의견 합의	합의 도출	잠정적인 해결책에 대한 강력한 반대 의견 창출
익명성 여부	처음부터 끝까지 익명성 확보	초기에는 익명으로 응답하지만 대안들에 대한 주장이 표면화된 후에는 참가자들이 공개적으로 토론(선택적 익명성)

(3) 절차

정책델파이는 정책문제의 상황과 사람의 특성 그리고 기술에 따라 다양한 방법으로 수행할 수 있다. 일반적인 정책델파이의 진행 절차는 다음과 같다(Dunn, 2018: 167-171).

가. 1단계 : 이슈 사항 결정

정책델파이의 진행자(연구자, 분석가)는 어떤 특정 문제를 해결하여야 하는지 결정하여야 한다. 예를 들어, 촉법소년 연령을 14세에서 13세로 낮추는 것일 수 있다.

나. 2단계 : 주요 이해 옹호자의 선정

이슈에 대한 주요 이해관계자를 선정하여야 한다. 상충되는 입장을 나타내는 이해관계자 그룹을 선택하려면 누적추출(snowball sampling)과 같은 명시적인 샘플링 절차를 사용하는 것이 적절하다. 진행자는 일반적으로 이슈 영역에서 영향력이 있는 것으로 알려진 옹호자 한 명을 식별하고 그 사람에게 이슈 사항에 동의하거나 동의하지 않는 다른 두 명의 이름을 지정하도록 요청하는 것으로 시작한다. 이해관계자의 이슈 위치는 상대적 영향력, 공식적 권한, 집단의 소속 측면에서 최대한 달라야 한다. 표본의 규모는 문제의 성격에 따라 다르지만 10명에서 30명까지 다양하며, 문제가 더 복잡할수록 참가자가 더 이질적일수록, 이해관계자의 입장을 대표하기 위해서는 더 큰 표본이 필요하다.

다. 3단계 : 설문지 설계

정책델파이는 일련의 두 번 이상의 라운드에서 이루어지기 때문에 진행자는 첫 번째 라운드와 후속 라운드에서 사용할 설문지에 어떤 항목을 넣을지 결정하여야 한다. 그러나 2차 설문지는 1차 결과를 분석한 후에만 개발하며 3차 설문지도 2차 결과를 기다려야 한다. 이러한 이유로 1차 설문지만 미리 작성할 수 있는데, 설문의 척도는 이슈에 대하여 의견이 상충되거나 갈등 상태를 표면화하기 위한 도구로 사용되어야 하기 때문에 중립적인 척도(중간 응답)는 허용하지 않는다.

1차 설문지에 포함될 수 있는 질문의 유형은 문제의 성격에 따라 다양하다.
① 예측 : 특정 사건의 발생 가능성에 대한 주관적인 추정을 요구하는 항목
② 이슈 : 응답자들에게 중요도에 따라 이슈 순위를 매기도록 요청하는 항목
③ 목표 : 특정 목표를 추구하는 것이 바람직한지에 대한 판단을 요청하는 항목
④ 실현가능성 : 응답자에게 목표 달성을 위한 수단의 타당성에 대한 판단을 묻는 항목

설문지 문항의 구성은 개별 척도와 척도 집합 전체의 내적 일관성(신뢰도)은 물론 타당도를 평가하는 사전 검증 과정도 필요하다.

<표 7-4> 정책델파이 설문지에 사용되는 항목 및 척도 유형(예시)

유형	질문	척도
예측	우리 사회는 2020년 '코로나19'의 감염병 발병으로 인한 사회적 재난을 경험하였으며 또한 지능정보기술의 발전으로 디지털 전환시대를 맞이하여 공공부문과 민간부문에서는 비대면 업무가 확대되고 있다. 금융기관은 디지털 금융 업무를 실현하고 비용 절감을 위하여 대면점포를 축소하고 있다. 금융기관은 앞으로 대면점포 축소를 증가할까요?	.0 .10 .20 .30 .40 .50 .60 .70 .80 .90 1.0
이슈	노령인구 증가로 디지털 격차 세대를 위해 대면점포 축소를 재고하여야 한다는 주장이 제기되고 있다. 이 주장에 대한 귀하의 의견은?	1. 강하게 동의 2. 동의함 3. 부동의 4. 강하게 부동의 0. 의견 없음
목표	대면점포 축소 고려는 디지털 격차 세대의 디지털 정보의 보편적 접근성을 보장하는 데 있다. 이 목표는 적절하다고 보는가?	1. 매우 적절함 2. 적절함 3. 부적절함 4. 매우 부적절함 0. 의견 없음
실현가능성	대면점포 축소는 지역의 인구 특성(노령인구)을 고려하여야 하며, 전국적으로 일괄적 적용은 고려하여야 한다는 의견이 제시되었다. 이 정책대안의 실현가능성은?	1. 확실히 실현 가능함 2. 대체로 실현 가능함 3. 대체로 실현 불가능함 4. 확실히 실현 불가능함 0. 의견 없음

라. 4단계 : 1차 결과 분석

첫 번째 라운드 이후 설문지가 회수되면 예측자는 예측, 문제, 목표 및 타당성에 대한 응답 결과를 분석한다. 1차 분석 결과에서 응답 의견이 유사하거나 같은 입장을 가진 옹호집단을 분류하고(예: 가능성 예측의 경우 0.6 이상의 응답자는 1, 2, 3, 4, 6, 9, 10번 등이고 5 이하의 응답자는 5,

7, 8번 등이다), 2차 질문에서는 다른 입장을 갖게 된 이유와 증거를 제공하도록 요청한다.

<표 7-5> 1차 정책 델파이의 응답 결과(가상)

응답자	가능성 예측	이슈의 동의	목표의 적절성	실현가능성
1	0.6	1	1	2
2	0.7	2	2	3
3	0.8	3	1	4
4	0.9	4	4	3
5	0.4	3	2	2
6	0.6	2	1	0
7	0.5	1	2	3
8	1.0	2	3	4
9	0.8	1	2	3
10	0.7	1	1	2
합계	7.0	20	19	26
평균	0.7	2.0	1.9	2.6
중앙치	0.7	2.0	2.0	3.0
범위	0.6	3	3	4

마. 5단계 : 후속 설문지 개발

설문지 개발은 2차, 3차, 4차 또는 5차에 걸쳐 개발되나 경우에 따라 2차 또는 3차에서 종료될 수도 있다. 후속 설문지는 이전 라운드의 결과를 반영하여야 하며, 옹호자들이 바로 이전 라운드의 결과를 보고 각자의 판단에 대한 명시적인 이유를 제시하도록 한다. 이후 라운드에는 단순히 중심 경향, 양극화에 대한 정보는 포함되지 않는다. 마지막 설문지가 완료될 때까지 모든 사람은 자신의 입장이 다른 사람의 입장과 다른 이유를 제시하고 평가하며 자신의 입장을 재평가하고 변경하는 과정을 거친다.

바. 6단계 : 그룹 회의 조직

마지막 임무 중 하나는 옹호자들을 모아 다양한 입장의 근거가 되는 이유를 직접 논의하는 것이다. 이러한 대면회의는 모든 옹호자가 자신의 입장과 다른 사람들의 입장을 성찰할 기회를 얻은 후에 이루어지며, 대면 토론은 옹호자들이 자신의 입장을 열정적으로 주장하고 즉각적인 피드백을 받을 수 있다.

사. 7단계 : 최종 보고서

전통적 델파이는 최종 단계에서 합의에 도달하는 것이 목적이지만 정책델파이는 합의에 도달할 수도 있고 갈등이 표면화되어 지속되는 상태로 종료되기도 한다. 정책델파이의 최종 결과 보고서에는 다양한 문제와 이용 가능한 옵션에 대한 검토와 모든 상충되는 입장이 포함되며 정책결정의 정보자원의 하나로 사용될 수 있다.

[그림 7-5] 정책델파이 진행 절차

가. 이슈 사항 결정
↓
나. 주요 이해 옹호자의 선정
↓
다. 설문지 설계
↓
라. 1차 결과 분석
↓
마. 후속 설문지 개발
↓
바. 그룹 회의 조직
↓
사. 최종 보고서

2. 교차영향분석

1) 교차영향분석의 의의

(1) 개념

교차영향분석(cross-impact analysis)은 복잡한 시스템 내에서 다양한 요인이나 변수 간의 상호 작용으로 인한 영향을 분석하는 데 사용되는 방법이다. 한 변수의 변화가 다른 변수에 어떻게 영향을 미칠 수 있는지 이해하고 그러한 상호 작용의 잠재적 결과를 예측함으로써 의사결정 및 전략적 계획 수립에 도움이 되는 방법이다.

교차영향분석은 델파이 기법과 밀접하게 관련되어 있다. 델파이 기법의 적용을 담당한 랜드연구소(RAND Corporation) 연구진이 개발한 교차영향분석은 관련 사건의 발생 여부를 기준으로 미래 사건의 발생 가능성에 대한 판단을 이끌어 내는 기법이다. 교차영향분석은 전문가들의 합의를 지나치게 강조하는 기존 델파이 기법의 한계를 보완하기 위하여 다른 관련 사건의 발생을 촉진하거나 억제하는 사건을 식별하는 것이다(Dunn, 2018: 172).

(2) 델파이 기법과 교차영향분석의 비교

델파이 기법과 교차영향분석은 모두 복잡한 시스템에 대한 의사결정과 예측에 사용하는 기법이지만 접근 방식, 목적, 분석과 관련된 정량화 수준이 다르다. 두 가지 방법 중 하나를 선택하는 것은 해결하려는 문제의 구체적인 목표와 성격에 따라 달라진다.

첫째, 사용 목적이 다르다. 델파이 기법은 주로 전문가의 의견을 수집하고 합의를 이끌어 내는 것이지만, 교차영향분석은 복잡한 시스템에서 다양한 변수 또는 요인 간의 상호 작용으로 인한 영향을 탐색하고 이해하는 데 사용된다. 즉, 한 변수의 변화가 다른 변수에 어떤 영향을 미칠 수 있는지 확인하는 것을 목표로 한다.

둘째, 진행 과정이 다르다. 델파이 기법은 여러 라운드의 설문지가 포함되며 각 라운드의 참가자에게 피드백이 제공되고 합의에 도달할 때까지 요약된 집단의 의견을 바탕으로 답변을 수정하는 과정으로 진행되나 교차영향분석은 다양한 요인이나 사건 간의 관계를 나타내는 매트릭스(교차표) 구성을 한다. 이 매트릭스는 다양한 요소 간의 잠재적 영향과 상호 작용을 분석하는 데 사용된다.

셋째, 전문가 참여의 역할이 다르다. 델파이 기법은 익명을 전제로 한 전문가집단의 의견에 의존하며 익명성으로 인하여 지배적인 영향을 주지도 않는다. 교차영향분석은 전문가가 상호 교차하는 요인 간의 관계에 대한 정보를 제공하는 데 참여하지만 분석은 본질적으로 더 구조화되고 수학적인 경우가 많다.

넷째, 정량적 대 정성적인 성격이 다르다. 델파이 기법은 전문가의 답변 의견에 수치적 가치를 부여하지 않고 전문가 의견을 수집하고 종합하므로 본질적으로 질적인 성격을 가진데 반면, 교차영향분석은 데이터의 성격에 따라 정성적일 수도 있지만 본질적으로 행렬을 구성하고 관계를 수학적으로 분석하므로 더욱 정량적인 성격을 가진다. 다양한 결과의 가능성을 평가하기 위하여 확률 모델을 통합하는 경우가 많다.

다섯째, 적용의 유연성이 다르다. 델파이 기법은 질문 유형과 적용 분야가 유연하여 다양한 영역에 적용할 수 있다. 교차영향분석은 요인 간의 관계가 구조화되고 변수 간의 관계에 대한 특정 데이터가 필요할 수 있으며, 이로 인하여 특정 유형의 시스템에 대한 적용에 한계가 있다.

〈표 7-6〉 델파이 기법과 교차영향분석의 비교

기준	델파이 기법	교차영향분석
사용 목적	전문가 의견의 합의 도출	요인 간의 상호 작용으로 인한 잠재 영향 파악
진행 과정	몇 차례의 설문지 사용과 반복적 피드백 과정	요인/사건 간의 관계를 나타내는 매트릭스(교차표) 구성
전문가 역할	익명성으로 집단의 의견이 지배적인 영향을 주지 않음.	전문가는 요인 간 관계에 정보는 제공하지만 분석은 구조적/수학적임.
정량 대 정성	본질적으로 질적인 성격을 가짐.	데이터에 따라 정성적일 수도 있지만 본질적으로 수학과 확률 등 정량적 성격을 가짐.
적용 유연성	다양한 영역에 적용 가능	요인 간의 관계가 구조화되어 있으며 변수 간의 관계에 대한 특정 데이터가 필요한 경우에 한정

2) 분석 방법

(1) 분석 절차

교차영향분석은 요인 및 사건 간 관계에 대한 잠재적 영향, 즉 촉진하거나 억제하는 영향을 식별하는 방법이다. 교차영향분석은 다음과 같은 절차로 진행한다.

첫째, 잠정적인 영향을 미칠 것으로 예상되는 요인을 식별한다. 요인의 관계와 구조의 핵심 요인 또는 변수를 식별한다. 이러한 요인은 경제지표 및 추세, 사회지표 및 추세, 기술 발전의 동향, 환경 요인, 기타 변수일 수 있다.

둘째, 요인 간 영향 매트릭스(교차표)를 구성한다. 잠재적인 영향을 미칠 수 있는 요인이 식별되면 이들 간의 관계를 나타내는 영향 매트릭스를 구성한다. 이 행렬에서 각 요인은 행과 열을 따라 나열되며 셀(cell)은 요인 간의 잠재적인 상호 작용이나 영향을 나타낸다. 이는 특정 상황과 이용 가능한 데이터에 따라 정성적일 수도 있고 정량적일 수도 있다.

셋째, 전문가 의견을 제공받고 입력한다. 해당 분야의 전문가는 매트릭스의 다른 모든 요인에 대한 각 요인의 잠재적 영향에 대한 의견을 제공한다. 전문가는 경험적 증거, 이론적 모델, 전문가 판단 중 단일적 접근 방법으로 의견을 제시할 수도 있지만 여러 접근 방법의 조합에 기반하여 의견을 제시할 수 있다.

[그림 7-6] 교차영향분석의 진행 절차

가. 잠정적인 영향 요인의 식별
↓
나. 요인 간 영향 매트릭스 구성
↓
다. 전문가 의견
↓
라. 요인 간 상호 작용의 영향 분석
↓
마. 시나리오 개발

넷째, 요인 간 상호 작용의 영향을 분석한다. 영향 매트릭스를 분석하여 요인 간의 상호 작용 패턴을 식별한다. 이를 통하여 시스템 내에서 가장 영향력이 있거나 중요한 요소가 무엇인지, 그리고 한 요소의 변화가 시스템 전체에 어떻게 파급되어 다른 요소에 영향을 미칠 수 있는지를 식별하는 데 도움이 될 수 있다.

다섯째, 시나리오를 개발한다. 상호 작용 분석을 기반으로 다양한 시나리오 또는 시스템의 미래 상태를 개발하여 다양한 요인 조합의 잠재적 결과를 탐색할 수 있다. 이는 의사결정자가 위험을 예측하고, 기회를 식별하며, 부정적인 영향을 완화하거나 긍정적인 영향을 활용하기 위한 전략을 개발하는 데 도움이 될 수 있다.

(2) 교차 정보

교차영향분석은 두 개 이상의 요인과 사건을 교차시킨 경우 그 상호 작용의 방향, 강도, 경과 시간 등에 관한 정보를 추출함으로써 정책결정 전에 정책대안의 영향을 추정하는 방법이다. 교차영향분석의 기본 방법은 행 및 열 제목을 따라 잠재적으로 관련된 사건을 나열하는 대칭 교차표인 교차영향 매트릭스를 이용하며 다음과 같이 연결의 모드 및 방향(+, -), 연결의 강도, 연결의 경과 시간 등에 관한 정보가 산출된다(Dunn, 2018: 172-173).

① 연결 모드 및 방향 : 이는 하나의 사건이 다른 사건의 발생에 영향을 미치는지, 만약 그렇다면 이 효과의 방향이 긍정적인지 부정적인지를 나타낸다. 긍정적인 효과는 강화 또는 촉진 모드에서 발생하는 반면, 부정적인 효과는 억제, 감소, 제거 모드라는 범주에 속한다. 강화 모드의 연관성에 대한 예는 휘발유 가격의 인상은 합성연료에 대한 연구개발을 촉발하는 것이고, 억제 모드의 예는 수도권 청년인구의 유입이 지방도시의 활력을 억제하는 모습이다. 그리고 연결되지 않은 모드는 연결되지 않은 사건을 나타낸다.

② 연결의 강도 : 이는 강화 모드에서든 억제 모드에서든 이벤트가 얼마나 강력하게 연결되어 있는지를 나타낸다. 한 사건의 발생이 다른 사건의 발생 가능성을 실질적으로 변화시키는 반면, 다른 사건은 약하게 연결되어 있음을 의미하며, 강도가 약할수록 연결되지 않은 모드에 가까워진다.

③ 연결의 경과 시간 : 이는 연결된 사건 발생 사이의 시간(주, 년, 수십 년)을 나타낸다. 비록 사건들이 강화 모드나 억제 모드에서 강하게 연결되어 있을 수 있지만, 한 사건이 다른 사건에 미치는 영향은 상당한 시간이 필요할 수 있다. 예를 들어, 지역의 인구 감소와 지

제7장 **정책대안의 판단적 예측 방법**

역공동체 붕괴는 수년의 시간이 필요하다.

교차영향분석의 기본 모델은 〈표 7-7〉과 같다. 식별된 사건의 요인(E1, E2, E3)이 가로축과 세로축에 나열되고 요인별 사전 확률이 주어진 경우 두 요인이 교차하면 연결 모드(강화·촉진 또는 억제·감소·제거), 연결 강도(두 요인의 사전 확률이 결합된 경우 변화 확률치), 연결 시간(사건 발생이 일어나는 시간) 등을 제시한다.

〈표 7-7〉 교차영향분석의 기본 모델

시간 (연도)	사건	E_1	E_2	E_3	결과
Y_1	E1		강화 10% 즉시	억제 50% 6년	← 연결 모드 ← 연결 강도 ← 연결 시간
Y_2	E2	감소 -20% 5년		강화 60% 3년	
Y_3	E3	감소 -40% 3년	강화 20% 즉시		

(사건/사전 확률)
$E_1/P_1 = 0.4$
$E_2/P_2 = 0.6$
$E_3/P_3 = 0.7$

(3) 분석 사례

교차영향분석을 통하여 예측하는 문제 유형은 일련의 상호 의존적인 요인(사건)과 관련된다. 다음 〈표 7-8〉은 자동차 대량생산으로 뒤따르는 요인(사건)들 간의 상호의존성을 표현한 내용이다. 이에 대한 설명은 다음과 같다(Dunn, 2018: 172-173).

교차표에서 가로축(맨 우측)과 세로축(맨 좌측)은 자동차 대량생산을 비롯하여 상호 의존적인 요인(사건)이 일곱 가지로 제시되어 있다. 자동차 대량생산의 긍정적 효과는 (E_1-E_2), (E_1-E_3), (E_7-E_4), (E_7-E_5)의 연결 상태에서 예측된다. 자동차 대량생산은 여행의 용이성과 교외의 대형 매장을 이용하는 고객의 증가로 연결될 것으로 보인다. 마찬가지로, 다양한 형태의 사회적 일탈은 이웃으로부터의 기존 소외 수준을 강화하고 가족 구성원에 대한 사회적·심리적 의존성을 더욱 심화시킬 수 있을 것으로 예측된다.

〈표 7-8〉 자동차 대량생산 및 사용의 결과를 보여 주는 교차영향 매트릭스

	E_1	E_2	E_3	E_4	E_5	E_6	E_7
E_1		+	0	0	0	0	0
E_2	⊕		+	0	0	0	0
E_3	⊕	0		+	0	0	0
E_4	0	0	0		+	0	0
E_5	0	0	0	0		+	0
E_6	0	0	0	0	0		+
E_7	0	0	0	⊕	⊕	0	

E_1 = 자동차 대량생산
E_2 = 여행의 용이성
E_3 = 교외 대형 매장의 이용
E_4 = 이웃으로부터의 소외
E_5 = 직계 가족에 대한 높은 사회심리적 의존도
E_6 = 가족구성원이 상호 사회심리적 요구를 충족시킬 수 없음.
E_7 = 이혼, 알코올 중독, 청소년 비행 등의 사회적 일탈
주: (+)는 직접적인 효과, (0)은 효과 없음, ⊕ 기호는 긍정적인 효과

자료: Dunn(20218: 173)의 내용을 수정함

한편 교차영향분석은 조건부 확률의 원리와 주관적 판단의 결합이 될 수 있다. 조건부 확률은 하나의 사건이 발생할 확률이 다른 사건의 발생에 따라 달라지는 것을 말한다. 예를 들어, 후보자가 정당 지명을 받은 후 대통령으로 당선될 확률(P)은 55%(0.55)일 수 있으나 정당의 공천 없이 당선될 확률(P)은 20%(0.20)로 낮아진다면 정당 공천이 대통령 당선을 위한 전제 조건이 된다. 그러나 조건부 확률을 계산하기 위해서는 모든 조건부 확률 요인들이 고려되었는지 확인하는 것이 필요하다.

제7장 정책대안의 판단적 예측 방법

〈표 7-9〉의 매트릭스(교차표)는 델파이를 위하여 모인 전문가 패널이 향후 몇 년 동안 다섯 가지 사건($E_1...E_5$)이 발생할 확률에 대한 추정치를 제공한다고 가정하고 각각 두 개의 사건이 교차된 경우 사전 확률에서 증가 또는 감소로 일어날 영향 확률이 제시되었다. 이 교차표의 내용을 설명하면 다음과 같다.

첫째, 휘발유 가격이 1리터당 5달러 인상된다면 교외에서 도심으로 인구가 이동할 확률은 20%(0.5 → 0.7) 증가하고, 범죄가 두 배로 증가할 확률은 30%(0.5 → 0.8) 증가하며, 전기자동차 이용 확률은 변동이 없다(0.5 → 0.5).

둘째, 교외에서 도심으로 인구가 이동하면 범죄가 두 배 증가할 확률은 30%(0.4 → 0.7) 증가하고, 전기자동차 이용(0.4 → 0.4)과 휘발유 가격이 1리더당 5달러 인상 확률은 변동이 없다(0.4 → 0.4).

셋째, 범죄가 두 배로 증가하면 교외에서 도심으로 인구가 이동할 확률은 20%(0.6 → 0.4) 감소하고, 전기자동차 이용 확률은 50%(0.6 → 0.1) 감소하며, 지역공동체 붕괴 확률은 10%(0.6 → 0.7) 증가한다.

〈표 7-9〉 조건부 확률을 고려한 교차영향 매트릭스

사건 \ 예상 결과	E_1	E_2	E_3	E_4	E_5
E_1 휘발유 1리터당 5달러 인상		0.7	0.8	0.5	0.3
E_2 교외에서 도심으로 인구 이동	0.4		0.7	0.4	0.8
E_3 범죄가 두 배로 증가	0.5	0.4		0.1	0.7
E_4 전기자동차 이용	0.4	0.5	0.7		0.3
E_5 지역공동체 붕괴	0.3	0.4	0.6	0.1	

(사건)　(사전 확률)
E_1　$P_1 = 0.5$
E_2　$P_2 = 0.4$
E_3　$P_3 = 0.6$
E_4　$P_4 = 0.2$
E_5　$P_4 = 0.3$

자료: Dunn(2018: 175)을 토대로 수정 및 재구성함

넷째, 전기자동차를 이용하면 휘발유 1리터당 5달러 인상 확률은 20%(0.24 → 0.4) 증가하고, 교외에서 도심으로 인구가 이동할 확률은 30%(0.2 → 0.5) 증가하며, 지역공동체 붕괴 확률은 10%(0.2 → 0.3) 증가한다.

다섯째, 지역공동체가 붕괴하면 교외에서 도심으로 인구가 이동할 확률은 10%(0.3 → 0.4) 증가하고, 범죄가 두 배로 증가할 확률은 30%(0.3 → 0.6) 증가하며, 전기자동차 이용 확률은 20%(0.3 → 0.1) 감소한다.

3. 실현가능성분석

1) 실현가능성분석의 의의

실현가능성분석(feasibility analysis)은 처음 맞이하는 문제이거나 문제가 복잡하여 관련된 이론도 없고 경험적 데이터를 마련하기 어려운 경우 주관적으로 추정함으로써 정책의 채택 또는 실행을 지지하거나 반대하는 다양한 이해관계자의 예상 영향에 대하여 예측하는 방법이다. 특히 실현가능성분석은 정책결정 과정에서 정치적 갈등과 권력 및 기타 자원의 불평등한 분배 상황에서 정책대안을 구현하려고 시도할 때 발생할 수 있는 결과를 추정하여야 하는 문제에 적합하다. 실현가능성분석은 분석가가 정책결정 과정에서 다양한 지지층과 다양한 수준의 자원 및 역할을 가진 다양한 조직 및 조직 수준의 대표 이해관계자를 식별하여 그들의 주관적 판단을 통하여 추정하려는 문제에 직면한 경우 유용하게 적용할 수 있다. 실현가능성분석의 목적 중 하나는 정치적 경쟁과 갈등 상황에서 행동을 예측하는 것이므로 가능한 이해관계자들을 대표하는 표본을 식별하는 것이 필수적이다(Dunn, 2018: 177).

실현가능성분석 방법은 문제와 관련된 다양한 이해관계자들이 존재하는 정치적 및 조직적 상황에서 그들의 주관적 판단을 통하여 정책대안의 미래 결과를 예측하는 데 유용하나, 이해관계자들의 입장이 독립적이지 않고 상호 연합이나 담합 및 옹호를 하는 경우 적용에 한계가 있다.

2) 분석 방법

(1) 분석 절차

실현가능성분석은 다른 판단적 예측 방법과 마찬가지로 정보를 바탕으로 주관적인 판단을 기반으로 한다. 이 방법은 정치적·조직적 행동의 여러 측면에 중점에 두고 단일 분석가 또는 집단이 참여하여 다음과 같은 절차로 진행된다(Dunn, 2018: 177).

첫째, 이슈의 입장을 식별하고 입장을 채택할 확률을 추정한다. 분석가는 다양한 이해관계자가 둘 이상의 정책대안에 대하여 각각 지지, 반대 또는 무관심을 식별하고 그에 대한 확률을 추정한다. 입장은 지지(+1), 반대(-1), 무관심(0)으로 코딩하며 각 이해관계자가 코드화된 입장을 채택할 확률에 대한 주관적인 추정이 이루어진다. 이 추정치(0~1.0 범위)는 각 이해관계자에 대한 문제의 중요성을 나타낸다.

둘째, 사용 가능한 자원을 확인한다. 분석가는 각 이해관계자가 각자의 입장을 추구하는 데 이용할 수 있는 자원에 대한 주관적인 추정치를 제공한다. 사용 가능한 자원에는 명성, 정당성, 예산, 직원, 정보 및 커뮤니케이션에 대한 접근권이 포함된다. 사용 가능한 자원은 이해관계자가 보유한 총 자원의 일부 또는 비율(0에서 1.0까지)로 표시할 수 있다.

셋째, 상대적 자원 순위를 정한다. 분석가는 자원과 관련하여 각 이해관계자의 상대적 순위를 결정한다. 이해관계자의 권력 또는 영향력을 측정하는 상대적 자원 순위는 각 이해관계자가 사용할 수 있는 정치적·조직적 자원의 규모에 대한 정보를 제공한다.

[그림 7-7] 실현가능성분석의 절차

가. 이슈의 입장 식별과 입장의 채택 확률 추정
↓
나. 사용 가능한 자원 확인
↓
다. 자원의 상대적 순위 정함
↓
라. 실현가능성 점수 산정

(2) 분석 사례

〈표 7-10〉은 세금 인상과 세금 인하의 두 가지 정책대안의 실현가능성을 예측하는 평가표이다. 세금 인상에 대한 각 이해관계자의 대표 입장으로 시장, 공무원단체, 언론은 찬성(+1)을, 의회와 납세자집단은 반대(-)를 표명하였다. 그다음 찬성과 반대 입장을 채택할 확률을 표시하고 가용자원 비율과 자원의 상대적 서열을 입력한 다음 각 이해관계자별로 곱셈으로 실현가능성 점수를 산출한다. 같은 방법으로 세금 인하에 대한 실현가능성 점수를 산정하며 최종 정책은 두 가지 대안 중에서 합계 값이 상대적으로 높은 대안을 채택한다.

〈표 7-10〉 두 가지(세금 인상/세금 인하) 정책대안의 실현가능성분석

(대안 1 : 세금 인상)

이해관계	입장 (찬성+/반대-)	입장의 채택 확률 (a)	가용자원 비율 (b)	자원의 상대적 서열 (c)	실현가능성 점수 (a×b×c)
시장	+1	0.2	0.2	0.4	+0.016
의회	-1	0.6	0.7	0.8	-0.336
납세자집단	-1	0.9	0.8	1.0	-0.720
공무원단체	+1	0.9	0.6	0.6	+0.324
언론	+1	0.1	0.5	0.2	+0.010
합계					-0.706
평균					-0.141

조정된 실현가능성 점수 = (실현가능성 점수)×(전체 부호/반대 부호) = -0.41×(5/2) = -0.353

(대안 2 : 예산 삭감)

이해관계	입장 (찬성+/반대-)	입장의 채택 확률 (a)	가용자원 비율 (b)	자원의 상대적 서열 (c)	실현가능성 점수 (a×b×c)
시장	+1	0.8	0.2	0.4	+0.192
의회	+1	0.4	0.5	0.8	+0.160
납세자집단	+1	0.9	0.7	1.0	+0.630
공무원단체	-1	0.9	0.8	0.6	-0.432

제7장 정책대안의 판단적 예측 방법

언론	−1	0.1	0.5	0.2	−0.010
합계					+0.540
평균					+0.108

조정된 실현가능성 점수 = (실현가능성 점수)×(전체 부호/찬성 부호) = 0.108×(5/3) = +0.179

자료: Dunn(2018: 178)

위 내용을 토대로 채택할 수 있는 정책대안의 변동 가능성을 살펴보기 위하여 여러 가지 시뮬레이션 상황을 가정하여 살펴보자. 〈표 7-11〉은 A지방자치단체에서 두 가지 정책대안(세금 인상과 예산 삭감)의 실현가능성을 평가하기 위한 분석 과정을 정리한 것이다. 최종 정책은 두 가지 대안 중에서 합계 값이 상대적으로 높은 대안을 채택할 것이다.

〈표 7-11〉 A지방자치단체의 두 가지 정책대안 실현가능성분석 결과

(대안 1 : 세금 인상)

이해관계자	입장 (찬성+/반대−)	입장의 채택 확률 (a)	자원의 상대적 서열 (b)	실현가능성 점수 (a×b)
시장	+1	0.2	0.4	+0.08
의회	−1	0.6	0.6	−0.36
납세자집단	−1	0.9	0.7	−0.63
공무원단체	+1	0.9	0.3	+0.27
언론	−1	0.1	0.2	−0.02
합계				−0.66

(대안 2 : 예산 삭감)

이해관계자	입장 (찬성+/반대−)	입장의 채택 확률 (a)	자원의 상대적 서열 (b)	실현가능성 점수 (a×b)
시장	−1	0.8	0.4	−0.32
의회	+1	0.4	0.8	+0.32

납세자집단	+1	0.9	0.8	+0.72
공무원단체	-1	0.9	0.6	-0.54
언론	+1	0.1	0.2	+0.02
합계				+0.20

① 가정 1 : 예산 삭감보다 세금 인상이 정책으로 채택되기 위해서는 예산 삭감의 변동 사항이 없으며 의회와 언론의 입장이 찬성으로 바뀌고 언론의 채택 확률이 현재보다 60% 증가하면 가능한가? 세금 인상에 대하여 의회와 언론의 입장이 반대(-)에서 찬성(+)으로 바뀌고 언론의 채택 확률이 60% 증가(0.1+0.6=0.7)하면 최종 합계 값이 +0.22로 산정되어 세금 인상의 합계가 예산 삭감(+0.20)보다 높아져 가능하다.

(대안 1 : 세금 인상)

이해관계자	입장 (찬성+/반대-)	입장의 채택 확률 (a)	자원의 상대적 서열 (b)	실현가능성 점수 (a×b)
시장	+1	0.2	0.4	+0.08
의회	+1	0.6	0.6	+0.36
납세자집단	-1	0.9	0.7	-0.63
공무원단체	+1	0.9	0.3	+0.27
언론	+1	0.7	0.2	+0.14
합계				+0.22

② 가정 2 : 예산 삭감보다 세금 인상이 정책으로 채택되기 위해서는 예산 삭감의 변동 사항이 없으며 의회의 입장이 찬성으로 바뀌고 자원의 상대적 서열 확률이 현재보다 30% 증가하면 가능한가? 자원의 상대적 서열 확률이 현재보다 30% 증가(0.6+0.3=0.9)하면 최종 합계 값이 +0.24로 세금 인상이 예산 삭감(+0.20)보다 높게 된다.

(대안 1 : 세금 인상)

이해관계자	입장 (찬성+/반대-)	입장의 채택 확률 (a)	자원의 상대적 서열 (b)	실현가능성 점수 (a×b)
시장	+1	0.2	0.4	+0.08
의회	+1	0.6	0.9	0.54
납세자집단	−1	0.9	0.7	−0.63
공무원단체	+1	0.9	0.3	+0.27
언론	−1	0.1	0.2	−0.02
합계				+0.24

③ 가정 3 : 현재 상태에서는 세금을 인상하는 방안보다 예산을 삭감하는 방안이 정책으로 채택될 수 있으나 예산 삭감에 대하여 의회의 입장이 반대로 바뀌면 세금을 인상하는 방안이 정책으로 채택될 수 있는가? 예산 삭감에 대하여 의회의 입장이 반대(-)로 바뀌면 합계 값이 −0.44로 산출되나 여전히 세금 인상(-0.66)보다 높기 때문에 여전히 예산 삭감이 정책으로 유지될 수 있다.

(대안 2 : 예산 삭감)

이해관계자	입장 (찬성+/반대-)	입장의 채택 확률 (a)	자원의 상대적 서열 (b)	실현가능성 점수 (a×b)
시장	−1	0.8	0.4	−0.32
의회	−1	0.4	0.8	−0.32
납세자집단	+1	0.9	0.8	+0.72
공무원단체	−1	0.9	0.6	−0.54
언론	+1	0.1	0.2	+0.02
합계				−0.44

④ 가정 4 : 예산 삭감에 대하여 시장의 자원의 상대적 서열이 50% 증가되고 언론의 입장이 반대로 바뀌고 채택과 자원의 상대적 서열의 확률이 각각 60%, 50% 증가하면 세금 인상이 정책으로 채택될 수 있는가?. 세금 인상이 정책으로 채택되기 위해서는 예산 삭감에 대하여 시장의 자원의 상대적 서열이 50%(0.4+0.5=0.9) 증가되고 언론의 입장이 반대(-)로 바뀌며 채택과 자원의 상대적 서열의 확률이 각각 60%(0.1+0.6=0.7), 50%(0.2+0.5=0.7) 증가하면 합계 값은 -0.80으로 되어 세금 인상(-0.66)보다 낮아져 세금 인상이 정책으로 채택될 수 있다.

(대안 2 : 예산 삭감)

이해관계자	입장 (찬성+/반대-)	입장의 채택 확률 (a)	자원의 상대적 서열 (b)	실현가능성 점수 (a×b)
시장	-1	0.8	0.9	-0.72
의회	+1	0.4	0.8	+0.32
납세자집단	+1	0.9	0.8	+0.72
공무원단체	-1	0.9	0.7	-0.63
언론	-1	0.7	0.7	-0.49
합계				-0.80

⑤ 가정 5 : 이해관계자 집단에서 시장과 의회를 제외한 나머지 집단을 배제하더라도 최종 정책은 예산 삭감 방안이 채택될 수 있는가?. 이해관계자 집단에서 시장과 의회를 제외한 나머지 집단을 배제한 경우 세금 인상의 합계는 -0.28이고 예산 삭감의 합계는 +0.00으로 예산 삭감 방안이 채택될 수 있다.

제7장 정책대안의 판단적 예측 방법

(대안 1 : 세금 인상)

이해관계자	입장 (찬성+/반대-)	입장의 채택 확률 (a)	자원의 상대적 서열 (b)	실현가능성 점수 (a×b)
시장	+1	0.2	0.4	+0.08
의회	−1	0.6	0.6	−0.36
합계				−0.28

(대안 2 : 예산 삭감)

이해관계자	입장 (찬성+/반대-)	입장의 채택 확률 (a)	자원의 상대적 서열 (b)	실현가능성 점수 (a×b)
시장	−1	0.8	0.4	−0.32
의회	+1	0.4	0.8	+0.32
합계				+0.00

제8장

의사결정나무분석과 계층화분석법

1. 의사결정나무분석

1) 의사결정나무분석의 의의

(1) 개념

의사결정나무(decision tree)는 의사결정 과정이나 일련의 선택과 그에 따른 잠재적 결과를 시각적 그래픽으로 표현하고 다양한 의사결정 대안을 쉽게 탐색할 수 있도록 한다. 이는 의사결정분석에 사용되는 도구로서 의사결정에 여러 대안, 불확실성 및 결과가 포함되는 상황에서 유용하게 이용할 수 있고 연속된 의사결정 구조를 통하여 문제 자체를 쉽게 이해할 수 있으며, 특히 결과 상황이나 결과치 추정의 변화에 대한 민감도분석을 통하여 전체적인 의사결정 구조를 파악하는 데 도움을 줄 수 있다.

의사결정나무분석은 의사결정나무를 이용하여 불확실성과 관련된 가장 기본적인 의사결정 딜레마를 설명하는 데 주관적 확률 및 선호도를 이용한다. 예를 들어, 두 가지 대안만 있는 경우, 그중 하나는 다른 것보다 훨씬 더 위험하며, 위험한 대안에 대하여 가능한 결과는 두 가지뿐이다. 딜레마는 위험한 대안을 선택하여 최선의 결과를 얻고자 도박을 할 것인지, 아니면 위험한 대안을 선택하여 최악의 결과를 얻을 기회를 피할 것인지에 대한 의사결정 국면에서 적용할 수 있다(Patton et al., 2016: 150).

의사결정나무를 이용하여 의사결정을 하려면 체계적이고 연속적인 의사결정의 흐름을 가지는지 파악할 필요가 있으며, 결과 상황들의 발생 확률을 알고 있는 경우에 유용하다.

(2) 분석 절차

의사결정나무분석은 다음과 같은 몇 가지 단계로 진행된다(노화준, 2017: 279).

첫째, 두 가지 이상의 대안을 식별한다. 대안은 문제 해결에 대한 가능성 있는 모든 대안을 포함하여야 하고(총망라적), 그런 대안들은 서로 다르게 구별되는 속성(상호배타적)을 가지고 있어야 한다.

둘째, 결과 상황을 식별한다. 각 대안에서 분리된 결과 상황을 구분하여야 한다. 예를 들어, A라는 대안에 대하여 결과 상황이 좋은지/성공(good/success), 나쁜지/실패(bad/failure) 등을 식별하여야 한다.

셋째, 결과 상황이 일어날 확률을 추정한다. 전 단계에서 좋은지(성공), 나쁜지(실패) 두 가지 결과 상황이 식별되었다면 그 결과 상황이 일어날 확률을 추정한다. 결과 상황이 두 가지인 경우 하나의 결과 상황이 추정되거나 주어지면 나머지 결과 상황은 추정된 결과 상황 확률의 차이가 된다. 예를 들어, 결과 상황에서 성공 확률이 0.6(60%)이라면 실패 확률은 0.4(40%)가 된다.

[그림 8-1] 의사결정나무분석의 절차

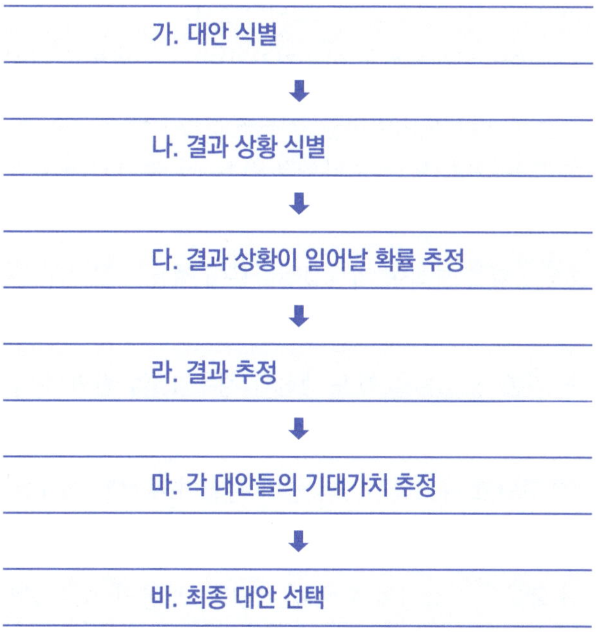

가. 대안 식별
↓
나. 결과 상황 식별
↓
다. 결과 상황이 일어날 확률 추정
↓
라. 결과 추정
↓
마. 각 대안들의 기대가치 추정
↓
바. 최종 대안 선택

넷째, 결과 상황의 결과(치)를 추정한다. 결과는 금전적 가치로 측정할 수도 있고, 효용으로 측정할 수도 있다.

다섯째, 각 대안들의 기대가치(기대치)를 추정한다. 각 대안들의 기대가치는 전 단계에서 산정된 결과 상황(확률)과 결과치를 곱한 합을 말한다. 예를 들어, A대안에 대하여 결과 상황이 S_1, S_2가 있고 확률이 각각 0.6, 04이며 결과치가 30, 20인 경우 기대가치는 (0.6×30) + (0.4×20) = 26이 된다.

여섯째, 마지막 단계는 위와 같이 진행한 기대가치(기대치)를 토대로 최종 대안을 선택한다.

2) 의사결정나무 구조

의사결정나무 구조는 크게 대안, 결과 상황(확률), 결과 등으로 구성되며, 이러한 구조의 연결은 네모(□)는 결정 노드(결정마디, 결정접속점), 원(○)은 불확실성 노드(기회 노드, 기대가치), 세모(◁)는 단말 노드(끝마디) 등으로 이루어진다. 노드/마디/결절(node)은 의사결정나무에서 분기되는 연결점을 의미하는데, 노드에는 세 가지 유형이 있다.

① 결정 노드(뿌리마디) 또는 결정접속점은 나무구조에서 결정을 내려야 하는 지점으로서 일반적으로 정사각형(□)이나 직사각형(▭)으로 나타낸다.

② 기회 노드(중간마디) 또는 기대가치는 의사결정자의 통제 범위를 벗어나는 불확실한 사건이나 요인을 나타내며 원형(○)이나 타원형(⬭)으로 나타낸다.

③ 단말 노드(끝마디) 또는 최종 노드는 의사결정나무가 분기되는 마지막 지점을 의미하며 보통 삼각형(◁)으로 나타낸다.

다음은 같은 의사결정 상황을 통하여 의사결정나무에 적용해 보자(김지원, 2015: 206-211).

A회사는 내년에 신상품을 개발할 것인지 아니면 기존 상품을 계속 생산할 것인지에 관한 의사결정을 하고자 한다. 기존 상품(Z)을 계속 생산할 경우 15억 원의 수익이 추정된다. 그리고 계획하고 있는 신상품은 X, Y 두 상품이며 X를 생산할 경우 시장성이 좋으면 30억 원, 보통이면 10억 원의 수익이 추정되고 나쁘면 -10억 원의 손실이 추정된다. Y를 생산할 경우 시장성이 좋으면 20억 원, 보통이면 14억 원, 나쁘면 5억 원의 수익이 추정된다. 그리고 신상품 X, Y에 대한 시장성의 발생 확률은 시장성이 좋은 경우 30%, 보통인 경우 40%, 나쁜 경우 30% 등으로 추정된다. 이 내용을 정리하면 〈표 8-1〉과 같다.

제8장 의사결정나무분석과 계층화분석법

[그림 8-2] 기본적 의사결정나무 구조

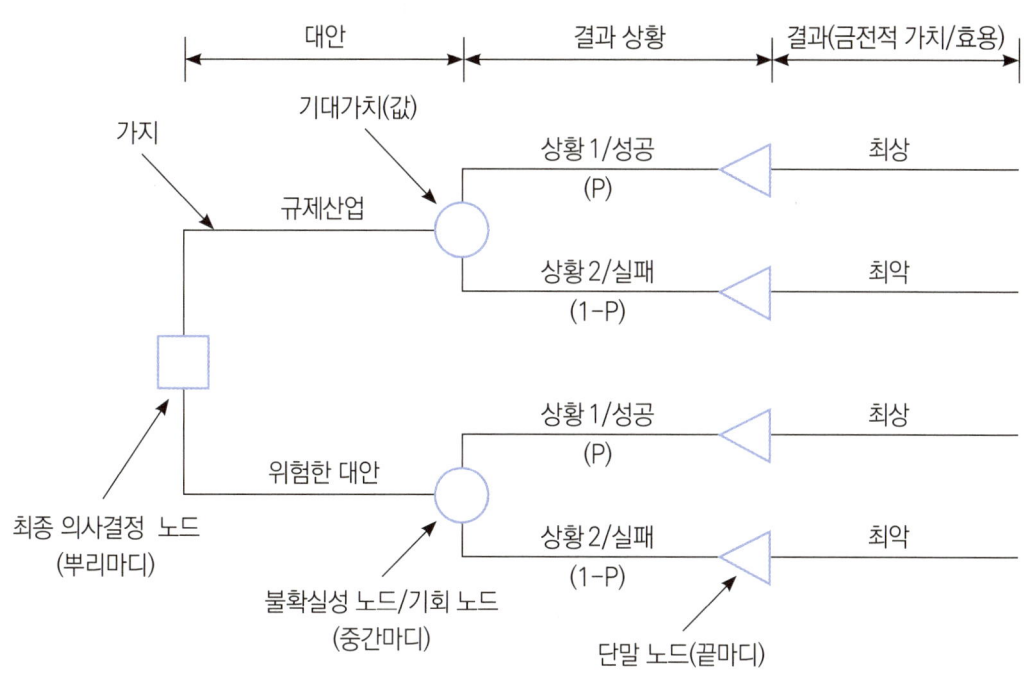

자료: 노화준(2017: 275)의 내용을 수정함

〈표 8-1〉 상황별 대안의 수익/손실 추정 확률과 결과치

(단위: 억 원)

대안	발생 확률		
	좋음(S_1)	보통(S_2)	나쁨(S_3)
	0.3	0.4	0.3
X	30	10	-10
Y	20	14	5

위 내용을 의사결정나무로 구조화하면 다음 [그림 8-3]과 같다. Z상품의 기대치는 15억 원으로 표시되고 X, Y의 두 상품에 대한 결과 상황의 확률(좋음, 보통, 나쁨)과 결과치(수익, 손실)를 표시한 다음 각 대안의 결과 상황의 확률치와 결과치를 곱하여 합하는 것이 기대가치(기대치)

이다. 이 분석구조에서 기대치와 X상품은 10.0억 원, Y상품은 13.1억 원, Z상품은 15.0억 원으로 Z상품이 최종 선택될 수 있다.

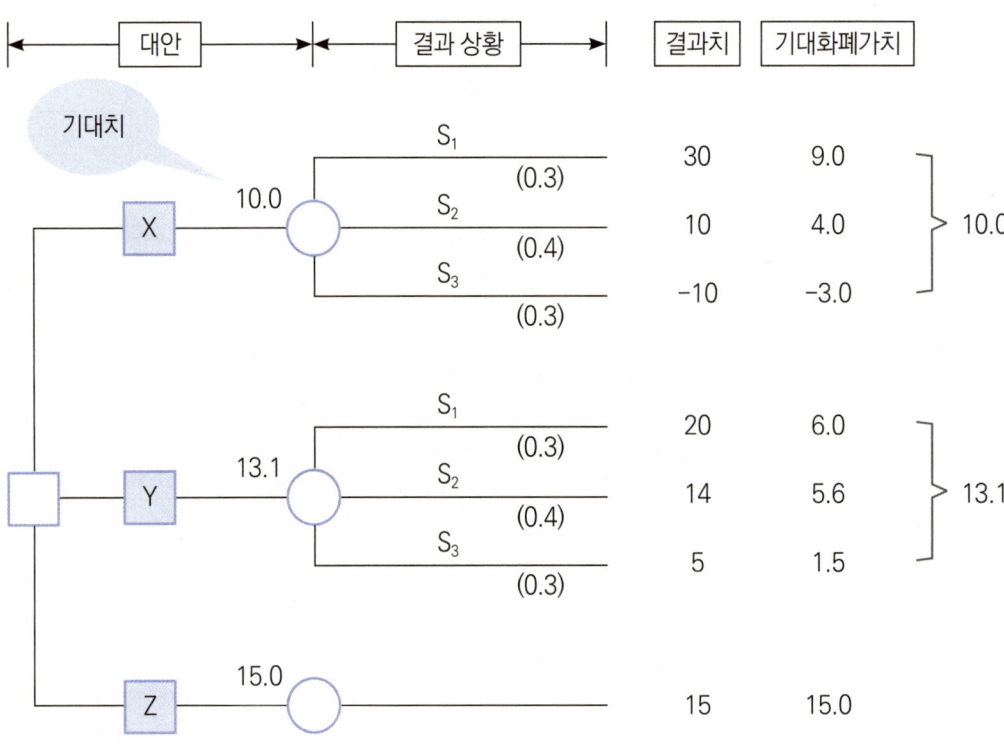

[그림 8-3] A회사의 상품 개발 대안의 의사결정나무 구조

다음은 결과 상황, 결과 상황의 확률, 결과치 등이 변동되었을 때 최적 대안이 어떻게 변화되는지를 살펴보자. Z상품이 15억 원에서 9억 원으로 변동되고 시장 상황의 확률과 결과치가 〈표 8-2〉와 같이 변동된 경우의 의사결정나무 구조를 [그림 8-4]와 같이 제시하였다.

제8장 의사결정나무분석과 계층화분석법

〈표 8-2〉 변동된 상황별 대안의 수익/손실 추정 확률과 결과치

(단위 : 억 원)

대안	발생 확률		
	좋음(S_1)	보통(S_2)	나쁨(S_3)
	0.2	0.5	0.3
X	20	15	−5
Y	30	10	−3

[그림 8-4] A회사의 상품 개발 대안의 의사결정나무 구조

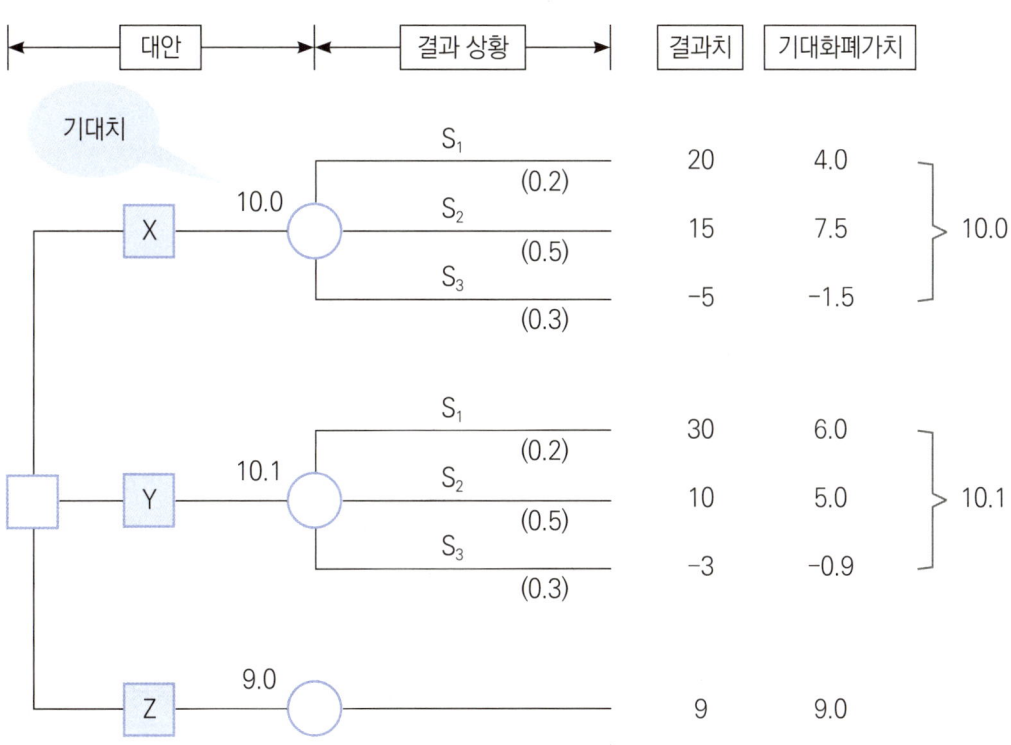

위 의사결정나무 구조에서 세 가지 상품별 기대치는 X상품은 10.0억 원, Y상품은 10.1억 원, Z상품은 9.0억 원으로 산출되어 최적 대안으로 Y상품이 선택될 것이다.

또 다른 상황을 통하여 의사결정나무분석을 적용하여 살펴보자(노화준, 2017: 273의 내용을 수정).

> Y시에서는 시민들의 정서를 함양하고 건전한 사회 기풍을 조성하기 위한 방안의 하나로 건전가요 합창대회를 여름철에 정기적으로 실시해 오고 있다. 그리고 이 건전가요 합창대회를 통하여 얻은 수입 가운데 대회 개최 비용을 제외한 수익금은 시의 어머니회에 기증하여 불우한 어머니들을 돕는 기금으로 활용하고 있다. 이 건전가요 합창대회를 준비하고 있는 책임자는 이 대회를 옥내에서 개최할 것인지 또는 야외에서 개최할 것인지를 검토하고 있다. 그런데 여름철에 대회를 개최하기 때문에 사람들이 얼마나 모이느냐 하는 것은 날씨에 따라 수익 금액이 결정되고 또한 장소 사용료도 수익 금액에 영향을 미친다. Y시의 합창대회 준비를 담당한 주최 측에서는 옥내 또는 야외의 개최 장소를 결정하는 판단 기준으로 일기 상황과 예상 수입을 토대로 하고 있다.
>
> 자료: 노화준(2017: 273)의 내용을 수정함

위와 같이 건전가요 합창대회를 옥내 또는 야외에서 할 것인지를 결정하는 다양한 상황을 가정할 수 있다.

대안(옥내, 야외)의 결정 기준은 대안별 일기 상황의 확률과 예상 수입을 곱한 결과치의 합계로 한다.

첫째, 옥내에서 대회를 개최하는 경우 비가 오면 수익금은 160만 원 정도로 예상되고, 비가 오지 않으면 200만 원 정도로 될 것으로 예상된다. 한편 야외에서 개최하는 경우 비가 오면 수익금은 60만 원 정도로 예상되고, 비가 오지 않으면 300만 원 정도로 예상된다. 장기 일기예보에 따르면, 행사 당일에 비가 올 확률은 30%라고 한다. 이 경우 선택 대안은 야외이다.

위 내용을 정리하면 〈표 8-3〉과 같으며, 의사결정나무 구조는 [그림 8-5]와 같다.

제8장 **의사결정나무분석과 계층화분석법**

<표 8-3> 일기 상황(확률)에 따른 건전가요 합창대회 예상 수입 정리(1)

대안	일기 상황과 확률(A)		예상 수입(B)	결과(A×B)	합계
옥내	비가 온다	0.3	160만 원	48	48 + 140 = 188만 원
	비가 안 온다	0.7	200만 원	140	
야외	비가 온다	0.3	60만 원	18	18 + 210 = 228만 원
	비가 안 온다	0.7	300만 원	210	

[그림 8-5] 건전가요 합창대회 개최 장소 결정의 의사결정나무(1)

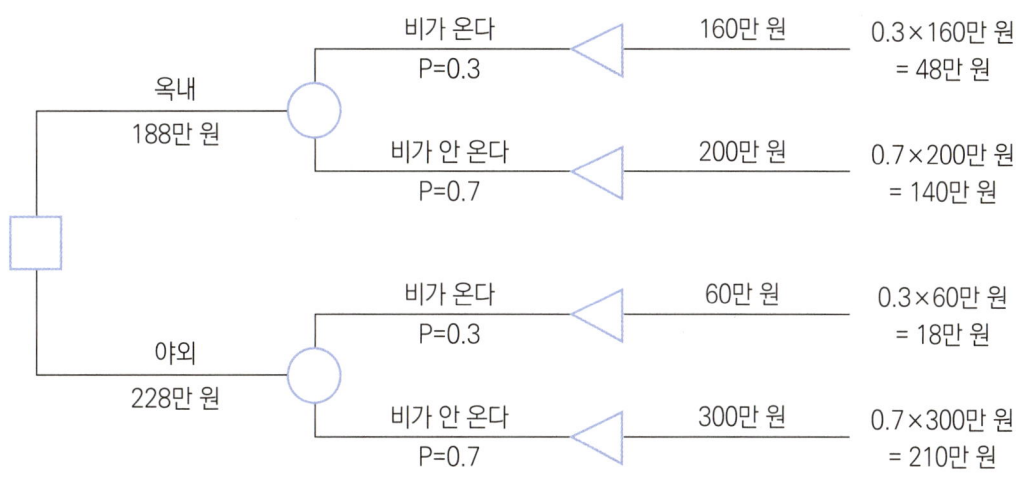

둘째, 옥내에서 대회를 개최하는 경우 비가 오면 수익금은 100만 원 정도로 예상되고, 비가 오지 않으면 300만 원 정도로 될 것으로 예상된다. 한편 야외에서 개최하는 경우 비가 오면 수익금은 70만 원 정도로 예상되고, 비가 오지 않으면 200만 원 정도로 예상된다. 장기 일기예보에 따르면, 행사 당일에 비가 오지 않을 확률은 40%라고 한다. 이 경우 선택 대안은 옥내이다.

위 내용을 정리하면 다음 <표 8-4>와 같으며, 의사결정나무 구조는 다음 [그림 8-6]과 같다.

<표 8-4> 일기 상황(확률)에 따른 건전가요 합창대회 예상 수입 정리(2)

대안	일기 상황과 확률(A)		예상 수입(B)	결과(A×B)	합계
옥내	비가 온다	0.4	100만 원	40	40 + 180 = 220만 원
	비가 안 온다	0.6	300만 원	180	
야외	비가 온다	0.4	70만 원	28	28 + 120 = 148만 원
	비가 안 온다	0.6	200만 원	120	

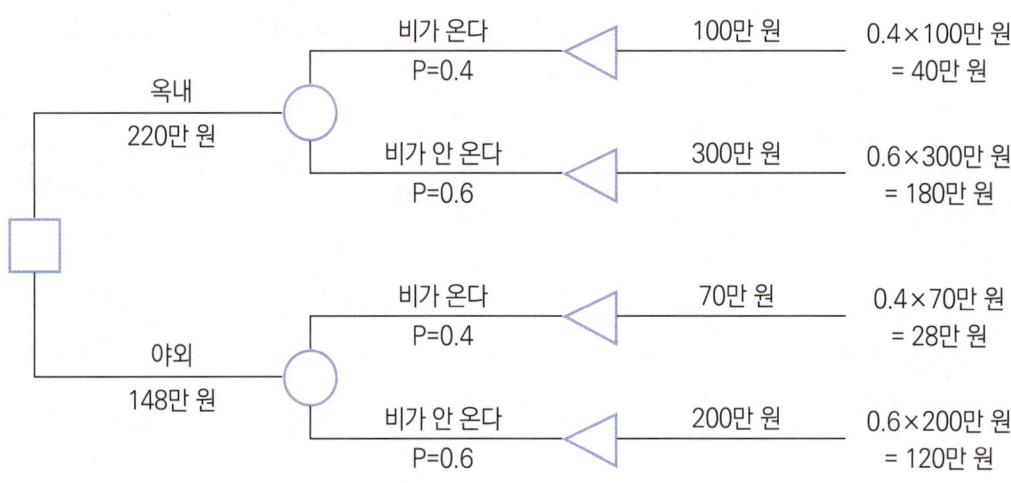

[그림 8-6] 건전가요 합창대회 개최 장소 결정의 의사결정나무(2)

셋째, 옥내에서 대회를 개최하는 경우 비가 오면 수익금은 140만 원 정도로 예상되고, 비가 오지 않으면 180만 원 정도로 될 것으로 예상된다고 한다. 한편 야외에서 개최하는 경우 비가 오면 수익금은 90만 원 정도로 예상되고, 비가 오지 않으면 200만 원 정도로 예상된다고 한다. 장기 일기예보에 따르면, 행사 당일에 비가 오지 않을 확률은 20%라고 한다. 이 경우 선택 대안은 옥내이다.

위 내용을 정리하면 <표 8-5>와 같으며, 의사결정나무 구조는 [그림 8-7]과 같다.

제8장 **의사결정나무분석과 계층화분석법**

〈표 8-5〉 일기 상황(확률)에 따른 건전가요 합창대회 예상 수입 정리(3)

대안	일기 상황과 확률(A)		예상 수입(B)	결과(A×B)	합계
옥내	비가 온다	0.8	140만 원	112	112 + 36 = 148만 원
	비가 안 온다	0.2	180만 원	36	
야외	비가 온다	0.8	90만 원	72	72 + 40 = 112만 원
	비가 안 온다	0.2	200만 원	40	

[그림 8-7] 건전가요 합창대회 개최 장소 결정의 의사결정나무(3)

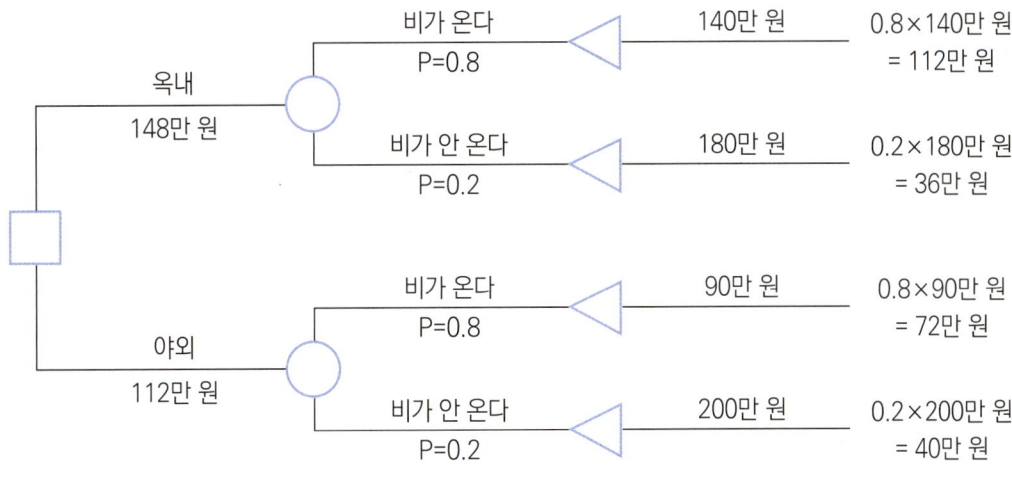

3) 의사결정나무분석의 응용 사례

데이터 마이닝(data mining)의 '기계적인 알고리즘'에 의한 의사결정나무분석 사례에 대하여 "불확실성 상황에서 의사결정 양상" 국면을 소개한다.[01]

---

01 이 내용은 필자 논문(2002)의 내용 일부를 수정·정리하였음.

(1) 불확실성 상황과 의사결정

개인이든 조직이든 모든 일에는 의사결정을 수반한다. 의사결정의 일반적인 원칙은 유용한 많은 정보를 얻고, 각 대안의 미래 결과를 평가한 다음 최선의 대안을 선택하는 것이다. 이와 같은 일반론은 매우 단순해 보이지만 실제에서는 불확실성 상황에 직면하면 문제가 복잡해졌다는 것을 의미하며, 문제의 복잡성은 어디에서 정보를 획득하고, 획득된 정보가 가치가 있는지 판단하기 곤란한 상황에 직면하고 있으며, 이로 인하여 예상 결과의 비교 평가, 최선의 대안 선택 활동에 어려움을 겪게 된다. 어떤 종류의 정보가 얼마나 필요한가? 해결하여야 할 문제와 관련된 정보는 무엇인가? 대안의 어떤 결과가 중요한가? 불확실성이 있을 때는 그것들을 어떻게 평가하여야 하는가? 불확실성 상황에서 '최선'이란 무엇을 의미하는지 알고 있는가? 등의 문제가 제기된다(강맹규, 1990: 5). 특히 공공정책은 일반적으로 문제의 복잡성, 모호성, 불확실성을 동반한다. 따라서 최적의 정책결정이 어렵다는 것은 결국 불확실성이 존재하기 때문이다. 대부분의 정책결정 상황에서 불확실성이 없다면 대안의 선택이 가설적이어야 할 필요도 없고, 선택의 여지도 없다(김영평, 1997: 10). 하지만 대부분 불확실성이 존재하는 공공정책의 결정 상황에서 의사결정자는 정책결정의 어려움을 극복하고 최선의 선택을 하기 위하여 불확실성의 상황을 어떻게 다루는가에 대한 결정 양상을 살펴볼 필요가 있다.

(2) 기계적 알고리즘에 의한 의사결정나무분석의 원리

기계적 알고리즘에 의한 의사결정나무분석은 대용량의 데이터로부터 이들 데이터 내에 존재하는 관계, 패턴, 규칙 등을 탐색하고 찾아내어 모형화하는 데이터 마이닝 기법 중의 하나이다. 나무구조에 따라 모형이 표현되기 때문에 해석이 용이하고 나무구조로부터 어떤 입력변수가 목표변수를 설명하기 위하여 무엇이 더 중요한지를 쉽게 파악할 수 있다. 즉, 유용한 입력변수를 찾아내고 입력변수 간의 다양한 교호 작용, 즉 두 개 이상의 변수가 결합하여 목표변수에 어떻게 영향을 주는지를 찾아내는 알고리즘이다. 또한 선형성(linearity)이나 정규성(normality) 또는 등분산성(equal variance) 등의 가정이 필요 없는 비모수적 방법이다(최종후 외, 2000: 17-27). 이러한 의사결정나무분석을 위해서는 CHAID, CART, C4.5 등과 같은 다양한 알고리즘이 있다.

의사결정나무는 최종 마디로부터 시작하여 각 가지가 끝마디에 이를 때까지 자식 마디를 계속적으로 형성해 나감으로써 형성된다. 기계적 알고리즘에 의한 의사결정나무분석은 분석의

〈표 8-6〉 의사결정나무분석 알고리즘 비교

구분	CHAID	CART	QUEST
목표변수	명목형, 순서형, 연속형	명목형, 순서형, 연속형	명목형
예측변수	명목형, 순서형, 연속형(사전그룹화)	명목형, 순서형, 연속형	명목형, 순서형, 연속형
분리 기준	카이제곱검정 F검정	지니계수 분산의 감소	카이제곱검정 F검정(Levene의 검정)

자료: 최종후 외(2000: 31)

목적과 자료구조에 따라서 적절한 분류 기준(splitting criterion)과 정지규칙(stoping rule) 그리고 가지치기(pruning) 등으로 의사결정나무를 얻으며, 분류 오류를 크게 할 위험이 있거나 부적절한 추론규칙을 가지고 있는 가지를 제거하고 이익도표(gains chart)나 위험도표(risk chart) 또는 검증용 자료에 의한 교차타당성(cross validation)을 이용하여 타당성 평가를 한 후 분석의 결과를 해석한다.

먼저 분리 기준은 하나의 부모 마디로부터 자식 마디들이 형성될 때 예측변수의 선택과 범주의 병합이 이루어질 기준을 의미한다. 즉, 어떤 입력변수를 이용하여 어떻게 분리하는 것이 목표변수의 분포를 가장 잘 구별해 주는지를 파악하여 자식 마디가 형성되는데, 목표변수가 이산형이나 연속형이냐에 따라 사용되는 분리 기준이 달라진다. 목표변수가 이산형인 경우 목표변수의 피어슨(Karl Pearson)의 카이제곱 통계량 또는 우도비카이제곱 통계량(likelihood ratio Chi-square statistic)을 분리 기준으로 사용하는데, 목표변수가 순서형 또는 사전 그룹화된 연속형인 경우에는 우도비카이제곱 통계량이 사용된다.

(3) 분석을 위한 준비 : 목표변수와 예측변수의 식별

기계적 알고리즘에 의한 의사결정나무분석을 위하여 문헌 검토를 통하여 불확실성 상황의 목표변수는 다음과 같이 여덟 가지로 분류하였다.

① 완전한 정보 부족
② 부분적 정보 부족
③ 신뢰할 수 없는 정보

④ 의심스러운 정보에 의한 부적절한 이해
⑤ 새로운 일에 따른 부적절한 이해
⑥ 빠른 변화나 불안정한 상황에 따른 부적절한 이해
⑦ 똑같이 매력적인 성과를 가져오는 대안들 간의 갈등
⑧ 똑같이 매력적인 성과는 예상되지만 서로 모순된 역할 요구를 가져오는 대안들 간의 갈등

위 여덟 가지 불확실성의 상황하에서 취할 수 있는 행동 양상을 총 열두 가지로 식별하였으며, 분석을 위한 자료를 수집하기 위하여 다항선택식 질문 형식으로 조사하였다. 설문지 구성

〈표 8-7〉 예측변수: 불확실성하에서 행동 양상

전략	전술	정의
감소 전략	추가 정보의 수집	실제 정보를 찾는 행위
	지연행동	추가 정보가 결정문제를 뚜렷이 할 때까지 의사결정이나 행동 개시를 지연한다.
	충고 권유	전문가, 감독자, 친구 혹은 동료의 의견 및 충고를 받아들인다.
	표준운영절차(SOP) 및 규범에 따름	공식적 행동규칙과 비공식적 행동규칙에 따라서 행동한다.
	가정에 기초한 추리	확실하게 알고 있는 것에 의하여 강요받고 있는 믿음에 토대를 둔 상황에 대한 정신적 모델을 구조화한다.
인정 전략	선취행위	부정적인 성과에 대한 특수한 반응을 일으킨다.
	준비성 높임.	예상하지 못한 부정적 진화에 반응하기 위하여 일반적 역량을 개발한다.
	취소할 수 없는 행동 회피	역으로 할 수 있는 행동경로를 개발한다.
	찬성 대 반대 잣대	잠재적인 이익과 실패에 의한 여러 대안 간의 선택
억제 전략	불확실성 무시	확실성에서 행동
	직관에 의존	충분한 정당화 없이 육감, 추측의 사용
	모험	동전을 던져 선택한 행동

은 목표변수의 진술 문항에 대하여 이와 관련된 상황을 자주 접하는 경우에 모두 표기토록 하였으며, 예측변수의 정의로 진술된 문항에 대해서도 해당되는 행동 양상이 있는 경우에 모두 표기토록 하였다.

(4) 의사결정나무분석의 평가

불확실성의 상황하에서 의사결정자가 어떤 의사결정 행동을 취하는가를 알아보기 위하여 데이터 마이닝의 기계적 알고리즘 프로그램인 'SPSS Answer Tree'을 이용하였으며, 분석 설정에서는 〈표 8-8〉과 같이 정지규칙(Stopping Rules)이 제시되어 있다. 전체적 분리 정지는 3, 부모 마디의 관측 수 제한은 100, 자식 마디의 관측 수 제한은 50으로 설정하였다. 여기에서 분리 정지란 뿌리 마디로부터 시작하여 몇 단계까지 분리를 계속할 것인지를 지정하는 것으로서, 즉 전체 나무구조의 깊이는 이 숫자를 넘지 않게 된다. 부모 마디의 관측 수 제한은 마디에 포함되어 있는 관측 개수(case)가 이 숫자보다 작으면 더 이상 분리가 일어나지 않는다. 그리고 자식 마디의 관측 수 제한은 자식 마디가 형성될 때 각 자식 마디에 포함되어 있는 관측 개체의 수가 적어도 이 숫자보다는 많게 한다.

〈표 8-8〉 의사결정나무분석 정지규칙 설정

- 분리 정지(Maximum tree depth) : 3
- 부모 마디의 관측 수 제한(Minimum Number of Case for parent) : 100
- 자식 마디의 관측 수 제한(Minimum Number of Case for child) : 50

다음의 〈표 8-9〉는 불확실성의 각 상황에 따른 의사결정자의 행동 유형을 예측하기 위하여 정지규칙에 따라 자동으로 형성된 의사결정나무를 평가하기 의한 위험도표이다. 위험추정치(risk estimate)는 의사결정나무분석에 의하여 잘못 분류되거나 예측될 위험을 나타내는데, 이러한 수치는 작을수록 더욱 선호된다.

'문제와 관련된 완전한 정보가 부족한 경우' 위험추정치는 0.285(28.5%)로 의사결정나무에 의하여 약 71.5% 정도가 제대로 분류되었고, '부분적 정보가 부족한 경우' 위험추정치는 0.302(30.2%)로 의사결정나무에 의하여 약 70% 정도가 제대로 분리되었으며, '신뢰할 수 없는 정보의 경우'는 위험추정치가 0.251(25.1%)로 의사결정나무에 의하여 약 85% 정도가 제대로 분리된 것으로 나타났다. 이상과 같이 의사결정자의 결정 양상에 따른 불확실성의 상황을 의사결정나무분석으로 그 타당성을 분석한 결과 대체로 60% 이상 분류되었고, 이를 바탕으로 변수 분리에 따른 최종 나무분석 결과를 일반화하는 데 적정하다고 판단된다.

〈표 8-9〉 목표변수에 대한 분리 마디의 위험 도표 요약

목표변수: 불확실성의 상황	위험추정치 (risk estimate)	표준오차 (SE)
① 완전한 정보 부족	0.285	0.0191
② 부분적 정보 부족	0.302	0.0194
③ 신뢰할 수 없는 정보	0.251	0.0184
④ 의심스러운 정보에 의한 부적절한 이해	0.296	0.0193
⑤ 새로운 일에 따른 부적절한 이해	0.287	0.0191
⑥ 빠른 변화나 불안정한 상황에 따른 부적절한 이해	0.296	0.0193
⑦ 똑같이 매력적인 성과를 야기하는 대안들 간의 갈등	0.392	0.0207
⑧ 똑같이 매력적인 성과는 예상되지만 서로 모순된 역할 요구를 야기하는 대안들 간의 갈등	0.386	0.0206

(5) 목표변수에 대한 예측변수의 분리구조

목표변수에 대한 분리구조는 나무구조 결과, 즉 전체 마디 수(total number of nods), 전체 수준 수(total number of level), 전체 종료 마디 수(total number of terminal nodes)와 상관없이 가장 가깝게 분리될 수 있도록 가지치기(pruning) 방법으로 최종 분리 결과가 제시된다.

첫 번째, '문제와 관련된 정보가 완전히 부족한 경우' 불확실성의 상황을 목표변수로 하고 의사결정나무를 분리한 결과, 즉 문제와 관련된 정보가 전혀 없는 상황을 맞이한 경우 예측변수의 응답인 〈무응답〉 및 〈예〉에 대하여 분류하고 가치지기를 한 결과는 [그림 8-8]과 같다. 맨 위의 뿌리 마디(root node)에서 전체 응답자 556명 중 '무응답'에 397명(71.40%), '예'에 159명(28.60%)이 응답하였으며, 이에 12개 예측변수 중 문제 명확 시까지 결정이나 행동 개시를 지연한다고 하는 데서 응답 분류가 이루어졌음을 알 수 있고, 여기 분류 시점에서 카이제곱 통계량 값이 19.7978로서 이에 대응하는 유의 확률 p-값이 0.0000으로 매우 작은 것을 알 수

제8장 **의사결정나무분석과 계층화분석법**

있다. 따라서 정보가 완전히 부족한 불확실성의 상황에 직면한 의사결정자는 문제가 명확하게 될 때까지 어떤 결정이나 행동 개시를 지연한다는 것으로 알 수 있다. 그리고 두 번째 층의 분리에서 뿌리 마디의 '예'라고 응답한 159명 중에서 91명(57.2%)이 '예'라고 응답하고 있다. 이같은 분석 결과에 비추어 보면 의사결정자가 결정 국면에서 문제 해결과 관련된 정보가 전혀 없는 경우에 문제를 명확히 인식하고 정의하는 과정이 선행되어야 할 것이다.

[그림 8-8] 정보가 완전히 부족한 불확실한 상황에서 의사결정나무 분리구조

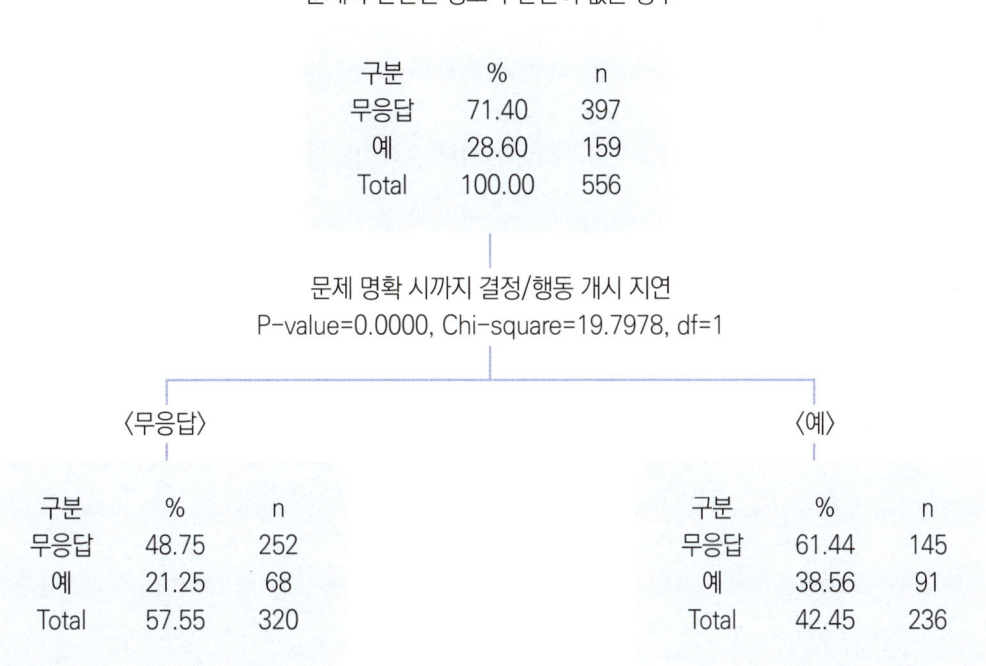

두 번째, 똑같은 방식으로 문제와 관련된 정보가 부분적으로 있는 불확실성의 상황을 목표변수로 하고 의사결정나무를 분리한 결과는 다음 [그림 8-9]와 같다. 맨 위의 뿌리 마디(root node)에서 전체 응답자 556명 중 '무응답'에 168명(30.22%), '예'에 388명(69.78%)이 응답하였으며, 이에 12개 예측변수 중 잠재적인 이익과 실패가 무엇인지 여러 대안을 검토하는 행동 양상을 보인다고 하는 응답 분류가 이루어졌음을 알 수 있고, 여기 분류 시점에서 카이제곱 통계량 값이 10.1173으로서 이에 대응하는 유의 확률 p-값이 0.0015로 매우 작은 것을 알 수

있다. 따라서 결과적으로 정보가 부분적으로 있는 불확실성의 상황에서는 잠재적인 이익과 실패가 무엇인지 여러 대안을 검토하는 수준이 가장 영향을 많이 미치는 예측변수로 선택되었음을 알 수 있다. 그리고 두 번째 층의 분리에서 뿌리 마디의 '예'라고 응답한 388명 중에서 261명(67.2%)이 '예'라고 응답하고 있다. 즉, 잠재적인 이익과 실패가 무엇인지 여러 대안을 검토한다고 응답한 350명(62.95%) 중에서 261명(74.57%)이 '예'라고 응답하고 있다. 이 같은 분석 결과에 따르면, 의사결정자가 문제 해결과 관련된 부분적 정보만을 가지고 있는 불확실한 상황에서는 대안의 탐색과 비교 평가에 충실함으로써 미래 실패 확률과 성공 확률을 검토하는 작업이 선행되어야 할 것으로 생각된다.

[그림 8-9] 정보가 부분적으로 있는 상황하의 의사결정나무 분리구조

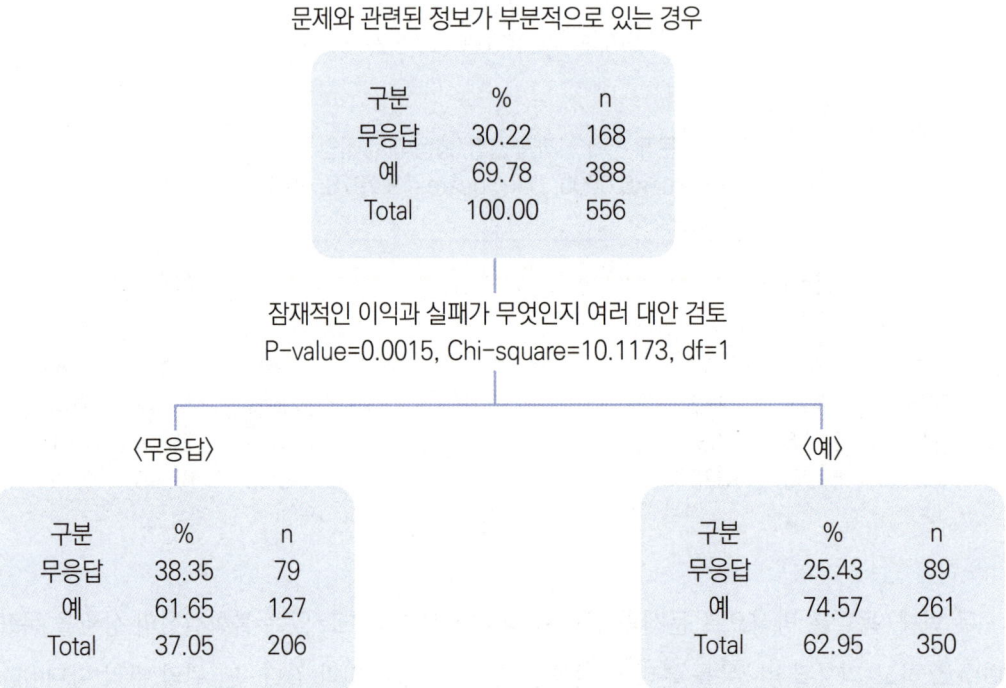

2. 계층화분석법

1) 계층화분석법(AHP)의 의의

(1) 개념

계층화분석법 또는 계층분석과정(Analytical Hierarchy Process: AHP)으로 부르는 AHP(Analytical Hierarchy Process)는 1970년대 사티(Thomas L. Saaty)가 개발한 의사결정방법론으로서 복잡한 문제를 분해하여 단순화하고 판단 기준과 대안을 계층적으로 식별하고 구조화함으로써 이를 체계적 및 일관성으로 비교 평가하는 방법이다. 의사결정나무분석은 사건이 발생할 확률을 이용하지만 AHP는 비교 대안의 상대적 중요도(우선순위 또는 선호도)를 주관적으로 판단하고 수치를 부여하여 가장 높은 중요도로 제시된 대안을 찾는 방법이다.

AHP는 문제에 대한 인간의 사고 과정을 체계적인 계층구조로 전환하고 수치를 부여하여 종합화하는 것이다. AHP는 논리, 직관, 경험을 토대로 복잡한 문제를 단순화하고 계층으로 조직화하여 대안의 중요도를 척도로써 계량화하고 종합화하는 의사결정 방법이다(이성근 외, 1994: 3; 조근태 외 옮김, 2000: 4-6). AHP는 목표에 대한 복수의 평가 기준(다기준)에 견주어 대안들을 이원쌍비교(pairwise camparision)하는 다기준분석법(multi-criteria analysis method)으로서 문제를 복수의 기준으로 대안을 평가하여 결정하여야 하는 다양한 상황에 적용할 수 있고, 합의적 판단을 토대로 하는 집단의사결정에도 적용할 수 있다. 하지만 AHP는 옳은 답을 찾는 법칙이나 모델이 아니라 의사결정자가 가장 최선(best)의 답을 찾을 수 있도록 도와주는 과정이다(Selly & Forman, 2001: 13-14).

(2) 원리 및 가정

AHP는 복잡한 문제를 계층으로 구조화한 뒤 한 단계씩 중요도(우선순위 또는 선호도)를 비교 평가하여 최종 목표에 기여하는 최선의 대안을 선택하는 방법이다. AHP의 기본 원리는 인간의 '논리적 사고'와 '시스템적 접근'에 토대로 두고 있다. 문제, 목표, 기준, 해결책 등은 하나의 전체적인 틀로써 연결되어 있고 체계적인 계층적 구조로 형성되어 있어서, 이들 요소를 체계적으로 비교하고 종합하면 최선의 결과에 이를 수 있다는 것이다. 그러므로 AHP의 원리는 계층 구성의 원리, 우선순위 설정의 원리, 논리적 일관성 등에 기초하고 있다(조근태 외, 2000: 17-18).

이 세 가지 원리를 충족하기 위하여 구조모형 구축과 분석 과정에서 다음과 같은 원칙을 배경으로 하고 있다(이성민 외, 1994: 5; 조근태 외, 2003: 4).

첫째, 상호 비교(reciprocal comparison) 및 역수성(逆數性, reciprocal)이다. 의사결정자는 동일한 계층 내에 있는 두 개의 요인을 짝지어 비교할 수 있어야 하고, 그 선호의 강도(중요도, 우선순위)를 표현할 수 있어야 한다. 이러한 선호의 강도는 역수성을 만족시켜야만 한다. 예를 들어, A와 B의 두 요소 비교에서 A가 B보다 5만큼 상대적으로 중요하다면 B는 A보다 1/5배 중요하다는 의미이다.

둘째, 동질성(homogeneity)이다. 같은 계층 내의 요소는 수준이 같아야 하고, 중요도는 제한된 범위 내에서 정해진 척도에 의하여 표현되어야 한다. 예를 들어, A와 B를 상호 비교하려면 1(동일)에서 최대 9점 척도 범위에서 상대적 중요도를 표현하여야 한다.

셋째, 상위 요소의 종속성(dependency)이다. 한 계층의 요소들은 인접한 상위 계층의 요소에 대하여 종속적이어야 한다.

넷째, 독립성(independence)이다. 상대적인 중요도를 평가하는 같은 수준의 요인들은 특성이나 내용 측면에서 서로 관련성이 없어야 한다.

다섯째, 기대성(expectations)이다. 계층구조는 의사결정의 목적에 필요한 모든 사항을 완전히 포함하고 있다고 가정한다.

여섯째, 논리적 일관성(consistency)이다. 복수의 요인에 대한 비교는 일관성을 가져야 한다. 예를 들어 A, B, C의 3개 요인을 이원쌍비교하는 경우 A가 B보다 크고(A>B), B가 C보다 크다면(B>C), A는 C보다 커야 한다(A>C). 일관성을 판단하는 기준은 다음과 같이 일관성지수(CI)를 무작위지수(RI)로 나눈 비율로 판단하며, 일관성 비율이 0.1보다 작으면 일관성이 있다고 판단하고(이종찬 외, 2014), 만약 0.1이상인 경우 반복 질문과 수정이 필요하다.

$$일관성\ 비율(consistency\ ratio:\ CR) = \frac{CI}{RI} \times 100$$

$$CI(consistency\ index) = 일관성지수 = \frac{\lambda_{max} - n}{n - 1}$$

RI(random index) : 무작위지수(척도1에서 9 사이의 값으로부터 무작위적으로 산출된 역행렬 값)

2) AHP의 계층 구성과 평가 방법

(1) 계층의 구성 방법

정책대안을 선택하기 위한 방법으로서 AHP를 적용하는 경우 가장 먼저 할 일은 계층을 구성하는 것이다. 계층을 구성하는 기본적인 접근은 문제의 구조화, 목표 설정, 대안의 탐색과 식별 등이 적절하고 체계적으로 이루어져야 한다. 계층을 성공적으로 구성하려면 문제 및 주제 등에 대하여 브레인스토밍을 실시하고, 관련된 요소를 적절히 군집화하며, 하나의 계층 속에 배열하여야 한다. 좀 더 정교한 계층을 구성하려면 다음과 같은 사항을 고려하여야 한다(조근태 외 옮김, 2000: 34-35).

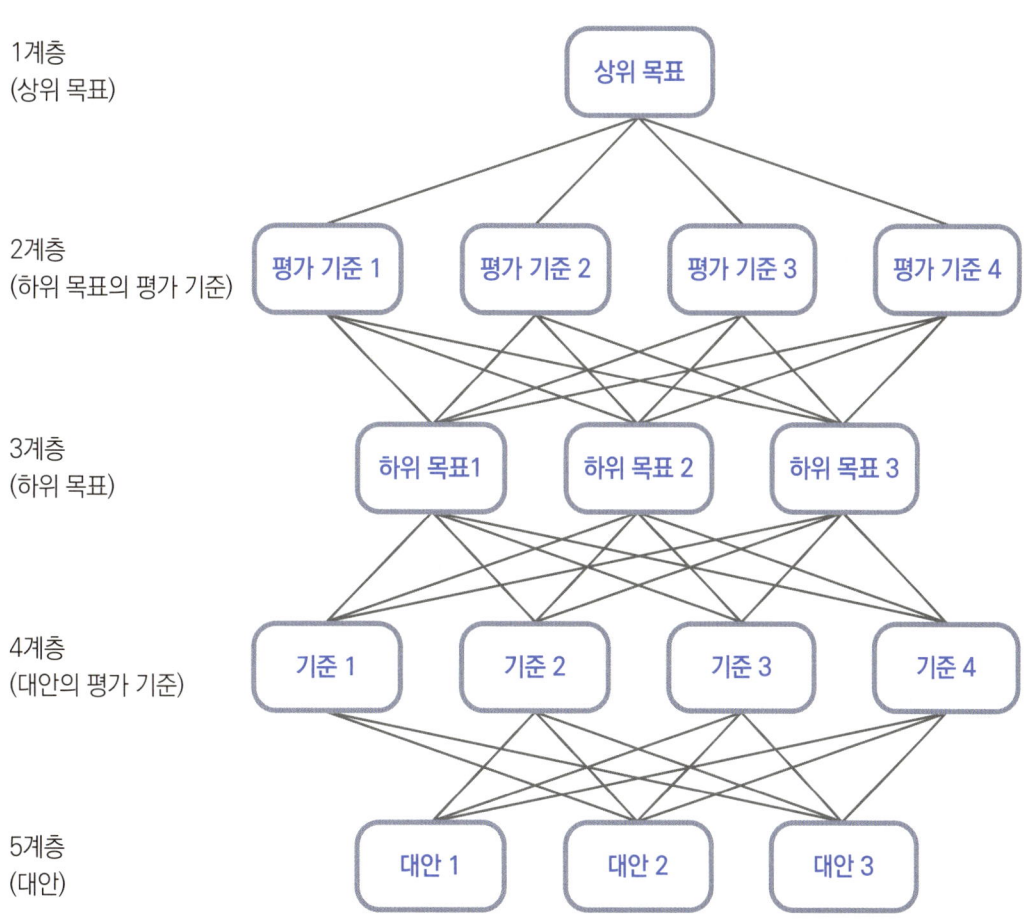

[그림 8-10] AHP의 계층구조

① 문제와 목표를 파악한다. 문제의 핵심 요소를 파악하고 정의하며 그 문제를 해결하기 위한 상위 목표를 분명히 설정한다.
② 상위 목표를 구성하는 세부 하위 목표를 설정한다. 상위 목표에 기여할 수 있는 하위 목표를 구체적으로 설정한다.
③ 상위 목표에 기여 또는 만족시킬 수 있는 세부 하위 목표의 평가 기준을 정한다.
④ 하위 세부 목표에 기여할 수 있는 대안을 파악하고 정한다.
⑤ 하위 세부 목표를 기여 또는 만족시킬 수 있는 평가 기준을 정한다.

다음과 같이 [그림 8-11]의 신청사 입지 후보지를 결정하기 위한 계층구조를 보면, 목표 계층은 '신청자 후보지'가 되고, 이에 대한 평가 기준으로 접근 편리성, 장래 확장성, 비용 경제성, 개발 용이성, 주변 입지환경 등 다섯 개 요인이 설정되었으며, 대안으로서 입지 후보는 A, B, C 등의 3개 요인이 제시되었다. 분석의 첫 번째 절차는 목표에 비추어 평가 기준 간 상대적 중요도(가중치)를 측정하는 것이고, 두 번째 절차는 각 기준에 견주어 후보지역 간 상대적 중요도(가중치)를 측정하며, 마지막으로 이 결과들을 종합화한다.

[그림 8-11] 신청사 입지 후보지 결정을 위한 계층구조

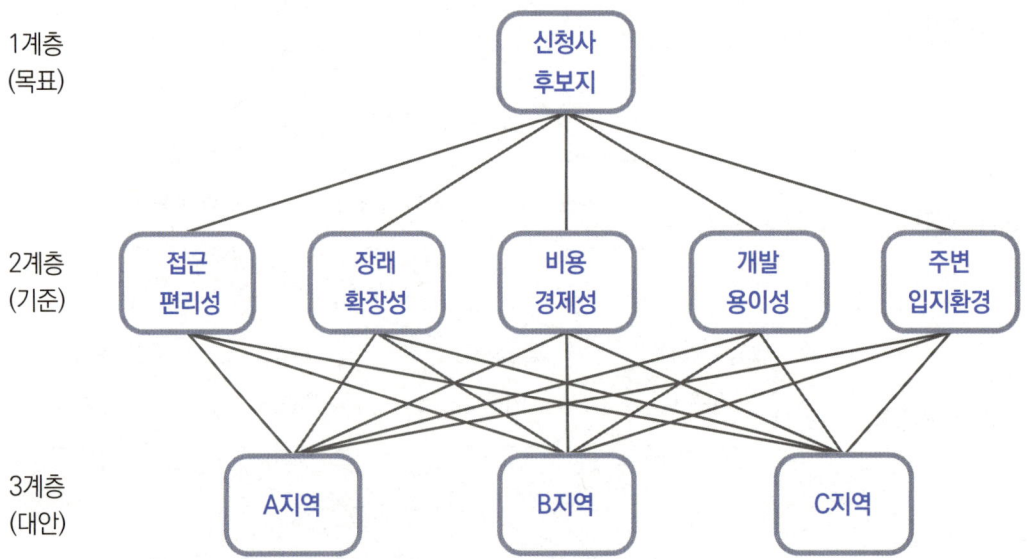

(2) 평가 방법

AHP의 평가 방법은 평가 기준에 견주어 동일한 단계(계층)에 있는 두 요소 간의 상대적 중요도(우선순위 또는 선호도)를 평가하기 위하여 9점 척도의 질문지를 이용하여 이원쌍대응비교(pairwise comparision)로 측정한다. 이원쌍대응비교에 사용되는 척도는 〈표 8-10〉과 같이 1(양쪽 동등)에서 9(어느 한쪽의 절대 중요)까지 수로 표시하고 숫자에 대한 설명으로서 문제, 목표, 기준, 대안 등에 부합한 일상의 적절한 언어로 표현한다(Satty, 1977; 황규승, 1989: 85; Selly & Forman, 2001: 68; 이성근 외, 1994: 9).

만약 AHP의 평가 과정에 집단이 참여할 경우 집단의 합의에 따라 평가하여 중요도를 산출할 수 있으나, 개인마다 다른 평가를 할 경우 기하평균(geometric mean)을 사용하여 중요도를 산출한다. 이는 대칭적 역수행렬의 성격으로 여러 개 숫자의 기하평균의 역수는 그 숫자들의 역수를 취한 값들의 기하평균과 같기 때문이다(이성근 외, 1994: 11). 또한 기하평균을 이용하는 이유는 극단치의 영향을 줄이고 이원비교행렬의 역수 조건을 만족시키기 위함이다(민재형, 1996).

〈표 8-10〉 이원쌍대응비교 시 중요도의 척도

척도	정의	언어적 표현
1	동등	요소 a와 요소 b가 똑같이 중요
3	약간 중요	요소 a가 b보다 약간 중요
5	매우 중요	요소 a가 b보다 훨씬 중요
7	매우 강하게 중요	요소 a가 b보다 강하게 중요
9	절대적 중요	요소 a가 b보다 절대적으로 중요
2, 4, 6, 8은 위 정의된 척도들의 중간		

평가 기준에 대한 요소들 간 중요도를 9점 척도의 질문지를 이용하여 이원쌍대응비교로 평가한 경우 한 요소의 측정치는 상대적 요소의 측정치의 역수가 된다. 예를 들어, a, b, c 등 세 개의 대안이 있는 경우 a와 b를 비교하여 a가 b보다 '매우 중요'하다고 판단하여 5점을 부여한 경우 b의 값은 그에 대한 역수 1/5이 된다. 마찬가지로 b가 c보다 '약간 중요'하다고 판단하여 3점을 부여하면 c의 값은 그에 대한 역수 1/3이 되고, a가 c보다 '매우 강하게 중요'하여

7점을 부여하면 c의 값은 그에 대한 역수 1/7이 된다. 즉, a 〉 b 〉 c의 순으로 중요도가 높다고 체크한 경우 다음과 같다.

〈표 8-11〉 AHP 설문지

요인	← 중요도								동등	중요도 →								요인
	9	8	7	6	5	4	3	2	1	2	3	4	5	6	7	8	9	
a					✔													b
a			✔															c
b							✔											c

[그림 8-12] 웹 기반에서 이원쌍대응비교 결과(요인 a, b, c)

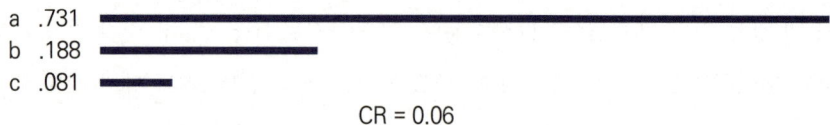

자료: https://comcastsamples.github.io/ahp-tool/ (2024. 2. 18)

위와 같이 평가한 경우 일관성 비율은 0.06(0.1 미만)으로 매우 타당하며, 종합화한 결과 요인 a는 0.731(73.1%), b는 0.188(18.8%), c는 0.081(8.1%) 순으로 산출되었다.

[그림 8-13] 상대적 중요도의 종합화와 일관성 비율

a .731 ▬▬▬▬▬▬▬▬▬▬▬▬▬▬▬▬▬▬▬▬
b .188 ▬▬▬▬▬
c .081 ▬▬

CR = 0.06

잠깐! AHP에서 일관성 확보 방법

1. 기준에 견주어 비교 요인(A, B, C, D, E)에 대한 중요도 순위를 정한다.
   (예) "D 〉 B 〉 A 〉 C=E"인 경우

2. 중요도 순위를 기준으로 다음과 같이 시각적으로 표시한다.

요인	1	2	3	4	5	6	7	8	9
A									
B									
C									
D									
E									

3. 높은 순위부터 요인 간 비교로 나열한다.
   D:B, D:A, D:C, D:E, B:A, B:C, B:E, A:C, A:E, C:E

4. '2번'과 '3번'을 고려하여 해당 측점에 체크한다.

   D:B ➡ D(8)는 B(6)보다 2점만큼 중요(8-6=2)

   D:A ➡ D(8)는 A(3)보다 5점만큼 중요(8-3=5)

   D:C ➡ D(8)는 C(1)보다 7점만큼 중요(8-1=7)

   D:E ➡ D(8)는 E(1)보다 7점만큼 중요(8-1=7)

   B:A ➡ B(6)는 A(3)보다 3점만큼 중요(6-3=3)

   B:C ➡ B(6)는 C(1)보다 5점만큼 중요(6-1=5)

   B:E ➡ B(6)는 E(1)보다 5점만큼 중요(6-1=5)

   A:C ➡ A(3)는 C(1)보다 2점만큼 중요(3-1=2)

   A:E ➡ A(3)는 E(1)보다 2점만큼 중요(3-1=2)

   C:E ➡ C(1)와 E(1)는 동일(1점) 중요

요인	9	8	7	6	5	4	3	2	1	2	3	4	5	6	7	8	9	요인
A											✔							B
A								✔										C
A													✔					D
A								✔										E
B					✔													C
B										✔								D
B					✔													E
C															✔			D
C									✔									E
D			✔															E

요인 간 이원쌍대응비교표를 AHP 전용 프로그램에 입력하여 계산한 결과는 다음과 같다.

일관성 비율은 0.0055로 일관성 조건(0.1 미만)을 만족시키며, 대안의 우선순위는 D(0.485), B(0.289), A(0.107), C/E(0.060) 순으로 산출하였다.

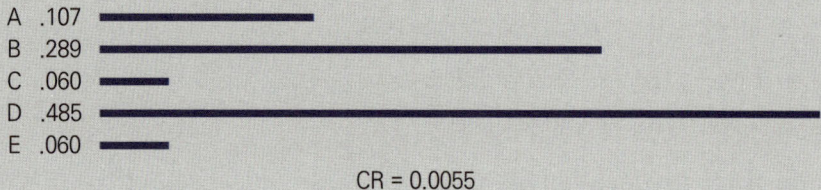

3) AHP의 분석 절차

AHP의 분석 절차는 문제의 단순화 정도, 목표의 수(상위 목표, 하위 목표), 평가 기준의 수(하위 목표의 평가 기준, 대안의 평가 기준), 대안의 수 등에 따라 계층의 수가 달라지나 일반적인 분석은

제8장 **의사결정나무분석과 계층화분석법**

다음과 같이 진행한다.

첫째, 문제에 대한 목표(상위 목표, 하위 목표), 평가 기준(하위 목표의 평가 기준, 대안의 평가 기준) 등을 식별하고 설정한다.

둘째, 요인들을 그룹화하고 계층적으로 구조화한다.

셋째, 목표에 비추어 평가 기준에 대하여 이원쌍대응비교를 기록(입력)한다. 기록하기 전에 일관성 확보를 위하여 사전에 이원쌍대응표를 작성해 두면 도움이 된다.

넷째, 평가 기준의 이원쌍대응비교를 통하여 가중치(중요도, 우선순위, 선호도)를 계산하고 일관성을 검토한다. 단, 일관성 비율(CR)이 0.1 이상으로 산출되면 전 단계의 이원쌍대응비교를 다시 한다.

다섯째, 각 평가 기준에 비추어 대안들에 대하여 이원쌍대응비교를 기록(입력)한다. 여기에서도 마찬가지로 기록하기 전 일관성 확보를 위하여 이원쌍대응표를 작성해 두면 일관성을 확보하는 데 도움이 된다.

여섯째, 대안들의 이원쌍대응비교를 통하여 가중치(중요도, 우선순위)를 계산하고 일관성을 검토한다. 이 단계에서도 일관성 비율(CR)이 0.1 이상으로 산출되면 전 단계의 이원쌍대응비

[그림 8-14] AHP의 절차

가. 문제에 대한 목표-평가 기준-대안 등의 식별 및 설정
↓
나. 요인들을 계층별로 그룹화하고 몇 개의 계층으로 구조화(목표-평가 기준-대안)
↓
다. 목표에 대한 평가 기준들 간 이원쌍대응비교 : 상대적 우선순위(가중치) 결정
↓
라. 평가 기준에 대한 대안들 간 이원쌍대응비교 : 상대적 우선순위(가중치) 결정
↓ 일관성 검토
마. 가중치의 종합화, 최종적 우선순위 결정
↓ 일관성 검토
바. 민감도분석

교를 다시 수행한다.

일곱째, 계층별·요인별 이원쌍대응비교를 종료하고 종합화한다. 다수가 참여하는 경우 개인별 응답자의 이원쌍대응비교 결과를 종합화하며 동시에 일관성 비율도 검토한다.

여덟째, 민감도를 분석한다. 민감도분석은 입력 데이터(측정치) 또는 판단의 변화에 대한 결정을 검토하기 위하여 수행할 수 있다. 이는 어떤 기준이나 대안이 의사결정 결과에 가장 중요한 영향을 미치는지 식별하는 데 도움이 된다.

위 절차에 따라 앞서 언급한 [그림 8-11]의 신청사 입지 후보지역 선정에 대한 가상적인 사례를 분석해 보자.

① 목표에 대한 평가 기준들에 대한 중요도 순위를 시각적으로 표현한다.

목표	평가 기준	1	2	3	4	5	6	7	8	9
신청사 입지 후보지역	접근 편리성(A)	■	■	■	■	■	■	■	■	
	장래 계획성(B)	■	■	■	■	■	■	■		
	비용 경제성(C)	■	■	■						
	개발 용이성(D)	■	■	■	■					
	주변 입지환경(E)	■	■	■	■	■				
	A 〉 B 〉 E 〉 D 〉 C									

② 각 평가 기준에 대하여 대안의 중요도 순위를 시각적으로 표현한다.

평가 기준	대안	1	2	3	4	5	6	7	8	9
접근 편리성	A지역	■	■	■	■	■	■	■		
	B지역	■	■	■	■	■				
	C지역	■	■	■						
	A지역 〉 B지역 〉 C지역									

평가 기준	대안	1	2	3	4	5	6	7	8	9
장래 계획성	A지역	■	■	■						
	B지역	■	■	■	■	■				
	C지역	■	■	■	■	■	■			
	C지역 〉 B지역 〉 A지역									

제8장 의사결정나무분석과 계층화분석법

평가 기준	대안	1	2	3	4	5	6	7	8	9
비용 경제성	A지역	■								
	B지역	■								
	C지역	■								
		A지역 = B지역 = C지역								

평가 기준	대안	1	2	3	4	5	6	7	8	9
개발 용이성	A지역		■	■	■					
	B지역		■	■	■	■				
	C지역		■	■	■	■	■			
		C지역 〉 B지역 〉 A지역								

평가 기준	대안	1	2	3	4	5	6	7	8	9
주변 입지환경	A지역		■	■	■	■	■			
	B지역		■	■	■	■				
	C지역		■	■	■					
		A지역 〉 B지역 〉 C지역								

③ 위 '중요도 순위 시각표'를 기초하여 이원쌍대응비교를 수행한다. 두 개 요인을 비교하여 상대적 차잇값을 입력한다. 예를 들어, A가 9이고 B가 5라면, A쪽에 4(9-5)를 입력한다.

④ 분석 결과

　④-1. 목표에 대한 평가 기준의 중요도(가중치, 우선순위)

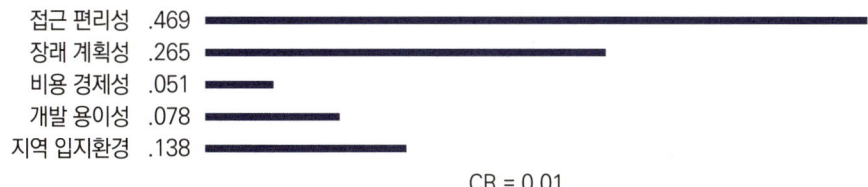

④-2. 목표에 대한 대안 지역의 중요도(가중치, 우선순위)

A지역 .416
B지역 .282
C지역 .302

CR = 0.01

④-3. 평가 기준(접근 편리성)에 대한 대안 지역의 중요도(가중치, 우선순위)

A지역 .571
B지역 .286
C지역 .143

CR = 0.00

④-4. 평가 기준(장래 계획성)에 대한 대안 지역의 중요도(가중치, 우선순위)

A지역 .157
B지역 .249
C지역 .594

CR = 0.05

④-5. 평가 기준(비용 경제성)에 대한 대안 지역의 중요도(가중치, 우선순위)

A지역 .333
B지역 .333
C지역 .333

CR = 0.00

④-6. 평가 기준(개발 용이성)에 대한 대안 지역의 중요도(가중치, 우선순위)

A지역 .196
B지역 .311
C지역 .493

CR = 0.05

④-7. 평가 기준(주변 입지환경)에 대한 대안 지역의 중요도(가중치, 우선순위)

A지역 .540
B지역 .297
C지역 .163

CR = 0.00877

제8장 **의사결정나무분석과 계층화분석법**

잠깐! AHP 분석 툴(Tools)

오프라인 버전	온라인 버전(웹 기반)
1. 메이크잇(Make IT) http://imakeit.kr/win/	1. 아이메이크잇(I Make It) http://imakeit.kr/info/
2. DRESS ★ 무료 https://blog.naver.com/shchoiher/220392013091	2. 클라우드 사회과학연구 자동화 ★ 무료 http://ssra.or.kr/
3. SpicelLogic ★ 7-day free trial https://www.spicelogic.com/Products/ahp-software-30	3. BPMSG ★ 무료 https://bpmsg.com/ahp/ahp-calc.php
4. easyAHP ★ Demo free(기준, 대안 3개) http://www.easyahp.com/	4. Online Output https://onlineoutput.com/ahp-software/
5. Open Source Software https://sourceforge.net/directory/?q=AHP	5. GitHub ★ 무료 https://comcastsamples.github.io/ahp-tool/
6. M-AHP ★ Free Trial Version https://m-ahp.soft112.com/	
7. Super Decisions ★ Free https://super-decisions.software.informer.com/2.3/	
8. XLSTAT ★ 14-day free trial https://www.xlstat.com/en/solutions/features/analytic-hierarchy-process	

4) AHP의 분석 사례

AHP를 이용하여 공공기관 종사자를 대상으로 "정보 공유 의도에 영향을 미치는 요인의 중요도 산정에 관한 연구" 내용을 소개한다.[02]

---

[02] 이 내용은 필자의 논문(2004) 내용 일부를 수정·정리하였음.

(1) 계층 구조화

계층화분석법을 이용하여 정보공유 의도에 영향을 미치는 요인들에 대한 상대적 중요도를 분석하기 위하여 [그림 8-15]의 측정모델을 계층으로 구조화하였다. 계층화된 분석모델 구조의 1단계(계층)는 목표로서 '정보 공유 의도'를 설정하고 2단계(계층)는 '정보소유자'와 '정보 공유 매개자'로 분류하여 설정하였다. 즉, 정보 공유 의도의 정도는 정보소유자와 정보 공유 매개자에 따라 다를 것이라는 가정이다. 다음 3단계(계층)는 정보 공유 의도에 영향을 미치는 요인으로 신뢰 유형을 정보에 대한 신뢰, 대안의 신뢰, 조직적 요인, 과업 관련 신뢰 등을 구성하였으며, 각 신뢰 유형을 구성하는 하위 요인으로 제시하였다.

[그림 8-15] 정보 공유 의도의 중요도 산정을 위한 계층구조(영향 관계)

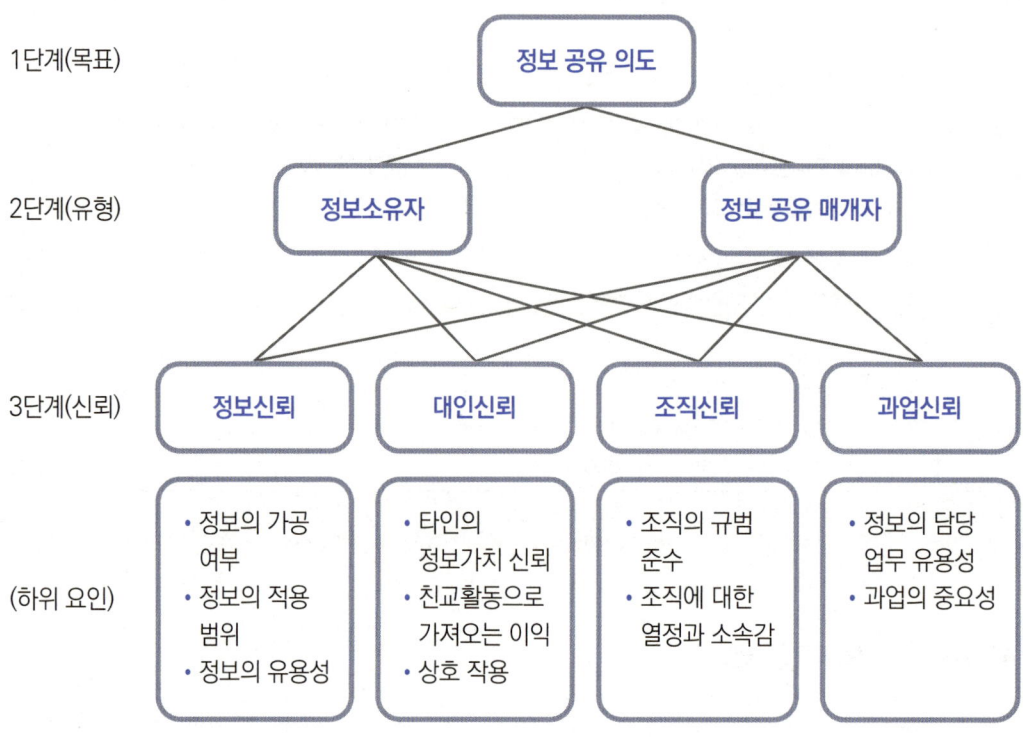

(2) 측정 요소와 측정 방법

계층적 구조로서 설계된 측정모델을 분석하기 위한 각 개념의 측정 속성은 〈표 8-12〉와 같으며, 이를 측정하기 위하여 이원쌍대응비교의 9점 척도로 구조화된 설문지를 사용하였다.

제8장 의사결정나무분석과 계층화분석법

〈표 8-12〉 측정 속성

단계	기준	속성	측정
유형	정보소유자	정보는 개인 자신만이 소유하여야 한다는 마음가짐	9점 척도 상대비교
	정보 공유 매개자	정보는 직무를 수행하는 과정에서 획득된 것이며, 다른 사람이 활용할 수 있도록 대신하여 관리한다는 마음가짐	
신뢰	정보신뢰	정보소유자와 정보 공유 매개자의 태도를 가지는데 정보 그 자체의 속성에 대한 강한 믿음	9점 척도 상대비교
	대안신뢰	정보소유자와 정보 공유 매개자의 태도를 가지는데 조직구성원 개인 간의 강한 믿음	
	조직신뢰	정보소유자와 정보 공유 매개자의 태도를 가지는데 조직의 목표, 정책, 방침, 절차 등에 대한 강한 믿음	
	과업신뢰	정보소유자와 정보 공유 매개자의 태도를 가지는데 본인이 수행하는 과업에 대한 강한 애착과 자부심	
하위 요인	정보신뢰	정보의 가공 여부, 정보의 적용 범위, 정보의 유용성	9점 척도 상대비교
	대인신뢰	타인을 인정, 친교활동이 가져오는 이익 선호, 타인과의 상호 작용 선호	
	조직신뢰	조직의 규범(정책, 목표, 방침, 절차) 준수 조직에 대한 열정과 소속감	
	과업신뢰	과업과 관련된 정보가 믿을 만한 정도 정보보다는 과업 자체의 중요성	

(3) 단계별 분석

가. 2단계 : 정보 공유 의도에 대한 유형

측정모델의 계층구조에 따른 목표인 정보 공유 의도에 대한 공공기관 종사자의 유형을 이원쌍대응비교로 분석하고 결과를 다음 〈표 8-13〉과 같이 제시하였다. 즉, 공공기관 종사자들이 업무 수행 중 알게 된 정보에 대한 공유 의도에 대하여 개인 자신만이 정보를 소유하여야 한다는 생각(정보소유자)과 정보는 직무를 수행하는 과정에서 획득된 것이며, 다른 사람을 대신하여 관리한다는 생각(정보 공유 매개자) 간의 상대적 선호도(중요도)를 평가한 결과이다. 분석 결과 일관성(CR) 값은 0.000으로 0.1보다 적게 나타나 평가의 일관성이 확보되었음을 알 수 있다. 그리고 상대적 중요도는 정보소유자 유형은 0.315이고 정보 공유 매개자는 0.685로 분석되었다.

<표 8-13> 정보 공유 의도에 대한 유형별 상대적 중요도 분석 결과

기준(목표)	하위 기준(유형)	상대적 중요도(%)	순위
정보 공유 의도	정보소유자	0.315	2
	정보 공유 매개자	0.685	1

일관성 비율(CR) = 0.000

나. 3단계 : 정보 공유 유형에 대한 신뢰

다음은 공공기관 종사원들이 정보를 공유하려는 의도를 가지는 데는 어떤 유형에 의하여 영향을 받는다는 전제하에 정보소유자와 정보 공유 매개자에 영향을 미치는 신뢰 요인들을 비교분석하였다.

<표 8-14> 정보 공유 의도 유형에 대한 신뢰의 상대적 중요도 분석 결과

기준(태도)	하부 기준(신뢰)	상대적 중요도(%)	순위
정보소유자	정보신뢰	0.168	3
	대인신뢰	0.119	4
	조직신뢰	0.433	1
	과업신뢰	0.280	2

일관성 비율(CR) = 0.000

기준(태도)	하부 기준(신뢰)	상대적 중요도(%)	순위
정보 공유 매개자	정보신뢰	0.169	3
	대인신뢰	0.119	4
	조직신뢰	0.434	1
	과업신뢰	0.278	2

일관성 비율(CR) = 0.000

먼저 정보소유자 유형에 대한 신뢰 요인 간 이원쌍대응비교 분석 결과, 일관성(CR) 값은 0.000으로 0.1보다 적게 나타나 평가의 일관성이 확보되었음을 알 수 있으며, 신뢰 요인 간 상대적 중요도를 보면 조직신뢰가 0.433으로 가장 높게 나타났으며, 그다음으로 과업신뢰(0.280), 정보신뢰(0.168), 공무원 대인신뢰(0.119) 순으로 평가되었다. 다음으로 정보 공유 매개자 유형에 대한 신뢰 요인 간 이원쌍대응비교 분석 결과, 일관성(CR) 값은 0.000으로 0.1보다 적게 나타나 평가의 일관성이 확보되었음을 알 수 있고, 그리고 신뢰 요인 간 상대적 중요도를 보면 조직신뢰가 0.434로 가장 높게 나타났으며, 그다음으로 과업(0.278), 자체신뢰(0.169), 공무원 대인신뢰(0.119) 순으로 평가되었다. 결국 정보소유자나 정보 공유 매개자 유형에 영향을 미치게 하는 신뢰 요인은 조직신뢰로서 조직의 목표, 정책, 방침, 절차 등에 대한 강한 믿음이 가장 중요하다는 것을 알 수 있다.

다. 신뢰에 대한 선호 요인

다음은 계층구조에 따른 각 신뢰 요인에 대한 하위 요인 간 이원쌍대응비교 분석 결과를 다음 〈표 8-15〉와 같이 제시하였다. 즉, 각 신뢰 요인에 영향을 미치는 요인 간의 상대적 중요도를 파악함으로써 공공기관 종사원들이 어떤 요인에 의하여 신뢰를 갖게 하는지를 살펴보기 위함이다.

첫째, 정보신뢰에 영향을 미치는 상대적 중요도는 정보의 가공 여부가 0.335, 정보의 적용 범위가 0.104, 정보의 유용성이 0.561로 나타남으로써 정보의 가치가 가장 중요하게 영향을 미치는 것으로 평가되었다.

둘째, 공공기관 종사원 간 대인신뢰에 영향을 미치는 상대적 중요도는 타인의 정보가치를 신뢰하는 것이 0.411, 친교활동으로 가져오는 이익을 선호하는 것이 0.161, 타인과의 상호작용의 선호가 0.428로 나타남으로써 친교활동으로 가져오는 이익보다는 타인과의 상호 작용과 타인의 정보가치를 인정하는 요인들이 대인 간 신뢰를 구축하게 하는 요인으로 평가되었다.

셋째, 조직신뢰에 영향을 미치는 상대적 중요도는 조직의 정책, 목표, 방침, 절차 등과 같은 조직의 규범 준수가 0.470, 조직몰입과 조직에 대한 열정, 소속감 등의 요인이 0.530으로 나타남으로써 조직의 규범 준수보다는 조직에 대한 열정과 소속감 요인이 약간 높은 것으로 평가되었다.

넷째, 과업신뢰에 영향을 미치는 상대적 중요도는 정보의 담당 업무 유용성은 0.458이고 과업 자체의 중요성은 0.542로 나타남으로써 과업 자체의 중요성이 약간 높은 것으로 평가되었다.

〈표 8-15〉 신뢰에 대한 하위 요인별 상대적 중요도 분석 결과

기준(신뢰)	일관성 비율(CR)	하위 요소	상대적 중요도(%)	순위
정보	0.02	- 정보의 가공 여부 - 정보의 적용 범위 - 정보의 유용성	0.335 0.104 0.561	2 3 1
개인	0.00	- 타인의 정보가치 신뢰 - 친교활동으로 가져오는 이익 - 상호 작용	0.411 0.161 0.428	2 3 1
조직	0.00	- 조직의 규범 준수 - 조직에 대한 열정과 소속감	0.470 0.530	2 1
과업	0.00	- 정보의 담당 업무 유용성 - 과업의 중요성	0.458 0.542	2 1

(4) 종합화

다음은 정보 공유 의도에 대한 최적 요인(대안)을 종합화한 가중치 결과를 [그림 8-16]과 같이 제시하였다. 목표의 정보 공유 의도에 대한 전체 하위 요인들의 종합적 일관성(CR)은 0.00으로 나타나 평가의 일관성이 확보되었다. 그리고 목표의 정보 공유 의도에 대한 최적 대안으로서 높은 요인은 조직에 대한 열정과 소속감, 조직의 규범 준수, 과업의 중요성, 정보의 담당 업무 유용성, 정보의 유용성 등의 순으로 나타났다.

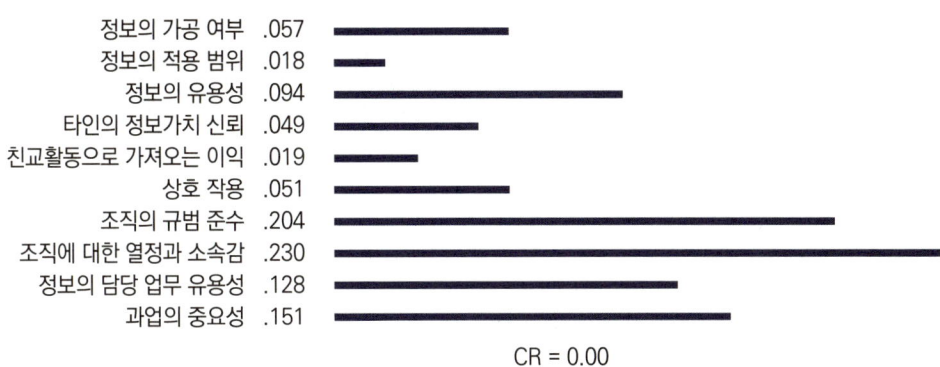

[그림 8-16] 정보 공유 의도의 종합적 가중치 결과

제9장

Public Policy Analysis and Decision Making

비용편익 및 비용효과분석

1. 비용편익분석

1) 비용편익분석의 의의

(1) 개념

정부는 공공문제를 해결하거나 자원의 효율적 배분을 통하여 바람직한 사회 상태를 실현하려고 한다. 공공문제를 해결하거나 자원을 배분하기 위해서는 물적·인적 자원을 비롯하여 각종 정책수단(유인, 지원, 장려, 촉진, 규제, 강제, 부담 등)이 개입되지만 이러한 정책수단의 바탕에는 비용과 편익 요소가 포함되어 있다. 정책의 실제에서 중요한 관심은 얼마 동안 얼마만큼의 비용을 누가 부담하고 누가 혜택(편익)을 받는지에 관한 것이다. 최선의 정책은 비용부담을 적게 또는 최소로 하면서 많은 사람에게 편익이 돌아갈 수 있는 내용이다. 정부는 정책(사업)에 투입되는 자원이 조세로 형성되기 때문에 비용을 최소로 하여 조세 부담을 줄여 주면서 더 많은 사람이 혜택을 받을 수 있도록 하여야 하며, 한정된 가용 자원(예산)으로 사업을 추진하기 때문에 적은 비용으로 더 많은 사람에게 편익이 돌아갈 수 있는 사업이 무엇인지를 평가하여야 한다. 즉, 정책대안에 대한 미래 비용과 편익을 추정하여 최적 대안(정책, 사업)을 결정할 필요가 있다.

비용편익분석(cost benefit analysis: B/C분석)은 장래 추진하게 될 정책(사업)의 효율성 및 경제성을 평가하는 대표적인 방법이다. B/C분석은 사업을 통하여 예상되는 편익의 규모와 크기는 소요되는 비용을 정당화할 수 있는지 또는 예상하는 편익을 위하여 비용을 지불할 만한 가치가 있는지를 평가하는 것이다. 그러나 정부가 추진하려는 정책대안은 비용과 편익에 대하여

금전적 가치로 추정할 수도 있고, 금전적 가치로 추정할 수 없는 내용이 있다. 즉, 시장가격이 존재하지 않아 화폐 단위로 환산할 수 없는 정책 내용이 있다. B/C분석은 양적인 요소를 가진 사회간접자본(SOC) 시설과 같이 비용과 편익에 대하여 금전적 가치로 측정 가능한 경우에 적용하며, 무형적이며 질적 요소를 가진 교육, 환경, 치안, 국방, 보건 및 복지, 문화예술 등과 같이 금전적 가치로 측정 불가능한 경우에는 비용효과분석(cost-effectiveness analysis: E/C분석)을 적용한다.

(2) 기본 원리

B/C분석은 정책대안의 효율성 및 경제성을 비교 평가하는 대표적인 방법이다. B/C분석의 결과를 통하여 대안을 비교 평가하는 기본 원리는 편익(benefit, B)을 비용(cost, C)으로 나눈 값이 1 이상인 값 중에서 가장 큰 결과치를 찾는 것이거나 편익의 목표치가 주어진 경우 비용을 편익으로 나눈 값이 1 이하인 값 중에서 가장 작은 결과를 찾는다. 예를 들어, 전자의 경우 A, B, C 세 가지 대안이 있고 가용 자원이 100억 원이 주어진 경우 A는 150억 원, B는 130억 원, C는 99억 원일 때 B/C비는 A는 1.5, B는 1.3, C는 0.99가 되어 A대안이 가장 효율적인 것으로 판단한다. 후자의 경우 100억 원의 편익 목표에 대하여 A대안을 채택하면 150억 원, B대안을 채택하면 130억 원, C대안을 채택하면 99억 원의 비용이 소요될 때 C/B는 A는 1.5, B는 1.3, C는 0.99가 되어 C대안이 가장 효율적인 것으로 판단한다.

[그림 9-1] B/C분석의 기본 원리

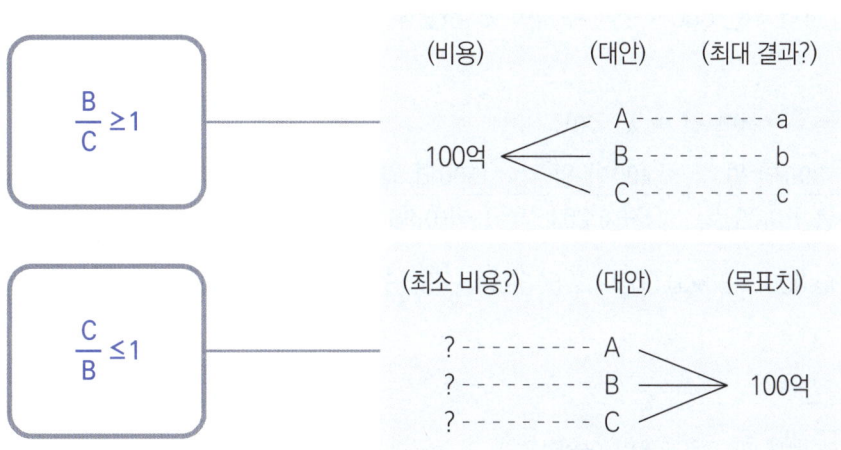

공공부문의 B/C분석에 의한 경제적 타당성의 판단 기준은 국가재정법에 따른 「예비타당성조사 수행 총괄지침」 제47조에 다음과 같이 구체화되어 있다.

① B/C 비율 : 편익비용 비율이 1.0 이상(B/C ≥ 1.0)이면 경제성이 있다고 판단한다.
② 순현재가치(net present value: NPV) : 사업에 수반된 모든 비용과 편익을 기준 연도의 현재가치(장래의 가치를 현재의 것으로 계산한 값)로 할인하여 총편익에서 총비용을 뺀 값이며, 순현재가치가 0 이상(NPV ≥ 0)이면 경제성이 있다고 판단한다.
③ 내부수익률(internal rate of return: IRR) : 편익과 비용의 현재가치로 환산된 값이 같아지는 할인율 R을 구하는 방법으로 사업의 시행으로 인한 순현재가치를 0으로 만드는 할인율이다. 즉, 투자비용과 그 투자의 예상 수익이 같아져 투자의 현재가치가 0이 되는 수익률로서 투자하였을 때 최소한 손해는 안 보는 이자율을 의미한다. 내부수익률이 사회적 할인율(또는 목표 수익률)보다 크면 경제성이 있다고 판단한다.

내부수익률은 사업 기간 동안 현금 수익의 흐름을 현재가치로 환산하여 합한 값이 투자비용과 같아지도록 할인하는 이자율이다. 즉, 순현재가치(NPV)=0으로 만드는 이자율이다. 내부수익률을 구하는 식은 다음과 같으며, 다음 식을 만족시키는 r(할인율) 값을 찾는 것이며, r이 IRR이 된다.[01] 여기에서 N은 사업 기간, C_t는 t 시점에서의 현금 흐름을 의미한다.

$$NPV = \sum_{t=0}^{N} \frac{C_t}{(1+r)^t} = 0$$

예를 들어, 현재 1천만 원을 투자하여 1년 후는 300만 원, 2년 후는 400만 원, 3년 후는 500만 원, 4년 후는 600만 원의 수익이 예상된 경우 수식은 다음과 같다.

$$NPV = -1천만\ 원 + X = 0$$
$$X = \frac{300만\ 원}{(1+0.25)^1} + \frac{400만\ 원}{(1+0.25)^2} + \frac{500만\ 원}{(1+0.25)^3} + \frac{600만\ 원}{(1+0.25)^4} = 0$$
$$= 2,400,000 + 2,560,000 + 2,560,000 + 2,457,600 = 9,977,600원$$

---

[01] 엑셀 프로그램에 IRR 함수가 내장되어 있다.

따라서,

$NPV = -10,000,000 + 9,977,600(근사치) = 0$

내부수익률(IRR)은 아래 엑셀 프로그램에서 함수로 쉽게 구할 수 있다. 위 예시를 엑셀에 입력한 것이 [그림 9-2]이다.

[그림 9-2] 엑셀에서 내부수익률 계산 과정

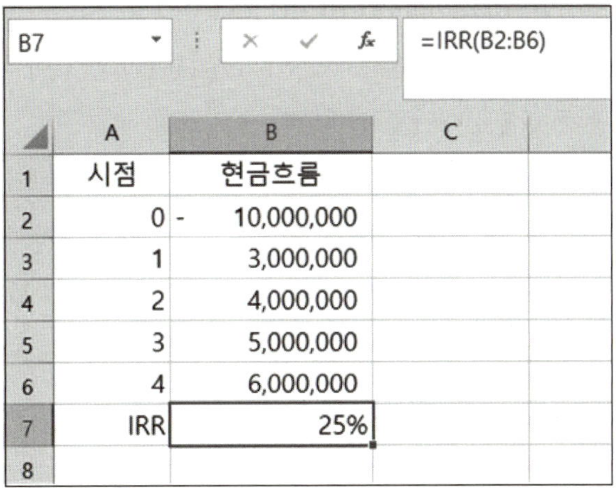

시점	현금흐름
0	-10,000,000
1	3,000,000
2	4,000,000
3	5,000,000
4	6,000,000
IRR	25%

(B7 셀 수식: =IRR(B2:B6))

지금까지 요약한 내용은 〈표 9-1〉과 같다.

〈표 9-1〉 대안의 효율성(경제성) 판단 기준

평가 기준	계산 방법
1. 순현재가치(NPV)	{ (편익의 현재가치) - (비용의 현재가치) } ≥ 0
2. 편익비용비(B/C비)	{ (편익의 현재가치) ÷ (비용의 현재가치) } ≥ 1
3. 내부수익률(IRR)	순현재가치(NPV)= 0이 되도록 하는 할인율

의사결정자(그룹)는 B/C분석의 결과를 통하여 최종 대안을 선택할 경우 다음과 같은 판단 기준을 고려하여야 한다(김지원, 2015: 272-273).

첫째, 하나의 대안에 대하여 선택 여부를 판단하는 경우는 순현재가치가 0보다 크거나 편익비용비가 1보다 크면 채택 가능하다. 예를 들어, A대안은 편익의 현재가치가 120이고 비용의 현재가치가 100인 경우 순현재가치(NPV)는 120-100=20이고, 편익비용비(B/C비)는 120÷100=1.2로 산출되고, 선택 기준을 충족함으로써 최종 대안으로 채택 가능하다.

둘째, 여러 대안 중에서 하나만을 선택하는 경우는 순현재가치, 편익비용비, 내부수익률 등이 가장 큰 값을 선택한다. 예를 들어, 다음과 같은 분석 상황을 가정해 보자. A대안은 편익의 현재가치가 100이고 비용의 현재가치가 110이며, B대안은 편익의 현재가치가 130이고 비용의 현재가치가 100이며, C대안은 편익의 현재가치가 100이고 비용의 현재가치가 90으로 추정된다. A대안은 NPV = -10(100-110), B/C비 = 0.91(100÷110)이고, B대안은 NPV = 30(130-100), B/C비 = 1.3(130÷100)이며, C대안은 NPV = 10(100-90), B/C비 = 1.1(100÷90)로 산출되어 이들 대안 중 가장 큰 값인 B대안을 선택한다.

셋째, 여러 대안 중에서 몇 개의 대안을 선택하는 경우는 편익비용비가 가장 큰 순서로 선택(위 3개 대안 중에서 B, C가 선택 가능)하거나 가능 조합 중에서 순현재가치의 합이 가장 큰 조합을 선택하거나 또는 가능 조합 중에서 편익비용비의 합이 가장 큰 조합을 선택한다.

〈표 9-2〉 대안 선택의 기준

선택 사항	일반 원칙
하나의 대안 선택 여부	1. 순현재가치(NPV)가 0 이상이면 채택 가능 2. 편익비용비(B/C비)가 1 이상이면 채택 가능
여러 대안 중에서 하나만을 선택할 때	1. 순현재가치(NPV)가 가장 큰 대안 2. 편익비용비(B/C비)가 가장 큰 대안 3. 내부수익률(IRR)이 가장 큰 대안
여러 대안 중에서 몇 개를 선택할 때	1. 편익비용비(B/C비)가 큰 것부터 차례로 선택 2. 가능 조합 중 순현재가치(NPV)의 합이 가장 큰 조합 3. 가능 조합 중 편익비용비(B/C비)의 합이 가장 큰 조합

자료: 김지원(2015: 273)의 내용을 수정함

2) 비용과 편익의 유형

(1) 개념적 분류

합리적인 B/C분석의 결과를 얻기 위해서는 발생할 수 있는 모든 비용과 편익의 요소를 고려하여야 한다. 그러나 민간부문의 투자사업과 다르게 공공부문의 정책과 프로그램은 문제가 불분명하고 복잡하며, 목표도 무형적이고 추상적이며 또한 시장가격이 존재하지 않는 경우가 있어 비용과 편익 요소를 식별하고 목록을 작성하는 일이 쉽지 않다. B/C분석을 사용하는 경우 기본적으로 고려하여야 할 비용과 편익의 범주는 다음과 같다(Dunn, 2018: 211-213).

가. 관할 구역의 내부 대 외부

비용의 부담이나 편익의 경계를 관할 지역권의 내부 또는 외부로 구분한다. 비용과 편익이 관할 구역 안에서 발생하면 내부성이라고 하고, 관할 구역 밖에서 발생하면 외부성이라고 한다. 내부성의 예를 들면, 도시재개발 프로그램의 일환으로 도심 지역에 고층 아파트를 건설하는 경우 건설비용과 임대료 수입을 포함하여 도시 관할권 내에서 특정 비용과 편익이 발생한다. 한편, 비용과 편익이 내부뿐만 아니라 외부에서도 발생하는 경우도 있다. 예를 들어, 어느 지역에서 지방비로 '출렁다리'를 건설한 경우 그 다리의 이용객은 그 해당 지역주민뿐만 아니라 다른 지역주민들도 이용할 수 있고, 만약 외부 이용객들에게 유지관리비를 부담시킬 수도 있다.

나. 유형 대 무형

비용과 편익이 유형적이고 시장가격이 존재하여 측정 가능한지 또는 무형적이고 시장가격이 존재하지 않으며 주로 가치의 주관적인 판단에 근거하는지로 구분한다. 유형자산은 재화와 서비스에 대하여 알려진 시장가격으로 직접 측정할 수 있는 비용과 편익이고, 무형자산은 화폐 단위로 측정할 수 있는 시장가격이 존재하지 않으며 이용자의 주관적 가치로 판단한다. 예를 들어, 청정공기의 무형자산은 가치에 대한 주관적인 판단에 따라 비용과 편익을 추정하며, 어느 지역에서 경제적 효과를 고려한 이벤트를 기획하는 이벤트의 행사에 투입되는 비용은 물론 그로 인하여 사회적 규범이 파괴될 수 있는 것에 대한 기회비용 추정도 고려하여야 한다.

다. 1차 또는 2차

비용이나 편익이 정책의 직접적 결과인지 또는 간접적 결과인지로 구분한다. 1차적 비용이나 편익은 가장 높은 가치를 지닌 프로그램 목표와 관련된 것이고, 2차적 비용이나 편익은 덜 가치 있는 목표와 관련된. 예를 들어, 도시재생 프로그램은 가난한 사람들에게 저렴한 주택을 제공하는 것을 가장 중요한 목표로 가질 수 있으며, 이 경우 주요 1차적 비용은 건설비용이고 편익은 임대료 수입이 포함될 수 있다. 2차적인 비용은 공동체 의식의 파괴와 같은 무형의 비용이 발생하나 더 좋은 가로등과 내화 건축물로 인하여 소방 관리의 비용 절감은 편익에 포함될 수 있다. 또 다른 예를 들면, 댐을 건설하면 1차적 비용은 댐 건설에 소요되는 비용이나 2차적 비용은 전통적인 고향의 터전이 사라지는 상실감과 야생(野生)의 가치 상실 등이 해당된다. 그리고 1차적 편익은 농업용수와 수력 발전으로 에너지 자원을 확보하거나 홍수 예방 기능을 통하여 댐 하류 지역의 범람을 막아 물적·인적 피해를 줄이는 데 기여하는 것이며, 2차적 편익은 댐을 관광자원으로 활용하는 것이다.

라. 순효율성 대 재분배로 인한 편익

비용과 편익의 결합이 총소득의 증가를 가져오는지, 아니면 단지 서로 다른 집단 간의 소득이나 기타 자원의 이동을 초래하는지 여부로 구분한다. 순효율성 편익은 순이익(총 편익에서 총 비용을 뺀 값)의 실제 증가를 나타내는 반면, 재분배 편익은 한 집단의 비용으로 다른 집단의 소득이 증가하지 않고 금전적으로 이동하는 편익을 말한다.

〈표 9-3〉 비용과 편익의 범주

관할 지역(구역)의 내부/외부	직접적인 측정가능성 (유형/시장가격 존재)	1차적(직접적 결과)	순효율(실제 증가) 재분배(금전적 이동)
		2차적(간접적 결과)	순효율(실제 증가) 재분배(금전적 이동)
	간접적 측정가능성 (무형/가치의 주관적 판단)	1차적(직접적 결과)	순효율(실제 증가) 재분배(금전적 이동)
		2차적(간접적 결과)	순효율(실제 증가) 재분배(금전적 이동)

자료: Dunn(2018: 212)

(2) 비용 추정 시 고려 사항

B/C분석은 모든 비용의 요소를 식별하고 목록을 작성하여 합리적인 분석 결과를 도출할 수 있어야 한다. 이를 위해서는 앞에서 제시하였던 비용의 유형을 파악하는 것을 비롯하여 다음과 같은 비용 관련 개념도 고려하여야 한다.

첫째, 한계비용이다. 한계비용(marginal cost)은 추가적으로 생산량 또는 투자에 따라 발생하는 비용의 변화량을 의미한다. 즉, 이미 투입한 자원에 대한 추가 투자로 얻는 이익을 위하여 필요한 비용을 의미한다. 이 한계비용은 추가적인 투자에 따른 비용의 변화를 분석하는 경우에 이용한다.

둘째, 시장가치이다. 시장가치(market value)는 재화와 서비스를 시장에서 거래 시 기준이 되는 재화의 가치로서 시장가격과 같은 의미로 사용된다. 시장가치는 재화나 서비스에 존재하는 희소성에 의하여 결정된다.

셋째, 기회비용이다. 기회비용(opportunity cost)은 두 가지 이상의 대안(재화, 서비스) 중에서 하나의 대안만을 선택하여야 하는 경우 포기한 다른 대안을 선택하였을 경우 얻을 수 있는 가치(만족 상태) 또는 값을 의미한다. 어떤 대안에 대한 기회의 선택은 곧 나머지 대안들을 선택할 수 있는 기회를 포기하는 것을 의미한다.

넷째, 잠재가격의 책정이다. 잠재가격(shadow pricing)의 책정은 비용뿐만 아니라 편익에 대한 시장가치가 존재하지 않는 경우 비용에 대한 가치를 평가하는 값을 의미한다. 많은 공공재는 시장가격이 존재하지 않은 경우가 많은데, 예를 들어 안전한 국방, 질서 유지와 범죄 예방, 안전한 소방, 쾌적한 환경 보존, 국민의 건강과 생명, 삶의 질 향상, 전통의 계승과 발전, 문화의 창달, 공동체 유지와 보전, 가족 가치의 보존, 공동체 의식 등과 같은 무형재 등이 해당된다.

비시장재의 잠재가격을 책정하는 몇 가지 방법이 있다(김지원, 2015: 261-266). ① 조건부가치측정법(contingent valuation method: CVM)이다. CVM은 시장가격이 존재하지 않은 경우 소비자(시민)에게 특정 대상의 가치를 직접 물어보는 방법이다. 예를 들어, 응답자들에게 대상의 상품(재화)에 대하여 얼마 정도 지불할 용의가 있는지를 측정하고 그 값을 가격으로 채택한다. ② 여행비용 방법이다. 여행비용 방법은 여가시설, 관광지, 명승지, 문화유적지 등의 비시장재와 같은 경우 특정 장소를 방문하는 여행비용 속에 해당 장소에 대한 여행자의 가치평가 값을 포함하고 있다는 가정이다. 즉, 여행자가 100만 원의 비용으로 제주도를 여행하는 것은 제주도 여행가치가 100만 원이라고 평가하기 때문이다. 이 여행비는 숙박비, 입장료, 교통비, 여행기간 동안의 기회비용 등에 기초하여 자연환경의 가치가 반영된 것이다. ③ 헤도닉 가격함수이다. 헤도닉(hedonic)의 어원은 '즐거움'이나 '쾌락'을 의미하는데 쾌락을 추구하는 경향을 바탕으로 헤도닉 가격함수는 특정 제품의 가격이 그 제품의 특성이나 품질에 따라 어떻게 달라지는지 설명하는 것이다. 예를 들어, 주택가격(Ph)의 경우, 주택의 크기(S), 위치(L), 건설 연도(Y), 교통 편의성(T), 쾌적성과 같은 환경의 질(Q), 주차공간(P), 브랜드(B) 등 다양한 요인이 가격에 영향을 미친다. Ph = F(S, L, N, Y, T, Q, P, B)

다섯째, 매몰비용이다. 매몰비용(sunk cost)은 과거에 투자하여 이미 발생한 비용으로 현재 시점에서는 회수되거나 취소될 수 없는 비용이다. 기회비용이 포기한 대상에 대한 값이라면 매몰비용은 실제 지불한 대상의 값을 의미한다.

여섯째, 비교가격이다. 시장에서 비교 가능하거나 유사한 품목의 가격을 사용하여 무형자산의 가격을 추정할 수 있다. 예를 들어, 새로운 대중교통 시스템으로 통근함으로써 절약된 시간의 경제적 이익을 추정할 때, 새로운 교통시설을 사용함으로써 절약된 시간의 금전적 가치를 측정하는 척도로 지역 임금률을 사용할 수 있다(Dunn, 2018: 226).

일곱째, 파생된 가격이다. 시장가격이 없는 무형자산의 가치(예: 수수료를 부과하지 않는 정부 공원 및 휴양지에 대한 만족도)는 방문객이 지불한 간접비용을 기준으로 추정한다. 여행의 유일한 목적이 공원이나 휴양지를 이용하는 것이라고 가정하는 경우 사용자가 공원을 여행하면서 지불하는 비용(놀이기구 이용료, 커피 및 음료수 비용, 숙박비, 음식비)을 가격으로 추정한다(Dunn, 2018: 228).

여덟째, 보상가격이다. 부정적인 외부 효과의 형태로 발생하는 무형자산의 가치에 대하여 필요한 조치를 취하는 데 소요되는 비용을 가격으로 추정한다. 예를 들어, 환경 피해 비용은 수질 정화, 소음 감소 또는 재삼림화 프로그램 가격을 기준으로 추정할 수 있으며, 마찬가지로 오염 방지 프로그램의 비용은 사람들이 폐암, 폐기종 및 기타 만성질환에 덜 걸리기 때문에 피할 수 있는 의료비용을 기준으로 추정할 수 있다(Dunn, 2018: 228).

아홉째, 비용 내부화이다. 비용 내부화(cost internalization)는 외부 비용(외부 효과)을 내부 비용 요소 구조에 통합하는 것이다. 공공정책과 프로그램의 긍정적인 파급 효과와 부정적인 파급 효과를 통합함으로써 비용과 이익을 내부화하는 것이다. 비용이 완전히 내부화되면 정의상 모든 비용이 내부에 발생하므로 외부 효과가 없는 것으로 가정된다. 예를 들어, 오염비용, 환경 파괴, 사회적 혼란 등 다양하고 중요한 외부 비용이 비용 요소 구조에 명시적으로 포함하여 총비용으로 산정하는 것이다(Dunn, 2018: 229).

〈표 9-4〉 비용 추정과 관련된 개념

주요 개념	정의
한계비용	생산물 한 단위를 추가로 생산할 때 필요한 총비용의 증가분
시장가치	재화와 서비스를 시장에서 거래 시 기준이 되는 재화의 가치
기회비용	포기한 다른 대안을 선택하였을 경우 얻을 수 있는 가치 또는 값
잠재가격의 책정	시장가치가 존재하지 않는 경우 비용에 대한 가치를 평가하는 값
매몰비용	이미 발생한 비용으로 현재 시점에서는 회수되거나 취소될 수 없는 비용
비교가격	무형자산을 유사한 품목의 가격을 사용하여 가격을 추정
파생된 가격	시장가격이 없는 무형자산의 가치에 대해 파생된 간접비용으로 가격을 추정
보상가격	부정적인 외부 효과의 형태로 발생하는 무형자산의 가치에 대하여 필요한 조치를 취하는 데 소요되는 비용을 가격으로 추정
비용 내부화	외부 비용(외부 효과)을 내부 비용 요소 구조에 통합

(3) 편익의 유형

편익의 사전적 의미는 "편리하고 유익한 상태"를 의미한다. 그러나 이러한 상태는 금전적 가치로 측정 가능한 것도 있지만 시장가격이 존재하지 않고 측정하기 어려운 것도 포함하고 있다. 공공부문의 편익은 주관적이고 가치 지향적이며 무형적인 특성을 가지고 있다. 편익을 누구의 입장에서, 어느 정도의 상태를 편리하고 유익하다고 할 것인가에 대한 합의를 도출하기도 쉽지 않다. 정책의 목적이 바람직하지 않은 자원의 배분 상태를 최적의 바람직한 상태로 전환하기 위한 것이기 때문에, B/C분석 수행 시 정책의 결과라는 편익의 상태가 바람직한 상태가 되도록 편익에 대한 정의를 비롯하여 편익의 유형, 범위, 기간, 대상자 등을 명확히 설정할 필요가 있다. 편익의 유형은 다음과 같이 구분한다.

첫째, 금전적/유형적 편익과 비금전적/무형적 편익으로 구분한다. 금전적 및 유형적 편익은 수량화할 수 있고 시장가격이 존재하며 화폐 단위로 측정할 수 있으며 형태가 존재하는 것이 해당하고, 측정될 수 없거나 형태가 존재하지 않은 것은 비금전적 및 무형적 편익에 해당한다.

둘째, 편익의 효과가 직접적인 것과 간접적인 것으로 구분한다. 정책이나 프로그램 실현으로 인하여 직접적으로 발생하는 긍정적인 결과는 직접적 편익에 해당하고, 간접적으로 발생하는 긍정적인 결과는 간접적 편익에 해당한다.

<표 9-5> 편익의 유형

구분	유형	예시
수량 및 측정 여부	금전적/ 유형적 편익 (수량화)	- 비용 절감 : 운영비용 절감, 유지관리비용 절감 또는 생산비용 절감 - 수익 창출 : 매출 증가, 수입 증가 또는 시장점유율 향상 - 조세수입 : 사업을 통한 경제활동 활성화로 인하여 추가로 발생하는 세금
	비금전적/ 무형적 편익 (비수량화)	- 삶의 질 향상 : 더 나은 건강, 여가 시간 증가, 지역사회 복지 향상 - 환경적 편익 : 오염 감소, 자연 서식지 보전 또는 자원 보존 - 사회적 편익 : 사회적 결속력 강화, 범죄율 감소, 교육 성과 향상 - 브랜드 평판 : 브랜드 이미지나 영업권 향상 - 혁신 및 학습: 지식자본, 기술 이전 또는 기술 개발 - 위험 감소 : 잠재적인 위험을 완화하거나 외부 충격에 대한 회복력 강화
직접/ 간접	직접적 편익	- 생산성 향상 : 효율성 또는 투입에 대한 산출의 증대 - 향상된 서비스 제공 : 필수 서비스에 대한 접근성이 향상되거나 서비스 품질의 향상 - 더 높은 이익 : 프로젝트에 직접적으로 기인하는 수익 증가
	간접적 편익	- 고용 창출 : 일자리 창출 또는 기업가 정신의 기회 창출 - 인프라 개발 : 교통망 개선 등 SOC시설(교통, 철도, 항만, 공항 확대 - 지식 이전 : 지식이나 기술을 다른 부문이나 지역으로 이전

(4) 제도에 따른 비용과 편익의 유형

가. 수요의 추정

경제성 분석에서 첫 번째 수행하여야 할 일은 수요를 추정하는 일이다. 수요 추정의 방법은 「예비타당성조사 수행 총괄지침」에 따라야 하나 사업별 특성을 반영한 특별한 수요 추정 방법이 요구되는 경우에는 해당 부문별 세부지침에 따른 수요 추정방법론 등을 사용할 수 있다(동 지침, 제13조). 예를 들어, 교통 수요는 통행 발생, 통행 분포, 수단 선택, 통행 배정 등 4단계로 나누어 순차적으로 교통존(traffic zone)을 기반으로 추정하고(동 지침, 제15조 제1항), 항만 수요의 추정은 개별 항만별 기능과 역할에 따른 배후세력권을 설정한 후 세력권 내에서 창출될 수요 중에서 해당 항만에서 처리하게 될 수요를 예측하는 개별 항만별 접근 방법(bottom-up)을 원칙으로 한다. 다만 컨테이너, 해상 여객 등 배후세력권이 광범위하거나 설정하기 어려운 수요인 경우에는 개별 항만별 접근 방법과 다른 방법을 사용하여 추정할 수 있다(동 지침 제16조 제1항). 항공 수요의 추정 항목은 연간 여객 수요와 연간 화물 수요로 구분하며, 항공 여객 수요는 특성에 따라 국내선 내륙 노선, 국내선 제주 노선, 국제선 등으로 구분하여 추정한다(동 지침 제17조 제1항). 수자원사업의 용수 수요는 생활용수, 공업용수, 농업용수, 하천유지용수 및 환경개선용수 등으로 구분하여 추정한다(동 지침 제18조 제1항). 의료 서비스 수요의 지표로 병상 수요(요구되는 병상 수)를 사용하며, 보완적으로 해당 지역의 보건의료 지표를 활용하며, 이때 적용하는 의료진료권은 특정 지역 내 거주하고 있는 환자들이 어떤 지역의 의료시설을 이용하는지를 측정하는 지역친화도 지표를 사용할 수 있다(동 지침 제19조 제1항). 문화관광사업의 수요는 해당 시설을 이용하기 위하여 방문하는 사람의 수를 의미하며, 유사 시설에서 수요의 추이

〈표 9-6〉 비용의 분류

비용의 구분	세부 내용
총사업비	- 공사비(정보화사업의 경우 구축비) : 보상비와 시설부대경비(정보화사업의 경우 부대경비를 제외한 일체의 경비 - 보상비 : 용지구입비, 지장물보상비 - 시설부대경비 : 설계비, 감리비, 시설부대비 - 예비비 : 사업 추진 과정에서 예기치 못한 불확실성에 대응하기 위하여 비용(부가세가 포함된 공사비와 보상비 및 시설부대경비 합계의 10%)
유리관리비	
운영비	- 시설 및 장비의 관리 및 운영에 필요한 비용 - 토지·건물·설비·장비 등의 고정자산 기능을 유지하는 생애주기비용(life cycle cost) - 단순 이전에 해당하는 비용은 제외
기타 비용	- 재투자비 - 잔존 가치 - 추가적 소요가 예측되는 비용

자료: 「예비타당성조사 수행 총괄지침」 제33조~제36조

나 매력도(중력모형 등을 통하여 추정)를 고려하여 수요량을 예측한다(동 지침 제20조). 정보화사업은 개별사업의 성격에 따라 산출물과 목표들이 다양하므로, 수행기관의 판단하에 개별 사업별 편익 추정 방법에 따라 필요 시 경제성 분석의 대상이 되는 수요를 별도로 추정할 수 있다(동 지침 제21조).

나. 비용의 추정

비용의 추정은 초기 투자비인 총사업비와 완공 이후 투입되는 유지관리비 및 운영비를 산정하고 필요한 모든 비용을 가능한 가장 현실적으로 산정하여야 하며, 총사업비가 중복적으로 계상되어 과다한 비용이 산정되지 않도록 유의하여야 한다(동 지침 제32조).

〈표 9-7〉 사업 유형별 기본적인 비용 항목

사업	비용 항목
도로	- 총사업비 : 공사비, 시설부대경비, 보상비 및 예비비 - 유지관리비
철도	- 총사업비 : 공사비, 시설부대경비, 보상비, 차량구입비 및 예비비 - 운영비
항만	- 총사업비 : 공사비, 시설부대경비, 보상비, 운영설비비, 예비비
공항	- 총사업비 : 공사비, 시설부대경비, 보상비, 장비·차량구입비, 예비비
수자원	- 총사업비 : 공사비, 시설부대경비, 보상비, 예비비 - 유지관리비
건축	- 총사업비 : 보상비 및 조성비, 건축공사비, 부대비용, 기타 투자비, 예비비 - 운영비
정보화	- 총사업비 : 시스템 구축비와 부대비, 운영 및 유지·보수비
기타 재정사업	① 사업의 특성에 따라 적용 ② 추계에 사용되는 기본 자료는 기획재정부가 정부 합동으로 추진하고 있는 장기재정전망 작업 등을 참고하여 통일 ③ 재정 추계 시 사용되는 모수의 구체적인 값으로는 최근 연도의 값을 활용하거나 전문적인 판단에 따라 장래의 값을 가정하여 시나리오 형태로 설정할 수 있다. ④ 재정 추계 시 여러 가지 불확실성을 고려하여 민감도 분석을 실시하여 결과의 강건성을 검토하는 작업을 수행할 수 있다.

자료 : 「예비타당성조사 수행 총괄지침」 제37조~제44조

비용 추정에 필요한 세부 사항은 각 사업의 세부 지침으로 구성되어 있다(예: 도로·철도 부문 사업 예비타당성조사 수행 세부지침).

비용의 추정은 비용의 모든 요소를 포함하여야 하고 화폐 단위로써 단위당 비용을 제시하여야 한다. 다음 예시를 통하여 초기 비용 추정의 모델을 보면 토지, 건물, 자동차, 설비부품, 훈련생 수 등이 항목에 나열되고 각 항목별 단위 비용을 곱한 결과가 초기 토지비용으로 산출된다. 예를 들어, 토지 면적이 1천 평방미터(㎡)이고 1㎡당 가격이 1천만 원이라면 초기 토지비용은 1억 원이 된다.

[그림 9-3] 초기 투자에 대한 단순화된 부분 비용 모델

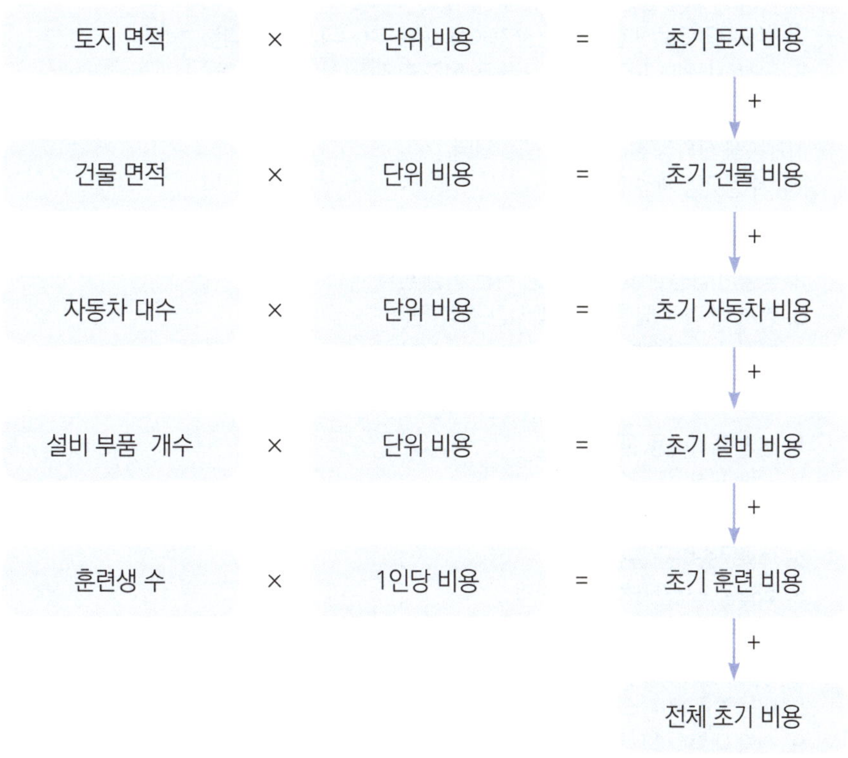

토지 면적 × 단위 비용 = 초기 토지 비용
+
건물 면적 × 단위 비용 = 초기 건물 비용
+
자동차 대수 × 단위 비용 = 초기 자동차 비용
+
설비 부품 개수 × 단위 비용 = 초기 설비 비용
+
훈련생 수 × 1인당 비용 = 초기 훈련 비용
+
전체 초기 비용

자료: Dunn(2018: 227)

다. 편익의 추정

편익의 추정을 위해서는 편익 항목을 식별하여야 한다. 편익은 사업의 성격과 유형에 적합

하여야 하며, 사업의 목적과 직접적인 연관성을 가진 항목을 고려한다(동 지침 제22조). 각 사업 유형별 기본적인 편익 항목은 다음과 같다.

〈표 9-8〉 사업 유형별 기본적인 편익 항목

사업	편익 항목
도로·철도	1. 차량운행비용 절감 편익(공통 편익) 2. 통행 시간 절감 편익(공통 편익) 3. 교통사고 감소 편익(공통 편익) 4. 환경비용(공해 및 소음) 절감 편익(공통 편익) 5. 주차 수요 감소로 인한 주차공간 기회비용 절감 편익(사업특수 편익) 6. 공사 중 교통 혼잡으로 인한 부(−)의 편익(사업특수 편익) 7. 철도사업으로 인한 도로공간 축소에 따른 부(−)의 편익(사업특수 편익) 8. 전철화사업에 따른 환경오염비용 절감 편익 등(사업특수 편익) 9. 통행 쾌적성 향상 편익(사업특수 편익) 10. 통행 신뢰성(정시성 등) 향상 편익 11. 수질오염 개선 편익
공항	1. 항공기 운항비용 절감 편익 2. 항공기 탑승객 및 화물 통행 시간 절감 편익 3. 청사 내 여객 및 화물 통행 시간 절감 편익 4. 전환 수요로 인한 편익 5. 초과 수요로 인한 편익 등
항만	1. 선박 대기비용 절감 편익 2. 선박 재항비용 절감 편익 3. 하역비용 절감 편익 4. 내륙운송비용 절감 편익 5. 화물운송시간가치 절감 편익 6. 환적화물 유치 편익 7. 토지 조성 편익 8. 이용객 지체 감소 편익 9. 선박 대형화 편익 10. 선박 운항비용 절감 편익 11. 국제여객 유치 효과 12. 외해투기비용 절감 편익 13. 어항 건설 편익 14. 항만배후단지 조성 편익

수자원	1. 생활·공업·농업용수 공급 편익 2. 홍수 피해 경감 편익 3. 수력발전 편익 4. 환경개선용수 편익 5. 용수 공급 신뢰성 개선 편익
의료시설	1. 원거리 의료시설 이용 시간 절감 편익 2. 원거리 의료시설 이용 교통비 절감 편익 3. 응급사망 감소 편익 4. 대기 시간 단축 편익 등 5. 대규모 감염병 관리 효과 6. 초기 집중 재활치료를 통한 재원 일수 감소 효과 7. 지역사회 보건사업 추진 효과 8. 특수질환군 전문치료센터 운영에 따른 환자의 사회복귀 개선 효과 9. 의료인력 대상 첨단 시뮬레이션 중심 맞춤형 교육 효과
문화	본시설의 입장 수입 및 각종 부대시설의 매출액 등 객단가 개념으로 접근 비시장재화 등과 같이 객단가를 통하여 표현할 시장가치가 없는 경우 '조건부 가치측정법'을 통하여 추정
정보화	다음 항목의 편익의 범주와 시스템의 성격을 고려하여 적합한 편익 항목을 구체화한 후, 이에 대한 화폐가치화를 통하여 편익을 추정한다. 1. 고객 측면(조직 외부) : 고객 만족, 서비스 수준, 서비스 범위 2. 프로세스 측면(조직 내부) : 재무(비용), 생산성, 업무품질
기타 재정사업	금전적인 형태로 표현하기 어려운 경우가 많으므로, 비용편익분석이 아닌 비용효과성분석을 사용할 수 있다. 비용효과성분석을 수행할 때, 어떤 정책수단이 바람직한가에 대해서는 개별 정책수단의 효과성, 정부와 민간의 비용 부담, 형평성에 미치는 영향 등을 종합적으로 고려하여 판단한다.

자료: 「예비타당성조사 수행 총괄지침」 제24조~제31조

3) 비용편익분석 절차

B/C분석은 정책대안을 평가하여 최종 정책을 선택하기 위한 방법으로서 대안을 평가하는 다른 방법과 같이 문제의 구조화 단계부터 목표의 설정, 대안 탐색과 식별 등의 절차는 동일하다. B/C분석 수행에서만 적용하는 일반적인 절차는 다음과 같다. 참고로 B/C분석은 대안을 평가하는 여러 방법 중 하나에 해당하기 때문에, 분석 결과에 따라 최종 결정을 내릴 때는 윤

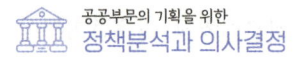

리적·정치적·사회적·환경적 상황 등 여러 부문별 상황도 고려하여야 한다.

(1) 실현할 수 있는 대안의 확인

일련의 과정을 통하여 대안들이 탐색되고 식별되었지만 다시 한번 B/C분석 결과에 따라 선택되어 실현할 수 있는 대안인지를 확인한다. 즉, B/C분석 결과를 통하여 효율적인 대안일지라도 실제 정책으로 채택될 수 없거나 실현 불가능하다면 B/C분석은 의미가 없어진다.

(2) 편익의 기대수명 설정

정책의 실제적 단위는 사업이나 프로그램으로서 추진된다. 사업이나 프로그램 추진 내용에는 편익의 대상자가 존재하며, 기대하는 편익이 발생하는 기간을 설정하여야 한다. 현 시점에서 편익은 미래 가치를 의미한다. B/C분석은 현 시점에서 미래의 편익 가치를 포함하여야 하는데, 그 기간을 어떻게 설정하느냐에 분석 결과가 달라진다. 요컨대 B/C분석은 사업으로 인하여 편익이 발생하는 기간을 설정하는 것이 필요하다.

(3) 비용과 편익 파악

B/C분석 대상인 대안의 편익 발생 기간이 정해지면 다음은 비용과 편익을 파악 및 식별하는 일을 수행하여야 한다. 각 대안과 관련된 모든 관련 비용과 편익을 식별하고 가능한 금전적 가치로 정량화한다. 비용은 직접 및 간접비용을 비롯하여 기회비용, 잠재가치 등 비용 범주에 해당되는 모든 요소를 포함하여야 하고, 편익도 유형 및 무형의 편익과 직접 및 간접적 편익도 등 편익 범주에 해당되는 모든 요소를 포함하여야 한다. 비용과 편익은 구체적인 항목은 앞에서 제시한 것처럼 「예비타당성조사 수행 총괄지침」에서 명시하고 있다.

(4) 할인율의 결정

대부분의 공공정책(사업)은 장기간에 걸쳐 수행되는데, 이 경우 B/C분석은 미래의 비용과 편익의 가치를 현재가치로 할인하는 화폐의 시간적 가치를 고려하여야 한다. 즉, 시간적 흐름에 따라 비용과 편익의 금전적 가치가 달라지기 때문에 그런 요소를 B/C분석에 포함하여야 한다.

(5) 비용과 편익의 추정

할인율이 결정되면 비교를 용이하고 분명히 하기 위하여 모든 비용과 편익을 금전적으로 수량화하여 순현재가치(NPV), B/C비, 내부수익률(IRR) 등을 계산한다.

(6) 대안의 결과 비교 및 민감도분석

위 분석 결과를 토대로 대안들을 비교하고, 민감도분석(sensitivity analysis)을 수행하여 주요 가정이나 변수 변경이 결과에 미치는 영향을 평가하고, 분석에 영향을 미치는 가장 중요한 요소를 식별한다. 분석 수행기관은 경제성 분석 시 내재된 불확실성에 대처하기 위하여 경제성에 영향을 미칠 수 있는 사업비, 운영비, 교통 수요, 할인율 등의 주요 변수가 일정량만큼 변화되었을 때 경제성이 어떻게 변화하는지를 파악하기 위하여 민감도 분석을 시행한다(예비타당성

[그림 9-4] 비용편익분석의 절차

가. 실현할 수 있는 대안의 확인
↓
나. 편익의 기대수명 설정
↓
다. 비용과 편익 파악
↓
라. 할인율의 결정
↓
마. 비용과 편익의 추정
↓
바. 대안의 결과 비교 및 민감도분석
↓
사. 정책대안의 선택
↓
아. 보고서 작성 및 의사소통

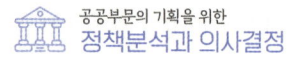

조사 수행 총괄지침 제51조).

(7) 정책대안의 선택

이 단계는 대안의 결과와 민감도 분석 결과를 종합하여 최적 대안으로 판단하는 대안을 선택한다. 최종 정책은 앞의 〈표 9-2〉의 대안 선택 기준을 토대로 판단하여야 하나 윤리적·정치적·사회적·환경적 상황 등 여러 부문별 상황도 고려하여야 한다.

(8) 보고서 작성 및 의사소통

B/C분석 절차의 최종 단계는 보고서를 작성하여 의사결정자(그룹)와 이해관계자에게 결과를 전달하여야 한다. 보고서에는 문제 상황과 목표 상태를 비롯하여 분석의 가정과 조건, 방법론, 결과를 체계적이고 명료하게 작성하여 이해관계자와 의사결정자(그룹)가 쉽게 이해할 수 있도록 하여야 한다.

4) 예비타당성조사

(1) 기본 방침

정책분석에서 정책대안, 즉 사업의 효율성을 평가하는 방법으로 가장 많이 사용하는 것이 비용편익분석이다. 비용편익분석은 사업의 경제성 평가, 효율성 평가, 타당성 여부를 평가하는 방법으로서 대규모 국가 예산 투입이 예상되는 사업에 대하여 '예비타당성조사'를 실시하도록 제도화하고 있다. 그 내용을 살펴보면 다음과 같다.

「국가재정법」 제38조 제1항에서, 기획재정부 장관은 총사업비가 500억 원 이상이고 국가의 재정 지원 규모가 300억 원 이상인 신규 사업으로서 다음 어느 하나에 해당하는 대규모 사업에 대한 예산을 편성하기 위하여 미리 예비타당성조사를 실시한다.

① 건설공사가 포함된 사업
② 지능정보화 사업
③ 국가연구개발사업
④ 중기사업계획서에 의한 재정지출이 500억 원 이상 수반되는 사회복지, 보건, 교육, 노동, 문화 및 관광, 환경 보호, 농림해양수산, 산업·중소기업 분야의 신규 사업

(2) 예비타당성조사 제외

기본적으로 예비타당성조사를 실시하여야 하지만, 제38조 제2항에서 다음 어느 하나에 해당되는 사업은 대통령령으로 정하는 절차에 따라 예비타당성조사 대상에서 제외하도록 하고 있다.

① 공공청사, 교정시설, 초·중등 교육시설의 신·증축 사업
② 국가유산 복원사업
③ 국가안보와 관계되거나 보안이 필요한 국방 관련 사업
④ 남북 교류 협력과 관계되거나 국가 간 협약·조약에 따라 추진하는 사업
⑤ 도로 유지 보수, 노후 상수도 개량 등 기존 시설의 효용 증진을 위한 단순 개량 및 유지보수사업
⑥ 재난복구 지원, 시설 안전성 확보, 보건·식품 안전 문제 등으로 시급한 추진이 필요한 사업
⑦ 재난 예방을 위하여 시급한 추진이 필요한 사업으로서 국회 소관 상임위원회의 동의를 받은 사업
⑧ 법령에 따라 추진하여야 하는 사업
⑨ 출연·보조기관의 인건비 및 경상비 지원, 융자 사업 등과 같이 예비타당성조사의 실익이 없는 사업
⑩ 지역 균형 발전, 긴급한 경제·사회적 상황 대응 등을 위하여 국가 정책적으로 추진이 필요한 사업(종전에 경제성 부족 등을 이유로 예비타당성조사를 통과하지 못한 사업은 연계사업의 시행, 주변 지역의 개발 등으로 해당 사업과 관련한 경제·사회 여건이 변동하였거나, 예비타당성조사 결과 등을 반영하여 사업을 재기획한 경우에 한정한다)으로서 다음 각 목의 요건을 모두 갖춘 사업
  ㉠ 사업 목적 및 규모, 추진 방안 등 구체적인 사업계획이 수립된 사업
  ㉡ 국가 정책적으로 추진이 필요하여 국무회의를 거쳐 확정된 사업

(3) 예비타당성조사 실시

예비타당성조사 실시는 기획재정부 장관이 주관한다. 예비타당성조사 대상사업은 기획재정부 장관이 중앙관서의 장의 신청에 따라 또는 직권으로 선정할 수 있고(국가재정법 제38조 제3항), 국회가 그 의결로 요구하는 사업에 대하여는 예비타당성조사를 실시하여야 한다(제38조 제

4항). 그러나 국가연구개발사업에 대한 예비타당성조사에 관해서는 과학기술정보통신부 장관에게 위탁할 수 있고, 위탁받은 과학기술정보통신부 장관은 사전에 기획재정부 장관과 협의하여야 하며, 기획재정부 장관은 위탁한 예비타당성조사가 적절하게 운영되는지 등을 평가할 수 있다(제38조의3).

기획재정부 장관은 예비타당성조사를 면제한 사업(위 ⑩번)에 대하여 예비타당성조사 방식에 준하여 사업의 중장기 재정 소요, 재원 조달 방안, 비용과 편익 등을 고려한 효율적 대안 등의 분석을 통하여 사업계획의 적정성을 검토하고, 그 결과를 예산 편성에 반영하여야 한다(제38조 제5항).

2. 비용효과분석

1) 비용효과분석의 의의

(1) 개념

B/C분석과 비용효과(E/C)분석은 정책(사업)의 타당성을 평가하는 방법이다. B/C분석의 기본 가정은 비용과 편익에 대한 시장가치가 존재하여 시장가격, 즉 금전적 화폐 단위로 측정할 수 있는 양적인 유형재인 경우 경제적 타당성을 판단하는 방법이다. 반면에 E/C분석은 인간다운 삶의 질 향상, 생명 보호, 환경의 질 개선, 질서 유지, 안전 보장, 건강 수준의 향상, 교육 수준의 향상 등 가치 지향적이고 질적인 무형재로서 측정하기도 곤란하고 시장가격이 존재하지 않는 경우 경제성 및 사회적 타당성을 판단하는 방법이다. 요컨대 B/C분석이 사업의 경제적 가치가 있는지를 판단하는 기준이라면, E/C분석은 사업 내용을 계량화할 수는 없지만 국민의 기본권을 보장하고 삶의 기반을 마련하는 것을 목적을 두고 설정한 목표에 대하여 비용의 정당성을 평가하는 방법이다. 「예비타당성조사 수행 총괄지침」에서 "수행기관은 편익의 계량화 등의 문제로 B/C분석이 어려울 경우 대체 분석기법으로서 비용-효과 비율(효과 한 단위당 비용) 또는 효과-비용 비율(비용 한 단위당 효과)을 측정하여 사업의 경제성을 분석하는 비용효과분석을 시행할 수 있다"(제48조)라고 명시하고 있다.

B/C분석이 비용과 편익을 비교한 경제적 타당성을 강조한다면, E/C분석은 비용에 대한 결과 가치의 중요성을 강조한다. 예를 들어, 교육 프로그램 운영비용이 1천만 원일 때 중도 탈락한 학생이 몇 명인지 또는 교육 프로그램에서 중도 탈락 1명을 줄이는 데 소요비용은 얼마인지 등을 평가한다. 이처럼 E/C분석은 비용 자료를 효과 자료로 활용할 수 있으며, 단일 목표를 가진 대안에 대하여 쉽게 적용 가능하다는 장점을 있으나 복수의 목표를 가진 대안들에 대해서는 비교 평가를 적용하기 어렵다.

$$E/C\,분석 = \frac{교통사고\ 사망자\ 1명\ 감소}{평균\ 소요\ 비용?}$$

[그림 9-5] B/C분석과 E/C분석의 비교

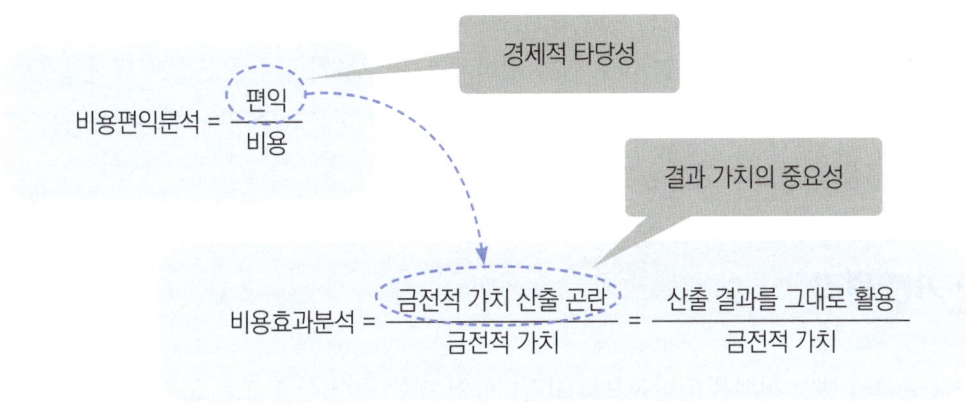

(2) 특징

가치 지향적이고 질적인 무형재로서 시장가격이 존재하지 않는 공공재를 다루는 공공부문에 사용되는 E/C분석은 다음과 같은 몇 가지 특징을 가진다(Dunn, 2018: 218-219).

첫째, 공공부문에 E/C분석은 금전적 측면에서 이익을 측정하는 문제를 피하기 때문에 때로는 B/C분석보다 더 자유로우며 쉽게 적용될 수 있다. 따라서 E/C분석은 시장가격을 기준으로 가치를 추정할 수 없는 집합적 및 준집합적 재화 및 서비스를 다루는 데 적합하다.

둘째, E/C분석은 시장가격이 존재하지 않거나 존재하더라도 시장가격에 최소한으로 의존하기 때문에 민간부문의 이윤극대화 논리에 덜 의존한다. 예를 들어, E/C분석을 사용하면 이익이 비용을 초과하는지 또는 민간부문에 대한 대체 투자가 더 수익성이 높은지 여부를 판단하기 어려운 경우가 많다.

셋째, E/C분석은 외부 효과 및 무형자산 분석에 매우 적합하다. 왜냐하면 이러한 유형의 효과는 공통 측정 단위인 화폐 단위로 표현하기 어려운 경우가 많기 때문이다. 모든 비용과 모든 이익을 공통 가치 단위로 측정하려는 B/C분석과 달리 E/C분석은 두 가지 다른 가치 단위를 사용한다. E/C분석에서 비용은 화폐 단위로 측정되는 반면 효과 단위는 상품, 서비스, 기타 가치 등으로 측정된다. 공통 가치 단위가 없는 경우 E/C분석은 순효과 측정은 허용하지 않는다. 왜냐하면 공통 측정 단위 없이 뺄셈을 수행하는 것은 비논리적이기 때문이다.

넷째, 다음과 같이 가치의 추정과 합의에 이르기가 어렵다(노화준, 2017: 420-423). 공공재는 포괄성, 다양성, 불특정성 등의 효과를 지니고 있고 주관적 가치와 이념적 성향으로 찬성과 반대 그룹이 형성되어 있어 합의에 이르기 곤란하다. 또한 정책으로 인한 손실에 대한 완전한 보상이 불가능한 경우도 존재한다. 예를 들어, 댐 건설로 인하여 오랫동안 살던 마을이 수몰된 경우 그에 따른 보상이 주어지더라도 마음 깊이 새겨진 고향의 향수를 돈으로 대신하기는 어렵다. 그리고 주관적 및 상대적 평등성을 강조하는 사람은 평등의 손실에 대하여 보상을 하더라도 평등성을 충족할 수 있는 충분한 보상이 될 수 없다.

2) 기본 원리

E/C분석의 대안 선택은 일반적으로 고정비용에 대한 최대 산출 또는 고정 효과에 대한 비용의 최소화 그리고 목표 변동에 대한 비용의 최소화 등의 세 가지 기준을 적용한다.

첫째, 고정비용에 대한 최대 산출을 가져오는 대안을 찾는다. 정책에 투입될 수 있는 비용(100억 원)이 결정된 경우 A, B, C 대안 중에서 가장 큰 산출을 가져올 수 있는 대안을 비교하여 평가한다. 예를 들어, 어느 지방자치단체에서 지역공동체 활성화 사업비로 100억 원이 책정된 경우 세부 프로그램으로서 A, B, C 중 어떤 대안이 지역공동체 활성화에 기여하는지 비교하여 평가한다.

둘째, 고정 효과에 대한 비용을 최소화하는 대안을 찾는다. 문제 해결을 위하여 목표(효과치)가 정해진 경우 A, B, C 대안 중에서 비용을 가장 최소화할 수 있는 대안을 비교하여 평가한다. 예를 들어, 어느 지방자치단체에서 인구증가율 목표로 전년도 대비 5%로 설정한 A, B,

C 대안 중 어떤 대안이 비용이 가장 적게 들이면서 목표를 달성할 수 있는지를 비교하여 평가한다.

셋째, 목표 변동에 대한 비용을 최소화하는 대안을 찾는다. 이 경우는 두 번째 방법에 대하여 목표를 변동한 경우에 비용이 최소화될 수 있는 대안을 비교 평가하는 방법이며, 마찬가지로 첫 번째 방법에서 비용이 추가된 경우 산출을 극대화하는 대안을 찾는 방법과 같다.

[그림 9-6] E/C분석에서 대안 선택의 접근 방법

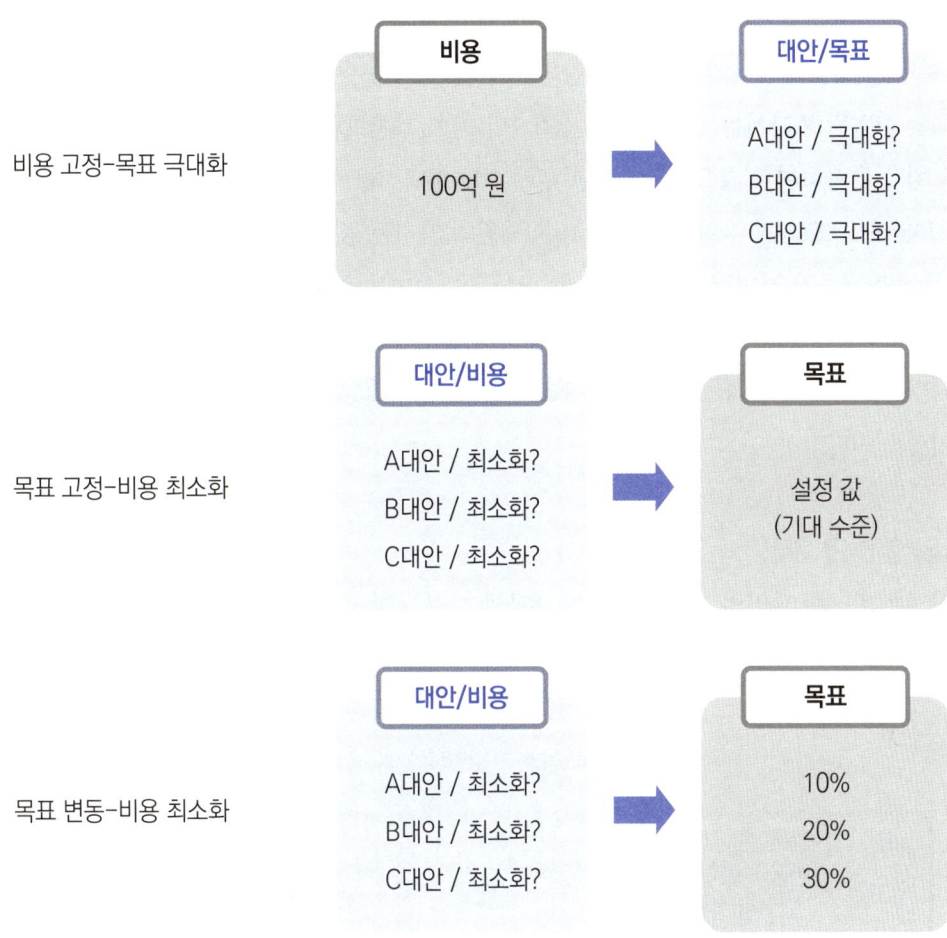

3. 비용편익분석의 주요 이슈

1) 할인율

(1) 할인의 필요성

할인(discounting)은 미래에 실현될 비용과 편익의 가치를 현재의 화폐가치로 추정하는 방법으로서, 비용과 편익에 대한 시간의 영향을 고려하는 것이다. 미래의 비용과 편익의 가치는 현재의 가치보다 낮기 때문에 시간의 흐름을 고려하여야 한다(Dunn, 2018: 231). 오늘 지출하는 1만 원의 가치는 1년 후에 지출될 1만 원의 가치보다 더 가치가 있다. 그 이유는 오늘 1만 원을 투자하여 지금으로부터 1년 후에 10,400원(4% 이자율)을 창출할 수 있기 때문이다. 즉, 1년 전 10,000원 가치와 1년 후 10,400원의 가치는 동등하다는 것이다. 예를 들어, 동일한 무게와 재료가 들어간 피자(pizza) 한 판을 구매(지출)하는 데 현재 시장에서 1만 원을 지불하였다면 1년 후에는 1만 2천 원, 3년 후에는 1만 4천 원, 5년 후에는 2만 원을 지불할 수도 있다. 이와 같이 비용과 편익을 기준으로 대안을 평가할 때 화폐의 시간적 가치를 고려하는 것이 할인이다.

(2) 할인의 원리

할인은 비용과 편익의 가치가 현재와 미래에 다르기 때문에 수년에 걸쳐 추진되는 정책대안에 대한 시간에 따른 비용과 편익에 대한 돈의 가치를 반영하는 것이고 그 비율을 할인율이라

[그림 9-7] 할인율의 의미

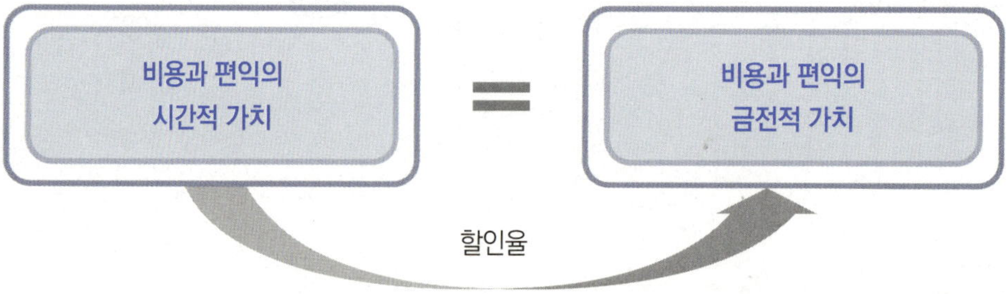

고 한다. 할인율은 비용과 편익에 대한 미래의 가치에 대한 현재가치의 교환 비율이다. 즉, 비용과 편익에 대한 시간의 가치를 금전의 시간적 가치로 전환하는 것이다.

미래 비용이나 편익의 현재의 화폐 가치는 미래의 화폐 가치보다 더 큰 가치가 있다는 사실을 반영하기 위하여 미래의 비용과 편익의 가치를 감소시켜야 하는 금액을 나타내기 위하여 할인 요소를 구한다. 할인 요소(할인 계수 또는 할인 요인)를 알고 나면 이 요소에 미래의 비용과 편익을 곱하면 된다(Dunn, 2018: 232).

할인 계수 또는 할인 요인(DF)은 할인율(사회적 할인율)과 할인되는 연수로 계산하며 다음 식과 같다.

$$할인 요인(DF) = \frac{1}{(1+r)^n}$$

$$r = 할인율$$
$$n = 연수$$

예를 들어, 5년 만기 할인율 10%에 대한 할인 계수(DF)는 다음과 같다.

$$할인 계수(DF) = \frac{1}{(1+r)^n}$$
$$= \frac{1}{(1+0.10)^5} = \frac{1}{(1.1)^5} = \frac{1}{1.61} = 0.621$$

할인율이 높은 경우나 낮은 경우 판단은 어떻게 하여야 할까? 다음 〈표 9-9〉는 할인율이 4%와 5%인 경우 할인 요인에 의한 현재가치의 환산치를 비교하고 있다. 이 내용을 보면 할인율이 높은 경우(5%)보다 낮은 경우(4%)가 현재가치가 높은 것을 볼 수 있다. 따라서 편익에 대한 투자에서 할인율이 높은 경우는 시간이 갈수록 현재가치가 떨어지기 때문에 단기 투자에 유리하고, 반면 낮은 경우는 편익이 장기간에 걸쳐 발생하는 장기 투자에 유리하다.

다음 〈표 9-10〉은 5년 동안 시행하는 사업의 비용과 편익에 대하여 5%의 할인율을 적용하여 B/C분석을 적용하여 보자. 다음 [그림 9-8]은 할인 요인을 엑셀에서 계산하는 방법을 소개하고 있다.

<표 9-9> 할인이 반영된 미래의 현재가치(환산치)

재화가치	연수	할인율 4%		할인율 5%	
		할인 요인	환산치 (현재가치)	할인 요인	환산치 (현재가치)
100	1	$1/(1+0.04)^1$	96.15	$1/(1+0.05)^1$	95.24
100	2	$1/(1+0.04)^2$	92.45	$1/(1+0.05)^2$	90.70
100	3	$1/(1+0.04)^3$	88.90	$1/(1+0.05)^3$	86.38

<표 9-10> 할인율의 적용 예시(할인율: 5%)

구분 \ 연수	0	1	2	3	4	5
편익	0	0	10,000	10,000	10,000	10,000
비용	15,000	10,000	5,000	0	0	0
할인 요인	1	0.9524	0.9070	0.8638	0.8227	0.7835

[그림 9-8] 엑셀에서 할인 요인 구하기

	A	B	C	D	E	F	G
1	할인율=	0.05	분모=	1.05			
2	연수	0	1	2	3	4	5
3	할인 요인	1	0.952381	0.9070295	0.8638376	0.8227025	0.7835262

B3 셀 수식: =1/$D$1^B2

주: b3셀에서 공식을 만들고 나머지 셀은 b3셀을 복사하여 붙여넣기하면 완성된다.

할인된 편익 = 0(1.0) + 0(0.9524) + 10,000(0.9070) + 10,000(0.8638)
          + 10,000(0.8227) + 10,000(0.7835) = 33,770

할인된 비용 = -15,000(1.0) - 10,000(0.9524) - 5,000(0.9070) + 0(0.8638)
          + 0(0.8227) + 0(0.7835) = (-)29,059[02]

위 결과를 토대로 순현재가치(NPV) = (편익의 현재가치) - (비용의 현재가치)
= 33,770 - 29,059 = 4,711 > 0

또 다른 방식으로 순현재가치를 계산하는 방식은 연도별 [(편익-비용)×할인 요인]을 합계하는 것이다.

NPV = (0 - 15,000)1 + (0 - 10,000)0.9524 + (10,000 - 5,000)0.9070
    + (10,000 - 0)0.8638 + (10,000 - 0)0.8227 + (10,000 - 0)0.7835
= -15,000 - 9,524 + 4,535 + 8,638 + 8,227 + 7,835
= 4,711

B/C 비율 = 33,770 ÷ 29,059 = 1.16 > 1

(3) 다양한 할인율

할인율에 따라 미래의 비용과 편익의 가치가 달라지는 것을 알 수 있다. 예를 들어, 미래 편익의 할인율이 높을수록 공공 프로그램을 정당화하는 NPV와 B/C 비율의 값은 낮아지고, 할인율이 일정하게 높으면 정부 투자의 역할은 최소화되고 민간 투자의 역할은 최대가 된다. 반면에, 할인율이 일정하게 낮게 되면 정부의 역할 확대가 장려된다. 할인율의 선택은 분석가, 정책 입안자, 기타 이해관계자의 가치를 반영하는 판단에 달려 있다. 다양한 할인율에 대한 내용은 다음 [그림 9-9]와 같다(Dunn, 2018: 234-235).

가. 민간할인율

민간할인율은 민간부문의 자금 차입에 부과되는 평균 이자율을 기준으로 한다. 민간부문의 평균 이자율을 공공 프로그램의 할인율로 적용하자는 주장은 민간부문에 투자할 수 있었던 시민의 세금으로 공공투자가 이루어진다는 것이다. 따라서 민간할인율은 자금이 민간부문에 남겨졌을 때 얻을 수 있는 이익을 측정하는 것이다. 즉, 이는 민간에 대한 공공 투자의 기회비용

---

02 숫자 앞에 마이너스(-) 부호는 비용의 지출을 의미한다.

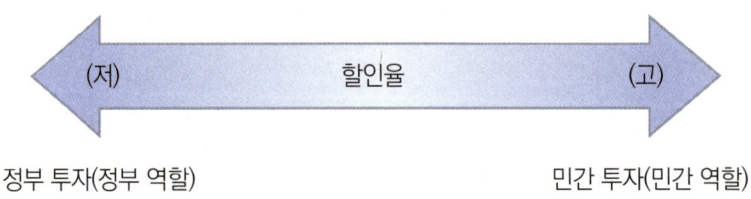

[그림 9-9] 할인율과 정부와 민간의 역할 차원

에 해당된다. 민간부문에 투자할 기회가 손실되고 공공부문에 투자함으로써 민간부문에 투자로 얻을 수 있는 이익을 의미한다.

그러나 공공부문에 민간할인율의 적용을 반대하는 주장은 시장 왜곡으로 인하여 민간할인율의 변동 폭이 크게 차이가 있고, 민간의 평균 이자율은 민간 투자에 대한 외부 사회적 비용(예: 오염)을 반영하지 않으며, 개인이나 집단의 선호도이지 사회 전체의 선호도를 반영하지 않는 한계가 있다는 것이다.

나. 사회적 할인율

사회적 할인율은 사회 전체의 사회적 시간 선호에 대한 판단을 기반으로 한다. 사회적 시간 선호는 사회가 미래의 특정 기간에 실현되는 이익이나 비용에 부여하는 집단적 가치를 나타낸다. 이 집단적 가치는 단순히 개인의 선호를 합한 것이 아니라, 공동체 전체에 가치 있는 것이 무엇인지에 대한 집단적 감각을 반영하기 때문이다. 사회적 할인율, 즉 미래 집단의 이익과 비용을 할인하여야 하는 비율은 일반적으로 민간할인율보다 낮다.

사회적 할인율 적용에 대한 주장의 근거는 사회적 할인율은 개인 선호의 편협함과 근시안성을 보완하여 민간 투자의 외부 사회적 비용(예: 유한한 천연자원의 고갈)을 고려함으로써 미래 세대의 안전, 건강, 복지에 대한 관심을 반영한다는 것이다. 그러나 사회적 할인율에 대한 반대론자들은 민간할인율보다 높아야 한다는 점에서 경제적으로 비효율적이거나 비합리적이라는 것이다. 사회적 할인율이 낮을수록 미래 비용과 이익의 현재가치가 높아지고 공공부문에 투자하려는 경향이 높아진다.

우리나라는 예비타당성조사 시 사회적 할인율은 4.5%를 적용하도록 명시하고 있다. 그러나 분석 기간이 30년 이상인 철도와 수자원사업은 운영 30년 동안은 4.5%를 적용하고 이후는

3.5%의 할인율을 적용하도록 명시하고 있다. 사회적 할인율은 경제 및 사회 여건 변화 등을 고려하여 매 3년마다 조정을 검토하되 중대한 경제·사회적 상황 변화가 발생하거나 긴급한 국가정책적 필요가 있는 경우에는 3년 이내에 사회적 할인율을 조정할 수 있도록 하고 있다(예비타당성조사 수행 총괄지침 제50조). 또한 동 지침 제49조 제2항에서 경제성 분석 기간은 사업 유형에 따라 적용하도록 규정하고 있다.

〈표 9-11〉 경제성 분석 기간

사업	기간
① 도로·공항·항만·의료시설 부문 및 기타 대규모 건설사업	사업 기간과 운영 개시 후 30년을 합한 기간
② 철도사업	사업 기간과 운영 개시 후 40년을 합한 기간
③ 수자원사업	사업 기간과 운영 개시 후 50년을 합한 기간 광역상수도 사업 등 일부 사업은 해당 시설물의 내용 연수 등을 고려하여 적용
④ 정보화사업	기술의 발전 속도나 내구성 등에 의한 산출물의 수명이 짧고, 사업에 소요되는 장비의 유형과 내구 연한이 다양한 정보 시스템의 특성을 반영하여 개별 사업별로 적용
⑤ 기타 재정사업	중기사업계획서에 제시된 사업 기간과 예상되는 사업 효과의 발생 기간을 고려하여 사업별로 적용

다. 정부공채 이자율

정부가 발행하는 국공채에 부과된 이자율을 할인율로 선택하는 것이다. 발행된 공채에 대하여 채권자에게 지불하는 이자를 말하며, 공채도 일종의 차입금이므로 일정한 이자가 지급된다. 이자율은 공채의 상환 기간, 발행 가격 등 발행 조건에 따라 달라진다. 예를 들어, 정부가 국공채를 발행하면서 5% 이자율을 제시한다면 국민들이 이 수준의 이자율에서 국공채 구입에 만족한다는 가정이다. 즉, 정부가 공공사업을 추진하여 5% 수익을 달성한다면 국민들이 만족한다는 것이다.

2) 민감도분석

할인율이 높고 낮음은 순편익 또는 B/C 비율의 민감도에 영향을 미친다. 민감도분석(sensitivity analysis)은 다양한 가정하에서 비용과 편익의 결과치를 비교 평가하는 절차이다. 즉, 비용과 편익의 결과치가 다양한 가정에 얼마나 민감한지를 확인하는 것이다. 예를 들어, 두 가지 교육훈련 프로그램을 비교하면서 휘발유 가격의 잠재적 변화에 대한 교통비용의 민감도를 조사할 수 있다. 프로그램 기간 동안 휘발유 가격이 10%, 20%, 30% 인상될 것이라고 가정한다. 프로그램 A는 준농촌 지역에 위치하므로 훈련생들은 도시에 위치한 프로그램 B의 훈련생들보다 훈련 장소에 도달하기 위하여 더 먼 거리를 운전하여야 한다(Dunn, 2018: 235). 〈표 9-12〉와 같이 휘발유 가격이 10% 인상될 때는 훈련생 1인당 비용 부담이 준농촌지역보다 도시지역이 많으나 30% 인상될 때는 반대로 도시지역보다 농촌지역의 비용 부담이 많게 된다.

〈표 9-12〉 교육훈련비용에 대한 휘발유 가격의 민감도분석

프로그램		휘발유 가격 인상		
		10%	20%	30%
준농촌 지역(A)	총비용(만 원)	88	96	104
	훈련생(명)	100	100	100
	훈련생 1인당 비용	0.88	0.96	1.04
도시지역(B)	총비용(만 원)	90	96	102
	훈련생(명)	100	100	100
	훈련생 1인당 비용	0.90	0.96	1.02

자료: Dunn(2018: 236)의 내용을 수정함

3) 분석 예시

(1) 분석 가정

A시는 '청소년 다목적 공연장' 건립의 타당성 여부를 판단하고자 경제성 분석(B/C분석)을 수행한다. 건설 기간은 3년이고 총건설비용은 10억 원이며 준공 4년 차부터 매년 인건비를 포

제9장 **비용편익 및 비용효과분석**

함한 관리운영비가 1억 원씩 소요될 것으로 추정한다. 단. 사업 수명은 10년이고 할인율(r)은 4.5%이다.

〈표 9-13〉 연차별 예상 비용과 편익

(단위 : 억 원)

연차	비용	편익	할인 연수
1	-4.00	0.00	0
2	-3.00	0.00	1
3	-3.00	0.00	2
4	-1.00	3.00	3
5	-1.00	3.50	4
6	-1.00	3.00	5
7	-1.00	3.00	6
8	-1.00	4.00	7
9	-1.00	4.00	8
10	-1.00	4.00	9

(2) 분석 실제

위에서 제시한 가정과 내용에 대한 B/C분석의 계산 과정을 엑셀 프로그램을 통하여 다음 [그림 9-10]과 같이 제시하였으며, 계산 절차는 아래와 같다.

① 전체 편익은 비용(a)과 편익(b)을 더(+)한다.
② 전체 편익을 통하여 내부수익률(IRR)을 구한다. IRR값은 엑셀의 내장함수를 이용한다. D13 셀에 커서를 두고 전체 편익의 범위로서 '=IRR(D3:D12)'를 입력한다. IRR은 11%로 제시되었다.
③ 할인 계수(할인 요인)를 구한다. 할인 계수 식 = '1/(1+r)^할인 연수'를 엑셀 내장함수식으로 '=1/POWER(1+$D$1,E3)'을 입력한다. F3 셀에 커서를 두고 할인율(0.045)의 셀(D1)과 할인 연수의 첫 번째 셀(E3)을 이용하여 내장함수식을 입력하면 결과치(1)가 제시된다. 결과치로 제시된 F3 셀을 복사하여 나머지 셀을 드래그하여 범위를 설정한 후 붙여넣기하

면 모든 연차별 할인 계수가 제시된다.

④ 비용의 현재가치와 편익의 현재가치를 구한다. 비용의 현재가치는 각 행의 비용(a)×할인 계수(c)로 구하며, 편익의 현재가치도 각 행의 편익(b)×할인 계수(c)로 구한다.

⑤ 순편익은 편익의 현재가치에서 비용의 현재가치를 뺀 값이다.

⑥ 마지막 누적 순편익은 순편익의 값을 누적하여 더해가는 것이다. '누적 순편익'의 산출 방법은 다음과 같이 수행한다. 누적 합계 대상의 열(I3~I12)을 마우스로 드래그하여 범위(구간)를 설정하고, 마우스 오른쪽을 클릭하여 [빠른분석] → 〈합계〉 → 〈오른쪽 누계〉를 클릭하면 바로 오른쪽 열에 누적 순편익이 제시된다.

⑦ 비용의 현재가치와 편익의 현재가치의 합계를 구한다. 비용의 현재가치는 15.01이고 편익의 현재가치는 18.72로 제시되었다.

[그림 9-10] 엑셀의 B/C분석 과정

F3 =1/POWER(1+$D$1,E3)

	A	B	C	D	E	F	G	H	I	J
1	할인계수=1/(1+r)^할인년수			0.045						
2	연차	비용 (a)	편익 (b)	전체편익 (a+b)	할인년수	할인계수 (c)	비용의현재가치 d=(a×c)	편익의 현재가치 f=(b×c)	순편익 f-d	누적순편익
3	1	-4.00	0.00	-4.00	0	1.00	-4.00	0.00	-4.00	-4.00
4	2	-3.00	0.00	-3.00	1	0.96	-2.87	0.00	-2.87	-6.87
5	3	-3.00	0.00	-3.00	2	0.92	-2.75	0.00	-2.75	-9.62
6	4	-1.00	3.00	2.00	3	0.88	-0.88	2.63	1.75	-7.87
7	5	-1.00	3.50	2.50	4	0.84	-0.84	2.93	2.10	-5.77
8	6	-1.00	3.00	2.00	5	0.80	-0.80	2.41	1.60	-4.17
9	7	-1.00	3.00	2.00	6	0.77	-0.77	2.30	1.54	-2.63
10	8	-1.00	4.00	3.00	7	0.73	-0.73	2.94	2.20	-0.43
11	9	-1.00	4.00	3.00	8	0.70	-0.70	2.81	2.11	1.68
12	10	-1.00	4.00	3.00	9	0.67	-0.67	2.69	2.02	3.70
13	합계		IRR=	11%			-15.01	18.72		

이상의 계산 과정을 통하여 순현재가치, 편익비용비, 내부수익률은 다음과 같으며, 누적 순편익의 마지막 값(3.70)과 순현재가치의 값(3.70)은 같다는 것을 알 수 있다.

제9장 비용편익 및 비용효과분석

순현재가치(NPV) = (편익의 현재가치) - (비용의 현재가치)
= 18.72 - 15.01 = 3.70 > 0

편익비용비(B/C비) = $\dfrac{(편익의\ 현재가치)}{(비용의\ 현재가치)}$ = $\dfrac{18.72}{15.01}$ = 1.25 > 1

내부수익률(IRR) = 11%

위 결과에서 순현재가치(NPV)는 0보다 크고 편익비용비(B/C비)는 1보다 크며 내부수익률(IRR)은 사회적 할인율(r=4.5%)보다 큰 값이어서 이 '청소년 다목적 공연장' 건립은 경제적 타당성이 있는 것으로 판단한다.

〈표 9-14〉 B/C분석 결과

연차	비용 (a)	편익 (b)	전체 편익 (a+b)	할인 년수	할인 계수 (c)	비용의 현재가치 d=(a×c)	편익의 현재가치 f=(b×c)	순편익 f-d	누적 순편익
1	-4.00	0.00	-4.00	0	1.00	-4.00	0.00	-4.00	-4.00
2	-3.00	0.00	-3.00	1	0.96	-2.87	0.00	-2.87	-6.87
3	-3.00	0.00	-3.00	2	0.92	-2.75	0.00	-2.75	-9.62
4	-1.00	3.00	2.00	3	0.88	-0.88	2.63	1.75	-7.87
5	-1.00	3.50	2.50	4	0.84	-0.84	2.93	2.10	-5.77
6	-1.00	3.00	2.00	5	0.80	-0.80	2.41	1.60	-4.17
7	-1.00	3.00	2.00	6	0.77	-0.77	2.30	1.54	-2.63
8	-1.00	4.00	3.00	7	0.73	-0.73	2.94	2.20	-0.43
9	-1.00	4.00	3.00	8	0.70	-0.70	2.81	2.11	1.68
10	-1.00	4.00	3.00	9	0.67	-0.67	2.69	2.02	3.70
합계						-15.01	18.72		

4. AHP의 활용

1) 의의

(1) 개념

계층화분석법(AHP)은 평가 기준에 대한 비교 대안들의 우선순위(중요도, 선호도)를 평가하는 방법이다. AHP는 B/C분석에서 비용과 편익의 구성 요소별 가중치를 산정하고 종합화하는 데 활용할 수 있다. 의사결정자는 AHP를 B/C분석에 통합함으로써 대안을 체계적으로 평가하고 다양한 기준을 고려하며 비용과 편익의 균형을 효과적으로 맞추는 정보에 입각한 결정을 내릴 수 있다. 이러한 접근 방식은 의사결정 과정에서 이해관계자의 참여를 향상시켜 정책의 이해성을 높이고 수용성과 실현가능성을 높이는 데 도움이 된다. B/C분석은 효율적인 자원 배분의 방법으로서 비용과 편익의 유형(직접과 간접, 유형과 무형 등)별 요소를 식별하고 가치를 추정하는 방법이지만 공공재의 경우 무엇이 비용과 편익에 해당하는지 식별하기가 쉽지 않으며, 경제성 중심의 분석이 정치성, 형평성, 환경, 균형성 등 다른 많은 비경제적 요소를 상쇄할 만큼 정당화를 갖춘 방법이라고 할 수 없다. B/C분석의 이러한 한계를 보완하기 위한 방법으로서 AHP를 활용할 수 있다.

B/C분석에 AHP의 활용은 다음과 같은 방법으로서 기존의 의사결정 방법을 개선할 수 있다는 것이다(조근태 외 옮김, 2000: 243-244). 첫째, 비용과 편익의 요소를 식별하여 계층화한 후 통합되지 못하였던 무형 또는 비경제적 요소를 비율로써 정량화하기 위하여 이원쌍대응비교를 사용한다. 둘째, 비용과 편익의 요소를 계층화하면 정책의 여러 가지 목표와 기준에 비추어 대안을 비교하는 데 도움을 얻을 수 있다.

(2) 분석 사례

B/C분석에서 AHP를 어떻게 활용할 수 있는지를 가상적인 간단한 사례를 통하여 살펴본다(조근태 외 옮김, 2000: 257-260). 다음은 어느 가족이 일정 금액으로 은행 저축, 자선 기부, 도로 포장 등을 고려하고 있는 경우 어떤 대안을 선택할지 고민하고 있다. 편익의 선택 기준은 심리적 만족, 사회적 만족, 경제적 만족으로 설정하였으며, 비용의 선택 기준은 직접비용과 간접비

용으로 설정하고 [그림 9-11]과 같이 계층으로 구조화하였다.

[그림 9-11] 편익과 비용의 계층

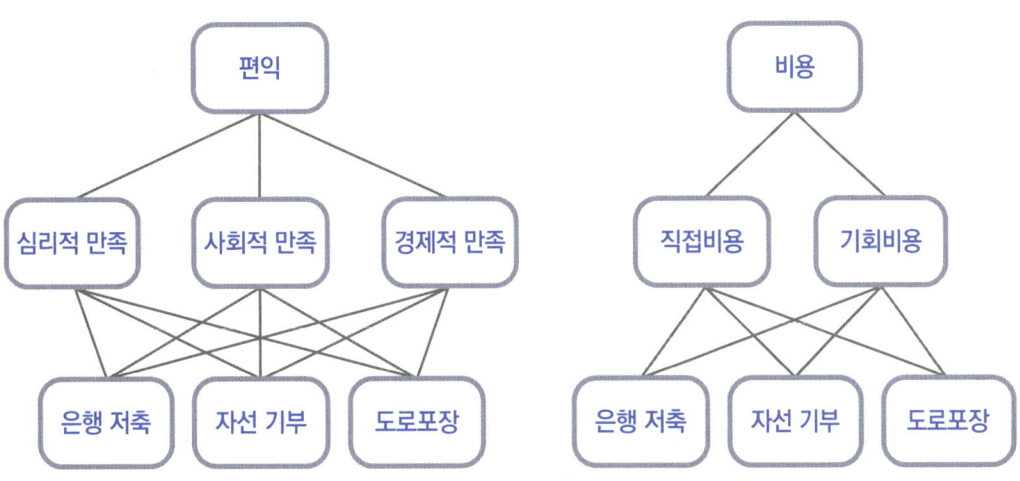

위 계층의 구조화에 의하여 편익가중치와 비용가중치가 다음과 같이 산출된 경우 편익/비용의 가장 큰 값은 은행 저축이 4.514로 나타남으로써 은행에 저축하는 것이 최선의 대안인 것으로 제시되었다.

〈표 9-15〉 편익가중치와 비용가중치

대안	편익가중치	비용가중치	편익/비용
은행 저축	0.501	0.111	4.514
자선 기부	0.164	0.423	0.388
도로포장	0.335	0.466	0.719

2) AHP 활용의 제도화

공공부문의 예비타당성조사는 사업의 타당성을 종합적으로 평가하기 위하여 AHP를 활용하도록 규정하고 있으며, 종합평가는 평가 항목별 분석 결과를 토대로 다음 [그림 9-12]와 같은 구조에 따라 AHP를 활용하여 계량화된 수치로 도출하여야 한다. 그리고 종합평가 시 평가 항목은 경제성, 정책성, 지역 균형 발전, 기술성 등에 대한 평가 가중치는 특별한 사유가 없는 한 사업 유형별로 다음과 같은 범위 내에서 적용한다.

〈표 9-16〉 사업 유형별 가중치의 범위

사업 유형	평가 항목	가중치 범위
건설사업(비수도권 유형)	경제성 정책성 지역 균형 발전	30~45% 25~40% 30~40%
건설사업(수도권 유형)	경제성 정책성	60~70% 30~40%
정보화 사업 B/C 분석 시	경제성 기술성 정책성	40~50% 30~40% 20~30%
정보화 사업 E/C 분석 시	경제성 기술성 정책성	30~40% 40~50% 20~30%
기타 재정사업 B/C 분석 시	경제성 정책성	25~50% 50~75%
기타 재정사업 E/C 분석 시	경제성 정책성	20~40% 60~80%

자료: 「예비타당성조사 수행 총괄지침」 제71조 제2항

그리고 평가 항목별 평점 부여 방식은, 평가 항목별 '사업 시행'과 '사업 미시행' 대안 간 이원쌍대응비교로 측정하며, 〈표 9-17〉과 같이 사업 시행 대안이 적절하다고 '5점'을 부여한 경우, 사업 시행은 사업 미시행보다 5배 정도 중요함을 의미한다.

제9장 **비용편익 및 비용효과분석**

[그림 9-12] 종합평가 항목(AHP)

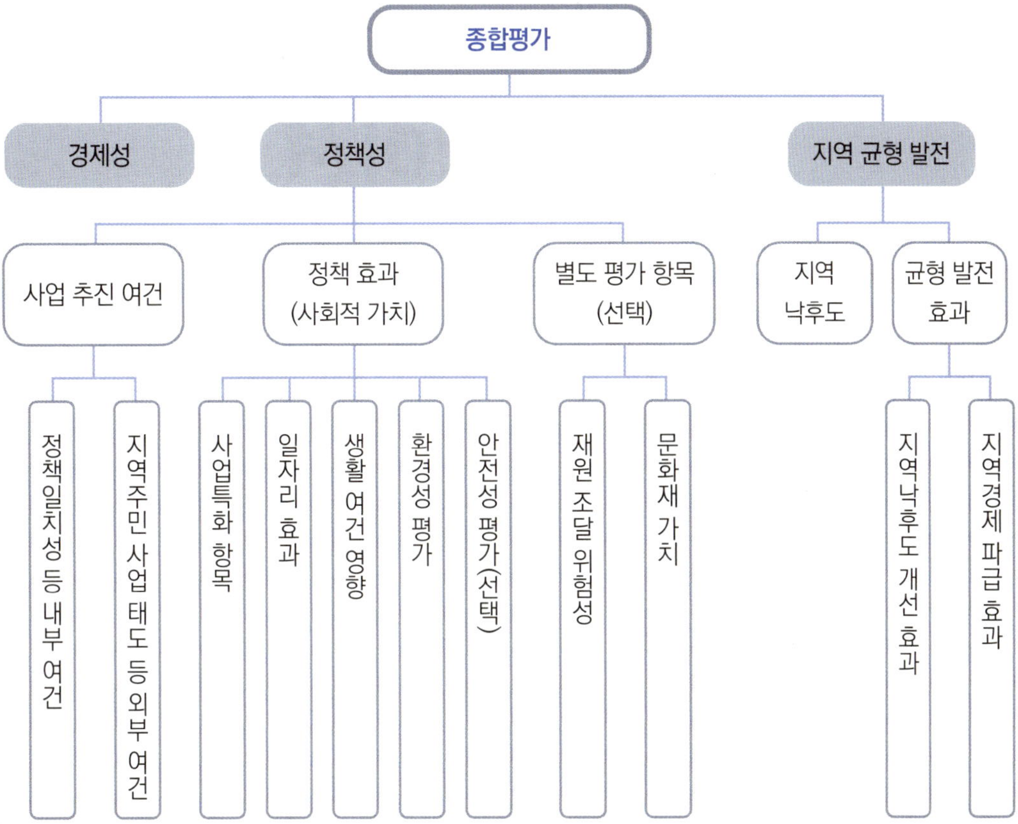

```
                            종합평가
            ┌──────────────────┼──────────────────┐
          경제성              정책성            지역 균형 발전
            │          ┌───────┼───────┐          ┌───────┴───────┐
        사업 추진    정책 효과   별도 평가      지역          균형 발전
          여건     (사회적 가치) 항목(선택)    낙후도           효과
         ┌─┴─┐    ┌──┬──┬──┬──┐  ┌─┴─┐         │               │
         │   │    │  │  │  │  │  │   │         │               │
       정책 지역  사업 일자 생활 환경 안전 재원  문화        지역낙후도    지역경제
       일치성 주민 특화 리  여건 성  성  조달  재         개선 효과    파급 효과
       등 내부 사업 항목 효과 영향 평가 평가 위험성 가치
       여건 태도                    (선택) 성
            등 외부
            여건
```

자료: 「예비타당성조사 수행 총괄지침」 제71조 제1항

〈표 9-17〉 AHP 평가 예시

평가 항목	대안	절대 적절	매우 적절	적절	약간 적절	같다	약간 적절	적절	매우 적절	절대 적절	대안
항목명	사업 시행	⑨	⑧	⑦	⑥	⑤	④	③	②	①	②	③	④	⑤	⑥	⑦	⑧	⑨	사업 미시행

자료: 「예비타당성조사 수행 총괄지침」 제71조 제4항

제10장

정책분석 윤리와 커뮤니케이션

1. 정책분석의 윤리

1) 의의

(1) 윤리의 중요성

정책분석은 공공문제를 해결하기 위하여 가장 바람직한 대안을 선택하기 위한 체계적인 분석활동이다. 어떤 유형의 문제일지라도 정책분석의 공통적인 요인은 공공문제, 정책분석가, 의사결정자, 이해관계자 등이 포함되어 있고, 이들 요인은 상호 연결되어 있으며 그 연결고리는 인간이다. 인간은 근본적으로 가치와 주관성에 근거하여 문제의 현상을 인지하고 대상을 포착하며 선택적 정보에 접근하여 해석하고 판단하는 존재이다. 인간이 가진 불완전성을 제거하기 위하여 가능한 가치와 주관을 배제하고 객관적으로 문제의 현상을 인지하며 모든 양질의 정보를 수집하여 해석하고 판단하자는 규범적인 당위도 명시적인 주장일 뿐 실제 정책분석의 활동에서 의사결정에 이르기까지 인간의 불완전성을 모두 제거한다는 것은 쉬운 일이 아니다. 정책분석 활동에서 인간의 가치와 주관에 대한 완전한 배제는 현실적으로 어려운 일로서 이를 통제하기 위한 나침반 같은 규범적 장치가 윤리이다.

어떤 학문 분야이든 윤리의 이슈는 가장 근본적인 질문이다. 윤리(ethics)의 사전적 의미는 "사람으로서 마땅히 행하거나 지켜야 할 도리"이다. 윤리는 개인과 집단의 행동을 지배하는 도덕적 원칙과 가치이다. 정책분석 활동에서도 사람으로서 마땅히 행하거나 도덕적 원칙과 가치를 지켜야 한다. 정책분석 과정에서 모든 이해관계자의 권리와 이익을 공정하고 정당하며 존중하는 방식으로 결정을 내리기 위해서는 윤리적 요소가 고려되어야 한다. 정책결정의 정당성, 공정성 및 효율성 향상을 위하여 정책 입안자와 분석가는 윤리적 고려 사항을 정책분석에 통합함으로써 바람직한 사회 상태를 가져오는 데 기여할 수 있도록 하여야 한다. 그동안 많은 정책분석의 논자도 정책분석 활동에 윤리적 요소를 고려하여야 한다고 강조해 왔다. 하지만 실제에서는 규범적 분석은 불필요하고 비실용적이며, 불가능하거나 정치적 요인의 작용 때문에 심대한 관심을 두지 못하였거나 주목하지 못하였다는 평가도 있다(Amy, 1984). 정책분석의 궁극적 목적은 '좋은' 또는 '바람직한' 정책을 통하여 문제를 해결하고 바람직한 사회 상태를 가져오려는 것이다. 좋거나 바람직한 상태는 경제적 효율성도 포함되지만 가장 중요한 요소는 사회구성원들이 암묵적으로 합의한 도덕적 규범과 가치가 필수적이어야 한다. 앞에서 정책대안을 평가하는 여러 가지 기준이 있지만, 도덕적 규범과 가치는 이들 기준을 안내하는 지침이기도 하다.

정책분석에서 윤리적 고려가 요구되는 이유는 다음과 같다. 첫째, 정책분석 과정에서 도덕적 원칙과 가치는 정책 입안자, 분석가 및 정책 과정에 참여하는 기타 이해관계자의 행동을 안내하는 역할이며, 상충되는 가치나 이해관계가 있을 때 경쟁 우선순위를 정하고 균형을 이루는 판단 기준이 되기 때문이다. 둘째, 정책분석 과정의 모든 이해관계자가 윤리적 기준을 고려하는 것은 사회 전체의 공동선과 바람직한 상태를 실현하는 데 필수적이기 때문이다. 윤리적 기준은 정책분석 과정에서 종종 사회 내 다양한 집단에 대한 정책의 분배 영향을 고려하고 해당 정책이 더 큰 형평성과 사회 정의에 기여하는지 평가하는 기준이 되기 때문이다. 셋째, 정책분석에서 윤리적 기준을 유지하는 것은 정부기관에 대한 대중의 신뢰와 합법성을 유지하고 정책결정이 해당 지역사회의 가치와 선호도를 반영함으로써 정책결정의 정당성과 순응성을 확보하는 데 토대가 된다.

(2) 윤리의 접근 틀

정책분석 활동에서 윤리적 접근 틀은 정책분석가가 정책분석 수행 활동의 판단과 선택 국면에서 윤리적 가치를 어느 정도 고려하고 반영하는 것과 관련된다. 정책분석가는 다음과 같은 정책분석 과정에서 윤리적 딜레마에 직면하게 된다(Mintrom, 2010: 38-39).

① 당면한 문제를 정의하는 과정
② 문제, 원인, 영향에 대한 여러 가지 증거(데이터, 정보)의 수집 과정

③ 문제를 해결하기 위한 일련의 목표 설정 방법 및 과정
④ 각 대안의 상대적 장점을 판단하기 위한 기준의 선택
⑤ 선택한 기준에 따라 각 대안의 예상 결과의 예측 평가 과정
⑥ 선택한 기준, 예상 결과, 예상되는 장단점을 고려하여 가장 적절해 보이는 대안을 결정하는 과정
⑥ 분석 결과와 그로부터 도출된 결론의 제시 과정
⑦ 보고서 작성 과정

공공부문의 정책분석에서 윤리적 요소에 주목하고 강조하는 것은 당면하는 문제를 해결하고 바람직한 사회 상태의 실현이 윤리적 요소가 포함된 공공성 및 공익의 실현과 등치된다고 간주하기 때문이다.

[그림 10-1] 정책분석에서 윤리의 접근 틀

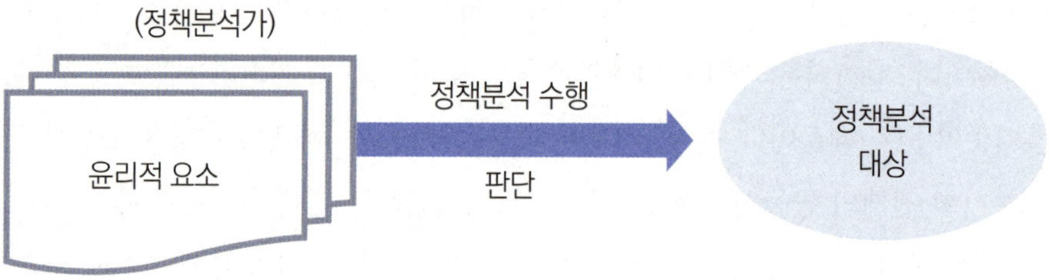

2) 윤리의 원칙

정책분석 활동에서 정책분석가에게 요구되는 윤리의 원칙은 다음과 같이 진실성 및 정직성, 실행 역량과 용기, 책임, 존중, 관심 등이 있다(Mintrom, 2010: 43-46).

(1) 진실성 및 정직성

진실성은 참되고 바른 성질이나 품성을, 정직성은 마음에 거짓이나 꾸밈이 없이 바르고 곧은 특성을 말한다. 진실하고 정직한 사람은 높은 무엇이 바른 것이고 곧은 것인지를 판단하고 정의와 공정성의 가치에 대한 헌신하는 행동을 보인다. 진실하고 정직한 사람은 다른 사람에게 손해를 끼치는 기회주의적인 행동을 하지 않으며 이기적이고 단기적인 이익을 추구하지 않

는다. 또한 자신의 행동이 정의와 공정성의 가치에 부합하거나 부합되지 않는지를 판단하고 실천한다. 진실성의 품성을 가진 정책분석가는 공공문제의 성격과 대안의 상대적 장점에 대하여 정직하게 진술함으로써 불확실성 상황에서 정직하지 않음으로써 나타날 수 있는 위험 부담을 최소화하여야 한다.

(2) 실행 역량과 용기

실행 역량과 윤리적 행동은 높은 정(+)의 관계를 가진다. 무엇인가를 할 수 있는 능력을 갖추고 있는 것과 실제 실행할 것은 다르다. 윤리이든 다른 영역에서든 할 수 있는 능력은 기대하는 좋은 결과물을 가져오기 위한 필요 조건이지 충분 조건은 아니다. 윤리적 행동은 할 수 있는 능력에 더하여 실행하는 용기가 주어져야 한다. 용기가 있는 사람은 실행 역량으로 이어지고 윤리적 행동으로 나타날 수 있다. 진실성과 정직성도 직접 행동으로 연결되어야만 그 가치가 있다. 누구든지 할 수 없는 일을 할 수 있다고 말하는 것은 부정직한 일이다. 정책분석가는 전문적인 지식과 분석 경험을 가지고 있고 자신의 지식과 경험에 비추어 당면하는 정책분석 과정에서 무엇이 진실이고 정직한 것인지를 알고 있다. 윤리적 행동은 알고 있는 것에 그치지 않고 용기를 가지고 실행 행동으로 표현할 의무가 있다.

(3) 책임

사람이 책임을 진다는 것은 예상되거나 관찰된 결과에 영향을 미친 자신의 역할을 인정하는 것을 의미한다. 사람들은 좋은 결과가 나오면 기꺼이 그 공로를 받아들이고 나쁜 결과에 대해서는 비난을 회피하는 경우가 흔하다. 책임을 지는 사람들은 처음부터 좋은 결과를 얻기 위하여 적극적으로 노력하며, 자신의 행동이나 행동 부족으로 인하여 문제가 발생한 사례를 신속하게 인정하는 경향이 있다. 정책분석가는 책임 있는 조치가 요구되는 다양한 상황에 직면한다. 그들은 정책문제를 얼마나 철저하게 조사하고 이를 해결하기 위한 창의적인 방법을 모색할지에 대한 선택에 직면한다. 책임 있는 정책분석가는 자신의 판단과 행동으로 인하여 발생하는 문제나 오해를 해소하려고 신속하게 노력한다.

(4) 존중

누군가가 다른 사람을 존중할 때, 그들의 인간성과 존엄성, 그리고 그 사람으로서의 권리를 인정하는 것이다. 존중이란 다른 사람을 배려하고 감사하는 것을 의미하며, 자신이 대접받고 싶은 대로 다른 사람을 대접하는 것을 의미한다. 다른 사람을 좋아할 때, 오랫동안 알고 지냈을 때, 공통된 견해와 관심사를 공유할 때 다른 사람을 존중하는 것은 상대적으로 쉬운 일이다. 하지만 존중의 어려운 부분은 직감으로 인하여 우리를 경멸하게 만드는 사람들에게서 인간성, 선함, 합리성을 찾는 것이다. 윤리적인 사람이 된다는 것은 다른 사람을 이해하고, 상대방의 입장에서 현상이나 사물을 보는 방식을 이해하려는 노력이 포함된다. 존중의 요소에는 인내도 포함되고, 행동 속도를 늦추고 열심히 듣는 것을 의미하기도 한다.

다른 사람을 존중하는 것은 정책분석가에게 요구되는 중요한 특성이다. 첫째, 정책분석가는 문제를 분석하고 해결하는 방법에 대한 아이디어를 개발할 때 참여하는 다른 사람들의 의견을 존중하여야 한다. 정책분석가는 다른 사람의 말을 주의 깊게 경청함으로써 효과적인 정책 설계에 대한 귀중한 통찰력을 얻을 수 있어야 한다. 타인을 존중하고 갈등을 학습의 기회로 바꾸는 것은 창의적인 문제 해결을 촉진하는 데 도움이 된다. 둘째, 정책분석가는 정책 변화로 인하여 직접적인 영향을 받는 사람들의 삶, 필요, 열망을 존중하여야 한다. 정책분석가는 평균에서 멀어진 문제 상태에 놓인 사람들의 삶에 큰 영향을 미칠 정책을 개발하는 경우 그에 관련된 사람의 견해, 감정, 희망을 깊이 존중하는 것이 문제를 해결하는 데 매우 중요하다. 세상의 문제를 해결하는 중요한 열쇠는 '사람들이 자신의 생각과 감정이 존중받는다고 느낄 때'이다 (Williamson, 2004: 175; Mintrom, 2010: 46에서 재인용). 정책 논쟁이 가중되는 경우일지라도 타인에 대한 존중을 보여 주는 것은 용기 있고 변혁적일 수 있다.

(5) 관심

관심은 다른 사람에게 주의를 기울인다는 의미로서, 다른 사람의 삶에 주의를 갖고 관여하는 것을 의미한다. 정책분석가는 문제에 포함된 다른 사람의 삶에 관심을 갖고 긍정적인 변화를 가져오도록 노력하여야 하며, 다른 사람의 삶을 중요하게 생각함으로써 자신의 분석활동이 미치는 영향에 계속 주의를 기울여야 한다.

3) 윤리적 고려 사항의 이행 점검

정책분석 과정에서 윤리적 요소를 고려하여야 한다는 당위에 대해서는 동의하지만 실행으로 옮기는 것은 쉬운 일이 아니다. 사람은 무엇에 집중하면 그 범위 안에 있는 현상만을 보게 되고 그 외 다른 것은 관심과 집중을 하지 않게 된다. 때로는 정책분석가는 주어진 상황에서 문제 해결을 위한 명시적인 최적의 대안에 골몰하기 때문에 직접적이지도 않고 느껴지지도 않은 윤리적 요소에 대한 심대한 고려는 시간과 노력의 낭비라고 여길 수도 있다. 따라서 윤리적 요소를 고려하기 위해서는 다음과 같은 일련의 점검이 필요하다(Patton et al., 2016: 27-38).

(1) 공통적 요소
① 나는 정의와 공정성을 위하여 헌신하고 있는가?
② 나는 나의 판단과 선택의 결과에 책임을 질 것인가?
③ 나는 다른 사람의 삶을 중요하게 생각하고 있는가?
④ 나는 다른 사람의 입장을 이해하고 있는가?
⑤ 나는 다른 사람의 견해와 관심사가 무엇인지를 생각하고 있는가?

(2) 자신
① 나는 윤리적 가치를 명시적으로 인식하고 있는가?
② 나는 가장 좋은 또는 최선의 방법을 사용하고 있는가?
③ 나는 대안을 검토하고 접근하는 여러 방식을 사용하고 있는가?

(3) 직원 및 고객
① 나는 독립적으로 판단하고 있는가?
② 나는 내 역량 내에서 일하고 있는가?
③ 나는 동료를 공정하게 대하고 있는가?
④ 정보를 직원들과 공유하고 있는가?
⑤ 나는 비밀을 준수하고 있는가?
⑥ 현재 직면하는 일이 이해(利害)가 상충되고 있는가?
⑦ 이 조치가 고객의 요구에 부응하는가?

(4) 일반 대중

① 이 조치로 인하여 부당한 피해가 발생하는가?
② 이것이 다른 사람의 권리를 침해하는가?
③ 정치적 견해를 숨겼는가?
④ 나는 시민을 제대로 참여시켰는가?
⑤ 이 조치는 장기적으로 긍정적인 이익을 추구하는가?
⑥ 완전하고 명확하며 정확한 정보를 제공하고 있는가?

2. 정책분석에서 커뮤니케이션

정책분석의 마지막 단계는 의사결정자(그룹), 정책대상 집단, 이해관계자, 대중들에게 정책분석의 결과를 보고하고 이해시키는 일이다. 정책분석가의 입장에서 정책분석의 논리가 합리적이고 엄격한 과학적 방법을 적용하여 최선의 결과(정책대안)를 도출하였을지라도 최종 결정을 하는 의사결정자(그룹), 문제 해결을 필요로 하는 정책대상 집단, 그리고 간접적으로 긍정적 및 부정적 외부 효과를 받을 이해관계자와 대중들이 그 내용을 이해하지 못하면 정책분석의 품질 효과는 기대하기 힘들다. 여기에서는 정책분석의 결과물을 보고서로 작성하는 방법을 비롯하여 다양한 이해관계자들에게 이해성을 높일 수 있는 의사 전달 방법을 소개한다.

1) 보고서 작성

(1) 좋은 보고서의 원칙

보고서는 정책분석가와 의사결정자(그룹) 및 다양한 이해관계자들과 소통하는 도구이다. 아무리 좋은 분석이라도 이해와 소통의 시기를 놓치면 의미가 없고, 이해할 수 없으면 쓸모가 없다. 이해성을 높이기 위한 보고서 내용은 명확성, 간결성, 정확성, 문서화, 진실성, 공정과 중립성 등을 갖추어야 하고, 의사 전달을 촉진하기 위해서는 표·그림·사진·지도 등과 같은 시각적 표현을 활용하여야 한다. 이에 대한 내용은 다음과 같다(Patton et al., 2016: 125-126).

가. 단순성

정책분석 보고서는 관심을 가진 모든 사람에게 정책분석의 전 과정을 이해시키고 설득하기 위한 증거이자 설명서이다. 분석가는 모든 이해관계자가 정책분석의 내용을 쉽게 이해하도록 하려면 보고서에 불필요한 전문 용어를 피하고 일상의 용어를 사용하여야 하며, 불필요한 단어, 중의적 의미를 가진 모호한 단어를 사용하지 않고 명확하고 간결한 문장으로 작성하여야 한다. 또한 문장은 능동 형태로 구성하여야 한다. 예를 들어, 매우, 다소, 꽤, 보통 등의 모호한 단어는 가급적 사용하지 말아야 한다. 또한 "오래전부터 알려져 왔습니다", "그렇다고 믿어집니다", "그렇다고 주장될 수도 있습니다" 등과 같은 수동태는 사용하지 않는다.

나. 정확성과 완전성

정책분석 보고서의 내용은 정확한 사실에 기반하여 작성하여야 한다. 정확성을 뒷받침하는 증거로서 다양한 데이터 소스를 사용하고 데이터의 한계를 넘어서는 추측성 설명을 하여서는 안 된다. 또한 분석가는 사실과 의견을 분리한다. 보고서의 정확성은 또한 완전함을 의미하기도 한다. 모든 세부 사항을 포함할 수는 없으나, 보고할 항목을 선택할 때 핵심적 내용은 물론 특히 이해관계자에 따라 상충되는 내용도 포함하여야 한다.

다. 공정과 중립성

보고서 내용은 객관적인 사실에 입각하여야 하며 정직성에 기반하여 공정하고 중립적이어야 한다. 이해가 상충되는 사안에 대하여 특정 집단에 이익이 되는 반면 다른 집단에 부담이나 손실이 되는 편향성이 내포된 내용으로 작성하여서는 안 된다. 특히 논쟁이 큰 사안일수록 분석가는 가치중립적인 견해를 유지하여야 한다.

라. 표·그림·사진·지도의 활용

정책분석 보고서의 내용을 전달하고 이해하게 하기 위하여 문자, 숫자, 또는 숫자를 기반으로 하는 표를 이용한다. 문자, 숫자, 표를 통하여 이해하기 위해서는 사전 정보와 지식을 필요로 한다. 이해관계자 중에는 관련된 기초적 사전 정보와 지식을 가진 사람도 있지만 그렇지 못한 사람도 있다. 후자의 사람들에게 이해를 얻기 위해서는 문자, 숫자, 표보다는 그림(그래프), 사진, 지도를 함께 제시하는 것도 고려하여야 한다. 그림, 사진, 지도는 이해관계자에게 직관적인 이해를 돕는 데 유용하다. 특히 공간적 현상을 나타낼 경우 지도를 이용하면 이해를 촉진하는 데 도움이 된다.

(2) 보고서를 이해하기 어려운 이유

정책분석 결과 내용에 대하여 분석가가 이해하는 수준만큼 모든 사람이 이해하고 수용하는 것은 아니다. 정책을 이해하는 데 토대가 되는 사전 지식과 경험에 차이가 있고 관심 정도가 다르기 때문에, 즉 이해관계의 정도에 따라 관심의 정도가 차이가 있게 되고, 그에 따라 이해하는 사람이 있고 그렇지 못한 사람이 있다.

이해관계자들이 정책분석 결과를 이해하지 못하고 쉽게 수용하지 못한 이유는 다양하지만 정책분석 내용과 관련된 이유는 다음과 같다(de Bruijn & ten Heuvelhof, 2002: 233).

첫째, 발표 시기의 부적절성이다. 이해관계자들이 이해하려는 관심이 높아지기 위해서는 시간적 흐름이 필요하다. 분석 결과의 발표가 이해관계자들의 관심 정도에 비추어 너무 이르거나 또는 늦은 경우에 이해성이나 수용성이 낮을 수 있다.

둘째, 불편한 요소가 포함되어 있는 경우이다. 정책은 모든 사람에게 혜택을 부여하는 내용도 있지만 이익(새로운 이익 발생)을 얻은 사람과 손실(이익의 감소)이나 비용(세금)을 부담하는 사람이 존재한다. 특히 손실이나 비용을 부담하는 사람의 입장에서는 정책이 불편하고 비호의적으로 이해하기 쉬우며 그런 내용을 쉽게 수용하기는 곤란할 것이다.

셋째, 분석 결과를 받아들이지 않는 경우이다. 이해관계자가 사용된 데이터가 쓸모없다고 느끼기 때문에 또는 너무 기술적이고 학술적인 언어로 구성되어 분석을 이해하지 못하는 경우에 이해성과 수용성이 낮게 된다.

2) 보고서 구성

(1) 일반적 보고서

분석가는 일관되고 논리적으로 일관되며 경제적인 방식으로 정책분석의 정보를 구성하여야 한다. 보고서는 문서의 스타일, 내용, 길이는 다양하며 단일의 구성 체계는 존재하지 않지만 체계적 구성을 통하여 이해관계자들에게 빠른 가독성(可讀性)과 이해성(理解性)을 높이려면 다음과 같은 일련의 체계로 구성하는 것이 적절하다(Patton et al., 2016: 129).

가. 요약

보고서의 맨 처음은 전체 내용을 몇 쪽 분량의 핵심 내용으로 구성한 요약문을 제시한다. 요약문은 모든 내용을 자세하게 읽지 않더라도 주요 골자를 통하여 어떤 주장과 의견 그리고 방향이 제시되고 있는지를 쉽게 파악할 수 있도록 한다.

나. 문제의 배경과 상황(동향)

보고서의 두 번째로 구성될 내용은 문제가 발생하게 된 역사적 사건, 상황, 맥락은 무엇이며 그 사건과 상황으로 지금까지 파악된 동향을 설명한다.

다. 문제 정의

보고서의 세 번째 내용은 문제의 배경과 상황을 기반으로 문제가 되는 상황을 어떤 방법으로 어떻게 정의하였는지에 대하여 각종 통계, 그래픽, 사건, 사건과 사건의 관계 등을 사용하여 설명하여야 하며, 문제를 설명에 대한 이해와 설득력을 얻기 위해서는 객관적인 증거를 제시한다. 또한 문제의 정의에서는 문제의 범위 및 크기, 심각성 및 강도, 문제의 원인, 이해관계자, 정부의 개입이나 조치가 없는 경우 미래의 상황까지도 설명하여야 한다.

라. 목표 상태의 설명

전 단계에서 설명한 문제를 해결하기 위하여 설정한 목표 상태를 설명한다. 문제 해결을 위해서는 어떤 목적과 목표를 추구하여야 하는지 설명한다. 목표 상태는 문제가 해결되기를 기대하는 상태로 문제와 연계성을 갖추어야 한다.

마. 대안의 평가 기준

기대하는 목표 상태의 결과를 가져오기 위해서는 '무엇'을 마련하여야 하고, 그것이 왜 적합하고 좋은지를 설명한다. 그리고 그것이 적합하고 좋은지를 평가할 수 있는 기준을 나열하고 설명한다.

바. 대안의 설명

복수의 대안을 설명한다. 유사한 대안을 그룹화하거나 각 대안의 특징, 장점, 한계 등을 설

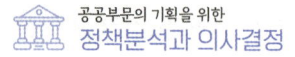

명한다.

사. 대안의 비교분석과 예측평가

이미 설명한 기준을 사용하여 대안을 어떤 방법으로 어떻게 평가하였는지 설명한다. 여기에서는 기본 통계, 의사결정분석, 수학 공식, 시나리오 및 기타 방법론 등을 설명하고, 매개변수 및 조절변수의 변경에 대한 대안의 민감도 분석 결과도 제시한다. 분석 결과를 토대로 각 대안이 가져올 결과를 제시한다.

아. 결론

결론과 권장 사항을 제시한다. 또한 결론을 받아들이고 권장 사항을 따를 때 발생하는 불확실성과 파생적 효과도 보고한다.

자. 다음 단계(후속 조치)

권장 사항을 실현하기 위해서는 후속 조치로서 법률과 제도는 어떻게 정비하여야 하고, 행정 및 재정적 지원은 어떻게 마련하여야 하는지를 제시하여야 하며, 모니터링 및 평가 계획도 포함하여야 한다. 이 단계에서는 실무에 곧바로 적용할 수 있도록 한 설명서(매뉴얼) 형식으로 제공하기도 한다.

(2) 예비타당성조사 결과 보고서

예비타당조사 결과도 보고서로 작성하고 공개하여야 하도록 제도화되어 있다. 「예비타당성조사 수행 총괄지침」 제75조에서 수행기관은 다음 사항을 보고서에 수록하여야 하고, 특별한 사유가 없는 한 「국가재정법」(제38조의2) 및 「예비타당성조사 운용지침」(제57조)에 따라 예비타당성조사 결과 등을 공개하여야 한다.

가. 일반적 사업
① 사업의 개요
② 기초 자료 분석 및 조사의 주요 쟁점
③ 경제성 분석 결과

④ 정책성 분석 결과
⑤ 지역 균형 발전(또는 기술성) 분석 결과
⑥ AHP 분석 결과
⑦ 종합 결론 및 정책 제언

나. 기타 재정사업 중 복지 및 소득이전사업
① 사업의 개요
② 기초 자료 분석 및 조사의 주요 쟁점
③ 경제사회 환경분석 결과
④ 사업설계의 적정성 분석 결과
⑤ 비용효과성분석 결과
⑥ 종합평가 결과
⑦ 종합 결론 및 정책 제언

3) 구두 발표 및 브리핑

(1) 의의

정책분석의 결과를 보고하고 정보를 전달하는 방식은 형식적인 보고서로 제시하는 것이 일반적이지만 문제의 상황에 대한 조치(개입)의 시급성이 필요한 경우나 문서보다는 구두(口頭)로써 요점을 간추린 간단하게 보고하고 설명하는 것이 더 효과적일 수 있다.

정책에 대한 구두 발표 및 브리핑의 방법에 대한 단일의 규칙은 없지만, 효과적인 정책 의사소통을 위해서는 집단의 규모와 지식 수준, 문제의 복잡성 정도, 분석 방법의 난이도, 집단의 관심과 적극성, 집단에 대한 분석가의 신뢰도 등에 따라 다를 수 있지만 무엇보다도 집단(청중)의 특성에 맞추는 것이 중요하다.

특히 브리핑(briefing) 방법은 중요한 정보, 지침 등을 전달하는 데 사용되는 구조화된 접근방식이다. 브리핑은 회의나 공식적인 모임과 같은 환경에서 핵심 사항을 간결하게 프레젠테이션하는 것을 포함하며, 중요한 정보를 조직적인 방식으로 관련된 이해관계자들에게 전달하고 이해시키는 방법이다.

(2) 브리핑 방법의 주요 요소

가. 준비
브리핑을 진행하는 개인은 발표할 자료를 철저하게 준비하여야 한다. 여기에는 관련 정보를 수집하고 이를 논리적인 방식으로 구성하며 발생할 수 있는 질문이나 우려 사항을 예상하는 것이 포함된다.

나. 명확성과 간결성
브리핑은 명확하고 간결하며 요점이 명확하여야 한다. 청중을 혼란스럽게 할 수 있는 불필요한 전문 용어나 기술적인 언어는 사용하지 않는다.

다. 구조
브리핑은 핵심 사항이 일관된 순서로 제시되는 논리적 구조를 따라야 한다. 여기에는 소개, 정보의 주요 본문, 결론을 포함하여야 한다.

라. 참여
좋은 브리핑은 청중의 참여를 유도하고 참여를 독려한다. 여기에는 질문을 하거나, 피드백을 요청하거나, 현재 주제에 대한 토론을 촉진하는 것을 포함할 수 있다.

마. 시각 자료 활용
표, 그림, 사진, 지도 등과 같은 시각적 자료는 주요 정보에 대한 이해와 기억력을 향상시킬 수 있다. 그러나 이러한 내용은 브리핑의 주요 요점을 가리지 않도록 신중하게 사용하여야 한다.

바. 질의 응답
브리핑이 끝난 후 질문과 답변을 위한 시간을 할애하여야 한다. 이를 통하여 참석자들이 완전히 이해하지 못할 수 있는 사항에 대하여 설명이나 추가 정보를 찾을 수 있는 기회를 제공한다.

사. 후속 조치

브리핑 후에는 개인이 제시된 정보를 이해하고 이를 기반으로 적절한 조치를 취하고 있는지 확인하기 위하여 개인에게 후속 조치를 취해야 할 수도 있다.

(3) 전략적 발표 방법

정책분석의 결과를 이해관계자에게 효과적으로 전달하고 그들이 쉽게 이해하는 방법으로서 다음과 같은 전략적 발표 방법을 고려할 수 있다(Dunn, 2018: 397).

① 배경 정보를 너무 많이 제공하지 않는다.
② 결론에 초점을 맞춘다.
③ 간단한 그래픽을 사용하여 데이터를 표시한다.
④ 결론을 뒷받침하는 데 필요한 경우에만 방법을 논의한다.
⑤ 신뢰할 수 있는 사람을 참석시킨다.
⑥ 시간적 제약과 그룹이 이미 특정 조치를 취하고 있을 가능성에 주의한다.
⑦ 부정적인 반응이 예상되는 사람들 옆에 지지자를 배치한다.
⑧ 요점의 우선순위를 정한다.

구두 브리핑을 효과적으로 준비하기 위해서는 다음의 항목을 점검하고, 준비성과 미비점을 기록하는 방법을 활용할 수 있다.

〈표 10-1〉 구두 브리핑의 체크리스트

괄호[ ] 안에 척도 점수를 부여하여 해당 항목에 간략한 의견을 제시한다.

1 = 매우 좋음 2 = 좋음 3 = 적절함 4 = 나쁨 5 = 매우 나쁨

1. **다음 브리핑 요소의 효과성을 평가하십시오.**
    [ ] (a) 오프닝 _____
    [ ] (b) 배경 _____
    [ ] (c) 조사 결과 _____
    [ ] (d) 방법 _____
    [ ] (e) 증거/데이터 _____
    [ ] (f) 권장 사항 _____
    [ ] (g) 질문과 답변 _____
    [ ] (h) 마무리 _____

2. **브리핑의 적절성:**
    [ ] (a) 청중의 규모 _____
    [ ] (b) 청중의 전문성 _____
    [ ] (c) 브리핑 방법에 대한 청중의 친숙함 _____
    [ ] (d) 청중의 정보 선호도 _____
    [ ] (e) 정책결정 과정의 단계 _____
    [ ] (f) 발표자의 신뢰성에 대한 인식 _____
3. **[ ] 브리핑의 논리, 구성 및 흐름** _____
4. **[ ] 시각적 디스플레이 사용** _____
5. **[ ] 브리핑의 전반적 평가** _____

자료: Dunn(2018: 409-410)

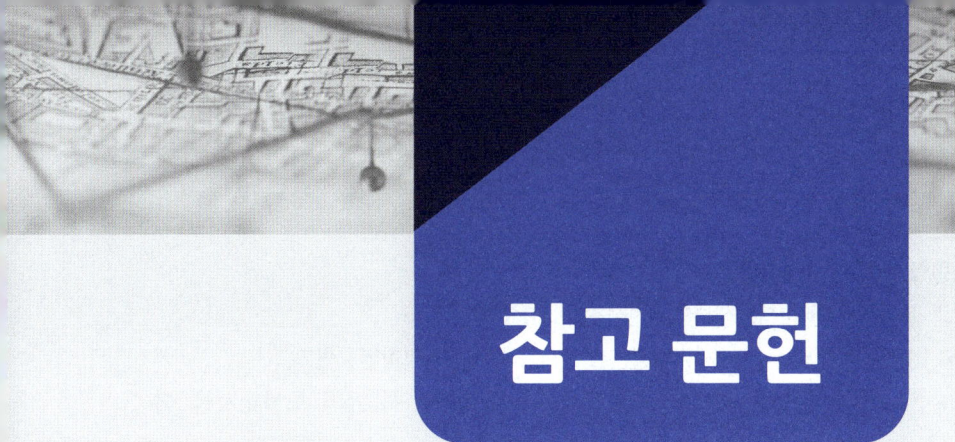

참고 문헌

Public Policy Analysis and Decision Making

국내 문헌

강근복. (2021). 「정책분석론(제4판)」. 고양: 도서출판 대영문화사.
강맹규. (1990). 「불확실성하의 의사결정론」. 서울: 희중당.
고태호. (2016). 「공공재의 가치: 공공재의 가치 측정과 비용편익분석」. 파주: 한국학술정보.
국토연구원. (2005). 「혁신도시 입지선정기준 연구」.
권기헌. (2019). 「정책분석론(제2전정판)」. 서울: 박영사.
김계수. (2001). 「AMOS 구조방정식 모형분석」. 서울: SPSS 아카데미.
김계수. (2013). 「SmartPLS 이용 쉬운 구조방정식모델」. 서울: 도서출판 청람.
김 구. (2004). 계층적 분석과정을 통한 정보공유 의도의 중요도 산정에 관한 연구. 「한국사회와 행정연구」, 15(3): 461-482.
김 구. (2020). 「사회과학 연구조사방법론(제3판)」. 서울: 비앤엠북스.
김 구. (2021). 지능형 '좋은 정부서비스'의 구현 방향. 「2021년도 한국정책학회 하계학술대회 발표논문집」.
김 구. (2022a). 「SPSS를 활용한 공공시계열 데이터분석」. 서울: 비앤엠북스.
김 구. (2022b). 「jamovi 활용 사회과학 데이터분석」. 서울: 도서출판 윤성사.
김 구. (2023). 시도 지역에서 인구 변동의 영향 요인에 관한 연구. 「한국공공관리학보」, 37(3): 27-53.
김동건. (2012). 「비용·편익분석(제4판)」. 서울: 박영사.
김두섭·강남준. (2000). 「회귀분석 기초와 응용」. 서울: 나남출판.
김정수. (2021). 「정책학입문(제2판)」. 고양: 문우사.
김지원. (2014). 「정책분석론」. 서울: 한국방송통신대학교 출판문화원.
김태윤·김상봉. (2004). 「비용편익분석의 이론과 실제: 공공사업평가와 규제영향분석」. 서울: 박영사.

김홍배. (2000). 「비용편익분석론」. 서울: 홍문사.
노화준. (2017). 「기획과 결정을 위한 정책분석론(제5전정판)」. 서울: 박영사.
민재형. (1996). AHP를 이용한 측정과 평가. 「서강경영논총」, 서강대학교 경영학연구원.
박완규 옮김, Ginès de Rus 지음. (2012). 「비용-편익 분석개론: 합리적인 지름길의 모색」. 서울: 박영사.
박용성·박태근. (2001). 「AHP를 위한 의사결정론」. 서울: 자유아카데미.
박종구. (2019). 「의사결정과 문제 해결」. 서울: 박영사.
보건복지부. (2024). 「보도참고자료」. 2024. 2. 6.
심원섭·류광훈. (2001). AHP에 의한 관광개발정책사업의 평가지표 우선순위 설정에 관한 연구. 「관광연구논총」, 13: 135-155.
오을임·김구. (2002). 불확실성 상황에서의 의사결정 양상에 관한 실증적 연구: 의사결정나무분석(Answer Tree)을 이용하여. 「한국행정학보」, 36(3): 77-98.
오정일. (2019). 「비용편익분석 개론」. 서울: 박영사.
우종필. (2014). 「구조방정식모델 개념과 이해」. 서울: 한나래출판사.
원제무. (1996). 「정책분석기법」. 서울: 박영사.
이남수·배득종·이효·신두섭. (2021). 「비용편익분석」. 서울: 도서출판 오래.
이성근·윤민석. (1994). 「AHP 기법을 이용한 마케팅 의사결정」. 서울: 도서출판 석정.
이성우. (2013). 「정책분석론(개정판)」. 서울: 도서출판 조명문화사.
이종찬·전명식·정형철. (2014). 계층적 의사결정론에서 일관성 지수에 대한 통계적 검정. *The Korean Journal of Applied Statistics*, 27(1): 103-114.
이창효. (2000). 「집단의사결정론」. 부산: 세종출판사.
이학식·임지훈. (2011). 「구조방정식 모형분석과 AMOS」. 서울: 도서출판 집현재.
정철현. (2016). 「행정의사결정론」. 서울: 다산출판사.
조근태·조용곤·강현수. (2003). 「계층분석적 의사결정」. 서울: 동현출판사.
조근태·홍순욱·권철선 옮김, Thomas L. Saaty 지음. (2000). 「리더를 위한 의사결정」. 서울: 동현출판사.
조선배. (2000). 「LISREL 구조방정식모델」. 서울: 도서출판 영지문화사.
조현철. (1999). 「구조방정식모델」. 서울: 도서출판 석정.
허준·최인규. (2000). 「AMOS를 이용한 구조방정식 모형과 경로분석」. 서울: SPSS 아카데미.
황규승. (1989). AHP기법의 신뢰성에 관한 연구. 「경영논총」, 32: 83-97.

국외 문헌

Alexander, E. R. (1982). Design in the Decision-Making Process. *Policy Sciences*, 14(3): 279-292.

Alexander, E. R. (1989). Sensitivity Analysis in Complex Decision Models. *Journal of the American Planning Association*, 55(3): 323-333.

Amy, D. J. (1984). Why Policy Analysis and Ethics Are Incompatible. *Journal of Policy Analysis and Management*, 3(4): 573-591.

Athey, T. H. (1982). *Systematic Systems Approach*. Englewood Cliffs, New Jersey: Prentice Hall.

Bardach, E. S. & Patashnik, E. M. (2023). *A Practical Guide for Policy Analysis: The Eightfold Path to More Effective Problem Solving*(7th ed.). Washington, DC.: CQ Press.

Behn, R. D. (1981). Policy Analysis and Policy Politics. *Policy Analysis*, 7(2): 199-226.

Behn, R. D. & Vaupel, J. W. (1982). *Quick Analysis for Busy Decision Makers*. New York: Basic Books.

Boardman, A. E., Greenberg, D. H., Vining, A. R., & Weimer, D. L. (2022). Standing in Cost-Benefit Analysis: Where, Who, What (Counts)? *Journal of Policy Analysis and Management*, 41(4): 1157-1176.

Brightman, H. J. (1980). *Problem Solving: A Logical and Creative Approach*. Atlanta: Georgia State University Business Press.

Buchanan, J. M. (1999). *The Demand and Supply of Public Goods*. Chicago: Rand McNally.

Byrne, J. (1987). Policy Science and the Administrative State: The Political Economy of Cost-Benefit Analysis. Fischer, F. & Foreste, J(ed.). *Confronting Values in Policy Analysis: The Politics of Criteria*, Newbury Park, CA: Sage.

Carley, M. (2013). *Rational Techniques in Policy Analysis*. London: Butterworth-Heinemann.

Clark, J. & Christopherson, S. (2009). Integrating Investment and Equity: A Critical Regionalist Agenda for a Progressive Regionalism. *Journal of Planning Education and Research*, 28(3): 341-364.

Cooper, T. L. (1991). *An Ethic of Citizenship for Public Administration*. Englewood Cliffs, New Jersey: Prentice Hall.

de Bruijn, H. & ten Heuvelhof. E. (2002). Policy analysis and decision making in a network: how to improve the quality of analysis and the impact on decision making. *Impact Assessment and Project Appraisal*, 20(4): 232-242.

Dunn, W. N. (1983). *Values, Ethics, and the Practice of Policy Analysis*. Lexington, MA: Lexington Books.

Dunn, W. N. (2018). *Public Policy Analysis : An Integrated Approach*(6th ed.). New York: Routledge.

Fischer, F. & Forester, J.(ed.). (1987). *Confronting Values in Policy Analysis: The Politics of Criteria*. Beverly Hills: Sage.

Fischer, F., Miller G. J., & Sidney, M. S.(ed.). (2007). *Handbook of Public Policy Analysis: Theory, Politics, and Methods*. New York: CRC Press.

Fretwell, L. (2020). *Good Service*, Lou Downe. https://govfresh.com/2020/05/good-government-services. (2020. 10. 17).

Furlong, S. R. & Kraft, M. E. (2020). *Public Policy: Politics, Analysis, and Alternatives*(7th ed.). CQ Press.

Harrington, W. (1988). Valuing the Environment. *Journal of Policy Analysis and Management*, 7(4): 722-726.

Heineman, R. A., Bluhm, W. T., Peterson, S. A., & Kearny, E. N. (2001). *The World of the Policy Analyst: Rationality, Values, and Politics*(3rd ed.). Chatham, NJ: Chatham House.

Hofferbert, R. (1990). *The Reach and Grasp of Policy Analysis: Comparative Views of the Craft*. Tuscaloosa: University of Alabama Press.

Howe, E. (1990). Normative Ethics in Planning. *Journal of Planning Literature*, 5(2): 123-124.

Jans, M. T. (2007). A framework for public policy analysis and policy evaluation. *IES Research Colloqium*, 4 September.

Krone, R. M. (1980). *Systems Analysis and Policy Sciences: Theory and Practice*. New York: Wiley.

Krumholz, N. & Forester, J. (1990). *Making Equity Planning Work: Leadership in the Public Sector*. Philadelphia: Temple University Press.

Leung, H. L. (1985). *Towards a Subjective Approach to Policy Planning & Evaluation: Common-Sense Structured*. Winnipeg, Canada: Ronald P. Frye.

Linstone, H. A. & Turoff, M.(ed.) (1975). *The Delphi Method: Techniques and Applications*. Reading. MA: Addison-Wesley.

MacRae, Jr. D. & Wilde, J. A. (1979). *Policy Analysis for Public Decisions*. North Scituate, MA: Duxbury Press.

Majone, G. (1989). *Evidence, Argument, and Persuasion in the Policy Process*. New Haven: Yale University Press.

Manski, C. F. (2013). *Public Policy in an Uncertain World: Analysis and Decisions*. Harvard

University Press.

Marcuse, P. (1976). Professional Ethics and Beyond: Values in Planning. *Journal of the American Institute of Planners*. 42(3): 264-274.

May, P. J. (1986). Politics and Policy Analysis. *Political Science Quarterly*, 101(1): 109-125.

Mckenna, R., Mainzer, K., Bertsch, V., & Fichtner, W. (2018). Combining local preferences with multi-criteria decision analysis and linear optimization to develop feasible energy concepts in small communities. *European Journal of Operational Research*, 268(3): 1092-1110.

Meehan, E. J. (1990). *Ethics for Policymaking: A Methodological Analysis*. New York: Greenwood Press.

Meltsner, A. J. (1972). Political Feasibility and Policy Analysis. *Public Administration Review*, 32(6): 859-867.

Meltsner, A. J. (1976). *Policy Analysts in the Bureaucracy*. Berkeley and Los Angeles: University of California Press.

Meltzer, R. & Schwartz, A. (2018). *Policy Analysis as Problem Solving: A Flexible and Evidence-Based Framework*. New York: Routledge.

Mintrom, M. (2010). Doing ethical policy analysis. Boston, T., Bradstock, A., & Eng, D.(ed.). *Public Policy: Why ethics matters*, ANU Press.

O'Hare, M. (1989). A Typology of Governmental Action. *Journal of Policy Analysis and Management*, 8(4): 670-672.

Paris, D. C. & Reynolds, J. F. (1983). *The Logic of Policy Inquiry*. New York: Longman. Scott Foresman.

Patton, C. V. & Sawicki, D. S. (1993). *Basic Methods of Policy Analysis and Planning*(2nd ed.). New Jersey: Prentice Hall.

Patton, C. V., Sawicki, D. S., & Clark, J. J. (2016). *Basic Methods of Policy Analysis and Planning*(3rd ed.). New York: Routledge.

Quade, E. S. (1989). *Analysis for Public Decisions*(3rd ed.). New York: Elsevier Scientific.

Saaty, T. L. (1977). A Scaling Method for Priorities in Hierarchical Structures. *Journal of Mathematical Psychology*, 15(3): 234-281.

Sackman, H. (1975). *Delphi Critique: Expert Opinion, Forecasting and Group Process*. MA: D.C. Heath.

Sadoulet, E. & de Janvry, A. (1994). *Quantitative Development Policy Analysis*. Baltimore: The Johns Hopkins University Press.

Schouwstra, M. C. & Ellman, M. J. (2006). A new explanatory model for policy analysis and evaluation. *Tinbergen Institute Discussion Paper*, Universiteit van Amsterdam, and Tinbergen Institute.

Selly, M. N. & Forman, E. H. (2001). *Decision By Objectives: How to convince others that you are right*. Expert Choice Inc.

Stokey, E. & Zeckhauser, R. (1978). *A Primer for Policy Analysis*. New York, NY: W.W. Norton and Company.

Trumbull, W. N. (1990). Who Has Standing in Cost-Benefit Analysis?. *Journal of Policy Analysis and Management*, 9(2): 201-218.

Tufte, E. R. (1974). *Data Analysis for Politics and Policy*. Englewood Cliffs, New Jersey: Prentice Hall.

Tufte, E. R. (1997). *The Visual Display of Quantitative Information*(2nd ed.). Cheshire, CT: Graphics Press.

Walker, W. E. (1988). Generating and Screening Alternatives. Miser, H. J. & Quade, E. S. (ed.). *Handbook of Systems Analysis: Craft Issues and Procedural Choices*, Chichester, Eng.: Wiley.

Weimer, D. L. & Vining, A. R. (2017). *Policy Analysis: Concepts and Practice*(6th ed.). Englewood Cliffs, New Jersey: Prentice Hall.

Whittington, D. & MacRae, Jr., D. (1986). The Issue of Standing in Cost-Benefit Analysis. *Journal of Policy Analysis and Management*, 5(4): 665-682.

Witzling, L. P. & Greenstreet, R. C. (1989). *Presenting Statistics: A Manager's Guide to the Persuasive Use of Statistics*. New York: Wiley.

Zeleny, M. (1982). *Multiple Criteria Decision Making*. New York: McGraw-Hill.

https://www.gp-award.com/downloads/Objective-Tree-Analysis.pdf

찾아보기

Public Policy Analysis and Decision Making

ㄱ

가능한 미래	134
가정분석	95
가정분석의 과정	97
간결성	312
개연적 미래	135
개인적 관점	95
개인적인 비유	92
게임이론 모델	155
격변	187
경계분석	86
경제성 분석	272
경제활동	35
계절 변동	176
계층분석	90
계층분석 과정	243
계층적 독특성	89
계층화분석 과정	161
계층화분석법(AHP)	243, 296
계획된 행동이론	155
공공재	14, 139
공익	14, 35
공정	307
관심	304
관찰된 정책결과	44
교차영향분석	211, 212, 216
구조방정식모델	197
규모의 경제	143
규모의 불경제	143
규범적 가치	142
규범적 모형	70
규범적 미래	135
규범적 정책분석	51
규제	30
기술적 관점	94
기술적 모형	69
기술적 실현가능성	151
기술적 정책분석	51
기울기	153
기하평균	247
기회비용	269

ㄴ

내부수익률(IRR)	264, 295
내삽법	153
노드	228
논리모형	20
논변지도	97
누적도수분포표	87
누적추출	207

ㄷ

다기준분석법	243
다중관점분석	94
다중 기준	161
단순성	307
대리 및 관점모형	72
대안 식별	124
대안 예측	131, 133
대안의 결과 예측 및 평가	55
대안의 식별	55
대안의 탐색, 개발, 구성	53
대안의 평가 기준 수립	54
대안평가 고려 사항	138
대응성	150
델파이 기법	199, 212
델파이 기법의 원칙	200

ㅁ

매몰비용	270
메타분석	125
명확성	312
모델링	157
목표나무	108, 111, 112, 114, 118
목표나무의 구조	107
목표나무의 형성 과정	108
목표의 구조	107
무작위지수	244
무조치 현황 분석	126

문제 구조화 65, 116	사회문제 21	예상되는 정책결과 43
문제구조화 국면 68	사회적 할인율 290	예측적 정책분석 51
문제 구조화의 오류 68	상관분석 195	오스트롬(Vincent Ostrom) 191
문제나무 108, 118	상수 153	완전성 307
문제의 구조화 과정 66	상징적 모형 70	외부성 14
문제의 정의(구조화) 53	상징적인 비유 92	외부 효과 141
문제의 진술 69	상호배타성 89	외삽법 153, 167, 198
문제의 진술 개발 74	서비스 32	용기 303
문제 진술을 지원하는 분석 77	선형성 178	위험도표 237
민간할인율 289	선형 추세 178	위험추정치 239
민감도분석 226, 279, 292	선형 회귀 178	유추 91, 123
	선호한 정책 44	유형의 개발 129
	성장 186	윤리의 원칙 302
ㅂ	세금 30	의사결정나무 72, 81, 82, 226
	소망성 147	의사결정나무 구조
배분 공식 157	쇠퇴 186	228, 230, 231
백색잡음 169, 171	수직적 공평 144	의사결정나무분석
보고서 구성 308	수평적 공평 144	226, 235, 243
보고서 작성 306	수확 체감의 법칙 143	이론 154
보상가격 270	순현재가치 264, 295	이론적 모델 154
보조금 31	순환 186	이론적 모델링 193
분류분석 87	순환 변동 177	이론적 예측 189
분류분석의 규칙 88	시계열 167	이론 지도 190
불규칙 변동 178	시장가치 269	이상과의 비교 129
불확실성 81, 159	시장실패 34	이원쌍대응비교 247
브레인스토밍 93	시차 170	이원쌍비교 243
브리핑 311	실제 경험 비교 128	이익도표 237
비교가격 270	실행가능성 151	인과관계 195
비선형 시계열 186	실현가능성분석 218	인과모델 193
비용 263, 267, 268	쌍비교 161	인과적 논거 191
비용 내부화 270		일관성 89
비용의 추정 274	ㅇ	일관성 비율 244
비용편익분석 277, 280, 286		일관성지수 244
비용편익분석 절차 277	아젠(Icek Ajzen) 155	
비용효과분석 263, 282	암묵지식 44	ㅈ
빠른 의사결정분석 81	양여금 31	
빠른 조사 127	언어적 모형 70	자기상관 169
	여행비용 방법 269	자료 수집 58
ㅅ	연구 결과 분석 125	자료의 품질 평가 61
	연구종합 125	잠재가격 269
사적 권리 35	예비타당성조사	재정 34
사적재 139	272, 280, 297, 310	재정적 가능성 152
사티(Thomas L. Saaty) 243		

322

적절성	150	조직적 관점	95	포화표본추출	86
적합성	148	존중	303	피시바인(Martin Fishbein)	155
전통적 델파이	206	좋은 대안	116	피어슨(Karl Pearson)	237
절차적 모형	72	좋은 대안의 조건	124		
절편	153	죄수의 딜레마	159		
점진주의 정책분석	52	주기	170	**ㅎ**	
정량적·정성적 정책분석	52	준공공재	139	한계비용	142, 269
정보	34	준집합재(준공공재)	139	한국정책능력진흥원	38
정보의 비대칭	34	중립성	307	할인	286
정부공채 이자율	291	직관	122	할인율	278, 286
정부 조치	30	직관적 예측	156	합리적·포괄적 정책분석	52
정상성	169, 172	직접적인 비유	92	합리적 행동이론	155
정지규칙	239	진동	186	행정적 집행가능성	152
정직성	302	진실성	302	헤도닉 가격함수	270
정책	13, 15			형평성	143, 145, 150
정책결정 과정	18	**ㅊ**		환상적인 비유	92
정책고객	48			회귀분석	169, 195
정책대안	114	차분	171	회귀선(사선)	153
정책대안의 발견	120	책임	303	회귀식	153
정책대안의 예측 과정	137	총망라성	88	효과성	147
정책대안의 원천	118	최적 대안의 제시	56	효율성	148
정책대안의 탐색	116	추세	169, 170		
정책대안의 평가 기준	138, 145	추세 변동	174	**A~Z**	
정책델파이	205, 206				
정책목표	100	**ㅋ**		AHP	243
정책문제	25, 43, 65			B/C분석	263, 277
정책문제의 유형	27, 29	컨설팅	36	B/C 비율	264
정책문제의 특징	27			SMART 기준	101
정책분석	37, 40, 46, 306	**ㅌ**			
정책분석가	38, 46, 63, 74, 302				
정책분석의 가능성 평가	63	털럭(Gordon Tullock)	191		
정책분석의 오류	69	통계 모델	155		
정책분석의 특징	41	통찰력	122		
정책성과	45	투표의 역설	160		
정책실패	100, 133				
정책의 성격	15, 17	**ㅍ**			
정치적 분석	82				
정치적 수용성	151	파생된 가격	270		
정확성	307	판단적 예측	198		
제도와 법적 가능성	152	편익	263, 267, 268, 271		
제약나무지도	104, 105	편익비용비(B/C비)	295		
조건부가치측정법	269	편익의 추정	275		

Public Policy Analysis and Decision Making

저자 소개

Public Policy Analysis and Decision Making

김 구

국립강릉원주대학교 자치행정학과 교수

저자는 조선대학교에서 행정학 박사 학위를 취득하고 동 대학교에서 학술연구교수(한국연구재단 선정)를 거쳐 현재 국립강릉원주대학교 자치행정학과 교수로 재직 중이다.
저자의 관심 분야는 계량분석을 포함한 연구방법론, 정책분석과 평가, 행정지능정보화 및 지능전자정부(디지털정부), 지역정보화 및 지역공동체 등이다.

저서

- 「한국사회와 공동체(공저)」(2008)
- 「사회과학 계량분석의 이해와 활용」(2010)
- 「조직혁신의 이해」(2011)
- 「공무원 행정학 정리」(2012)
- 「스마트사회와 공동체」(2016)
- 「열린정부의 이해와 실제」(2018)
- 「인간과 공공사회」(2019)
- 「전자정부론」(2020)
- 「사회과학 연구조사방법론(제3판)」(2020)
- 「전자정부 이론과 연구 방향」(2021)
- 「SPSS 활용 공공시계열 데이터분석」(2022)
- 「jamovi 활용 사회과학 데이터분석」(2022)
- 「행정학 이해와 연습」(2023) 외

공공부문의 기획을 위한
정책분석과 의사결정

Public Policy Analysis and Decision Making